»Ich bin eine Frau aus
einem mediterranen
Land. Ich habe das
Bedürfnis, einen Mann
zu bewundern.«
Simone Signoret, 64,
Schauspielerin

Jorge Semprun

Yves Montand
Das Leben
geht weiter

*Aus dem Französischen
von Uli Aumüller
Insel Verlag*

Der Verlag dankt Yves Montand und Jorge Semprun,
die Abbildungen für diesen Band zur Verfügung stellten.
Titel der Originalausgabe: *Montand. La Vie continue*
© by Editions Denoël, Paris 1983
© by Joseph Clims, Paris 1983

Zweite Auflage 1984
© der deutschsprachigen Ausgabe Insel Verlag
Frankfurt am Main 1984
Alle Rechte vorbehalten
Druck: Wilhelm Röck, Weinsberg
Printed in Germany

Yves Montand
Das Leben geht weiter

I

Maracanàzinho,
31. August 1982

Der Mann tritt auf der Bühne der riesigen Sportarena aus
hallendem Beton allein nach vorn. Ein Scheinwerfer leuchtet
ihn an. Er setzt sich schräg auf einen hochbeinigen antiken
Stuhl, ein Bein untergeschlagen, das andere herabhängend.

Er faltet die Hände.

Es wird mit einem Schlag still. Eine gespannte, dichte,
greifbare Stille.

Der Mann trägt eine Hose und eine Weste aus schwarzem
Cordsamt. Unter der offenen Weste schimmert ein weißes
Hemd im elektrischen Licht.

Mit gleichbleibender Stimme, als wäre es selbstverständlich, als wäre es banal, kündigt der Mann an, daß er *Les Bijoux*
von Charles Baudelaire singen wird.

Das geschieht im Maracanàzinho, einem überdachten Stadion mit nahezu zwanzigtausend Plätzen. Es ist eine Nebenanlage des hochberühmten Maracanà von Rio de Janeiro, des
größten Fußballstadions der Welt. Hier, in der Nebenanlage,
finden gewöhnlich Basket- und Volleyballspiele statt. Aber
heute, an diesem Abend, singt hier Yves Montand.

Montand hat *Les Bijoux* von Baudelaire angekündigt.

Und Stille tritt ein. Sie greift um sich wie glühendes Eis.
Vierzehntausend Augenpaare starren gebannt, geweitet auf
diesen reglosen, anscheinend ungezwungen und entspannt
dasitzenden Mann, dessen verhaltene Spannung man jedoch
ahnt. Seine Vitalität.

Das Maracanàzinho-Stadion ist eindrucksvoll. Wir haben es heute nachmittag besichtigt, während die Bühne aufgebaut wurde, auf der Montand sich produzieren soll und die das eine Ende des ovalen Stadions einnimmt, wodurch einige tausend Sitzplätze wegfallen.

Das Lärmen der Hämmer, der Bohrmaschinen, der Transistoren, die Rufe der Maschinisten und Elektriker hallten von den Steilwänden aus nacktem Beton wider. Überall war Unordnung, Staub, ein auf den ersten Blick zusammenhangloses Durcheinander. Schwer vorzustellen, daß dies ein günstiger Ort für Kommunikation sein sollte.

Doch ein paar Stunden später fällt über die Karawanserei des Maracanàzinho die aufmerksamste, kommunikativste Stille herein. Eine Lebensstille.

Ich sehe Catherine Allégret an, sie sieht mich an. Wahrscheinlich denken wir dasselbe, mit trockenem Mund: der Typ ist verrückt, völlig verrückt!

Ich habe gerade noch Zeit, mich in einem Gedächtnisrausch daran zu erinnern, daß heute der 31. August ist. Heute auf den Tag vor zwei Jahren unterzeichnete Lech Walesa mit den Vertretern der kommunistischen Macht die Verträge von Gdansk, die die Entstehung einer freien Gewerkschaft ermöglichten. Die polnische Arbeiterklasse hatte zwar nicht den Krieg gewonnen, aber sie hatte, wie man so sagt, eine Schlacht gewonnen. Die erste seit langem in einem Land, das dem bürokratischen Despotismus der einzigen Partei unterworfen ist. Was danach auch geschehen mochte, dies war ganz offensichtlich ein historisches Datum.

Und dann habe ich die Augen geschlossen, um Montands Stimme zuzuhören.

Lange ist Montand nur eine Stimme gewesen. Für mich, meine ich, ist er nur eine Stimme gewesen.

Ich kam in jenem Sommer 1945 aus Buchenwald zurück und fing an, diese Stimme zu hören. Ihr zuzuhören. Ich bin nicht übermäßig musikalisch, alle mir Nahestehenden werden es Ihnen bestätigen, aber diese Stimme habe ich trotzdem von den anderen Stimmen unterschieden, die damals aus den Radios, aus den Rillen der noch zerbrechlichen Schallplatten erklangen. Im Lauf jener fieberhaften Monate, Jahre im Paris nach dem antifaschistischen Krieg, vor dem kalten Krieg hielt ich manchmal inne und lauschte dieser Stimme, die mir vertraut wurde.

Sie hatte einen Klang, ein Timbre, eine animalische Färbung, die allmählich Teil meines Lebens wurden. Mein Leben mit mir teilten. Aber Montand kannte ich immer noch nicht. Ich hatte ihn noch nicht auf der Bühne einer Music-Hall oder eines Cabarets gesehen. Ich hatte nur einen einzigen seiner ersten Filme gesehen. Er war eine Stimme, sage ich Ihnen, sonst nichts.

Einige Zeit später, etwa 1946 oder 1947, wenn ich mich nicht irre, hat diese Stimme angefangen, Gedichte von Jacques Prévert zu singen. Mehr war nicht nötig, damit sie mir endgültig ins Herz drang.

Ein paar Jahre zuvor nämlich, 1942, ging ich ins *Café de Flore,* und Jacqueline B. gab mir Gedichte von Prévert zu lesen, die von einer damaligen Art Samisdat mit der Schreibmaschine vervielfältigt worden waren. Ich war dem jungen Mädchen anläßlich eines mündlichen Lizenzexamens an der Sorbonne begegnet. Es war ein Examen für das Psychologiediplom, und Professor Guillaume stellte uns die Fragen. Ich saß in einer Ecke, bis ich an die Reihe kam. Ich bereitete mich darauf vor, Professor Guillaume alles zu sagen, was ich über die Verhaltenspsychologie der großen Menschenaffen wußte. Der Professor, man erinnert sich vielleicht – die Historiker der französischen Universität erinnern sich vielleicht –, war keineswegs Marxist. Oder wenigstens Jung-Marxianer. Damit meine ich, daß er keineswegs wie der junge Dr. Karl Marx glaubte, daß die Anatomie des Menschen die des Affen erklärt. Ganz im Gegenteil wollte er bei Laborbeobachtungen des Verhaltens der Menschenaffen psychologische Gesetze, Analysemethoden entdecken, die auch für das menschliche Verhalten gelten.

Wie dem auch sei, ich saß in einem nüchternen und staubigen Raum der Sorbonne und wartete darauf, an die Reihe zu kommen, um mit Professor Guillaume über die lieben Schimpansen zu sprechen. Das beunruhigte mich überhaupt nicht. Zur damaligen Zeit war ich in der Lage, mit jedem über alles zu sprechen. Vor allem mit einem Sorbonneprofessor. Und dann hat Jacqueline B. den Raum betreten. Sie studierte zerstreut Philosophie, aber sie kannte Prévert. Ich meine, sie kannte Préverts Gedichte. Ich wußte vage – viel später habe ich zu meinem eigenen Nachteil erfahren, daß man den Namen des Autors immer vage weiß –, daß er Filmdialoge und -drehbücher geschrieben hatte. Aber seine Gedichte waren mir unbekannt. Jacqueline B. dagegen kannte sie.

Sie ist in dieser mündlichen Psychologieprüfung also durchgefallen. Ich habe die Prüfung also bestanden. Aber durch sie habe ich außer dem Blick ihrer blauen Augen die Gedichte Préverts und die Romane Faulkners entdeckt. Das ist nicht so schlecht für eine risikoreiche Begegnung in einem dunklen und nüchternen Raum der Sorbonne.

Ich hatte also 1942 angefangen, die Gedichte Préverts zu lesen. Und dann, 1947, im Frühling oder zu Sommerbeginn jenes Jahres, habe ich Jacques Prévert kennengelernt. Ich ging in die Rue Vaneau, und zwar zu André Verdet, mit dem ich seit der Deportation befreundet war. Verdet hat sogar eine Anthologie mit Gedichten aus Buchenwald veröffentlicht, in der ein Gedicht von mir ist. Ich habe dieses Buch verloren, oder es verschimmelt in irgendeinem Keller in irgendeiner vergessenen Kiste, aber ich bin sicher, daß ich André ein in Buchenwald geschriebenes Gedicht für seine Sammlung gegeben habe. Aber darum geht es nicht. Es geht darum, daß André mich etwa zur gleichen Zeit in den Kreis der Brüder

Prévert eingeführt hat, als Montand anfing, Jacques' Gedichte zu singen. Aber Montand kannte ich immer noch nicht.

Dagegen habe ich zu jener Zeit, und zwar aufgrund meiner häufigen Besuche in der Rue Vaneau bei André Verdet – man wird mir vorhalten, dieser Zufall scheine geradewegs aus einer Geschichte von Simone Signoret zu stammen, aber was kann ich dazu? Die Wahrheit ist immer noch das, was sie war! – aufgrund meiner Besuche bei meinem Kumpel aus Buchenwald, sage ich, habe ich Catherine, Simones Tochter, kennengelernt.

Sie sitzt heute abend neben mir, Catherine, in der *tribuna de honra* oder Ehrenloge des Maracanàzinho-Stadions. (*Ginásio Gilberto Cardoso [Maracanàzinho], Agosto 31, 3ᵉ Feira, Convite pessoal e intransferivel*, steht auf der Einladungskarte, die ich selbstverständlich aufgehoben habe.) Wir sitzen der ganz fernen schwarz-weißen Gestalt, der ganz nahen goldenen Kupferstimme Yves Montands gegenüber. Ich weiß nicht, ob sie auch die Augen geschlossen hat, da ich meine geschlossen habe und sie nicht sehe. Ich weiß nur, daß wir uns bei der Hand gefaßt haben, wie in dem Augenblick, in dem die Zuschauer in einem Zirkus den Atem anhalten: hoch oben arbeitet ein Seiltänzer ohne Netz.

Ich werde nicht die Augen, den Mund aufmachen, um sie zu fragen, wie alt sie eigentlich war, als ich meinen Kumpel Verdet in der Rue Vaneau besuchen ging und sie in der Sonne spielen sah, hinten auf dem Hof jenes Hauses in der Rue Vaneau. Sie würde mir Bescheid sagen, das steht fest. Vielleicht würde sie sogar grob. Sie ist dazu imstande. Und außerdem kann man es leicht ausrechnen: sie war ungefähr ein Jahr alt, sie tat ihre ersten Schritte in der Sonne jenes Nachkriegsfrühlings auf dem großen Hof in der Rue Vaneau.

Wenn ich dabei wäre, einen Fellini-Film zu drehen – eine absurde Hypothese natürlich: selbst Fellini hat immer größere Schwierigkeiten, Fellini-Filme zu drehen –, wenn ich dabei wäre, statt ein Essay-Porträt über Yves Montand zu schreiben, einen Film über ihn zu drehen, was für einen auch immer, und sei es einen eigenen, würde ich an den Anfang zwei kurze Bilder stellen, die sich aber entlang dem Ariadnefaden des Films entwickeln, ihren Sinn und ihren Schwung bekommen würden. Das blitzartig aufleuchtende Bild von Montand auf dem hochbeinigen, kannelierten Stuhl *a cappella Les Bijoux* von Baudelaire singend. Oder lieber eine Folge gleichartiger Bilder. Identisch und unterschiedlich. Montand, der *Les Bijoux* im Maracanàzinho, in der Metropolitan Opera in New York, im Kennedy Center in Washington, im Greek Theater in Los Angeles, im Großen Theater von Osaka singt. Eine fließende Folge von kurzen Einstellungen, wahrscheinlich stumm. Oder mit einem auf die Lautstärke von Liebesgeraune herabgeminderten Ton. *La très chère était nue...* Und gleich nach diesem Bild von Montand oder zwischen die verschiedenen Sequenzen dieses Bildes an den verschiedenen szenischen Orten würde ich kurz das des sonnigen Hofes in der Rue Vaneau einblenden. Das Bild eines einjährigen kleinen Mädchens, das den Kopf hebt, mit einem bereits fragenden Blick. Das alles natürlich unterlegt mit Musik von Nino Rotta.

Aber ich drehe keinen Film. Ich habe nur die Augen geschlossen und lausche der Stimme Montands.

Ich finde sie wieder, so wie mein unvergängliches Gedächtnis sie in sich verändert, etwas gewichtiger geworden an Ernst, noch tiefer aus den Untergründen und Untiefen des Gefühls aufsteigend, gefurcht wie bewegtes Wasser von den Kümmernissen der vergehenden Tage, von neuen, goldbraunen Kupferklängen. Kurz, eine tiefe Stimme aus der Tiefe. *Cante hondo* auf spanisch.

Ich schließe die Augen und erinnere mich. *Amarcord* würde ich sagen, wenn wir in einem Fellini-Film wären.

Ich erinnere mich an einen Abend in der Rue de Tournon. Wir waren bei Steph Simon. (Er ist vor kurzem gestorben:

Adieu, »Bourru«, bis demnächst!) Es gab Musik, Alkohol, das Feuer des Gesprächs. Das war in der glücklichen Zeit, von der ich spreche, vor den Vereisungen des kalten Krieges.

An jenem Abend also ist Francis Lemarque gekommen. Es war spät nachts, wahrscheinlich kam er aus einer der Kneipen, in denen er sang. Aber er war aufgekratzt, vor Freude außer sich. Yves Montand hatte ein Chanson von ihm übernommen, erzählte er uns. Und zwar *À Paris,* schlicht und einfach.

Gleich wird Montand im vollen Licht der Scheinwerfer vor den vierzehntausend Brasilianern im brechend vollen Betonrund des Maracanàzinho *À Paris* singen. Sie sind in der überwiegenden Mehrheit jung. Sie haben Montand nie singen hören, sie kennen kaum seine Platten. Was sie kennen, ist der Filmschauspieler. Seine in der ganzen Welt berühmten Filme. Sie sind in Scharen gekommen, neugierig, lärmend, bereit, gegebenenfalls zu randalieren. Aber sie sind überrumpelt worden. Sie sind reglos sitzen geblieben, wie angenagelt, während sie im allgemeinen, wurde mir gesagt, ständig im Stadion herumwandern, sich bei Rock- oder Country-music-Konzerten tanzend und klatschend durch die Gänge und Sitzreihen bewegen. Wie angenagelt, aufmerksam, betört, *La Chansonnette* mit Händeklatschen begleitend, in lange Beifallsstürme ausbrechend.

Gleich, während Montand *Les Feuilles mortes* singt, werden sie zu Tausenden anfangen, unmerklich, lautlos, mit jenem tänzelnden und geschmeidigen Gang der brasilianischen Fußballartisten ihre Plätze zu verlassen. Sie werden sich in Massen vor der Bühne drängen, so nah wie möglich an der Bühne. Wenn Montand im vollen Licht der Scheinwerfer zum Finale *À Paris* singen wird, werden sich ihm Tausende von Händen entgegenstrecken, um dieses Emporschwingen von Gesang und Körper jubelnd zu begleiten. Und ich werde mich noch einmal an jenen fernen Abend in der Rue de Tournon bei Steph Simon erinnern (auf bald, Alter, ruhe in

Frieden, im Schlaf der Welt!), als Francis Lemarque so glücklich war.

Aber soweit sind wir noch nicht. Ich halte die Augen noch geschlossen, um der Stimme Montands zu lauschen. Ihr jetzt, an diesem letzten Augusttag 1982 im Maracanàzinho zu lauschen und ihr gleichzeitig in meinem Gedächtnis zu lauschen.

Denn die Zeit verging, und wir waren uns immer noch nicht begegnet.

1953 war Stalin gestorben, wir ahnten noch nicht, wie sehr dieser Tod unsere Leben verändern würde. Montand gab im Théâtre de l'Étoile ein triumphales Konzert, das sechs Monate lang vor ausverkauftem Haus laufen sollte. Ich begann illegale Reisen nach Spanien zu machen, um das Penelopegewebe der versprengten kommunistischen Organisationen neu zu knüpfen, die in den schrecklichen Jahren, denen wir gerade entronnen waren, von der Franco-Repression zerstört worden waren.

Aber in Madrid, während dieser ganzen Periode, lauschte ich weiterhin der Stimme Montands. Manchmal, zwischen zwei illegalen Zusammenkünften – und die Männer, die ich bei diesen Gelegenheiten traf, daran denke ich in diesem Augenblick, sind berühmte Schriftsteller, Filmregisseure, hervorragende Wirtschaftswissenschaftler, Abgeordnete oder Minister des demokratischen Spanien geworden: unglaublich, was für gute Beziehungen ich damals hatte! Oder sie sind tot, wie Julián Grimau, von Franco erschossen; wie Dionisio Ridruejo, dessen Herz ein paar Monate zu früh aufgehört hat zu schlagen; wie Domingo »Dominguín«, der dem Tod keine Chance gegeben hat, sich ihm aufzuzwingen, der ihn selbst gewählt hat, im fernen Amerika, gerade in dem Moment, als alles wieder möglich wurde – zwischen zwei illegalen Zusammenkünften ging ich also zu Nieves und Ricardo in die Calle Don Ramón de la Cruz. Es war eines der seltenen sicheren verbündeten Häuser jener fernen Zeit, in der man sich nicht gerade darum schlug, einen Platz im antifrankistischen Kampf einzunehmen. Nieves und Ricardo hatten ihren Platz. Von jeher, könnte man sagen, denn beide hatten schon die Gefängnisse des Regimes kennengelernt.

Aber sie hatten auch eine ausgezeichnete Plattensammlung. Ricardo Muñoz Suay war Regieassistent beim Film, er machte Reisen ins Ausland. (Jawohl, liebe Leute! So unglaublich das erscheint: ein Mann, der im Gefängnis gesessen hatte, der für seine kommunistischen Aktivitäten bekannt war, konnte in jenem Land wieder einen Beruf ausüben und einen Paß bekommen – Sie dürfen das Spanien des blutrünstigen Diktators Franco nicht mit der UdSSR des liberalen Andropow verwechseln!) Auf diese Weise brachte Ricardo regelmäßig Schallplatten von Yves Montand aus Paris mit. Infolgedessen konnte ich weiter dieser vertrauten Stimme lauschen.

Ich ging wann ich wollte in die Calle Don Ramón de la Cruz. Es war ein verbündetes Haus, das habe ich bereits gesagt. Ein Haus, dessen Tür mir immer offenstand. Dabei hätte allein die Tatsache, daß Nieves und Ricardo mich aufnahmen, ihnen, wenn die Polizei es entdeckt hätte, ein paar Jahre Gefängnis mehr eingebracht. Sie nahmen mich trotzdem auf. Ich ging wann ich wollte hin. Nieves kochte mir Kaffee. Und ich lauschte der Stimme von Yves Montand.

Ich werde Ihnen an dieser Stelle nicht alle Chansons von Montand vorträllern, die ich seitdem auswendig kann. Zum einen singe ich falsch. Zum anderen ist ein Buch wirklich nicht der richtige Ort, um Chansons zu trällern. Außer, es wäre ein Buch von Prévert natürlich. Ein Buch, in dem der leicht angesäuselte Klempner an Ihrer Stelle, in Ihrem Kopf zu trällern anfängt. Aber dies ist kein Buch von Prévert, und kein Klempner ist weit und breit. Ich werde also nicht alle Chansons von Montand trällern, die ich während dieser kurzen freundschaftlichen Aufenthalte im Madrider Untergrund auswendig gelernt habe.

Im übrigen bin ich nicht in Madrid. Ich bin in Rio de Janeiro, im Maracanàzinho (in der Gilberto-Cardoso-Sporthalle, um ganz genau zu sein), und ich höre die Stimme Montands, die ansetzt, *Les Bijoux* von Baudelaire zu singen.

Montand hat die Texte für seine Chansons immer sehr gut ausgewählt. Er schreibt sie nicht selbst, wie man weiß. Er ist nicht, was man im Spanischen mit dem hübschen Wort *cantautor* bezeichnet. Er ist kein »Liedermacher«. Manche halten es ihm übrigens ziemlich törichterweise vor. Als sei die Kunst der Interpretation geringer, was mit einem Federstrich alle großen Opernsänger um unsere Hochachtung brächte. Als sei diese Kunst weniger persönlich, während sie einfach anders ist. Das Einmalige, Unverwechselbare einer einzigartigen Persönlichkeit kann sich auch in der Auswahl der Texte, in einer Interpretation ausdrücken. Letzten Endes hat Alain Resnais – und ich erwähne ihn nicht zufällig, wie man merken wird – bis heute nie eine Zeile der Drehbücher geschrieben, die er verfilmt. Gibt es jedoch etwas Persönlicheres, etwas unergründlicher Einzigartiges, etwas sonderbarer Einmaliges als die Inszenierungen von Alain Resnais, gleichgültig wer der Autor seiner Drehbücher ist?

Montands Persönlichkeit drückt sich also in seiner Interpretation, der Inszenierung seiner Auftritte und der Wahl seiner Texte aus. Auf diesem Gebiet muß man ihm einen selten sicheren Geschmack zuerkennen. Beinah keine Mißgriffe in einer nahezu vierzigjährigen Laufbahn. Der Beweis dafür ist das Repertoire seines letzten Konzerts, dessen Debüt im Oktober 1981 im Olympia in Paris stattgefunden hat und mit dem er 1982 eine Tournee durch die ganze Welt gemacht hat. Darin findet man Texte aus der allerfrühsten Zeit seiner Karriere und ganz neue. Die ältesten sind immer noch so frisch wie am ersten Tag. Die neusten haben bereits einen Geschmack von Tradition. Von *Luna-Park* bis *L'Addition*, von *Les Plaines du Far West* bis *Casse-tête* – über die

Gedichte Préverts, die gewissermaßen der unvergängliche Grundstock dieser eigensinnigen, hartnäckigen Eroberung des Vergänglichen bilden, die alles in allem das Repertoire des Montand aller Zeiten bilden – sind die Kontinuität, der Zusammenhang einleuchtend.

Außerdem kann man, wenn Montand Dichter wählt, nicht sagen, daß er auf Leichtes aus ist. Er hat Apollinaire, Rimbaud, Desnos, Aragon in seinem Repertoire. Und nun Baudelaire. Man wird natürlich sagen, daß er vor allem Jacques Prévert singt und daß dieser ein populärer Dichter ist. Aber das ist falsch, zumindest ungenau. Es ist eine falsche Perspektive. Denn Prévert ist nicht von vornherein populär, er ist es geworden. Und vorwiegend dank Montand, den es Jahre mühevollen, hartnäckigen Ansingens gegen die herrschende Geschmacksströmung gekostet hat. Als er anfing, Texte von Prévert in seinen Vortrag aufzunehmen, war es ein Flop, wie man in der Branche sagt. Er hat nicht nachgegeben, er hat weiter Prévert gesungen. Schließlich hat er ihn durchgesetzt, zumindest in der Music-Hall.

Jedermann bildet sich heute ein, *Les Feuilles mortes* oder *Sanguine,* um nur zwei Beispiele zu nennen, seien immer Schlager gewesen. Nun, es waren Flops. Sie sind erst nach und nach zu Erfolgen geworden. Tatsächlich war die Partie erst 1953, anläßlich der Konzerte im Étoile, endgültig gewonnen.

Aber heute, im Maracanàzinho, singt Montant *Les Bijoux* von Baudelaire.

> *Les yeux fixés sur moi, comme un tigre dompté,*
> *D'un air vague et rêveur elle essayait des poses…*

Ich bin überglücklich, das muß ich gestehen.

Denn ich habe praktisch mit Baudelaire Französisch gelernt. Ich war fünfzehn Jahre alt, es war in Holland *(Là, tout n'est qu'ordre et beauté/Luxe, calme et volupté…).* Mein

Vater war Geschäftsträger der Spanischen Republik während des Bürgerkriegs. Ich lernte alles auf einmal. Ich lernte die Malerei im Mauritshuis in Den Haag. Ich lernte das Exil. Ich lernte Fremdsprachen – ein Weg, die Sorgen des Exils zu vergessen, zumindest zu lindern. Ich lernte, wie Juan Larrea, eine von Montand gespielte Figur, vierzig Jahre später in *Les Routes du Sud (Straßen nach Süden)* sagen sollte, daß »das Vaterland kein Wort ist, sondern die Wörter«. Damals, als die Sprache des Vaterlandes sich entfernte, sich verwischte, entdeckte ich das Vaterland der Sprache.

Baudelaires Gedichte standen im Mittelpunkt dieses Lernens. Ich habe ein paar Gulden aus einer väterlichen Schublade in der Botschaft von Spanien, Plein Nr. 1813 in Den Haag, entwendet, um mir den ersten Band der Bibliothèque de la Pléiade zu kaufen, der die poetischen Werke von Charles Baudelaire enthielt. Ich konnte sie auswendig. Ich konnte sie fast vollständig aufsagen, ohne mich ein einziges Mal zu versprechen. Sogar die lateinischen Verse aus *Franciscae meae laudes*. Das hat mir später sehr geholfen. Im Gefängnis, in den Lagern, bei den langen einsamen Wartezeiten im Untergrund hat es mir sehr geholfen, halblaut *Le Voyage* zum Beispiel aufsagen zu können.

Oder *Les Bijoux*.

Denn das Lernen von Baudelaire war nicht nur das Erlernen der Sinnlichkeit der Sprache. Es war das Erlernen der Sprache der Sinnlichkeit. Diese ist natürlich ein Trieb. Aber das kann eine Sprache werden. Eine universelle Sprache übrigens. Für mich ist es zum großen Teil dank Baudelaire eine Sprache geworden.

> *Et la candeur unie à la lubricité*
> *Donnait un charme neuf à ses métamorphoses...*

Es ist daher nicht erstaunlich, daß Diego Mora, die Hauptfigur in *La Guerre est finie (Der Krieg ist vorbei)*, großartig dargestellt von Montand, an irgendeiner Stelle ein Bruchstück von Baudelaire murmelt. Er ist nach einer seiner illegalen Reisen gerade in Paris angekommen. Er ist allein in seinem Zimmer. Er räumt Papiere weg. Und er sagt halblaut, als wäre es selbstverständlich: *Et les soirs au balcon, voilés de vapeurs roses . . .*

Dies ist das erste Mal, daß Montand beiläufig ein herrliches Bruchstück aus einem Gedicht von Charles Baudelaire zitiert.

Ich mache die Augen wieder auf im Maracanàzinho.

Montand singt gerade *Les Bijoux* zu Ende. Vierzehntausend Brasilianer halten den Atem an. Man hat den Eindruck, daß diese Tausende auf ihn gerichteter Blicke versuchen, ihn zu stützen, ihn bis ans Ende dieser Strecke zu geleiten. Das nennt man wahrscheinlich Beteiligung. Oder Identifikation. Diese Tausende von Brasilianern, deren überwältigende Mehrheit nicht Französisch spricht, verstehen in diesem Moment nicht nur, was Montand singt, sondern erwecken auch noch den Eindruck, es mit ihm zu singen, *sotto voce*. In der Tiefe ihres warmherzigen Schweigens.

> *Et la lampe s'étant résignée à mourir,*
> *Comme le foyer seul illuminait la chambre,*
> *Chaque fois qu'il poussait un flamboyant soupir,*
> *Il inondait de sang cette peau couleur d'ambre!*

Jetzt ist es zu Ende.

Das Licht des Scheinwerfers hat allmählich nachgelassen, es ist goldbraun geworden. Das Wort »ambre«, geflüstert, aber lange angehalten, um die Achse seines »R« – seines *erre* – rollend und sich entrollend, erfüllt mit seiner offenen und gutturalen Resonanz das weite Rund aus Beton. Dann geht das Licht aus.

In der ungeheuren Stille, die folgt, hört man die Menge

wieder Atem schöpfen. Man vernimmt, einem Waldesrauschen gleich, das befreite Aufatmen dieser Menge. Dann, den Bruchteil einer Sekunde später, bricht Beifall aus, dröhnend, endlos, von den Rängen herabbrandend wie ein Sturmwind.

Ich wende mich Catherine Allégret zu.

Wir sehen uns an, mit noch trockenem Mund, mit noch klammen Herzen. Geschafft, der Seiltänzer ist am Ende seines Seils angekommen, das da oben unter der Kuppel gespannt ist.

Er hat gewonnen.

Und wir haben unter wildem Gelächter den Eindruck, mit ihm gewonnen zu haben, in diesem Maracanàzinho-Stadion, in dem die Zuschauer nicht aufhören, stehend zu klatschen.

»Er ist verrückt, der Kerl, er ist verrückt«, murmelt Catherine selig.

Und es stimmt, was er, Montand, macht, ist verrückt. Aber wahrscheinlich macht er es, weil er herkommt, wo er herkommt.

Was verrückt ist, ist dort herzukommen, wo er herkommt.

2

Amarcord

Montand erinnert sich nicht an Torquato Tasso.

Wir sind in der Umgebung von Marseille, in Allauch, im Viertel La Pounche, im Haus von Lydia Ferroni, Montands älterer Schwester.

Es ist der 13. Dezember 1982, der erste Jahrestag des Militärstaatsstreichs von General Jaruzelski: Es wird wahrhaftig keine Möglichkeit geben, Polen während dieses ganzen Berichts zu vergessen.

Vor ein paar Tagen habe ich Montand gebeten, die Fahrt nach Marseille mit mir zu machen. Ich hatte den Wunsch, die Landschaften kennenzulernen, aus denen er kommt. Die Orte seiner Kindheit. Ich wollte die wirklichen Landschaften seiner Kindheit – was davon übrig sein würde, zumindest – mit den Bildern vergleichen, die beim Lesen seiner Erinnerungen, *Du soleil plein la tête*, in mir aufgestiegen waren. Oder beim Zuhören, wenn er, allerdings höchst selten, etwas aus seiner Kindheit in La Cabucelle erzählte.

Montand hat sich bereit erklärt, die Fahrt mit mir zu machen. Allerdings ohne große Begeisterung. Mir lag daran, es war unbedingt notwendig für mein Essay-Porträt über ihn, sagte ich ihm. Er nickte ohne große Begeisterung. Schließlich hat er sich bereit erklärt. Aber offensichtlich sind Rückwendungen nicht sein Geschmack. Im wirklichen Leben jedenfalls.

Wir sind also am Montag, dem 13. Dezember, vormittags nach Marseille geflogen.

Montand hatte einen Monat zuvor in Tokio seine Welt-tournee beendet. Aber er war nicht auf direktem Weg nach Frankreich zurückgeflogen. Wie die Tiefseetaucher, die langsam wieder an die Oberfläche aufsteigen, um einen zu gewaltsamen Druckabfall zu vermeiden, war er auf Umwegen aus Japan zurückgekehrt.

Nach so vielen Monaten der Arbeitsdisziplin, der ausschließlichen Konzentration, der in jeder neuen Stadt, in jedem neuen Land erneuerten Ekstase, nach den allabendlichen Triumphen über sich selbst, über die jedesmal möglichen Kommunikationsschwierigkeiten, war es ihm bestimmt nicht leicht, in den Alltag zurückzukehren. Fragen stellten sich zwangsläufig. Würde er ein vergleichbares Abenteuer wiederholen können? Bricht man mit einundsechzig Jahren noch einmal zur Eroberung der Welt und seiner selbst auf?

Gewiß, in San Francisco, am 13. Oktober, seinem Geburtstag und dem Jahrestag des Tages, an dem er nach siebenjähriger Abwesenheit im Olympia in Paris wieder die Bühnenbretter betreten hatte – sogar viel länger als sieben Jahre, wenn man bedenkt, daß der Auftritt von 1974 zu Gunsten der chilenischen Flüchtlinge eine einmalige Ausnahme gewesen war –, am 13. Oktober hatte ihn das kalifornische Publikum mit jubelndem Beifall empfangen und hatte *Happy birthday to you* skandiert. Aber sollte es nicht gerade der letzte gemeinschaftlich in der Öffentlichkeit, in der festlichen Konzertstimmung verlebte Geburtstag sein?

Damit diese dumpfe Beklommenheit Zeit hatte, sich zu legen, hatte Montand, um nach Frankreich zurückzukehren, aufs Geratewohl Umwege gemacht. Zuerst war er nach New York geflogen. Er war durch die Straßen geschlendert. Er hatte sich die Ausstellung von Jean-Michel Folon angesehen. Er war im Central Park spazierengegangen, ohne sich Gedanken um die täglichen Proben zu machen. Er war wieder in die Metropolitan Opera gegangen, aber um Ruggero Raimondi singen zu hören, nicht um selbst zu singen.

Und dann, am 6. Dezember, war er nach Washington gefahren. Dort sollte er Gene Kelly einen Preis überreichen. Im Oktober in Los Angeles, nach der letzten Vorstellung im Greek Theater – dem riesigen Freilichtamphitheater mitten in der Natur, das von der lärmenden Freude von mehr als viertausend entzückten Zuhörern brauste –, einen Tag vor der Abreise nach Japan hatten wir mit Gene Kelly zu Abend gegessen.

Es war in West-Hollywood, in einem französischen Restaurant. Gene Kelly wünschte sich, daß Montand ihm den Preis des Kennedy Centers in Washington überreichte, der für 1982 an ihn vergeben worden war. Es wäre das erste Mal in der Geschichte der *Honors,* daß einem Amerikaner diese jährliche Auszeichnung von einem Ausländer überreicht würde. Und Montand erklärte sich dazu bereit, nicht nur um Kelly eine Freude zu machen, sondern zweifellos auch, damit seine Anwesenheit in Washington am 6. Dezember die Aussicht, sich nach der phantastischen Tournee-Erfahrung im Pariser Alltag wiederzufinden, um zwei Wochen hinausschob. Nach der Tournee, diesem Wirklichkeit gewordenen Traum.

Anfang Dezember fuhr er also nach Washington, um Gene Kelly einen Preis zu überreichen. Die anderen Preisträger der Kennedy Center Honors für 1982 waren George Abbott, Lillian Gish, Benny Goodman und Eugene Ormandy.

In Washington hatten wir uns auch im September vorübergehend getrennt. Ich war mit Montands Tournee nach Brasilien, danach in die Vereinigten Staaten gereist. Nach der außergewöhnlichen Woche in der New Yorker Metropolitan Opera hatte er an zwei Abenden im Kennedy Center in Washington gesungen. Wir waren wieder allein, unsere Familienangehörigen waren zurück nach Europa gefahren. Von den Fenstern des *Watergate* aus – so heißt nicht nur ein Skandal, sondern auch ein Hotel – sah man Nebelschwaden über dem Potomac. Es herrschte feuchte Hitze.

Anschließend reiste Montand nach Kanada weiter. Er sollte in Quebec, Ottawa und Montreal auftreten. Ich meinerseits flog zurück nach Europa. Ich wollte eine oder zwei Wochen in Spanien verbringen, wo der Wahlkampf für die vorgezogenen Parlamentswahlen stattfand. Ich sollte Montand Mitte Oktober an der Westküste der USA wiedertreffen. Von dort würden wir zusammen nach Japan reisen.

Der Abschied war ziemlich traurig. Es war idiotisch, sich nach diesen rauschenden Wochen zu trennen. Es war einfach blöd.

Daher fühlte ich mich nach Montands und Bob Castellas Auszug aus dem *Watergate-Hotel* unausgefüllt. Desorientiert. Ich hatte drei oder vier Stunden Zeit bis zum Start des Flugzeugs nach New York, von wo ich einen Nachtflug nach Paris nehmen würde. Ich mußte drei oder vier Stunden totschlagen. Oder mich im Kreis drehen. Das tut man gewöhnlich, sowohl wenn man die Zeit totschlagen will, wie wenn die Zeit einen totschlägt.

Da erfuhr ich zufällig in der Hotelhalle, daß in der National Gallery von Washington eine zeitweilige Ausstellung der Meisterwerke des Museums von Den Haag, des Mauritshuis, zu sehen war. So zeitweilig, daß sie am selben Tag ihre Pforten schließen würde. Ich hatte gerade noch Zeit hinzurennen. Ich rannte hin. Schließlich durfte ich diese Gelegenheit nicht verpassen, die Bilder aus meiner Kindheit wiederzusehen.

Anders gesagt, dank diesem von der Vorsehung gesandten Zufall – aber in gut zusammengebastelten Geschichten treten Zufälle immer unter der Maske der Vorsehung auf – würde ich in Washington die Zeit nicht totzuschlagen brauchen. Ich hatte im Gegenteil die Möglichkeit, sie wiederzufinden. Die Zeit meiner Jugend würde vor mir wiedererstehen, unbeweglich und heiter, in Gestalt der Figuren und Landschaften der holländischen Maler, aber dunkel vom Nahen des Todes durchwirkt. Meinem eigenen selbstverständlich. Allein *Das junge Mädchen mit der Perle* von Vermeer bliebe auf ewig unerreichbar für die Abnutzung durch die Zeit.

Es war 1937, im Frühling.

Ich ging an der Wasserfläche des Hofvijver entlang, auf dem Schwäne schwammen, und betrat die Museumssäle des Mauritshuis. Ich war vierzehn, ich lernte alles auf einmal, das Exil, Fremdsprachen und die holländische Malerei. Ich lernte auch zu existieren. Mühevoll. Die Welt war weit, zum großen Teil nicht entzifferbar. Antonio Gramsci war gerade gestorben, von seiner Partei praktisch im Stich gelassen. Was Ercole Ercoli angeht – in Zukunft bekannter unter dem Namen Palmiro Togliatti –, so war er nach Spanien geschickt worden, um die Führung der spanischen Kommunistischen Partei in die Hand zu nehmen und um den Kampf gegen den Trotzkismus zu Ende zu führen. Kurz bevor Ercoli in Barcelona eintraf, hatte er einen langen Nachruf auf Gramsci geschrieben. Einen Essay voller Elogen und Lügen, der das Bild seines Kampfgefährten verfälschte. Der einen treuen, orthodox-verknöcherten Stalinisten aus ihm machte. Der bis zu der Schändlichkeit ging, Gramsci einen Satz zuzuschreiben, den jener unfähig gewesen wäre auszusprechen. Einen Satz über Trotzkij. »Er ist die Hure des Faschismus«, sollte Gramsci über Lew Dawidowitsch gesagt haben. *La puttana del fascismo.* Aber dieser Satz war natürlich eine schändliche Erfindung von Ercoli. Es war die Epoche der Großen Säuberung in der Sowjetunion, müssen wir bedenken. Ein Prozeß folgte auf den anderen. Der Terror suchte das Land heim wie eine entfesselte Flut. Millionen von Männern und Frauen wurden wie Strohhalme von diesen stürmischen Wassern fortgerissen in den Archipel Gulag. In Den Haag lernte ich Latein und Griechisch im Tweede Gymnasium. In meiner Freizeit trieb ich mich in der Buchhandlung von Martinus Nijhoff oder in den Museumssälen des Mauritshuis herum. Aber der Spanische Bürgerkrieg nahm eine Wendung zum Schlechten. In Marseille, in der Impasse des Mûriers im

Viertel La Cabucelle, lernte Montand das Arbeiterdasein kennen und träumte von Fred Astaire. Sein Vater, Giovanni Livi, gab einem italienischen Genossen, der den Gefängnissen Mussolinis entkommen war, alle seine Ausweispapiere, damit dieser mit seiner Familie in die UdSSR gelangen konnte. Die UdSSR, das Vaterland der Arbeiter, man erinnert sich ja. Mutterland sogar: derartig mütterlich, daß es sie zu Millionen in seinem weiten eisigen Schoß verschlang, im Kolyma-Gebirge. Unersättliche Mutter.

Aber ich kenne das Viertel La Cabucelle noch nicht. Ich habe das Häuschen in der Impasse des Mûriers, in dem die Familie Livi gewohnt hat, noch nicht betreten. Ich bin in Washington, Montand ist gerade nach Kanada abgereist, und ich wandere durch die weitläufigen und stillen Säle des Neubaus der National Gallery, wahrscheinlich einer der fruchtbarsten Orte für Meditation und Freude, die es auf der Welt gibt. In jenem Teil der Welt, den ich kenne zumindest.

1937 in Den Haag lernte ich mit Charles Baudelaire Französisch, ich sagte es bereits. Aber auch mit Marcel Proust. Oder vielmehr, seien wir ganz genau, keine Aufschneiderei: mit *Du côté de chez Swann (In Swanns Welt)*. Anschließend habe ich vierzig Jahre gebraucht, um Proust zu Ende zu lesen. Sogar länger, wenn ich richtig nachrechne. Denn eben im September 1982, in Washington, im Lauf dieser dunstigen Sonnentage an den Ufern des Potomac war es, daß ich *Le Temps retrouvé (Die wiedergefundene Zeit)* zu Ende las. Ein Grund mehr, wie Sie verstehen werden, in die National Gallery zu rasen und mir die Malerei meiner Jugend anzusehen.

Aber die *Ansicht von Delft* war nicht dabei. Pech für Bergotte, für den zweiten Ramón Mercader und für mich. *Das junge Mädchen* von Vermeer dagegen war da. Und vor allem *Der Distelfink* von Carel Fabritius. Es gibt nichts Besseres, um die vergangene Zeit wiederzufinden.

Aber Montand erinnert sich nicht an Torquato Tasso.

Wir sind wieder in Allauch, nach all diesen Umwegen und Abwegen. Es ist der 13. Dezember 1982, und Montand ist gerade aus Washington zurückgekommen.

Heute morgen, nach der Landung in Marignane, hat er den Chauffeur des Mietwagens gebeten, bei Saint-Antoine nach Marseille hineinzufahren.

Das war etwas ganz anderes als bei Swann oder bei den Guermantes, das dürfen Sie mir glauben. Es war die dunkle Seite des Lebens, des Arbeiterdaseins: die schlechte Seite der Geschichte. Wir sind unter einer Wintersonne durch diese Viertel gefahren. Montand zeigte mir die Straßen, die Häuser seiner Kindheit. Er wies mich auf die Orte hin, in denen er früher verkehrt hatte. Cafés, Kinos. Manche waren verschwunden. Auf den einst unbebauten Grundstücken stehen jetzt die tristen Zeilen der Sozialbauten. Aber die Gesamtstruktur, das eigentliche Gefüge dieses Lebens schien sich nicht grundlegend verändert zu haben. Es war noch ein Viertel, in dem die Einwanderer, die gefährdetsten Randschichten eines Subproletariats deutlich überwogen.

Schließlich, nachdem wir den Pfaden seiner Kindheit in allen Richtungen gefolgt waren, wobei wir Orte fanden, die mit den Bildern der Erinnerung übereinstimmten, andere, die sich verändert hatten, und manche, die verschwunden waren, nicht wiederfanden, fuhr Montand mit mir nach La Cabucelle in die Impasse des Mûriers.

»Wie lange warst du nicht hier?« fragte ich ihn.

Er schüttelte den Kopf, er beugte sich vor, um aus dem Wagenfenster zu schauen. Sichtlich erregt vor verhaltener Rührung.

»Ich weiß nicht mehr«, sagte er. »Seit Jahren, seit einer Menge Jahre!«

Er sah die niedrigen Häuser an, die kleinen Höfe, die die Sackgasse säumten. Auf den ersten Blick hatte er den Eindruck, daß nichts sich verändert hatte. Er sagte zu mir: »Es hat sich nicht verändert.« Auf den zweiten Blick jedoch, als er versuchte, mir die genaue Stelle zu zeigen, wo er gewohnt hatte, fand er sie nicht wieder. Alles erschien ihm plötzlich verändert.

Er ist aus dem Auto gestiegen.

Er ging mit großen Schritten von einem Trottoir zum anderen und sah die Impasse des Mûriers aus allen Winkeln, allen Perspektiven an. Er sah ihr direkt ins Gesicht, in die Augen. Sah sie auch schief an schließlich. Denn es gelang ihm nicht, den genauen Standort des Hauses der Familie Livi wiederzufinden. Das Haus seiner Kindheit.

Ihn hat so etwas wie betrübter Jähzorn gepackt.

»Komm, wir verziehn uns«, hat er gerufen. »Hier gibt es nichts zu sehen!«

Wir sind wieder ins Auto gestiegen.

In dem Moment, als wir aus der Impasse des Mûriers hinausfuhren, hat er auf der linken Seite an einer Fassade über einem sichtlich erneuerten Stück Hauswand einen helleren Fleck entdeckt.

»Da«, hat er gerufen.

Der Chauffeur hat brüsk angehalten.

Montant erklärt mir, daß an der Stelle jenes Flecks an der Fassade früher der aufgemalte Name des Frisiersalons gestanden hat, den seine Schwester Lydia aufgemacht hatte, um zum Unterhalt der Familie beizutragen. *Coiffeuse Jacky* lautete die gelöschte Inschrift. Und das unlängst erneuerte Stück Hauswand befindet sich an der Stelle einer Tür zu einer Art Garage, in der der Frisiersalon untergebracht war.

Das wäre geschafft, alles fällt ihm wieder ein. Die Topographie der Erinnerung deckt sich wieder mit der heutigen Realität.

In diesem Moment ist eine brünette junge Frau in der Sackgasse auf uns zugelaufen. Auf Montand vielmehr. Außerdem, damit es in dieser Hinsicht keinen Zweifel gibt, ruft sie im Laufen: »Montand! Montand!« Mit dem gehörigen

Akzent, damit die Szene ganz und gar wahrheitsgetreu wirkt. Ich hatte das Auto bemerkt, das vor dem ehemaligen Häuschen der Familie Livi geparkt wurde. Ich hatte die junge Frau bemerkt, die mit Einkäufen beladen, ein ganz kleines Kind unterm Arm, ausstieg. Ich hatte auch bemerkt, daß sie beim Anblick von Montand, der sich aus dem Wagenfenster beugte und die Fassaden absuchte, Einkäufe und Baby in aller Eile auf dem Rücksitz ihres Autos abgelegt hatte, um auf uns zuzurennen.

Auf Montand, meine ich.

Sie ist da, ganz atemlos, das ist die Aufregung, sie sagt es, ihre Stimme singt es, was für eine Geschichte, ja, sie weiß es natürlich, daß sie im Haus von Montand wohnt, was für eine Aufregung, Herrgott, sie heißt Navarro, ihr Mann, ja, er ist Bäcker, ich bin ja so aufgeregt, immerhin, könnten Sie mir nicht ein Autogramm geben, Monsieur Montand?

Aber Montand hat letzten Endes kein Autogramm gegeben. Die junge Frau hatte weder Bleistift noch Papier zur Hand. Und außerdem hatte er es plötzlich eilig zu gehen.

Später, nach dem Mittagessen, habe ich ihm vorgeschlagen, noch einmal da hinaufzugehen, in die Impasse des Mûriers.

»Meinst du?« sagt er.

Er hat bestimmt Lust dazu.

»Es ist blöd, wir standen davor«, sage ich zu ihm. »Wir sind nicht hineingegangen. Dieses Ehepaar, die Navarros, werden entzückt sein, dich ihr Haus besichtigen zu lassen. Dein Haus, meine ich.«

Abgemacht, wir fahren hin.

Wir haben an der Haustür Nr. 8 der Impasse des Mûriers geklingelt. Er, Navarro, hat aufgemacht. Augenscheinlich hatte er seine Bäckersiesta gehalten. Aber er ist überglücklich, Montand zu sehen. Seine Frau muß es ihm erzählt haben. Die Bäckersfrau erscheint übrigens auch. Wir gehen unter lauten Kommentaren ins Haus. Man sieht gleich, daß Umbauarbeiten im Gang sind.

Montand bleibt stehen, sieht sich im ersten Zimmer um.
»Wo ist der Spülstein hin?« ruft er aus.

Navarro versteht nicht.

»Da war doch ein Spülstein!«

Er scheint fast entrüstet, daß man sich an den Gegenständen von einst vergriffen hat. Den Gegenständen seiner Erinnerung. Seiner Kindheit.

Ach ja, stimmt! Jetzt erinnert er sich, der junge Bäcker. Da war tatsächlich ein Spülstein, aber die Nutzung der Zimmer ist verändert worden. Sie bauen das Häuschen innen um. Hier ist jetzt die Heizungsanlage, ein Abstellraum.

Montand schüttelt den Kopf, von der Notwendigkeit für ein solches Drunter und Drüber nicht überzeugt. Aber er setzt seine Inspektion fort.

Er zeigt mir, immer noch im Erdgeschoß, die Flurtür, die, heruntergeklappt, den Zugang zu einem winzigen Zimmer nach hinten hinaus verbirgt. Zum Hofgärtchen hinaus. Hier schlief er im Januar 1944, als die Miliz eine Durchsuchung machte. Er war es, den die Milizsoldaten suchten, er war der Einberufung zum *Service de travail obligatoire*, dem staatlichen Arbeitsdienst, nicht nachgekommen. Wahrscheinlich hatte ihn jemand denunziert.

Aber seine Mutter ist so geistesgegenwärtig gewesen, die Flurtür herunterzuklappen und so den Eingang zu dem Verschlag zu verstecken, in dem er lag. Die Milizsoldaten stellten das ganze Haus auf den Kopf und zogen unverrichteterdinge wieder ab. »Mein Sohn gibt Galavorstellungen in der Gegend von Toulouse«, sagte Mama Livi.

Einen Monat später war Montand in Paris. Die beste Lösung war, sich mitten in der Menge, im vollen Licht zu verstecken: »offen und vor aller Augen«, hatte er beschlossen. Im vollen Licht der Music-Hall. Er sang im ABC. Eigentlich hat die Miliz sein Schicksal beschleunigt, indem sie ihn zur Flucht nach Paris trieb, zur Zuflucht in die beginnende Berühmtheit.

Plötzlich schreit Montand freudig auf.

Die Treppe hat sich nicht verändert. Getreu auf dem Posten ist sie genau so, wie sie vor vierzig Jahren war. Montand ist froh, seine getreue Treppe wiedergefunden zu haben. Er streichelt das Geländer.

Im Obergeschoß gibt es wieder Kummer und Enttäuschungen. Zwar hat sich die Zahl der Räume – winziger Räume – nicht geändert, aber ihre Nutzung ist durcheinandergebracht worden. Es fehlt nicht viel, und die Navarros würden sich angesichts seiner Verwunderung (»Aber nein, nein! Das Bett stand ganz woanders!«) dafür entschuldigen, daß sie die Einrichtung ihrer Wohnung verändert haben. »Es wäre natürlich besser, ein Museum daraus zu machen«, sagt Madame Navarro. »Aber nein, nein, kein Gedanke! Es ist sehr schön so«, sagt Montand. »Im übrigen müssen wir jetzt gehen«, fügt er hinzu. »Wir haben Sie lange genug gestört.«

Und wir gehen tatsächlich, um nach Allauch, ins Viertel La Pounche zu Lydia Ferroni zu fahren.

Aber Montand erinnert sich nicht an Torquato Tasso.

Dabei liegt das Buch vor mir auf dem Tisch. Ein dicker kartonierter Band, rot, mit Goldschnitt. Recht abgegriffen.

LA GERUSALEMME LIBERATA
illustrata da Edoardo Matania
Milano
Società Editrice Sonzogno
1895

So lautet die gedruckte Inschrift auf dem Titelblatt, unter dem Namen des Verfassers selbstverständlich, Torquato Tasso.

Aber Montand, die Augen mißtrauisch zusammengekniffen – was hat seine Schwester Lydia sich da wieder ausgedacht? –, behauptet zunächst, von diesem Buch nichts zu wissen.

Die Anspielung darauf kam eben von Lydia.

Wir waren am Spätnachmittag in Allauch angekommen. Die Luft war trocken und kühl. In der abendlichen Klarheit hallten von ferne die leisesten Geräusche des Lebens wider.

Montands Schwester erwartete uns erst am nächsten Tag. Als wir ankamen, war sie übrigens dabei, den Teig für die Ravioli auszurollen, die ihr Bruder sich zum Mittagessen am Dienstag gewünscht hatte.

Ich hatte Lydia das letzte Mal in Paris gesehen, bei der Premiere im Olympia. Vor etwas mehr als einem Jahr. Sie hatte mich hinter den Kulissen beiseite genommen, um mir Worte zu sagen, die mich gerührt hatten. »Lieben Sie ihn immer, meinen Bruder«, hatte sie zu mir gesagt, »hören Sie nicht auf, ihn zu lieben.« Das hatte ich nicht vor, ich habe es ihr gesagt.

Wahrscheinlich können diese Worte, ins Schriftliche übertragen, ohne die bebende Wärme der Stimme, ein bißchen feierlich wirken. Aber sie waren mit der Spontaneität einer echten, tiefen Zuneigung gesagt.

Und dann, vor kurzem, hatte ich im Verlauf der ganzen Welttournee feststellen können, daß Montand bei jeder Etappe eine Nachricht von Lydia vorfand. Das erste, was man ihm in jedem neuen Hotel, in jeder neuen Stadt mit dem Zimmerschlüssel überreichte, war ein Briefchen von Lydia. Er zuckte die Achseln, lächelnd, gerührt und eine Spur gereizt. Wie ein junger Mann es wäre, der noch dem Überschwang mütterlicher Liebe ausgesetzt ist. In diesem Fall war die Liebe zweifellos schwesterlich. Aber sie nahm manchmal, das ist verständlich, die etwas ausschließlichen, zudringlichen Formen mütterlicher Liebe an. Beinahe matriarchalischer Liebe.

Wie dem auch sei, Lydia hat eben von Torquato Tasso gesprochen.

Ich hatte ihr vom Besuch des Hauses in der Impasse des Mûriers erzählt. Ich hatte einige genauere Auskünfte von ihr erbeten. So zum Beispiel das genaue Datum der Ankunft ihres Vaters, Giovanni Livi, in Marseille, auf der Flucht vor den Verfolgungen des Faschismus. Die diesbezüglichen Daten, die ich gefunden hatte, wichen von Buch zu Buch, von Zeugenaussage zu Zeugenaussage leicht voneinander ab. Aber ich bin schon immer, beinahe besessen, auf Genauigkeit aus gewesen. Ich wollte das genaue Datum wissen. Das war bestimmt nicht sehr wichtig. Die Odyssee der Familie Livi ist ja in ihren großen Zügen bekannt. Eine in Monsummano Alto, einem Dorf nordwestlich von Florenz ansässige Bauernfamilie, wie man weiß. Ebenso weiß man, daß Giovanni Livis Schwager, ein fanatischer aktiver Faschist, Möchtegernführer der regionalen Schwarzhemden, Montands Vater seit Mussolinis Machtergreifung im Jahr 1922 zu verfolgen begann, um ihn zu einem Widerruf seiner sozialistischen Ideen zu bringen. Schikanen, Durchsuchungen bei Nacht und Nebel und schließlich das Abbrennen der kleinen Besenbinderei, die Giovanni Livi eingerichtet hatte, um die kümmerlichen Einkünfte aus einem kargen Boden zu ergänzen. Daraufhin flieht Montands Vater aus Monsummano und geht illegal über die französische Grenze. Er hat die Absicht, in die Vereinigten Staaten auszuwandern, aber ein paar Tage nach seiner Ankunft in Marseille wird die Ausgabe von Einwanderungsvisa an Italiener eingestellt. Er wird Franzose.

Jedenfalls, ich wollte möglichst das genaue Datum von Giovanni Livis Ankunft in Marseille wissen.

Ohne Zögern erwiderte mir Lydia, ihr Vater sei am 2. Februar 1924 hier angekommen. Die übrige Familie folgte einige Monate später, sobald Giovanni Livi etwas Reisegeld nach Monsummano schicken konnte.

Montand wunderte sich, daß sie in bezug auf das genaue Datum so sicher sein konnte.

»Es steht doch im Torquato Tasso!« rief Lydia aus.

Ich habe Montand angesehen. Er hat mich angesehen. Was hatte Tasso mit dieser Geschichte zu tun?

Lydia hat also das von der Zeit abgenutzte dicke, rote Buch geholt. Auf dem Titelblatt konnte man einen mit Bleistift in einer großen ungelenken Handschrift in einer Mischung aus Italienisch und Französisch geschriebenen Satz lesen: *Arrivato a Marseille le 2. febbraio 1924.*

Aber warum Tasso? Warum Torquato Tasso?

Lydia Ferroni erzählt.

Der Großvater ihres Vaters, ein gewisser Carlo Livi, ein gebildeter toskanischer Bauer, großer Leser und Geschichtenerzähler, wenn man der mündlichen Überlieferung der Familie glaubte, hatte vor seinem Tod jedem seiner Enkel eines seiner Lieblingsbücher vermacht. Dem einen *Die Göttliche Komödie* von Dante Alighieri (Lydias Stimme klingt bei den italienischen Wörtern verliebt auf). Dem anderen ein Buch über Galileo Galilei, dessen Verfasser keinen Namen in Lydias Gedächtnis hinterlassen hat. Giovanni Livi schließlich, dem Vater unserer Helden (o Verzeihung, ich habe für eine Sekunde geglaubt, ich sei in einem Trivialroman!), eben *La Gerusalemme Liberata (Das befreite Jerusalem)* von Torquato Tasso. Und als Montands Vater vor dem Faschismus geflohen und mit dürftigem Gepäck in den Alpen illegal über die Grenze gegangen ist, hat er das dicke kartonierte Buch mitgenommen. Es war der einzige Gegenstand, den er mitgenommen hat. Symbol einer Tradition von aufgeklärten Bauern, letztes sichtbares Band zu den singenden Wörtern eines verlorenen Vaterlandes.

Ich sehe das dicke Buch an, ich blättere in seinen Seiten. Warum sollte ich verbergen, daß eine leise Rührung mich überkommen hat?

Ich erinnere mich an Baudelaires Gedicht zu Eugène Delacroix' Gemälde vom in Ketten liegenden Tasso:

> *Le poète au cachot, débraillé, maladif,*
> *Roulant un manuscrit sous son pied convulsif...*

Ich erinnere mich an die Passage, wo Montaigne, der das Sankt-Anna-Hospital besichtigt hatte (das in Ferrara natürlich), in dem Tasso im 16. Jahrhundert interniert war, die Nachbarschaft, vielleicht sogar die Verwandtschaft von Poesie und Wahnsinn erkundet. Ich würde mich sogar an die Seiten in den *Mémoires d'Outre-tombe (Erinnerungen von jenseits des Grabes)* erinnern, wo Chateaubriand Tassos Grab in Sant'Onofrio beschwört, wenn ich nicht befürchtete, Montand beim Lesen dieses Essay-Porträts mit einer allzu großen Unverschämtheit meines Gedächtnisses auf die Nerven zu gehen. Einem allzu privilegierten Gedächtnis. Denn ich weiß, daß ihm das auf die Nerven geht, manchmal. Wenn er es mir auch nicht sagt, ich spüre es wohl.

Unter den Ungleichheiten des sozialen Lebens nämlich ist die des Wissens eine der ungerechtesten, der verletzendsten, der am schwersten zu beseitigenden oder auch nur gründlich zu verändernden. Man kann zwar aus bescheidenen Familienverhältnissen stammen, eines Tages stehenbleiben, um vor den Augen eines klugen und erzieherischen Finanzmannes eine Nadel aufzuheben und selbst Millionär zu werden. Man kann zwar Zeitungsverkäufer gewesen sein und mächtig und geehrt werden. Man kann sogar – zumindest in Spanien – ehrbarer Bankier, Begründer einer Dynastie und kultureller Stiftungen werden, während man seine Laufbahn als kleiner Mittelmeerschmuggler angefangen hat.

Man kann in unseren demokratischen Gesellschaften kommen, woher man will, und werden, was man will. Aber die Barriere des Wissens ist am schwersten zu überwinden. Keine Revolution hat es im übrigen bis heute geschafft, diese Barriere umzustoßen. Manche haben sie verschoben, haben die Bedingungen zu ihrer Überwindung, die Parolen, die Verhaltens- und Konsumkodes, die Auswahlkriterien verändert, die einem erlauben, den Fuß auf den Boden des Wissens zu setzen, aber die Barriere ist immer noch da. Es gibt immer noch jene, die wissen, beinahe mühelos, beinahe von Geburt an: wie etwas, was ihnen zusteht, wie ein angeborenes Recht. Ein Privileg also. Und jene, die nicht wissen, die nicht einmal die Worte haben, um ihre Situation auszudrücken. Ihr Nichtwissen.

Ich dachte flüchtig an all das, während ich das epische Gedicht Tassos, *Das befreite Jerusalem,* durchblätterte.

Giovanni Livi hatte es von seinem Großvater Carlo geerbt. Er hatte es ins Exil mitgenommen. Es war das Zeichen einer alten, in ihrer bäuerlichen Beständigkeit vielleicht sogar archaischen Zugehörigkeit zum Universum der Kultur.

Aber Montand erinnert sich nicht an Torquato Tasso. Wenigstens noch nicht.

Entwurzelt, auf fremdem Boden, zwischen fremden Worten aufgewachsen, hat er als Jugendlicher andere Kulturwerte assimilieren oder sich aneignen müssen. Die glitzernden Werte der großen Industriestädte. Universelle Werte eben aufgrund ihres urbanen Ursprungs, ihres Ferments von Modernität. Es sind die Bilder des Kinos, die Klänge und Chansons der Radiogeräte, der Schallplatten. Das Buch, das Lesen, das Geschriebene sind erst später gekommen.

Automatisch lese ich laut den Anfang von *La Gerusalemme Liberata.*

> *Canto l'arme pietose e 'l capitano*
> *che 'l sepolcro liberò di Cristo.*
> *Molto egli oprò co 'l senno e con la mano,*
> *molto soffrì nel glorioso acquisto...*

Plötzlich hebt Montand den Kopf, lauernd. Seine Augenbrauen ziehen sich zusammen, sein Blick wird starr.

»Warte, warte!« ruft er.

Man könnte meinen, der Rhythmus der Verse, ihr runder Klang hätten seine schlummernde Erinnerung geweckt.

»Es fällt mir wieder ein!« sagt er. »Ist da nicht irgendwo ein Bild mit Rittern auf einer Mauer, die kämpfen?«

Wir suchen, sehen uns die romantischen Illustrationen ganz im Stil der Radierungen von Gustave Doré an.

Und wir finden natürlich.

Zur Illustrierung von Tassos Elftem Gesang zeigt ein ganzseitiger Stich Gottfried von Bouillon, wie er unter dem Klirren der aufeinanderprallenden Waffen seine Kreuzfahrer zum Sturm auf die Mauern Jerusalems anführt. Zwei Verse aus der 81. Stanze des besagten Gesangs dienen als Bildunterschrift:

> *. . . e sovra la confusa alta ruina*
> *ascende, e move omai guerra vicina.*

Montand erkennt den Stich aus seiner Kindheit wieder. Er hat sich doch noch an Torquato Tasso erinnert.

Mehr als ein halbes Jahrhundert, der Zufall einer Reise nach Marseille, das Wiederauftauchen eines vergessenen Buches von Torquato Tasso sind nötig gewesen, damit Montand den dünnen, zarten, sich verflüchtigenden Faden zu jener von den epischen Klängen des Tasso-Gedichts gewiegten Kindheit wieder anknüpft, in dem sich eine ganze kulturelle Tradition spiegelt und zugleich erschöpft. Wer las den Jungen dieses Epos in La Cabucelle laut vor? War es die Mutter oder die Schwester Lydia, das älteste der Livi-Kinder?

Wie dem auch sei, auf dem Bildschirm von Montands Erinnerung hat sich – verschwommen, unklar, aber ursprünglich – das Bild Gottfried von Bouillons beim Sturm auf die heilige Stadt Jerusalem geregt.

Das steht der Laterna magica des kleinen Marcel und dem Bild von Geneviève de Brabant durchaus nicht nach.

An jenem Abend in Marseille, im Hintergrund das Rauschen der Brandung gegen die Felsen der niedrigen Uferstraße, an der unser Hotel stand, habe ich meine Eindrücke vom Tag in einem Heft notiert.

Irgendwann bin ich aufgestanden, um den Fernsehapparat leiser zu stellen. Darin liefen die Schwarzweißbilder eines alten Films von Martin Ritt. Eine Geschichte über Farmer, voller Staub und Wind. Paul Newman spielte die Rolle eines sehr bösen Buben. Kein bißchen liebevoll zu den Frauen, gemein zu seiner kleinen Familie. Ein echter Taugenichts mit verführerischem Lächeln, der sich keinen Deut um die Maul- und Klauenseuche scherte, die die Herde seines alten Herrn dezimierte.

Die Maul- und Klauenseuche, das weckt Erinnerungen in mir.

In der spanischen Gesandtschaft in Den Haag schnüffelte ich manchmal in den Büros herum, las die Rapports, die mein Vater bekam, jene, die er selbst abschickte. Die regelmäßig zum Thema Maul- und Klauenseuche ausgetauschten offiziellen Noten stürzten mich in Verblüffung. Sie erschienen mir absolut unpassend. Außerhalb des Realen. Der Bürgerkrieg verwüstete Spanien, der Weltkrieg würde bald Europa verwüsten, aber Spanien und Holland tauschten weiter unerschütterlich ausführliche Noten über den Stand der Maul- und Klauenseuche auf ihren jeweiligen Territorien aus. (Das der spanischen Republik schrumpfte übrigens zusammen wie Chagrinleder.) Daher ist der Name dieser Viehseuche, deren Bedeutung zu unterschätzen ich mich hüten werde, so etwas wie ein Symbol einer bestimmten Absurdität der Welt für mich geblieben.

Aber Paul Newman, zumindest in jenem Film von Martin Ritt, scherte sich offensichtlich nicht um die Maul- und Klauenseuche. Ich konnte es ihm nicht übelnehmen.

Ich habe den Fernsehapparat also leiser gestellt. Ich habe die Bilder vor meinem hin und her wandernden Blick ablaufen lassen, während ich die Notizen noch einmal durchlas, die ich mir zu diesem Tag gemacht hatte, in einem großen Heft aus schwarzem Moleskin (PEONY D 731-1 171×257MM 80 SHEETS, MADE IN CHINA).

Fedora = Lydia
Marino = Julien.

Das waren die letzten Worte, die ich geschrieben hatte.

Die Erklärung dafür ist einfach. Der richtige Vorname –
oder vielmehr der offizielle, behördlich richtige Vorname von
Lydia, der ältesten Schwester, ist Fedora. Und Julien Livis
richtiger Vorname ist Marino. Das einzige Kind der Livis,
dessen richtiger Vorname sein eigener ist, ich meine, der, mit
dem es gewöhnlich gerufen wird, ohne daß er geändert
wurde, ist Yves.

Diese unerwartete Einzelheit hatte ich beim Durchsehen
des vergilbten Exemplars des *Journal officiel* erfahren, in dem
unter dem Datum des 20. Juli 1929 der Einbürgerungserlaß
für Giovanni Livi veröffentlicht ist: »Livi (Jean); Hilfsarbeiter, geboren am 15. November 1891 in Monsummano (Italien), wohnhaft in Marseille (Bouches du Rhône), Vater von
drei minderjährigen Kindern: 1. Fedora, geboren am
25. März 1915; 2. Marino, geboren am 2. November 1917; 3.
Yves, geboren am 13. Oktober 1921, alle in Monsummano.
Ausgestellt in Paris, am 8. Januar 1929.«

Und dieser Erlaß trägt selbstverständlich die Unterschrift
von Gaston Doumergue, denn er war damals Präsident der
Republik, und von dieser hohen Funktion hängt in letzter
Instanz das Recht auf Zugehörigkeit zur französischen
Nationalität ab.

Lydia Ferroni hat im Buffet des Hauses in Allauch dieses
Exemplar des *J. O.* ebenso aufgehoben wie eine offizielle
Bescheinigung vom 3. Juli 1937, die zu beliebigem Gebrauch
den oben zitierten Auszug aus dem Einbürgerungserlaß
wiedergibt. Ihr Vater, Giovanni, oder von nun an Jean Livi,
benötigte diese offiziellen Dokumente nämlich, nachdem er
im Frühling 1937 seine sämtlichen Papiere einem italienischen
Genossen gegeben hatte, der in die Sowjetunion fliehen
wollte. Als er den Verlust seiner Papiere auf dem Polizeirevier
meldete, mußte er einen Auszug aus dem *J. O.* beantragen,

um sowohl seine Identität als auch seine französische Staatsangehörigkeit zu beweisen.

Ich nehme mein Heft aus schwarzem Moleskin wieder vor. Auf dem Fernsehschirm ist Newman dabei, eine etwas schlampige, aber begehrenswerte junge Frau zu quälen. Er quält sie übrigens gerade deswegen, weil sie es ist, begehrenswert. Es ist eine etwas brutale Art, ihr sein Begehren zu zeigen.

Ich schreibe: »In Rio de Janeiro, nach der Vorstellung im Maracanàzinho-Stadion, habe ich gedacht, man sollte mit folgendem Bild anfangen: auf dem hochbeinigen kannelierten antiken Stuhl sitzend singt Montand vor vierzehntausend inbrünstigen, staunenden Brasilianern *a cappella Les Bijoux* von Baudelaire.« Aber heute abend in Marseille (am 13. Dezember 1982) frage ich mich, ob man nicht einmal (ist keinmal) mit dem Anfang anfangen sollte. Mit Kinderbildern. Gottfried von Bouillon beim Sturm auf die Mauern Jerusalems? Starke Bilder auf jeden Fall, darum herum die ersten Sequenzen dieses Lebens.

Das Bild vom Ei zum Beispiel. Versuchen wir es:

Das Ei: 1925

Es leuchtet mattglänzend auf dem polierten Buffet, das Ei. Ein einzelnes Ei, ein einziges Ei: das Ei an sich. Die Eltern sind zur Arbeit gegangen, Lydia, die Älteste, zehn Jahre alt, hütet die Kleinen. Hütet auch das Ei.

Es gibt wahrscheinlich Tage der Freuden, an denen die Mutter etwas Brot und Käse auf das Buffet stellen kann. Aber dieses einzelne Ei kehrt wirklich oft wieder. Ein einziges, unter dreien aufzuteilendes Ei als Leipziger Einerlei, wenn ich so sagen darf. Als einzige Mahlzeit am Tag, bis zur Heimkehr der übermüdeten Eltern.

Das Ei liegt auf dem Buffet. Die Kinder schauen es

verstohlen an. Sie bewachen es. Es darf nicht hinunterrollen und zerbrechen. Es darf nicht von der Katze vom Buffet hinuntergeworfen werden. Das Ei ist heilig.

Lydia hat die Aufgabe, zu entscheiden, in welcher Form das Ei gegessen wird. Ist es hartgekocht, läßt es sich leichter in gleiche Portionen aufteilen. Ist es weichgekocht, setzen die Kinder sich um den Tisch, Lydia füttert sie der Reihe nach mit dem Eierlöffel. Gerecht. Das ist eine Abwechslung, aber komplizierter. Aus einem einzigen Ei ein Spiegelei oder ein Omelett für drei Kinder zu machen, ist dagegen unmöglich. Für diesen Zweck ist kein Fett im Haus.

Das einzelne Ei glänzt auf dem Buffet, furchterregend. Es ist zugleich der Hunger und die einzige Art, den Hunger zu betäuben. Es ist wie ein Hausgott. Schützend, aber furchterregend.

Jacques Prévert hat bestimmt nicht an die Kindheit Montands gedacht, als er sein Gedicht *La Grasse Matinée* geschrieben hat. Hunger ist universell, und Prévert hatte schon davon gehört, stellen Sie sich vor, ehe er Montand kennenlernte. Aber dieser muß gefunden haben, daß die folgenden Verse in seinem Gedächtnis genau richtig klangen, als er sie, sehr viel später, entdeckte:

Il est terrible
le petit bruit de l'œuf dur cassé sur un comptoir d'étain
il est terrible ce bruit
quand il remue dans la mémoire de l'homme qui a faim...

Es ist zweifellos schrecklich, das einzige Ei, in Ivo Livis Erinnerung. Aber damit fängt die Erinnerung an. Fängt das Leben an.

Zu jener Zeit wohnt die Familie Livi nicht mehr in dem Häuschen in Verduron-Haut, wo sie nach dem Verlassen Italiens wieder zusammengefunden hatte. Sie bewohnt jetzt eine Wohnung im Viertel Les Crottes, in der Rue Edgar-Quinet.

Am Dienstag, dem 14. Dezember 1982, vor unserer Rückreise nach Paris, hat Montand mich hingeführt. Der Ort hat sich natürlich verändert. Das unbebaute Gelände des *Bachas* von einst, am Tag Spiel- und Raufplatz, bei Nacht Ort übler Begegnungen und übler Burschen, existiert nicht mehr. Aber das Herz des Viertels rund um das Haus, in dem die Livis im dritten Stock wohnten, ist noch genauso, wie es war. Das heißt trist und armselig.

Wir haben das Auto in einiger Entfernung stehenlassen. Wir laufen.

Montand zeigt mir die Fenster seiner ehemaligen Wohnung.

»Da, auf dem Bürgersteig, haben die Familien an Sommerabenden im Kühlen gesessen«, sagt er. »Die Stühle wurden herausgeholt, man setzte sich. In der ersten Zeit durfte ich nicht mit hinuntergehen. Ich war zu klein, ich blieb oben in meinem Bett. Aber ich hörte durch das offene Fenster die Stimmen. Da wurden alle Sprachen gesprochen, Italienisch, Spanisch, Armenisch. Sogar etwas Französisch. Oft war die Unterhaltung allgemein, ich verstand schlecht, es war ein Stimmengewirr. Manchmal erzählte einer der Männer eine Geschichte, man hörte ihm zu. Ich hörte auch zu, von oben. Dann durfte ich hinuntergehen. Ich trug meinen Stuhl hinaus, ich setzte mich zu den anderen. Ich hörte zu. Es waren immer die gleichen Geschichten. Unglück, Exil, Tod, Träume.«

Er biegt in ein Gäßchen ein, das von der Rue Edgar-Quinet abgeht.

Der Ort ist menschenleer, schwitzt Traurigkeit aus. Auch die Dezembersonne am klaren Himmel kann ihn nicht heiterer machen.

Plötzlich klappt in dem gegenüberliegenden Haus oben an einem Fenster ein Laden auf.

Eine Frau beugt sich aus dem Fenster, sie sieht zu uns hinüber. Zu Montand, meine ich.

»Montand, sind Sie nicht Montand?« fragt sie.

Anschließend, nachdem sie ihn eindeutig erkannt hat, schreit sie los. Sie brüllt sogar.

»Montand«, brüllt sie, »Montand ist zurückgekommen.« Wenn sie so weiterbrüllt, wird sie das ganze Viertel zusammentrommeln. Aber das will sie ja gerade, das Viertel zusammentrommeln. Sie will, daß alle Welt an diesem Ereignis teilhat: der Rückkehr des berühmt gewordenen Kindes aus dem Viertel.

Aber Yves hört nicht gut auf diesem Ohr. Was er hört, ist im übrigen nicht dazu angetan, ihn zu beruhigen. Er hört das Geräusch sich hier und dort öffnender Fenster. Den Lärm von rufenden Stimmen. Da wirft er mir einen Blick zu, um sich zu vergewissern, daß ich begriffen habe, was er vorhat, und macht sich im Laufschritt davon.

Lauf, Genosse, möchte ich ihm zurufen, um ihn zum Lächeln zu bringen, lauf, die alte Welt ist hinter dir her!

Aber ich sage nichts, ich laufe neben ihm her zum Auto. In meinem Kopf höre ich die Stimmen des Viertels. Nicht die von heute, diese erregten Stimmen, die sich von Fenster zu Fenster mitteilen, daß Montand zurückgekommen ist. Ich höre die ruhigen Stimmen von früher, als man an Sommerabenden auf dem Bürgersteig im Kühlen saß. Die piemontesischen, andalusischen, armenischen Stimmen, die von Reisen, Unglück, Exil und Traum erzählten. Vor allem jene, die den alten Traum vom lebenswerten Leben erzählten, der noch immer Montands Metier speist.

Porträt des Künstlers als junger Proletarier
mit Schirmmütze: 1933

Alles ist voller Fotografien bei Montand an der Place Dauphine.

Sie hängen an den Wänden, manchmal gerahmt, manchmal einfach angeheftet. Unter Glas oder splitternackt wie die schaumgeborene Venus. Sie stehen auf den Möbeln, auf den Regalen. Sie stecken unter dem Rahmen des großen Spiegels über dem Kamin. Farbfotos, Schwarzweißfotos. Gestellte Fotos, Fotos im Sturmwind und im Gefühlssturm: Schnappschüsse. Porträts vor allem. Aber auch Landschaften, Häuser, Sonnen. Manchmal wechseln sie den Platz, manchmal verschwindet eines von ihnen. Es kommen natürlich auch neue Fotos dazu. Es gibt Fotos sprechend vor Glück, Fotos stumm vor Schmerz. Es gibt jene, die sagen, was sie zu sagen haben, die zeigen, was sie zu zeigen haben, auf Anhieb, auf den ersten Blick, ohne Umschweife. Spontan. Es gibt auch jene, die mit verdeckten Karten spielen, die etwas ganz anderes sagen als das, was sie zu sagen scheinen, wenn man ihnen genau zuhört. Oder länger. Oder wenn man sie eines Tages überrascht, indem man einen Blick auf sie wirft, wenn sie nicht darauf gefaßt sind.

Aber unter all diesen Fotografien, die ich auswendig kenne – das heißt inwendig – , ist eine, die mich besonders berührt. Vielleicht ist sie nicht die schönste. Vielleicht ist die von Yves und Simone die schönste, auf der sie in der Sonne des Midi auf einer Steinbank sitzen – oder vielmehr: im unnachahmlichen Schatten, der mittags in der Sonne des Midi entsteht – , in blühender Jugend, in blühender Schönheit, die Gesichter dem Himmel des himmelwärts gerichteten Blicks des anderen zugewandt, sich für einen flüchtigen, erstarrten Augenblick in einem schwebenden Kuß berührend. Zweifellos ist dieses Foto das schönste von allen, die man an der Place Dauphine sieht.

Aber das rührendste, scheint mir, ist ein Foto von Montand als Kind – was rede ich denn daher: Montand ist kein Kindername; es ist der Bühnen- und Künstlername, den er angenommen hat, um erwachsen zu werden, ein Name, der knallt wie eine Fahne – ein Porträt des Kindes Ivo Livi also.

Er ist elfeinhalb Jahre alt, der kleine Kerl.

Er steht in einem Türrahmen, scheint es. Die linke Hand ist auf die Hüfte gestützt, die rechte in einer Art weiten Geste des Abschieds oder Grüßens geöffnet. Er trägt ein zu enges Jackett und zu enge Hosen, an den Füßen Espadrilles. Um den Hals hat er ein etwas draufgängerisches Tuch geschlungen. Oder etwas augenfängerisches, mehr nicht.

Zu der Zeit ist die Familie Livi noch einmal umgezogen. Nach La Cabucelle, wo sie lange wohnen bleiben wird. Hier, in der Impasse des Mûriers und den Nachbargassen mit ihren Höfen und Gärtchen lebt eine zusammengewürfelte Bevölkerung. Ohne Zweifel handelt es sich um Familien mit mehr als bescheidenem Einkommen. Aber es gibt subtile Spalten, Schichten, Grenzen. So haben die Livis in dem ersten Häuschen, das sie in der Sackgasse bewohnten, bevor sie in die Nr. 8 umzogen, sehr unterschiedliche Nachbarn gehabt.

Auf der einen Seite Armenier. Sie leben in einer selbstgebauten Hütte aus Brettern und Lehm mit einem Boden aus festgestampfter Erde. Montand erinnert sich noch heute an die Erzählungen, die der kleine Ivo Livi hörte, an die von den Nachbarn flüsternd erzählte Geschichte vom Massaker an den Armeniern zu Beginn des Jahrhunderts. Er erinnert sich noch an bestimmte Worte jener altehrwürdigen Sprache, die er bei den Spielen und Erzählungen seiner Kindheit gelernt hat. Er erinnert sich vor allem an eine Szene, die sich jeden Samstag bei den Armeniern wiederholte. Zur großen gemurmelten Entrüstung der Piemonteser in der Impasse des Mûriers, die die Sache unanständig fanden. Samstags nämlich begaben sich die Armenier hinter einen angedeuteten Verschlag aus lose zusammengefügten Brettern, um zu baden. Die Frauen gossen heißes Wasser in Blechwannen, in die die Männer hineinstiegen, splitternackt. Unter Gelächter und Gesprächen wuschen sie ihre Männer und Söhne lange. Zur großen aufgekratzten Entrüstung der Nachbarschaft.

Die Nachbarn auf der anderen Seite des Häuschens der Livis sind von ganz anderem Schlag. Es handelt sich um die Raphaëls, wenn Montands Gedächtnis nicht trügt. Im allgemeinen ist es, was Bilder angeht, ausgezeichnet. Weniger gut für Eigennamen. Aber egal, Raphaël oder nicht, die Nachbarn auf der anderen Seite der Livis sind anders. Sie schwimmen wahrscheinlich nicht im Geld, aber sie sind wohlhabender als die meisten Familien in der Sackgasse. Und dann haben sie vor allem andere Manieren, Wörter, Gewohnheiten, Verhaltensweisen. Sie verkehren nicht an den gleichen Orten. Die Töchter arbeiten nicht mehr in der Fabrik, sie sind Stenotypistinnen. »Bürgerliche« eben. Zumindest wird ihre Lebensweise von den Einwandererfamilien von La Cabucelle so wahrgenommen.

Auf der einen Seite ist da also das Bild vom kollektiven Bad des armenischen Samstags. Auf der anderen ist in Montands Erinnerung zu allem Anfang ein Geräusch. Ein hartes, kurzes, eintöniges Geräusch in kurzen oder längeren Abständen. Ein unerklärliches Geräusch, das aus dem Garten der Raphaëls kommt, falls das wirklich ihr Name ist. So etwas wie ein mysteriöses Hin und Her. Von diesem Geräusch neugierig gemacht, gereizt, steigt der kleine Ivo Livi auf ein improvisiertes Gerüst, um heimlich einen Blick in den Nachbargarten zu werfen. Und entdeckt natürlich das Tischtennisspiel, das die Nachbarskinder im Freien spielen. Das weiße Bällchen, das von einem Tischende zum anderen hüpft, fasziniert ihn dermaßen, daß er seine Deckung zu weit verläßt und von den kleinen Nachbarn gesehen wird. Er schämt sich zutiefst und zieht sich überstürzt von seinem Beobachtungsposten zurück.

Wie dem auch sei, zu der Zeit ist Ivo von der Schule abgegangen, er arbeitet bereits. Mit elfeinhalb Jahren, in einer Nudelfabrik, bei der Firma Guérin. Er arbeitet mit einem Lastwagenfahrer zusammen. Er lädt zwanzig oder fünfundzwanzig Kilo schwere Nudelpakete auf den Lastwagen, lädt sie am Auslieferungsort wieder ab. Vielleicht trägt er deshalb das typische Halstuch der Lastenträger. Der *Nervis* im alten Marseiller Argot.

An seinen Eintritt in die Volksschule scheint Montand gemischte Erinnerungen zu bewahren. Zunächst die Erinnerung an Zwang, symbolisiert in dem kategorischen Befehl auf der rückwärtigen Mauer des Pausenhofs: *Laufen verboten.* Anders gesagt, Spielen verboten. Wie soll man in dem Alter denn spielen, wenn man nicht laufen darf? Kurz, die Erholungspause an der Schule des Viertels Les Crottes war zu jener Zeit nicht dazu da, sich zu erholen.

Unter dem überdachten Pausenhof einer anderen Schule dagegen, der am Boulevard Viala, gab es den Stand von Madame Pédon. Sie war die Hausmeisterin der Schule. Sie verhökerte Bonbons, Brötchen, Schokolade und andere Leckereien. Aber vor allem gab sie Kredit und vergaß oft, und wahrscheinlich tat sie es gern, aus Herzensgüte, ihre Abrechnung auf dem laufenden zu halten. Das ermöglichte es dem kleinen Ivo, der keinen Sou Taschengeld hatte, umsonst eine Süßigkeit zu bekommen.

Montand erinnert sich zwar sehr gut an Madame Pédon, an die Aufschrift *Laufen verboten* sowie an andere Episoden aus seiner kurzen Schulzeit, aber etwas ist vollständig aus seinem Gedächtnis getilgt. Was er nie wieder wachrufen kann, selbst wenn er sich anstrengt. Das ist das Gesicht der Lehrer. Der Schulmeister, wie er sagte.

Die Lehrer sind Personen, die sich in der Landschaft der Erinnerung hin und her bewegen, in grauen Kitteln, aber ohne Gesicht. Sie diktieren, korrigieren, schimpfen, sie machen Gesten, sie haben eine Stimme. Aber sie haben kein

Gesicht. Sie haben das Wissen, sie verbreiten es sogar, von der Höhe ihres Wissens herab, aber sie haben kein Gesicht. Keine Augen, keinen Mund, kein Lächeln.

Dieses Vergessen oder diese Tilgung, scheint mir, gibt Aufschluß über die Situation des kleinen Ivo an der Volksschule.

Man kann zwar nicht sagen, er sei dort unglücklich gewesen. Aber vielleicht ist er überhaupt nicht dort gewesen. Vielleicht ist er die ganze Zeit abwesend gewesen. Körperlich anwesend, geistig abwesend. Anderswo. Wenn die Gesichter seiner Schullehrer unsichtbar bleiben, dann wahrscheinlich, weil sie nicht sah, weil er anderswo war. In seinen Träumen, bei seinen Sprachschwierigkeiten. Den kindlichen Schwierigkeiten eines kleinen Einwanderers, die ihn sehr bald angespornt haben, eine Sprache zu erfinden, die über die Worte hinausgehen, die in allen Sprachen verständlich sein würde. Schon auf der Schulbank hat er angefangen, die Figuren aus den Trickfilmen nachzuahmen, nachzuäffen. Er war Micky-Maus, Donald, er brachte seine kleinen Kameraden schon zum Lachen.

Aber zu der Zeit, als das Foto, von dem ich spreche, aufgenommen wurde, ist Ivo Livi nicht mehr in der Schule. Er ist in der Welt der Erwachsenen, der Welt der Arbeit. Der Welt des Lohnes, den man jede Woche nach Hause bringt. Mit elfeinhalb Jahren.

Er ist auch auf den Hafenquais von Marseille.

Vorher, als die Familie in der Rue Edgar-Quinet, im Viertel Les Crottes wohnte, war das unbebaute Grundstück des *Bachas* Spielplatz, Abenteuergelände. Seit sie in der Impasse des Mûriers wohnt, läuft Ivo Livi vergnügt die steilen Straßen hinunter, die zum jetzt näher gelegenen Hafen La Joliette führen.

Ein Hafen, weit draußen das Meer, Schiffe: mehr braucht man dazu nicht zu sagen. Man weiß ja, wie das ist. Volkslieder und der volkstümliche Film haben dieses Thema zur

Genüge behandelt. Für Ivo Livi ist es natürlich der Traum vom Aufbruch. Aber dieser Traum hat einen Namen, Amerika. Von dort kommen die Filme, die er neuerdings im Idéal-Cinéma anschaut. Aus Amerika kommen die Zeichentrickfilmfiguren. Dorthin beabsichtigte sein Vater auf der Flucht vor dem Faschismus auszuwandern, als die Ausweitung der Wirtschaftskrise die Vereinigten Staaten veranlaßte, die Ausgabe von Visa an Italiener einzustellen.

Amerika, das ist der Traum von Freiheit. Die Freiheit des Traums.

An das alles dachte ich am 7. September 1982, als Montand in schwarzem Samt und weißem Leinen auf die riesige Bühne der Metropolitan Opera in New York trat. Amerika kannte er natürlich schon. Er hatte hier schon gesungen, hatte hier Filme gedreht. Er hatte schon den Broadway, Hollywood, den Wirbelwind Marilyn erlebt. Filme mit ihm hatten in den Vereinigten Staaten beachtliche Erfolge gehabt. Sicherlich. Aber zu Beginn seines Konzerts unter dem Beifall des Publikums im beeindruckenden Rund dieses Opentheaters aufzutreten, das war schon etwas. Es war bestimmt ein Höhepunkt in seinem Leben. Er hat in diesem Augenblick sicher an den kleinen Livi zurückgedacht, der Yves Montand.

Aber wir dürfen nicht vorausgreifen. Wir sind noch nicht in der MET in New York. Wir genießen noch nicht diesen Triumph. Wir sind, fünfzig Jahre früher, auf den Quais von Marseille, mit dem kleinen Ivo Livi.

Fünfzig Jahre vor der MET ist der Künstler nur ein junger Proletarier mit vorteilhaft schräg auf dem Kopf sitzender Schirmmütze, der in seiner Freizeit mit seinem Kumpel Marius Cereda die Straßen und Quais von Marseille unsicher macht.

Von diesen Ausflügen bleibt Montand die sehr genaue und noch immer entzückte Erinnerung an den Fiedler und dessen Komplizen. In Autheuil-sur-Eure in seinem Landhaus habe

49

ich Montand diese Erinnerung erzählen hören. Er erzählte sie Costa Gavras und mir anläßlich irgendeiner Diskussion über irgendeinen Film. Es ging auf jeden Fall um ein Arbeitsproblem. Es ging um die Show. Und das ist verständlich. Denn in Marseille, auf den Quais, durch den Fiedler und seinen Komplizen, entdeckte Montand bestimmte grundlegende Gesetze der Show. Jeder Show.

Wie auch immer, der Fiedler stellte sich auf eine leere Kiste unten am Laufgang eines abfahrbereiten Passagierdampfers. Er holte seine Geige heraus, stimmte sie lange, entlockte ihr melodiöse Klänge.

Die Reisenden, die an Bord gingen, jene, die schon an Bord waren und sich über die Reling beugten, um ihren Freunden, ihren Angehörigen Lebewohl zu sagen, und die Angehörigen selbst, die sich auf dem Quai drängten, alle wandten sich erfreut nach dem Fiedler um, der sein Instrument erklingen ließ.

Währenddessen hatte sich der Komplize des Fiedlers mit mehreren Lattenkisten voll überreifer, beinahe fauler Tomaten und Apfelsinen auf den Dampfer geschlichen.

In dem Moment, wo unten auf dem Quai der Fiedler mit seiner ersten Melodie loslegte, fing sein Komplize an, den Passagieren sein faules Obst zu verkaufen, mit dem leisen Wink, den Musikanten damit zu bombardieren. Im übrigen ging er selbst mit gutem Beispiel voran.

Zuerst schüchtern, dann mit wachsender Wut und Wildheit, warfen die Abreisenden Apfelsinen und Tomaten nach dem Fiedler. Dieser, unerschütterlich auf seiner Kiste stehend, spielte weiter seine romantischen Melodien und war bald mit einer klebrigen Schicht Fruchtmark des beim Aufprall geplatzten Obstes bedeckt.

Die Szene wurde durch die Abfahrt des Schiffes oder den Ausverkauf der Munition beendet, die der Komplize des Fiedlers immer teurer verkaufte, je mehr die Wut des Massakers anschwoll. Jedenfalls aber waren die Gewinne der beiden

Kumpane beachtlich. Sie standen auf den Quais von Marseille in dem Ruf, im Geld zu schwimmen.

Doch ich habe Montand nie gefragt, was er über diese alte Fotografie denkt, um die herum ich augenblicklich träume. Oder vielmehr, mit welchen Augen er sie heute sieht. Vielleicht wüßte er nicht, was er mir zu ihr sagen sollte. Vielleicht denkt er nichts über sie. Vielleicht ist ihm dieser junge Proletarier mit Schirmmütze jetzt zu fern. Oder im Gegenteil zu nah. Nicht in der richtigen Distanz jedenfalls, als daß er gelöst sprechen könnte. Vielleicht spricht er deshalb so selten von seiner Kindheit, mit oder ohne Fotografie als Stütze. Er hält sich nicht oft in der Vergangenheit auf, Montand. Seine kleine Madeleine ist eher die, die morgen geknabbert wird. Wahrscheinlich liegt es zum Teil daran, daß Diego, seine Rolle in *Der Krieg ist vorbei*, die er mit so erschütternder Ungezwungenheit verkörpert hat, daß Diego ihm so nah ist. Denn auch Diego, der militante Genosse, lebt in der Zukunft, in der vitalen Spannung dessen, was kommen wird, was er versuchen muß in die Welt kommen zu lassen. Das ganze Drehbuch des Films ist um diese Vorausprojektionen aufgebaut, um diese Versuche, die Zukunft, nah oder fern, zu ergründen oder vorzustellen, die den Rhythmus des Vorgehens von Diego/Montand bestimmen. Das nannten wir mit Alain Resnais, der die Idee von Beginn unserer Arbeit an ausgedrückt hatte, *flash-forward*, oder Vorblende, im Gegensatz zur Rückblende des gewöhnlichen filmischen *flash-back*.

Ich habe Montand also nie gebeten, mir zu sagen, was er über dieses Porträt eines lächelnden, aufgeweckten jungen Proletariers mit Schirmmütze denkt, eines kleinen, sich auf seine zwölfjährigen Hinterbeine stellenden Hahns, fragil wie ein Bengel, der gerade zu schnell wächst, einen Schuß tut, kräftig wie ein Kellerkind, das sich nichts gefallen läßt, mit seinem Lastenträgertuch geschmückt, den Blick schon in die Zukunft gerichtet, deren Konturen man nicht einmal ahnt, von der er jedoch schon weiß, daß er die Schlüssel erfinden muß, um in sie einzutreten, die Losungsworte, um ihre schweren Türen zu öffnen, die Sprache, um sie zu unterwerfen und zu verführen.

Kurz und gut, wenn ich recht verstehe, habe ich ihn nie gebeten, mit mir über dieses Foto zu sprechen, aber ich habe gesagt, was *ich* darüber denke. Zumindest dazu wird es gut sein, dieses Buch.

Der Alcazar in Marseille: 1939

Lampenfieber, das schwarze Loch, die Eingeweide in Aufruhr.

Wenn ich mit einem Film befaßt wäre – aber ich bin es ja, man wird es begriffen haben: seit ich das Fernsehgerät leiser gestellt habe in meinem Hotelzimmer in Marseille, am Montag, dem 13. Dezember 1982, mache ich mir meine eigene Kinovorführung, ich spiele mir die Bilder des rührenden und witzigen Films »Montands Kindheit« vor –, wenn ich, trotzdem, mit einem Film befaßt wäre, statt mich nur der beschränkten Mittel der geschriebenen Sprache zu bedienen, würde ich meine Kamera so aufstellen, daß sie Montands Gestalt in dem Moment einfängt, in dem er auf der Bühne des Alcazar in Marseille emporschießt, in jenem Jahr des Unheils 1939.

So, daß auf der nackten Maske seines Gesichts das Lampenfieber, das ihn stranguliert, die Angst, die ihn überschwemmt, sichtbar werden. Und die ihn nie loslassen werden, bis heute nicht.

Eben noch beim Abendessen hat er mir gesagt, wie das Lampenfieber ihm eine Woche zuvor, am 6. Dezember, den Magen zuschnürte, als er auf die Bühne des Kennedy Center steigen mußte, um Gene Kelly, den Honors-Preisträger, vorzustellen.

Lampenfieber auf Lebenszeit also in dem Moment, als er zum erstenmal in seinem Leben auf die Bühne des Alcazar springt. Er hat zwar schon öffentlich gesungen, Montand – wie man ihn von nun nennen kann: er hat sich diesen Namen selbst gegeben, er hat sich selbst ein neues Leben gegeben, mit diesem Namen, durch den er wiedergeboren werden wird auf den Wassern der öffentlichen Taufe, des Massenbads des Kommunizierens mit dem Publikum, der Konfrontation mit sich selbst vor dem König Publikum, das sich als wohlwollend oder grausam erweisen kann –, aber er hat noch nicht auf einer richtigen Bühne, in einem richtigen Theater gesungen. Der Saal im Viertel Saint-Antoine, im sogenannten Vallon des Tuves, wo er einige Monate zuvor seinen ersten Auftritt hatte, war winzig. Und vor allem war er voller Nachbarn, die ihn zum großen Teil dem Namen nach oder vom Sehen kannten. Er war noch immer nur der Bengel Yves Livi, den man hatte groß werden sehen. Auf diesem achtzehnjährigen Gesicht waren die Züge von Montand noch undeutlich.

Das Auge der Kamera würde Montand also in dem Moment einfangen, da er sich konzentriert, in sich selbst eintaucht (dafür gibt es ein sehr schönes spanisches Verb: *ensimismarse*), bevor er auf der Bühne des Alcazar in Marseille emporschießt.

Ich war nicht dabei, aber ich kann es mir vorstellen. Der Spanische Bürgerkrieg war vorbei, ich war in der Tertia, auf dem Lycée Henri IV in Paris. Der Krieg hatte ein schlechtes Ende genommen, man erinnert sich zweifellos, wie alle Kriege in Spanien. Ich hörte aus den Pariser Radiogeräten ein Chanson, in dem von Sombreros und Mantillas gesungen wurde, und das widerte mich ziemlich an. Ich war 1939 also nicht in Marseille, aber ich kann mir diese Minute der Wahrheit ohne weiteres vorstellen, in der Montand sich auf der Bühne des Alcazar abzeichnen sollte.

Ich habe nämlich Monate mit ihm verbracht. Ich bin hinter

53

den Kulissen des Olympia in Paris gewesen, hinter denen aller möglichen Säle und Theater quer durch die Welt. Kalte moderne Säle, die Montand innerhalb weniger Minuten erwärmte und bändigte. Theater in italienischem Stil, deren Kulissen in magischem Halbdunkel die gemalten Dekorationen der Opern verbargen, die dort gespielt worden waren. Überall hatte ich Gelegenheit, aus nächster Nähe diesem letzten Augenblick vor dem Sprung auf die Bühne beizuwohnen. Ich kenne also Montands Maske während dieser Sekundenbruchteile. Ich erinnere mich an die Starrheit seines Körpers, unmittelbar bevor er sich von neuem belebt, bevor er sich geschmeidig bewegt, wenn er mit scheinbar ungezwungenem Schritt in den Zauberkreis des Bühnenraums eindringt.

Der Augenblick ist da: Montand schießt auf der Bühne des Alcazar empor.

Bevor es allerdings soweit ist, daß er mit einem Donnerschlag wird, was er von nun an nicht mehr aufhören wird zu sein: Yves Montand, wird der kleine Ivo Livi im Ausüben verschiedener Berufe einige Lebenserfahrungen gemacht haben. Nach seinem Ausscheiden aus der Nudelfabrik, aus der er mit vierzehn entlassen worden ist, wird er an Ort und Stelle bei Lydia, der älteren Schwester, den Friseurberuf erlernt haben.

Coiffeuse Jacky: so stand es, man erinnert sich, auf dem verschwundenen Ladenschild, dessen noch sichtbare Spur auf einer Fassade der Impasse des Mûriers in La Cabucelle es Montand heute morgen ermöglicht hat, das Haus seiner Kindheit wiederzufinden. Hier lernte er mit Scheren, Kämmen und Brennscheren umgehen. Da er Talent zeigte, eine offensichtliche manuelle Geschicklichkeit, bezahlten ihm seine Eltern Abendkurse an der Berufsschule. Er machte seine Gesellenprüfung und ging in einem anderen Frisiersalon in der Rue Pavillon bei *Yvonne et Fernand* arbeiten.

Aber der Film von Martin Ritt ist gerade zu Ende gegangen.

Ich sehe die Worte *The End* auf dem Fernsehschirm erscheinen. Ich könnte Ihnen sonderlich Spannendes über den letzten Teil der Geschichte nicht sagen, denn ich hatte den Ton leiser gedreht, die Schwarzweißszenen auf dem Bildschirm vermischten sich mit denen meiner Erinnerung. Oder vielmehr meiner Phantasie. Ich kann Ihnen nur sagen, daß Newman bis zum Ende des Films abscheulich geblieben ist – ich meine natürlich, die von ihm dargestellte Figur war es: *er* war bemerkenswert, da er abscheulich wirkte! –, und daß die ganze Rinderherde seines Vaters abgeschlachtet worden ist, um die Ausbreitung der Maul- und Klauenseuche zu verhindern.

Ich stelle das Fernsehgerät ab. Ich sage mir, daß ich Montand ein paar Fragen zu diesem Frisiersalon *Yvonne et Fernand* stellen muß.

Nicht, daß ich mich für die Geheimnisse der Dauerwelle interessiere. Aus einem ganz anderen Grund. Die weibliche Kundschaft dieses Salons in der Rue Pavillon bestand nämlich, wie Montand selbst in seinen Memoiren *Du soleil plein la tête* sagt, aus »jungen Damen von zweifelhafter Tugend, die rund um den Hafen Jagd auf Touristen und Matrosen machten«. Das ist es, was mich interessiert.

Um die Mitte der sechziger Jahre verkündete Montand in Autheuil-sur-Eure manchmal, er würde eines Tages nur Männer, Freunde männlichen Geschlechts einladen, ein Wochenende bei ihm zu verbringen. Bei dieser Gelegenheit würde er ihnen »einen Waggon voller Nutten« bieten. Er beschrieb in allen Einzelheiten zwar nicht das Ende der Geschichte, das auszumalen er jedem selbst überließ, doch zumindest den Anfang.

Die Ankunft des Waggons also. Die Mädchen würden in Evreux aus dem Zug steigen. Sie würden mit Autos vom Bahnhof abgeholt und zu ihm, in sein Landhaus in Autheuil gebracht werden. Sie würden von hinten durch den Park kommen, durch die große Allee hundertjähriger Bäume. Lärmend, reizend, rauschend, raschelnd, bereit, uns die irdischen und fleischlichen Freuden ihres Lachens und ihrer Leiber zu schenken.

Simone Signoret hörte sich diese Geschichten mit einem friedlichen Lächeln an und erklärte ohne Schärfe, aber kategorisch, daß das alles beinahe genauso schon von Maupassant erzählt worden sei. Ich war nahe daran, ihr zuzustimmen. Aber ich dachte vor allem, wenn man sich schon so etwas ausmalt, kann man tatsächlich von jungen Nutten im Kostüm der Epoche des *Bel Ami* träumen: es ist zweifellos angenehmer, einer jungen Frau im langen Kleid und mit raffinierten Dessous den Rock zu lüften, als die gleiche Operation – im übrigen eo ipso unmöglich – an einer jungen Dame von zweifelhafter Tugend in Jeans und Turnschuhen vorzunehmen.

Aber Guy de Maupassant hatte bestimmt nichts mit der von Montand erfundenen Geschichte zu tun. Konnten *Yvonne et Fernand* etwas damit zu tun haben? Das eben möchte ich ihn fragen. Aber ich bin keineswegs sicher, daß er mir antworten wird.

Wie dem auch sei, der Übergang vom matriarchalischen Universum in das eines Frisiersalons, besucht hauptsächlich von Frauen mit schlechtem Lebenswandel (im Spanischen braucht man diesen Lebenswandel nicht näher zu bestimmen: es genügt, *mujeres de la vida* zu sagen, »Frauen des Lebens«, als könnte das Leben nur schlecht sein, als könnten die Frauen, die ein Leben führen, nur Huren sein, und jene, die es nicht sind, nur einen Tod führen oder sich nur wie Tote aufführen, wer weiß?), ein in gewisser Weise in das Universum der Jungmännlichkeit einführender Übergang hat sich bestimmt nicht ohne Spuren vollzogen. Aber in welcher Weise?

Ich muß Montand wirklich demnächst danach fragen.

Aber augenblicklich würde er mir nicht antworten. Er würde mich nicht einmal hören.

Gerade hat er seinen im Warten erstarrten, vom Lampenfieber gelähmten Körper mit einem Ruck der Hüften befreit. Er schießt wie ein Irrer auf die Bühne des Alcazar.

Ich war nicht dabei, ich wiederhole es. Aber ich kann es mir vorstellen. Ich habe ihn so emporschießen sehen, wochenlang, von São Paulo bis Tokio, vierzig Jahre später.

3

Tagebuch einer Reise nach Brasilien
und an verschiedene Orte
der Erinnerung

Ich war am Mittwoch, dem 25. August 1982, in Brasilien, in São Paulo angekommen.

Mit demselben Flug kamen die Musiker, die Beleuchtungs- und Tontechniker aus Paris, die Montand um die Welt begleiten sollten.

Die Tournee begann in Brasilien.

Montand war schon Sonntag, den 15. August, nach New York abgereist, am Tag nach der letzten Vorstellung im Olympia in Paris. Nach den drei höchst erfolgreichen Herbst- und Wintermonaten, nach einer ebenso triumphalen Tournee durch Frankreich und verschiedene Länder Europas (Bundesrepublik Deutschland, Niederlande, Belgien) hatte Montand seine Show nämlich vom 26. Juli bis zum 14. August im Olympia wiederaufgenommen. Immer noch vor ausverkauftem Haus, vor den gleichen Menschenmengen, der gleichen glühenden Begeisterung.

Und dann, kaum waren die Festlampions erloschen, war er in die Vereinigten Staaten geflogen. Bob Castella würde einige Tage später dort mit ihm zusammentreffen. Montand wollte sich zunächst an die Zeitverschiebung gewöhnen. Er wollte auch seinen Auftritt in der New Yorker Metropolitan Opera durch eine Serie von Interviews mit Journalisten vorbereiten.

Wir haben uns also am Mittwoch, dem 25. August, in São Paulo wiedergetroffen.

Zwei Jahre zuvor, auf den Tag genau, kam ich in Warschau

an. Das Wetter war trübe, ungewöhnlich kalt, schon herbst-
lich. Kaum hatte das Flugzeug der LOT auf der Landebahn
gehalten, als ich durch das Bullauge die viereckigen, gräuli-
chen Milizfahrzeuge auftauchen sah, die rund um die
Maschine Aufstellung nahmen. Aha, habe ich mir gesagt. Ich
bin in das Land des wirklich polizeistaatlichen Sozialismus
zurückgekehrt. Ein paar Minuten später, als ich die Gangway
hinunterstieg und zu dem Bus ging, der die Passagiere zum
Flughafengebäude fahren sollte, beobachtete ich die gleich-
mütigen, von der arroganten Maske einer unumstößlichen
Autorität plumpen Gesichter der mit Maschinenpistolen
bewaffneten polnischen Polizisten. Ich hatte den Eindruck,
mich in einem schlechten Spionagefilm zu befinden. Einem
billigen antikommunistischen Film aus dem Amerika der
fünfziger Jahre, den man damals als Karikatur empfunden
hätte, der aber traurigerweise, platterweise wirklichkeitsge-
treu geworden ist.

Nichts hat sich verändert, sagte ich mir.

Alles hatte sich jedoch verändert. Die zivile Gesellschaft
hatte sich weiter aufgelöst, war bis zur Schwelle der Fäulnis
gelangt. Da das despotische System der einzigen Partei
unfähig war, die Gesellschaft zu beleben – ihr eine Seele zu
geben, wenn man in der Sprache der Religion sprechen will;
eine Perspektive, wenn man die der Politik gebrauchen will,
die hier zwangsläufig der anderen begegnet –, löste sich diese
wie es schien zusehends auf.

Der Alltag von Warschau, wie ihn der unaufmerksame
Tourist wahrnehmen konnte, schien den Schiebern, den
Zynikern, den Trickbetrügern, den Profitgeiern überlassen.
Die entzückenden jungen Nutten, die hüftenwiegend und
grazil in den Bars und Hallen der großen Hotels herumhin-
gen, sahen einen mit ihren blauen Augen an, auf ihren
dargebotenen Lippen lag ein ironischer Zug. Wenn sie nicht
von den staatlichen Sicherheitsorganen verkuppelt wurden,
dann von starken, lärmenden und kostspieligen Araberbur-

schen. Oder von beiden zugleich natürlich. Es war jedenfalls von einer drolligen und tragischen Absurdität, daß zu jener Zeit ein gut Teil des Prostitutionsnetzes in Warschau von bärtigen jungen Irakern mit Samtaugen und verschwenderischen Petrodollars kontrolliert wurde, die in funkelnden BMWs herumfuhren.

Wie auch immer, die urbane zivile Gesellschaft löste sich zusehends auf. Sie verfaulte, zerfaserte wie verdorbenes Fleisch.

Zusehends, aber nur beim ersten Hinsehen.

Mächtige Hefen trieben nämlich von innen her diesen weichen und grauen Teig. Man brauchte zum Beispiel nur in der Stadt Warschau umherzuspazieren, um zu begreifen, daß die Tag und Nacht geöffneten, ständig vollen Kirchen und Kapellen nicht nur Kultstätten, sondern auch Stätten der Kultur waren. Stätten des Wortes, kurz gesagt. Dort wurden im Wechsel von Beten und Reden eine kollektive Erinnerung, die Kennzeichen einer Identität erarbeitet.

Man wird verstanden haben, hoffe ich, daß ich nicht dabei bin, die stärkenden Eigenschaften des Monotheismus zu preisen. Daß ich keineswegs die Absicht habe, hier die entscheidende und mitunter perverse Rolle, die die katholische Kirche im nationalen polnischen Widerstand spielt, in ihrer übrigens schwankenden Komplexität zu analysieren. Ich beschränke mich darauf, konkret festzustellen, daß die Identität dieses Volkes angesichts der bürokratischen Barbarei des realen Sozialismus sich für mich in jenem Sommer, teilweise zumindest, rings um diese Stätten des Wortes, des Austauschs und der Erinnerung: die Kirchen, zu artikulieren schien, rings um diesen alten Glauben, der zudem Polen an das Abendland anbindet.

Aber es gab eine zweite Hefe – oft unauflöslich mit der ersten verbunden, das ist sicher –, die in jenem August 1980 die Tiefen der polnischen Gesellschaft trieb. Es waren die Arbeiterkämpfe, die wieder einmal von der Ostseeküste aus über das ganze Land brandeten. Wieder einmal liefen die polnischen Arbeiter Sturm gegen den Himmel, gegen das Himmelreich der kommunistischen Bürokratie. Aber es schien in diesen grauen und kalten Tagen Ende August, daß die Arbeiter im Begriff waren, die Schlacht zum erstenmal zu gewinnen. Ein noch ungläubiger gedämpfter Hoffnungsschauer durchlief die Gesellschaft, die den Nachrichten aus Gdansk lauschte.

Ich war jedoch nicht nach Polen gekommen, um dem Sieg Lech Walesas und seiner Genossen, der Entstehung von Solidarność beizuwohnen. Ich war gekommen, um mit Andrzej Wajda an einem Filmprojekt zu arbeiten. Ausgerechnet der Verfilmung von *L'Espoir (Die Hoffnung)* von André Malraux.

Aber ich bin in São Paulo, zwei Jahre später.

Ich habe an meine Eindrücke von Warschau zurückgedacht, als ich das Datum 25. August in mein Reisetagebuch schrieb. Gewöhnlich führe ich kein Tagebuch. Weder ein Reisetagebuch noch sonst eines. Seit meiner Jugend zumindest habe ich keine privaten Notizbücher mehr geführt. Aber ich mußte mein Privatleben allzulange vor möglichen Übergriffen der verschiedensten Polizeimächte schützen, um die Gewohnheit vertraulicher Aufzeichnungen beizubehalten. Für im Untergrund Lebende empfiehlt sich ein intimes Tagebuch nicht, das ist leicht zu verstehen.

Doch ich werde eine Ausnahme von dieser zur zweiten Natur gewordenen Regel des Schweigens machen. Ich werde ein Tagebuch über meine Reise mit Yves Montand führen in Hinblick auf das Buch, das Sie in Händen halten.

Ich habe also »São Paulo, Mittwoch, 25.8.« geschrieben und habe an Warschau vor zwei Jahren zurückgedacht. Ich arbeitete damals mit Wajda an dem Projekt, *Die Hoffnung* zu verfilmen. Im Garten seines Hauses stand der Mann aus Marmor. Ich meine, dort stand die Statue des Stachanowarbeiters, die für die Dreharbeiten von *Der Mann aus Mar-*

mor benutzt worden war. Der vorzeitigen Kälte halber wurde im Kamin Feuer angemacht, und ich betrachtete durch die Scheiben der Glastür die Statue des Mannes aus Marmor. Manchmal wurde die Arbeit unterbrochen, weil Wajda Telefonanrufe bekam. Er sprach lange, er kam lächelnd zurück. Die Nachrichten von der Ostsee schienen gut zu sein. Aber wir fanden keine überzeugende Lösung – oder vielmehr keine, die uns beide überzeugt hätte – für die Verfilmung von Malraux' *Hoffnung*. Wajda wollte das Problem des Kommunismus aus dem Film ausklammern. Er wollte die im Roman durch die sowjetische Unterstützung des republikanischen Spanien, durch die daraus sich ergebende kommunistische Beherrschung der Staatsapparate aufgeworfenen Probleme umgehen. Die Gründe, die Wajda anführte, waren triftig: er wollte, daß sein Film ein polnischer Film wurde, daß das polnische Publikum ihn sehen konnte. Folglich mußte er für die Obrigkeit annehmbar sein. Daher sein Vorschlag, nur den ersten Teil von Malraux' Roman, *L'Illusion lyrique,* zu drehen und die Möglichkeit offen zu lassen, bestimmte, viel konfliktreichere historische und moralische Themen geschickt einzufügen, die später in dem Roman erörtert werden. Wajdas Gründe waren triftig, aber sie waren falsch. Denn man kann keinen Film nach Malraux' *Hoffnung* drehen und dabei das Problem des Kommunismus umgehen, im dunkeln lassen. Das ist nicht nur ein künstlerischer und politischer Widersinn, das ist ein metaphysischer Widersinn. Das ist, als hätte man eine Strategie für Volkskämpfe in Polen unter Umgehung des Problems der Existenz der kommunistischen Partei der UdSSR erarbeiten wollen. Der Beweis ist erbracht worden, daß das wenig realistisch war.

Aber ich bin nicht in São Paulo, um über die objektiven Schwierigkeiten einer Verfilmung von *Die Hoffnung* von André Malraux im Jahr 1980 und mit einem polnischen Regisseur zu sprechen. Ich bin hier, um das Tagebuch meiner Reise mit Montand zu führen. Ich schreibe also: »Kurzer

Blick auf die Stadt: tropische und kapitalistische Monstro-modernität. Spuren der Vergangenheit äußerst rar, zumindest auf den ersten Blick. Das Teatro municipal, in dem Yves Montand singen wird, ist eine dieser äußerst raren Ausnahmen: es muß wohl zu Beginn des Jahrhunderts gebaut worden sein, das ist so etwas wie ein Rekord. Augenblicklich wird dort *Macbeth* gespielt, die Oper. Yves Montand kommt am späten Nachmittag aus Rio. Hat dort eine Pressekonferenz gegeben. Die morgigen Zeitungen durchsehen. Abendessen mit ihm. Für das Buch: Möglichkeit, mit Brasilien Ende August anzufangen und zurückzugehen nach Polen zwei Jahre zuvor. Verknüpfen mit Montand/Foucault bei Levaï am 16. Dezember 81.«

Mich getreulich an diese Notizen vom 25. August 1982 haltend, habe ich also meinen Bericht in Brasilien begonnen und soeben an Polen erinnert. Die Verknüpfung mit Montand und Foucault am Mikrofon von Ivan Levaï kommt später.

Inzwischen greife ich wieder auf mein Reisetagebuch zurück.

Am 26. August 1982, einem Donnerstag, sang Montand abends im Teatro municipal von São Paulo. Und wenn ich singen sage, ist damit natürlich nicht genug gesagt. Damit ist wirklich zu wenig gesagt. Denn die Show, die Montand im Olympia in Paris präsentiert hatte und die er an diesem Abend in Brasilien reproduzieren würde (ich mag, nebenbei bemerkt, das Wort produzieren. Ich finde, daß es gut, genau paßt, wie ein gut geschnittenes Kleidungsstück, daß es vollkommen sagt, was es sagen soll, in all seinen Konnotationen: zum Vorschein bringen, hervorbringen, erschaffen oder komponieren. Ich mag es auch in seiner reflexiven Form: sich produzieren. Nicht nur, weil es ganz selbstverständlich auf den Beruf des Schauspielers angewandt wird, der sich auf einer Bühne produziert, sondern auch, in subtilerer Weise, weil es unterstreicht, daß Montand bei seiner Show nur seine eigene Arbeit ausbeutet: seinen Körper, seine Luft, seine Atmung, seine Stimme, sein Inneres, sein Talent, seine Phantasie), also die Show, in deren Verlauf Montand sich produzieren würde, ist etwas ganz anderes und viel mehr als eine bloße Folge von Gesangsnummern.

Wie dem auch sei, er sollte sich an diesem Abend auf der Bühne des Teatro municipal produzieren. Und ihm war ein bißchen beklommen zumute. Er hatte nämlich seit zehn Tagen nicht mehr gearbeitet. Er hatte es eilig, in die Atmosphäre des Theaters zurückzukehren, zu den strengen Freuden der minuziösen Bühnenarbeit, der Proben mit den Musikern.

Mit das erste, was Montand tut, wenn er in einer Stadt ankommt, mit das erste zumindest, was ich ihn in den Städten habe tun sehen, in die ich ihn im Lauf seiner Tournee begleitet habe – in São Paulo und in Brasilia, in Rio de Janeiro und in New York, in Washington und in Los Angeles, in Tokio und in Osaka –, das erste, was er tut, ist, einen Blick in den Saal zu werfen, in dem er sich produzieren soll. Wenn die Zeit es erlaubt, läßt er sich, kaum auf dem Flughafen gelandet, noch bevor er ins Hotel geht, zum Theater fahren.

Manchmal sind die Ton- und Beleuchtungstechniker, die ihn seit Paris begleiten, schon im Saal dabei, die Probleme zu untersuchen, die die Anpassung des von Montand für das Pariser Olympia erdachten Bühnenaufbaus an die jedem neuen Saal, jeder neuen Theatermaschinerie eigenen Gegebenheiten unweigerlich stellt. Manchmal sind die Techniker noch nicht da, manchmal sind sie schon wieder weg. Im einen Fall wie im anderen kommt immer ein Moment, in dem Montand sich von seiner Umgebung zurückzieht, sich vollständig isoliert. Und das ist zweifellos einer der faszinierendsten Augenblicke seiner Vorbereitungsarbeit. Einer von denen, die mich stärker fasziniert haben jedenfalls.

Nach den unerläßlichen Präliminarien, nach den elementarsten Überprüfungen des Zustands der Theatermaschinerie, geht Montand plötzlich. Er geht natürlich nicht physisch weg: er bleibt da, auf der Bühne. Er schreitet hin und her. Aber er geht weg in seinen Kopf, in seine Phantasie. Wahrscheinlich in seine Erinnerung. Er spricht nicht mit den Leuten um ihn herum, vielleicht sieht er sie nicht einmal mehr. Er ist allein, er spricht leise mit sich selbst.

Ich verstecke mich in einer Ecke, ich beobachte ihn.

Er geht hinter die Kulissen, kommt zurück auf die Bühne. Er durchquert den spärlich beleuchteten Raum, macht eine Geste zum abwesenden Publikum hin, stellt sich vor das unsichtbare Mikrofon. Er nimmt seine Markierungen wieder in Besitz, erobert sein Terrain zurück. Wie ein großer Kater – ha! ich kenne mindestens zwei Personen in diesem Buch, denen diese Anspielung, *introducing the Cat,* Spaß machen wird: Charles Baudelaire, die erste, von der schon die Rede gewesen ist; Chris Marker, die zweite, von der irgendwann die Rede sein wird –, mit geschmeidigem Gang ergreift er von seinem neuen Bühnenraum, vom Feld seiner nächsten Schlacht, Besitz.

Wenn man nah genug bei ihm steht, während er sich dieser rituellen Übung hingibt, kann man ihn mit sich sprechen hören oder von sich sprechen hören, in der dritten Person. *Er* kommt von hier, sagt Montand halblaut, während er sich zur Vorbühne begibt. *Er* bleibt da stehen. *Er* geht bis an den rechten Rand, sagt er weiter, während er sich nach rechts bewegt.

Schon im Olympia in Paris, im Lauf des Sommers vor der Tournee, als ich zahlreiche Abende mit ihm verbrachte, um diese besondere Atmosphäre der Music-Hall in mich aufzunehmen, hatte mich eine eingefleischte Gewohnheit Montands frappiert. Etwa eine Stunde vor der Show, wenn er seine Stadtkleidung schon abgelegt hatte, wenn er im gelben Morgenmantel über schwarzen Strumpfhosen mit seinem Fetisch-Stock jonglierend hinter den Kulissen herumspazierte, ging Montand jeden Abend auf die Bühne. Im staubigen und magischen Halbdunkel, vor dem leeren und erloschenen Saal, ließ er sich ausschließlich von Bob Castella begleiten, der sich auf den Platz setzte, den er seit Jahrzehnten am Klavier einnimmt. Ich stellte mich in eine Ecke und beobachtete.

Montand kam also auf die Bühne und spulte im Zeitraffertempo, wie ein Film, der auf das Videogerät überspielt wird, die Show vom Vorabend ab. Die Show, die er an diesem Abend wieder geben sollte. Er bewegte sich geschmeidig innerhalb seiner Markierungen, deutete die Chansons *mezza voce* an, die Gesten der Ansage oder des Dankes, mimte einige seiner Nummern, die regelrechte Sketches sind. (Oder kleine Szenen, wenn man den Anglizismus vermeiden will. Oder Sainete, wenn man die spanische Herkunft nicht scheut.) Das alles, wie ich schon sagte, im Zeitraffer. Die ganze Zeit über begleitete Bob Castella ihn am Klavier im gleichen evokativen und abgehackten Ton und Rhythmus.

Manchmal wandte sich Montand in verändertem Ton an Bob Castella: »Achtung, Bobby, gestern hast du mir den Einsatz von *Battling Joe* verpatzt!« Oder: »Hier habe ich den Bassisten nicht gehört, was war los?« Manchmal wandte er sich an sich selbst. In dem Fall sprach er mit sich in der dritten Person: »Hier hat *er* einen *Blackout* gehabt.« Oder: »*Er* hat zu spät eingesetzt.« Irgendeine andere kritische Anmerkung zu seiner eigenen Arbeit am Vortag, aber immer in der dritten Person.

Das verstärkte noch das Geheimnis, den zugleich mitreißenden und verwirrenden Zauber der ganzen Szene. Im Halbdunkel des Theaters, in der durchlässigen Akustik des leeren Saals war dies die Minute der Wahrheit, die jeder Schauspieler kennt. Die der Verdoppelung, der Objektivierung, in der er aufhört, er zu sein, um wirklich er selbst zu werden, das heißt der andere, die Person, die er verkörpert. Aber in Montands Fall war dieser Augenblick noch komple-

66

xer, noch beängstigender für mich, den faszinierten Zuschauer. Denn die Person, die er verkörpern mußte, war keiner der Helden des dramatischen Repertoires, es war niemand anders als Montand selbst. Zweifellos der wahrere der Montands. Der einzig wahre Montand vielleicht. Und von dieser Person, von seiner wahrsten Wahrheit, sprach Montand in der dritten Person, mit der das radikalste Anderssein bezeichnet wird. Als könnte er in dem Augenblick, da er er selbst, Ich, Montand, wird, von sich selbst nur noch diese dritte Person der Distanzierung, des Risses erfassen. *Er* kommt von hier, *er* bleibt da stehen, *er* geht bis an den rechten Rand.

Und es war ohne Zweifel ein herzzerreißender Augenblick, wie große Theateraugenblicke es sind.

Montand hatte es an jenem Tag in São Paulo also eilig, wieder in die Arbeit einzutauchen.

Und ich, heute, mehrere Monate später, in der Strenge des Pariser Winters, ich habe es eilig, wieder in jene Erinnerungen einzutauchen. Ich hoffe, es ist bald Zeit, mit dem Auto durch die lärmende und feuchte Stadt zum Teatro municipal zu fahren, auf einen einigermaßen erhaltenen, fast grünenden Platz, der ein ganz klein wenig provinziell und reizvoll anmutet inmitten des Netzes von Hauptverkehrsadern, die sich auf mehreren Ebenen kreuzen. Ich hoffe, wir werden in die plötzliche Kühle des weiträumigen Saals in italienischem Stil eindringen, dessen nachgedunkelte Rottöne und mit Patina überzogene Vergoldungen man im Halbdunkel ahnt. Lichter werden auf der Bühne tanzen, blau, rosa, manchmal klar und grellweiß, während Félix Bussy auf dem elektrischen Schaltpult seine Proben und Einstellungen macht. Im Kommen und Gehen der Maschinisten – und warum gibt es so viele Schwarze mit schneeweißen Haaren unter den Maschinisten in São Paulo? Sie überquerten an jenem Tag die Bühne mit dem Gang von lässigen alten Königen, von Phantomen aus einer Barockoper, deren Libretto abhanden gekommen ist – werden die Musiker ihre Instrumente stimmen, werden überprüfen, ob die Lautsprecheranlage vorschriftsmäßig funktioniert. Während Montand also seinen Platz im Mittelpunkt dieser ganzen Aktivität einnehmen wird, die auf ihn ausgerichtet ist, werde ich mich allein in die dritte oder vierte Reihe im Parkett setzen. Ich werde die Show wiedererstehen, werde sie Form annehmen sehen, werde sie mit neuer Frische, verstärkter Intensität nach diesen Tagen der Pause wiederaufleben sehen.

Es muß gesagt werden, daß ein Theatersaal in italienischem Stil ein magischer Ort ist. So langweilig ein Filmstudio ist, so viel passiert auf einer Theaterbühne, wenn dort eine Aufführung geprobt wird. Was einen zunächst verblüfft, wenn man in ein Filmstudio kommt, auch bei einer perfekt geölten, gelungenen, erfolgreichen Dreharbeit, ist die Schwerfälligkeit und Langsamkeit des Produktionsapparats. Wie viele Scheinwerfer, wie viele Techniker, Proben, Korrekturen, Kilowatt, um diese ephemere, *per definitionem* verschwindende Sache zu reproduzieren: ein Bild! In Wirklichkeit ist nichts langweiliger als ein Filmstudio, wenn man nicht direkt, vor oder hinter der Kamera, in die laufende Arbeit einbezogen ist. Und selbst dann sind Momente der Langeweile, des Wartens, knirschender Lustlosigkeit unvermeidlich. Für einen Schriftsteller liegen die wirklich interessanten Aspekte der Filmarbeit genaugenommen im Moment der Fertigstellung des Drehbuchs, was leicht zu verstehen ist, und auch im Moment des Schneidens, das eine Art Umschreiben sein kann. Aber die Dreharbeiten selbst bringen nichts. Nur Langeweile und eine dumpfe Enttäuschung.

Meine Liebe zum Theater – eine allumfassende und verzehrende Liebe, da sie sich auf all seine Aspekte erstreckt: den Bühnenraum, die Kulissen, die Garderoben der Schauspieler, die Kneipengespräche über das Theater, die Arbeit am Text, die Biographien, die Autoren, die Anekdoten der alten

Hasen, die Aberglauben, das magische Tasten der Scheinwerfer, die nach dem richtigen Licht suchen, die Dekorationen aus Pappmaché, die Illusion, das Stimmgewirr, die leeren und dunklen Säle, die vollen und strahlenden Säle, kurz, das Leben –, meine Liebe zum Theater hat einen ganz bestimmten Ursprung.

Einen doppelten Ursprung vielmehr. Oder den gleichen, der sich in zwei teilt, wie in der Allzweck-Dialektik des beklagenswerten Präsidenten Mao. Wie auch immer, es findet im Athénée statt. Einem Theater, das für mich unter der doppelten Anrufung von Louis Jouvet und Jean Giraudoux steht. Jetzt habe ich innerhalb weniger Zeilen zweimal das Wort »doppelt« geschrieben. Was logisch ist, da es sich um das Theater handelt, die Kunst des Spiegels und der Verdoppelung.

Im Athénée also, das seinem Namen noch nicht den von Louis Jouvet angehängt hatte, weil Jouvet 1939 noch dort spielte, sah ich mir Giraudoux' Stücke an. Es war das Exil, »die lange schlaflose Nacht des Exils«, wie Marx in einem Brief an Engels sagte. Oder umgekehrt; der gelehrte Leser, meinesgleichen, mein Bruder, wird mich von sich aus verbessert haben. Bald darauf begann der Sitzkrieg. Ich hatte von Baudelaire in Den Haag in Holland die Sprache der Sinnlichkeit gelernt. Ich lernte in Paris, in Frankreich, von Giraudoux die der Liebe, von André Breton die der Leidenschaft. Anders gesagt, ich machte nicht nur Fortschritte im Französischen, sondern auch in der Vertiefung der Gefühle.

Unter den jungen Leuten, die um mich herum den Hals reckten und die Ohren spitzten, damit ihnen keine Silbe des Giraudouxschen Dialogs, keine Geste von Jouvet oder von Madeleine Ozeray entging, waren manche, die ich später kennengelernt habe. Chris Marker zum Beispiel. Der hier, ganz in seinem Stil, zum zweiten Mal flüchtig auftritt, bevor er eindeutig seinen Platz in der Geschichte einnimmt.

Das alles bringt mich dazu, Ihnen ein Geständnis zu

machen. Montand ein Geständnis zu machen vielmehr. Denn Sie werden schon begriffen haben, intelligent wie Sie sind, daß Montand nicht nur das Objekt, eigentlich das Subjekt dieses Buches ist, sondern auch sein Adressat. Ich schreibe über ihn und für ihn. Aber indem ich ihm dies gestehe, muß ich es Ihnen wohl oder übel auch gestehen: ich kann nämlich nur laut zu ihm sprechen, in die Luft hinein, über Sie alle, *per definitonem* Anonyme, hinweg. Ich muß ihm und Ihnen also sagen, daß im September 1943 in Epizy, in der nahen Umgebung von Joigny, als ich begriffen habe, daß ich unverkennbar in die Hände der Gestapo gefallen war, als ich das triumphierende Lächeln von Dr. Haas, Chef der Gestapo von Auxerre, gesehen habe, der so zufrieden über das Funktionieren der für mich aufgestellten Falle war, daß sein lauter Goldzähne zeigendes Lächeln ihm fast das Gesicht zerriß, daß also genau in dem Moment der erste Gedanke, der mir durch den Kopf gefahren ist – als wäre der Kopf eine Kreuzung, mit Ampeln zweifellos, einem Fußgängerüberweg; als wären die Ideen kleine Alte, die brav auf Grün warteten, um den besagten Überweg zu betreten –, jedenfalls der erste Gedanke, der mir gekommen ist und mich traurig machte, war, daß ich nun, in Anbetracht des unvorgesehenen Eindringens der Gestapo in diesen Unterschlupf in Epizy, nicht mehr zur Generalprobe von *Sodome et Gomorrhe (Sodom und Gomorrha)* würde gehen können. Und das war wirklich traurig, glauben Sie mir.

Dr. Haas – dessen Name mir in jenem Moment unbekannt war, ihn so zu nennen ist folglich einigermaßen anachronistisch, aber man wird mir diese Eigenwilligkeit zugunsten der Klarheit der Geschichte verzeihen –, der Gestapochef von Auxerre lächelte immer noch. Aber er hatte seine große automatische Pistole am Lauf gefaßt und schlug mir mit dem Kolben auf den Kopf. Ich hatte Blut in den Augen, im Mund. Und ich sagte mir, daß ich nicht so bald das nächste Stück von Jean Giraudoux sehen würde. Ich war ziemlich sauer.

70

Jahre später, viele Jahre später, 1964, bin ich wieder in das Athénée gekommen. Aber diesmal war ich auf der anderen Seite des Spiegels. Ich war nicht mehr im Saal wie früher, als jugendlicher und betörter Zuschauer. Ich war hinter den Kulissen, während der Proben auf der Bühne, in Jouvets Büro, in dem jetzt Françoise Spira saß. Diese hatte mich nämlich gebeten, den *Stellvertreter* von Rolf Hochhuth für ihre Truppe *Théâtre vivant* zu bearbeiten. Peter Brook inszenierte. Und Michel Piccoli spielte die Rolle des Gerstein.

Aber ich bin im Teatro municipal von São Paulo, ich bin nicht im Athénée. Ich sehe Montand zu, der im Stadtanzug mit seinen Musikern probt. Ich denke daran, daß ich 1964, als ich die Bearbeitung des *Stellvertreters* geschrieben habe, Montand bereits kannte.

Jetzt muß ich also sagen, wie diese Begegnung schließlich zustande gekommen ist.

1963 sang Montands Stimme in meinem Kopf als die des Klempners von Prévert, aber ich war ihm immer noch nicht begegnet. Ich hatte ihn nie auf einer Bühne gesehen.

Was das Kino betrifft, so hatte ich nur einen einzigen Film mit ihm gesehen, *Les Portes de la nuit (Pforten der Nacht),* in dem er unbeholfen, aber rührend auf mich gewirkt hatte: auf jeden Fall als Vermittler von etwas Seltenem, einer Art Lebenstrieb, einer anregenden Unruhe. Daß dieser Film von Carné-Prévert ein Fehlschlag geworden ist, liegt sicher nicht an der Darstellung Montands, bei dem in der letzten Minute angefragt worden war, ob er eine Jean Gabin auf den Leib geschriebene Rolle übernehmen wolle, sondern hauptsächlich daran, daß *Die Pforten der Nacht* kein so idyllisches und konformistisches Bild von der Besatzungszeit boten, wie sie damals überwogen, und daran, daß Jacques Préverts Drehbuch, dies eine Mal nicht meisterlich, zu viele Themen und auf nicht nur unübersichtliche, sondern manchmal willkürliche Art vermischte, wobei er dem Symbolischen Vorrang vor dem Signifikanten gab.

(Bravo! sage ich zu mir: du redest wie die *Cahiers du cinéma*; abermals bravo!)

Halb fehlgeschlagen oder halb gelungen, *Die Pforten der Nacht* sind auf jeden Fall ein bedeutsames Datum in Montands Leben. Bei der Gelegenheit hat er Prévert kennengelernt. Und dieser hat ihm den Gitarristen Henri Crolla zugeführt. Der wiederum hat Francis Lemarque zu ihm geschickt. Und indirekt hat Montand in *La Colombe d'or* auch Simone Signoret durch Prévert kennengelernt.

Aber wir wollen nichts vorwegnehmen. Wir sind noch nicht im Jahr 1949, dem Datum dieser Begegnung, wir sind erst im Jahr 1963 und müssen den Zeitfaden noch zurückspulen. Schritt für Schritt.

1963, sagte ich, war ich Montand immer noch nicht begegnet. Simone Signoret dagegen hatte ich wiedergefunden. Nicht, daß wir uns wirklich verloren hatten. Oder dann nur aus den Augen verloren. Denn ich kannte Signoret schon immer. Zumindest seit meiner und ihrer Jugend. Aber 1942, 1943, im *Café de Flore* sprach ich nicht mir ihr. Ich sah sie vorbeigehen, schön wie der Tag (oder wie die Nacht? Warum sollte der Tag schöner sein als die Nacht?), schön jedenfalls wie der Tag oder die Nacht, die Sonne oder der Regen, das vergängliche Leben oder die bleibenden Träume. Wir haben erst 1945 miteinander gesprochen, bei meiner Rückkehr aus Buchenwald. Und wir haben seitdem nicht aufgehört zu sprechen, obwohl, wenn ich die ganze Wahrheit sagen muß, ihre Sprechzeit seither wahrscheinlich länger gewesen ist als meine. Nicht, daß Simone geschwätzig wäre, oder aber es ist ein falscher Anschein. Aber sie liebt detaillierte Erzählungen, die Darlegung aller näheren Umstände, das braucht Zeit.

In den fünfziger Jahren hatte ich sie ein bißchen aus den Augen verloren. Ich hielt mich lange illegal in Spanien auf.

Meine legale Situation in Frankreich war nicht mehr ganz koscher. Ich vermied folglich Begegnungen mit Leuten, die mich gut genug kannten, um sich über meine häufigen, langen und oft schwer zu rechtfertigenden Abwesenheiten zu wundern.

Aber Anfang der sechziger Jahre haben wir uns durch unsere Töchter wiedergefunden. Das heißt durch ihre Tochter, Catherine Allégret, und meine Stieftochter, Dominique Martinet. Die beiden Kleinen waren vierzehn und gingen beide – leider ohne daraus auf der Bildungsebene allzu großen Nutzen zu ziehen, auf der zwischenmenschlichen Ebene zogen sie großen Nutzen daraus – auf die École alsacienne. Sie wurden gleich Freundinnen, wie es in dem Alter üblich ist, auf Leben und Tod: man teilt jeden Kummer, jede Freude. Manchmal sogar die Verliebtheiten.

Aber es blieb nicht aus, daß diese Freundschaft ein bedenkliches Problem aufwarf. Dominique war es nämlich gewohnt, die Nationalität ihres Stiefvaters nicht zu erwähnen. Sie war gewohnt, durch eine Vorsicht, die wir ihr eingeschärft hatten, die sie aber mit der Konsequenz und Gewissenhaftigkeit der Jugend verinnerlicht hatte, nie über die Nationalität oder den Beruf jenes Mannes zu sprechen, der das Leben ihrer Mutter flüchtig zu teilen schien. Eines Tages, auf dem Schulhof der École alsacienne, spricht Catherine Dominique an: »Hör mal, meine Mama hat mir gesagt, daß deine Mutter mit einem Spanier zusammenlebt. Warum hast du es mir verheimlicht?« Darauf Verwirrung, wenig überzeugendes Leugnen von seiten Dominiques. Kurz, wir mußten uns mit der einen wie mit der anderen aussprechen. Von da an sahen wir Simone Signoret regelmäßig.

Und 1963, zu Beginn des Sommers, stellte Simone mich ihrem Mann, Yves Montand, vor. Es geschah wie in den gut zusammengebastelten Drehbüchern – und unsere Geschichte ist ein hervorragend zusammengebasteltes Drehbuch –, in denen es so eingerichtet ist, daß bestimmte, wesentliche

Szenerien dauernd wiederkehren, in Saint-Paul-de-Vence, in *La Colombe d'or*.

Ich war nicht oft an diesem privilegierten Ort gewesen. Aber es war nicht das erste Mal. Es war mindestens das zweite Mal. Das erste Mal war ich ein paar Monate zuvor, im März 1963, dort gewesen.

Tatsächlich hat sich in jenem Jahr des Heils eine Menge für mich ereignet. Um mit dem Wichtigsten zu beginnen, Santiago Carrillo hatte Anfang des Jahres beim Exekutivkomitee der KPS erreicht, daß ich von der Untergrundarbeit in Spanien abgezogen wurde. Um das zu erreichen, hatte er verschiedene Vorwände benutzt – die er in Wirklichkeit nicht ernstlich brauchte, denn er war allmächtig –, doch der eigentliche Grund war, daß unsere politischen Meinungsverschiedenheiten im Lauf der Versammlungen sich verschärften. Unsere Analysen der Situation in Spanien gingen immer weiter auseinander, ebenso wie unsere Ansichten über die Zukunft der kommunistischen Bewegung. Er hatte beschlossen, mir jegliche wichtige verantwortungsvolle Arbeit zu entziehen.

Seither führte ich also wieder eine legale Existenz in Frankreich. In den vergangenen Jahren – seit 1959 genau – hatte ich keine ordnungsgemäßen Papiere mehr. Ich reiste mit falschen Personalausweisen.

In den letzten Tagen habe ich beim Aufräumen zufällig einen der letzten falschen Ausweise gefunden, die ich benutzte. Mit meinem tatsächlichen Alter, meiner wirklichen Größe, meinen wirklichen besonderen Kennzeichen: keine. Aber ich hieß Salagnac, Camille Salagnac, und ich war in Mirombel im Corrèze geboren.

Ich habe dieses Gespenst aus der Vergangenheit, mich selbst, mit einem Stich im Herzen wieder erscheinen sehen. Danach habe ich die Perfektion dieses falschen Personalausweises bewundert. Ich hätte selbst darauf hereinfallen, ich hätte mich für Camille Salagnac halten können. Begreiflicherweise habe ich an den Mann gedacht, der uns diese echter als echten falschen Papiere herstellte. Er war ein genialer Fälscher, ein regelrechter Künstler, dem viele von uns die Freiheit verdanken. Manche sogar das Leben.

Ich mußte lächeln, als ich an das spätere Schicksal dieses Mannes dachte. Nach General Francos Tod, als die KPS von Premierminister Adolfo Suárez González legalisiert worden war – der mit dieser absolut notwendigen Maßnahme zeigte, daß die Demokratisierung in Spanien wirklich im Gang war, allen Widerständen der Militärs zum Trotz –, ist unser genialer Fälscher, der nette Domingo M. von Carrillo zum Direktor des Zentralkomiteearchivs der Partei ernannt worden. Ich finde, das ist eine exemplarische Anekdote. Der Phantasie eines George Orwell würdig. Ich finde es wunderbar, daß ein Archiv, im Prinzip dazu bestimmt, die glaubwürdigen Spuren einer historischen Erinnerung zu bewahren, der Obhut eines Mannes anvertraut wird, dessen einzig wahre Spezialität, dessen einzig wahres Talent das Fälschen gewesen ist.

Aber ich sagte, daß ich 1963 wieder eine legale Existenz in Frankreich führte. Ich bin wieder der geworden, der ich nach der Geburtsurkunde und anderen behördlichen Dokumenten zu sein scheine. Dazu brauchte ich nur einen alten Freund der Familie, den Abbé Glasberg, aufzusuchen. Er kümmerte sich in einem baufälligen Büro in der Rue de l'Arbre-Sec um Flüchtlinge. Er hat mir ein Empfehlungsschreiben an den Direktor – der übrigens eine Direktorin war – des Fremdenbüros im Polizeipräsidium gegeben, und die Sache ist an einem kurzen Vormittag geregelt worden.

So konnte ich im März 1963, wieder mit ordnungsgemäßen Papieren ausgestattet, heiraten und zum erstenmal in *La Colombe d'Or* gehen, aber nicht für das traditionelle Hochzeitsessen, nein, wir dürfen nichts durcheinanderbringen. Yves Montand und Simone Signoret haben ihre Hochzeit in *La Colombe* gefeiert. Ich bin zwar an meinem Hochzeitstag hingegangen, aber um Manolis Glezos zu treffen.

Wir hatten am 22. März in Villeneuve-Loubet geheiratet. Das traditionelle Essen hatte anschließend in *La Toque blanche*, auf halbem Weg zwischen La Colle und Saint-Paul stattgefunden. Alles war von meinem Schwiegervater, Marcel Leloup, ausgerichtet worden, der eine außergewöhnliche Persönlichkeit war.

Bretone, Sohn eines sozialistischen Lehrers, war der kleine Marcel von seinem Vater zum Direktor des Gymnasiums in Rennes gebracht worden, wo er in die Sexta eintreten sollte. Der Direktor erkundigte sich freundlich nach den Vorlieben und besonderen Interessen seines jungen Schülers. »Mein Sohn wird an der École polytechnique studieren«, sagte der erziehende und kategorische Vater. Und der Sohn hat selbstverständlich an der École polytechnique studiert. Sogar mit Auszeichnung. Aber bevor Marcel Leloup Polytechnik studierte, hatte er den Krieg mitgemacht, den Großen Krieg, wie er genannt wird. Er hatte sich mit siebzehn Jahren freiwillig gemeldet. Aus einer sozialistischen, unbeugsam pazifistischen Familie stammend, wollte er nicht, daß man glaubte, er hoffe sich dem allgemeinen Los zu entziehen. Aufgrund seiner Ideen, sagte er, mußte er um so mehr mit gutem Beispiel vorangehen. Er hat sich also freiwillig zum allgemeinen Los gemeldet. Er ist mit gutem Beispiel vorangegangen. Mit neunzehn Jahren ist ihm in einem Aufklärungsflugzeug von einem deutschen MG ein Arm abgeschossen worden.

Nach der École polytechnique entschied sich Marcel Leloup für die École forestière in Nancy. Er machte Karriere in der Forst- und Wasserverwaltung. Und er kämpfte weiter auf dem linken Flügel der SFIO, auf der Seite von Marceau Pivert. Beim Sieg der Volksfront gehörte er dem Kabinett Léon Blum an. Am Ende seines Lebens ließ er sich, von der SFIO Guy Mollets angewidert, im *Café de Flore* nieder, in dem er seit 1936 Gast war, noch bevor Paul Boubal es kaufte, und diskutierte lange mit Émile, einem der ältesten Kellner, der Mitglied der Fédération socialiste von Paris gewesen war und Pivertist wie er.

Nach der Befreiung wurde Marcel Leloup Generaldirektor der Forst- und Wasserverwaltung Frankreichs und dann Direktor für Forstwirtschaft der FAO, der Ernährungs- und Landwirtschaftsorganisation der Vereinten Nationen. Er reiste in der ganzen Welt herum und kümmerte sich um die Bäume. Und er war glücklich, denn die Bäume waren seine Leidenschaft. Eine seiner Leidenschaften zumindest.

Anläßlich einer dieser Reisen als offizieller Gast der spanischen Regierung machte er sich die klammheimliche Freude, mich im *Palace* in Madrid an seinen Tisch einzuladen. Er war ein Bretone, der Sinn für Humor hatte, und es amüsierte ihn sehr, den im Untergrund arbeitenden Abgesandten des Zentralkomitees der KP Spaniens auf Kosten der Franco-Obrigkeit zu bewirten.

Marcel Leloup war es also, der mein Hochzeitsessen in *La Toque blanche* ausgerichtet hatte.

Gegen Ende des Festmahls verschwand ich für eine Weile und fuhr hinauf nach Saint-Paul zu *La Colombe d'or*. Georges Gosnat, der Finanzminister der KPF, hatte mir mitgeteilt, daß er dort an jenem Tag mit Manolis Glezos zu Mittag essen würde. Er hatte mich eingeladen, zum Kaffee dazuzukommen.

Ich hatte Gosnat drei Jahre zuvor beim VI. Kongreß der KPS kennengelernt, der heimlich in Prag stattfand. Er vertrat dort zusammen mit Jean Kanapa und Georges Frischmann die Kommunistische Partei Frankreichs. Gosnat war ein redegewandter und gebildeter Mann, nicht unintelligent, aber vollkommen verdorben und skrupellos. Ein den russischen Interessen und dem sowjetischen Apparat in Frankreich bedingungslos verbundener Mann; er war nicht der einzige, und diese Spezies ist mit seinem Tod nicht ausgestorben.

Auf diese Weise also, wegen Georges Gosnats, habe ich *La*

77

Colombe d'or zum erstenmal betreten. Um dort Manolis Glezos zu treffen.

Glezos, man erinnert sich wahrscheinlich, war ein junger Held des Widerstands gegen die Nazis in Griechenland gewesen. Er hatte die Hakenkreuzfahne heruntergeholt, die auf der Akropolis flatterte. Anschließend war er in die Wirren des Bürgerkriegs verwickelt worden und hatte Jahre im Gefängnis verbracht. Er war erst kurze Zeit zuvor wieder herausgekommen.

Es war also in Saint-Paul-de-Vence, an einem regnerischen Märztag. Der große Speisesaal der *Colombe* war fast leer. Manolis Glezos hatte einen schönen griechischen Heldenkopf. Die kräftige Statur eines griechischen Helden. Und ich hatte gerade das Verlangen, mit ihm über Griechenland, über die griechischen Helden zu sprechen. Das war eine Geschichte, die mich seit langem beschäftigte. Seit dem Schnee vom Dezember 1944 in Buchenwald.

Ich hatte das Verlangen, mit ihm über Elektra Apostolou zu sprechen.

Im Dezember 1944 in Buchenwald, in den Schneegestöbern am Ettersberg, sprachen wir nur über Griechenland. Der Krieg war noch nicht zu Ende, und eine andere Schlacht begann, innerhalb der Anti-Hitler-Koalition selbst. Britische Panzer vernichteten die kommunistischen Partisanen, noch ehe Hitler endgültig besiegt war.

Da gab es allerdings einiges zu bereden.

Später hatte ich Geschichten über den Widerstand in Griechenland gelesen. Das fesselte mich. Namen waren aufgetaucht, Gesichter. Ich konnte mir Vorstellungen machen.

Man konnte sich über der Stadt Athen einen Himmel aus rauschender Seide vorstellen. Im April war er von zartem verwaschenem Blau gewesen. Im Norden einige zerfaserte Wolken. Die politischen Gefangenen im Lager von Khaïdari am Fuß des Berges Ägaleos sähen diese leicht flockigen Streifen am Aprilhimmel. Auf dem Schießplatz von Kaissariani sähen die Männer und Frauen, die gleich sterben würden, diese Wolken von löchrigem Weiß am weiten Himmel an. Ein Mann lächelte: die Wolken, die wunderbaren Wolken.

In einem Haus am Berg Hymette eingeschlossen, schossen Dimitris Augheris, Kostas Foltopulos und Thomas Kiokmenidis auf die Deutschen und auf die griechischen Kollaborateure der Sicherheitsbataillone. Sie waren achtzehn Jahre alt, und der letzte, der fiel, war Dimitris Augheris. Eine Frau würde in einer Gasse im Armenviertel weinen.

Der Himmel über der Stadt Athen wäre wie zerrissene Seide.

Am 1. Mai würden die Geiseln auf Lastwagen von Khaïdari nach Kaissariani gebracht. Auf der ganzen Fahrt würden Männer und Frauen Zettel mit ihren letzten Botschaften in den Wind streuen. Man konnte sich deren Inhalt vorstellen: sie fuhren auf den Ozean des Todes zu, und ihre weißen Botschaften würden wie abschiednehmende Taschentücher, wie Möwenflügel über ablegenden Schiffen flattern.

Auf dem Schießplatz forderte der deutsche Offizier vor dem Befehl zum Feuern Sukadzidis auf, seine Worte zu übersetzen. Sukadzidis würde übersetzen: »Frag sie, ob sie eine Erklärung abgeben wollen«, hatte der Offizier gesagt. Die zwanzig für die erste Salve der Füsiliere aufgereihten Männer sahen Sukadzidis an, der im Internierungslager ihr Dolmetscher gewesen war. Sie würden warten, daß er ihnen die fremden Wörter übersetzte. Sukadzidis drehte sich zu den zwanzig Männern des ersten Schubs um und fragte sie, ob sie eine Erklärung abgeben wollten. Gemeinsam, einstimmig würden die zwanzig Männer schreien, was sie zu sagen hatten. Sie würden gleich sterben, sie sagten das Leben. Sie waren seit Jahren gefangen – manche seit Metaxas sie in Akronauplia eingesperrt hatte –, sie sagten die Freiheit. Sie hatten kein anderes mögliches Vaterland mehr als das ewige Schweigen, sie sagten Griechenland, das das Vaterland der Sprache ist, wie jeder weiß. »Sonst nichts?« würde der deutsche Offizier danach fragen. Nein, sonst nichts. Man mußte glauben, daß ihnen das ausreichend erschien, das Leben, das Wort, Griechenland, die Freiheit.

Danach gäbe der deutsche Offizier den Befehl zum Feuern. Die zwanzig Männer in der zweiten Reihe träten vor, um ihren Platz gegenüber den Gewehren einzunehmen. Aber vorher müßten sie die Leichen ihrer Kameraden zu den Lastwagen bringen, die diese zum Massengrab transportieren sollten. In der zehnten und letzten Reihe würde ein Mann von einer Art wildem Gelächter gepackt werden: »Ja, und uns? Uns? Wer bringt uns zu den Lastwagen? Das müssen sie schon selbst tun, diese Faulenzer!« Das stille wilde Gelächter würde alle Männer der letzten Reihe erfassen. Die Vorstellung, daß die deutschen Soldaten gezwungen wären, selbst anzupacken, weil niemand mehr da wäre, um die zwanzig letzten Leichen wegzuräumen, käme ihnen unwiderstehlich komisch vor. »Die Arschlöcher!« würde der murmeln, der mit dem stillen wilden Gelächter angefangen hatte, »die Arschlöcher! Daran haben sie nicht gedacht!«

Zehnmal träten die Reihen von zwanzig Männern mit einer mechanischen Bewegung auf die deutschen Gewehre zu. Am Ende, mit dem letzten Schub Geiseln, würde auch Sukadzidis erschossen. Es gab nichts mehr zu übersetzen.

Der Himmel überzöge sich mit einem dichteren Blau, es wäre Sommer.

In der lauen Wärme der Morgendämmerung höben Frauen herumliegende unbekannte Leichen von der Straße auf. Am 26. Juli läge unter anderen ein Frauenleichnam da, halb verbrannt. Unbekannte kämen verstohlen, würden sie erkennen: Elektra Apostolou, Kommunistin.

Bei den Verhören hatte sie gelächelt, lakonisch: »Woher stammst du?« – »Aus Athen.« – »Wo wohnst du?« – »In

Athen.« – »Wer bist du?« – »Ich bin Griechin.« Eine Stunde, einen Tag, Nächte: die Ewigkeit des Schmerzes. Elektra Apostolou wurde mit Stacheldraht gepeitscht. Sie wurde mit glühenden Eisen gebrannt. Sie wurde unter den Achseln an Fleischerhaken aufgehängt.

Der Himmel über der Stadt Athen wäre an diesen Julitagen wie schwere und wilde Seide. Elektra Apostolou sagte nichts, sie würde in der Einsamkeit ihres Schweigens sterben, die bevölkert war mit unzähligen brüderlichen Stimmen und Blicken.

Frauen höben ihren Leichnam auf, wuschen klagend ihr entstelltes Gesicht. O, meine Taube, meine süße Taube! würde eine dieser Frauen sagen. Und der Himmel wäre über der Leiche von Elektra Apostolou wie weiß-blaue Seide. Hektische alte Frauen in Trauerkleidung würden versuchen, aus Elektra Apostolous zerschlagenem Leichnam die Zukunft ihres Volkes herauszulesen. Aber die Zeit der Orakel war vorbei, dieser Schattenmund blieb stumm.

Im übrigen war die Zukunft des Landes für lange Zeit unerbittlich festgelegt worden, und keine Leiche wöge je schwer genug, um den Waagebalken zu bewegen.

Stalin und Churchill hatten Botschaften ausgetauscht, sie hatten diese Region Europas unter sich aufgeteilt. Aber Elektra Apostolou erführe nie etwas von diesem Handel. Der Himmel war wie blasse verschossene Seide über ihren toten Augen.

An diesem 26. Juli 1944, zu der unbestimmten Stunde, als ihr Leichnam von Polizisten, die nicht wußten wohin mit ihren Opfern, auf der Straße liegengelassen wurde, würde sich am dämmernden Himmel die knisternde Seide der Fallschirme öffnen. Im Norden landeten acht sowjetische Offiziere im Maquis. Oder – anderen Quellen zufolge – am 28. Juli landete ein aus Italien kommendes sowjetisches Transportflugzeug auf dem Flughafen von Neraida, der von der Widerstandsbewegung kontrolliert wurde. Wie dem auch war, alle sagen einhellig, daß diese sowjetische Militärdelegation von Oberst Popow angeführt wurde. Kaum gelandet, würde der russische Oberst verlangen, mit Siantos zusammenzutreffen, dem alten Führer der griechischen Kommunistischen Partei. Die Chroniken überliefern keine Einzelheiten dieser Gespräche. Man kann sie jedoch vermuten. Man kann deren wesentlichen Gehalt gemäß der neuen Haltung der kommunistischen Führer rekonstruieren. Der russische Oberst riet zur Mäßigung, zum Kompromiß. Er legte wohl nahe, daß nichts getan werden dürfe, was die schöne und gute Allianz der UdSSR und der Westmächte stören könnte. Und eine der Voraussetzungen für diese Allianz – Siantos war es überlassen, die Schlüsse daraus zu ziehen – war eben, daß man Churchill in Griechenland freie Hand ließe.

Stalin betrachtete die Revolution seit langem nur noch als den Export seiner eigenen Macht. Kurz gesagt, als die Intendantur, die seinen Armeen folgen würde. Jedes revolutionäre Unterfangen wäre ihm in diesem Jahr 44 suspekt und gefährlich erschienen. Wenn es scheiterte, würde es seine Beziehungen zum Westen unnötig komplizieren. Wenn es gelang, wäre es doppelt suspekt, doppelt gefährlich: es würde gleichfalls seine Beziehungen zum Westen komplizieren und ließe obendrein eine autonome revolutionäre Macht entstehen, die früher oder später unvermeidlich der Versuchung erliegen würde, auf seine väterlichen Ratschläge zu verzichten.

Daher würden die Führer der griechischen Widerstandsbewegung die Bedingungen der königlichen Exilregierung einige Tage nach der Ankunft der russischen Militärdelegation im Maquis annehmen. Georgios Papandreu hatte freie Hand, er flöge am 21. August nach Kairo, um sich unter größter Geheimhaltung mit Churchill zu treffen. Jetzt, da sie den Beweis hatten, daß Stalin nicht in die griechischen Angelegenheiten eingreifen würde, würden Churchill und Papandreou ihre Pläne ausführen. Als erstes den Einfluß der Kommunisten und der linkssozialistischen ELAS-Partisanen zu neutralisieren, indem man sie an der Exilregierung beteiligte, gewissermaßen als Geiseln, als Garanten für eine Politik, die heimlich ihr Verderben vorbereitete. Anschließend, auch wenn zu diesem Zweck eine blutige Konfrontation herbeigeführt werden mußte, die Truppen der EAM-ELAS, den von der KP kontrollierten bewaffneten Widerstand zu entwaffnen. Und schließlich für die Rückkehr der Glücksburger auf den Thron Griechenlands zu sorgen.

Die Partisanen glaubten die Macht in Reichweite ihrer Gewehre zu haben, aber sie hätten nur die Niederlage, und zwar unter den schlimmsten Bedingungen, denen der Unordnung und Verwirrung. Eine Niederlage, bei der die Vorhut, von den in die Irre laufenden Massen abgeschnitten, sich zerstückeln ließe.

Aber Elektra Apostolou wüßte nichts von diesem Handel. Sie erführe nichts von dieser Niederlage, die sich heimtückisch in den Leichenwagen der Freiheit näherte. Sie war im strahlenden Sieg ihres Schweigens gestorben. »Wie ist dein Name?« – »Ich bin Griechin.« Sie hätte nur noch diesen Namen, unermeßlich wie ein Aufschrei.

Ja, ohne Zweifel hatte ich großes Verlangen, über all das mit Manolis Glezos zu sprechen.

Aber wir haben über nichts gesprochen.

Oder vielmehr wir haben die lallende Sprache gesprochen, das Bla-bla, das Kauderwelsch des kommunistischen Zeremoniells. Wir haben ein Glas auf unsere jeweiligen Parteien getrunken. Ein weiteres auf den heroischen Kampf unserer beiden unglücklichen Völker. Und dann hat Gosnat Glezos wieder mitgenommen auf seine Tournee zu den großen Tieren. Am Vormittag hatte er ihn zu Picasso begleitet. Oder vielleicht wollte er ihn nachmittags, gleich im Anschluß an jenes Mittagessen, zu ihm bringen. Auf jeden Fall stand Pablo Picasso auf dem Programm, dessen bin ich sicher.

So bin ich von Glezos weggegangen, ohne auch nur Zeit gehabt zu haben, mit ihm zu sprechen.

Etwa zehn Jahre später habe ich mich an Manolis Glezos erinnert. Die Wintersonne schien, ich war auf der Akropolis. Ich war dort mit Costa Gavras und Yves Montand. In Griechenland war gerade die Obristenjunta gestürzt worden. Karamanlis war an die Macht zurückgekehrt und bereitete freie Wahlen vor. Einer der Unterschiede – bestimmt nicht der einzige – zwischen Rechtsdiktaturen und jenen, die man hinterhältig Linksdiktaturen nennt, besteht nämlich darin, daß erstere gestürzt werden können. Oder daß, auch wenn sie nicht gestürzt werden, Ereignisse wie der Tod der Diktatoren einen Prozeß der allmählichen Wiederherstellung der demokratischen Freiheiten einleiten können. Es gibt sogar Fälle – und Brasilien, wo Montand und ich Ende des Sommers 1982 waren, ist einer davon –, in denen es sogar der Wille der herrschenden politisch-militärischen Klasse ist – zweifellos unter dem Druck der sozialen Umstände –, der einen Demokratisierungsprozeß eröffnet.

Bei den zweiten dagegen, bei den unpassenderweise Linksdiktaturen genannten, ist die Situation nicht umkehrbar. Man kehrt von dort nicht zurück in eine Zukunft wahrer Demokratie. Es sei denn durch eine Explosion oder eine allgemeine Katastrophe, die herbeizuwünschen man natürlich zögert. Das ist eine geschichtliche Erfahrung, über die ich mit Montand in Brasilien gesprochen habe.

Jedenfalls waren wir auf der Akropolis, Montand, Costa und ich, vorbildlich artig zwischen den alten Steinen – ich habe fotografische Zeugnisse davon –, und ich habe mich an Manolis Glezos erinnert. Wir waren nach Athen gekommen, weil unser Film Z (Z) zugelassen worden war. Er wurde in überfüllten, vor Aufmerksamkeit, Gemurmel und Freude bebenden Sälen gespielt. Nach einer wahren, von Vassilis Vassilikos lyrisch rekonstruierten, dank Costa Gavras' Talent zu einem universalen Film gewordenen Geschichte entstanden (und natürlich auch ein wenig dank dem Talent all derer, die ihm bei dieser Arbeit geholfen haben), fand Z hier seine Wurzeln, seine Hausgötter, seine dunkle und strahlende Sprache wieder, nämlich das Griechische, die Sprache der Helden: die Sprache Elektra Apostolous.

Es war schön in jenem Winter in der Sonne der Akropolis. Und ich habe mich an Manolis Glezos erinnert, an jenen fernen Tag in Saint-Paul-de-Vence.

Einige Monate nach jenem Tag im März war ich wieder in *La Colombe d'or*. Es war zu Anfang des Sommers 1963, und ich ging hin, nicht um Manolis Glezos zu treffen, sondern Yves Montand.

Endlich! In der Zwischenzeit, zwischen diesen beiden Besuchen, war vieles geschehen. Julián Grimau war im Carabanchel-Gefängnis erschossen worden, am frühen Morgen, im Licht von Autoscheinwerfern. In Madrid hatte Grimau nach mir in der konspirativen Wohnung gelebt, die ich lange bewohnt hatte, in der Calle Concepción Bahamonde. Dort hatte ich *Le Grand voyage (Die große Reise)* geschrieben, und dieses Buch war gerade mit dem Prix Formentor ausgezeichnet worden. Es war bei Gallimard erschienen. Gleichzeitig war ich in meinen politischen Meinungsverschiedenheiten mit Carrillo und der Mehrheit der KPS an einem Punkt des Nichtmehrzurückkönnens angekommen. Am Ende dieser langen Diskussion wußte ich schon, daß es keine andere Ersatzlösung gäbe als die bedingungslose Kapitulation. Auf freiem ideologischem Schlachtfeld. Das nennt man Selbstkritik. Aber ich wußte schon, daß ich nicht die Kapitulation wählen würde.

Simone Signoret war in diese Ereignisse in meinem Leben eng verwickelt. In die beiden ersten zumindest. Was meine politische Situation betraf, so sprach ich zu niemandem darüber. Ich hatte noch Sinn für das Heilige, das heißt Achtung vor den Geheimnissen der Partei.

Aber Simone war über die Hinrichtung Grimaus erschüttert gewesen. Sie fand, daß etwas mehr, etwas anderes getan werden müßte als die üblichen empörten Proteste und Straßendemonstrationen. Etwas zugleich Persönlicheres und Massiveres. Etwas, was die Gefühle der größtmöglichen Menge berührte und nicht nur die politische Vernunft der von vornherein Überzeugten. Sie fragte mich, ob Grimau Familie habe. Ich machte sie mit Angela bekannt. Die Würde, die Schlichtheit dieser Frau imponierten jedem. Ihr Mangel an Emphase, ihre Zurückhaltung im Schmerz. Wäre sie bereit, im Fernsehen aufzutreten? Angela machte große Augen, das erschien ihr unsinnig. Und das war es natürlich auch.

Dann brachte mich Simone Signoret eines Sonntags zu Pierre Lazareff nach Louveciennes. Sie sagte ihm vorher am Telefon nicht den Grund ihres Kommens, sondern nur, daß sie einen Freund mitbrächte. Es muß gesagt werden, daß ich anfing vorzeigbar zu werden. Nicht nur weil ich nunmehr ordnungsgemäße Papiere hatte. Ich bin sicher, daß es Lazareff egal war, ob ich ordnungsgemäß war oder nicht. Er hatte ganz andere Sachen erlebt. Aber vor allem, weil *Les Temps modernes* in mehreren Nummern lange Auszüge aus *Die große Reise* veröffentlicht hatten. Ich fing an, ein französischer Schriftsteller spanischer Herkunft zu werden. Oder ein französisch schreibender spanischer Schriftsteller. Ein spanischer Roter, wie dem auch war, aber nunmehr Schriftsteller. Folglich vorzeigbar.

Es waren viele Leute bei diesem Sonntagessen in Louveciennes, und die Unterhaltung war ebenso glanzvoll wie unzusammenhängend. Ich fragte mich, wie Signoret das Thema zur Sprache bringen wollte, das uns hierherführte. Es war ganz einfach. Von genialer Einfachheit. Am Ende der Mahlzeit fragte sie die Runde, welches Ereignis der Woche sie am meisten beeindruckt hätte. Sophie Litvak antwortete als erste: »Die Ermordung dieses spanischen Kommunisten«, sagte sie, »Grimau, ist es das?« Ja, das war es. In dem Moment hat Pierre Lazareff wahrscheinlich begriffen, weshalb wir gekommen waren.

Mit einem Wort, Angela Grimau trat kurz in *Cinq colonnes à la une* auf und ganz Frankreich war gerührt.

Zwei Jahre später traf Simone Signoret Angela erneut. Bei einem Empfang zu Ehren von Walentina Tereschkowa, dem zweiten sowjetischen Geschöpf weiblichen Geschlechts, das durch den Raum gekreist war. Nach Laika, der kleinen Hündin. Von der *Union des femmes françaises* eingeladen, ging Simone dorthin. Es war nämlich eine Frauenversammlung. Von der Art, die Simone nicht besonders begeistert. Aber sie ging trotzdem hin. In der Menge traf sie zufällig auf Angela Grimau. Zu dem Zeitpunkt war ich bereits aus der KPS ausgeschlossen worden. Simone hatte mich gefragt, wie Angela auf diese Nachricht reagiert hatte, als sie offiziell bekannt wurde. Gar nicht, hatte ich zu ihr gesagt. Sie wollte mir nicht glauben. Wie? Angela hatte mich nicht besucht? Um Erklärungen von mir zu hören? Oder um mir selbst welche zu geben? Um zu sprechen, wenigstens zu sprechen, einander die Dinge zu sagen, auf die Gefahr hin, einander anzuschreien, zu beschimpfen, zu streiten. Aber nein, sagte ich, nichts, es ist nichts geschehen. Für Angela wie für die anderen war ich ins Nichts gefallen.

Bei diesem Empfang der UFF zu Ehren von Tereschkowa, verdienter Kosmonautin des Volkes, hat Simone Signoret sich also mit der Entschiedenheit, die man an ihr kennt, einen Weg durch die Menge gebahnt und hat Angela angesprochen. Wie war es möglich, daß sie nicht zu mir gekommen war und mit mir gesprochen hatte? Hatte ich nicht mit ihrem Mann im Madrider Untergrund gearbeitet? War ich deswegen nicht einer der Führer der KPS, der ihr, Angela, am nächsten stand? Aber diese hat nichts zu sagen gewußt. Sie hat gemurmelt, daß es nicht gehe, daß die Treue zur Partei, was auch geschähe, Vorrang vor jedem Freundschaftsgefühl habe. Das ungefähr hat sie gesagt mit verschlossenem Gesicht, die Augen voller Entsetzen. Und sie hatte recht. Es kann nicht anders sein. Deshalb muß man auch aus den kommunistischen Parteien austreten, muß sie im Stich lassen, aus ihnen desertieren, wie man aus einer Armee von Eroberern desertiert, wie man vor dem Gedanken an den Tod desertiert. Deshalb muß alles getan werden, was in der demokratischen Macht der Massen liegt, sie zu neutralisieren, diese Parteien. Sie auf den kleinstmöglichen Anteil zu reduzieren. Sie zu einer veralteten Randerscheinung zu machen. Einer unnötigen, wenn möglich.

Simone Signoret konnte es nicht fassen, daß sie in den Augen einer einfachen und treuen Frau, Angela Grimau, auf den hartnäckigen und sturen Schatten des Parteigeistes gestoßen war. Nein, sie konnte es nicht fassen.

Aber wir sind endlich im Hof der *Colombe d'or,* zu Beginn des Sommers 1963. Und ich habe keine Verabredung mit dem Parteigeist. Ich habe eine Verabredung mit Montand.

Plötzlich sehe ich einen großen Typ in Hemdsärmeln von der Straße her kommen. Wir sitzen an einem Tisch, Colette Leloup und ich mit Simone. Sie stellt uns Montand vor. Und ich sehe, wie ein kurzer, scharfer Blick sich auf mich richtet. Nicht wirklich mißtrauisch, aber abschätzend. Er scheint sich zu fragen, dieser große Typ, der den Hof der *Colombe d'or* mit dem Gang eines Mannes aus dem Westen, aus den mythischen Filmen unserer Kindheit durchquert hat – versuchen Sie mir anzugeben, welcher andere französische Schauspieler sich in der Art des Gehens mit Montand vergleichen kann! –, er scheint sich zu fragen, was genau ich bin. Dieser Freund von Simone, wer ist das, was ist das? Ein Eierkopf, ein kluger Kopf, ein Dickkopf, ein Kopf für ein *dîner de têtes*? Oder ganz einfach ein guter Kopf?

Auf jeden Fall schaut er, was für ein Gesicht ich ziehe.

Aber ich bin nicht im mindesten beunruhigt. Auf den ersten Blick – das ist mir zwei- oder dreimal in meinem Leben passiert, nicht öfter – habe ich begriffen, daß diese Begegnung wichtig ist. Daß sie es jedenfalls für mich sein wird.

Ich setze also mein Gesicht für glückliche Tage auf. Montands Stimme, die Stimme meiner Jugend, hat einen Körper gefunden, der ihr gut steht. Einen Blick, der ihr gut steht. Ich bin darüber ohne Zweifel so glücklich, daß es auf meinem Gesicht abzulesen sein muß.

Es ist also ein wichtiges Jahr, das Jahr 1963. Ich habe meine Identität gefunden. Montand hat einen Körper gefunden. Wir beide haben uns gefunden. Das ist nicht schlecht alles in allem.

4

Einige glückliche Begegnungen und eine mißglückte

Wenn ich an jene Zeit denke, an die ersten Jahre dieser langen Begegnung (und ich dachte in São Paulo, am 26. August 1982 daran, während ich Montands Show zusah: ich hatte es an diesem Abend vorgezogen, hinter den Kulissen zu bleiben: der Saal des Teatro municipal war überfüllt, glanzvoll, wie man in den Gazetten sagt: er ist sehr schnell eingenommen, erobert, überwältigt worden: ich ging hinter den Kulissen auf und ab, ich sah Montand von hinten, von der Seite, doch mir gegenüber hatte ich das wogende Meer dieser abertausend auf die Bühne gerichteten Gesichter, das prasselnde Schäumen dieser um eine Zugabe klatschenden Hände), dann fällt mir ein, daß es in den ersten Jahren unserer Begegnung einen privilegierten Ort meiner Erinnerung gab.

Und zwar in Autheuil-sur-Eure, das Landhaus von Montand.

Man könnte ebensogut, vielleicht besser, vom Standpunkt der historischen Wahrheit aus oder ganz einfach der Wahrheit, sagen: das Haus von Montand und Signoret: von Yves und Simone. Von Simone Signoret, verheirateter Montand oder vielmehr Livi, und von Yves Montand, verheiratetem Signoret oder vielmehr Kaminker.

(Wundere dich nicht zu schnell über diese letzte Bezeichnung, alter Freund: verheirateter Signoret. Einmal – selbst verwundert darüber, einen Gemeinde- und Grundsteuerbescheid auf meinen Namen bekommen zu haben, was normal ist, mit dem Zusatz »verheirateter Leloup«, was neu für mich war – habe ich eine junge Beamtin des Finanzamts von

Nemours-Bourron-Marlotte darauf aufmerksam gemacht. Und die junge Frau hat mich darauf hingewiesen, wobei sie mich mit einem Blick durchbohrte, in dem die Verachtung für den Sexismus oder Machismo funkelte, und dessen jähe Verkörperung durch mich, daß, wenn meine Frau eine »verheiratete Semprun« war, ich selbst rechtmäßig und zwangsläufig ein »verheirateter Leloup« sei. Ich habe sie daraufhin mit meiner sanftesten Stimme gefragt, ob sie mir damit zu verstehen geben wolle, daß das Gesetz mir das Privileg und die Ehre zugestehe, sei es auch nur als Untertitel oder Folgeerscheinung, den Namen meiner Frau zu tragen. Genau, hat sie stolz zu mir gesagt. Stolz, Frau zu sein und nichtsdestoweniger Beamtin eines so fortschrittlichen Landes zweifellos. Da habe ich sie mit noch sanfterer, zuckersüßer Stimme gefragt, warum sie mich dann den Namen meines Schwiegervaters, Leloup, tragen ließe. Anschließend habe ich sie, ihren perplexen Blick und ihren offenstehenden Mund ausnutzend, darauf hingewiesen, daß der Mädchenname einer Frau immer der ihres Vaters ist. Daß eine Frau folglich nur einen männlichen Namen tragen könne, sei es auch nur den ihres Vaters, wenn sie den ihres Mannes vermeiden wollte. Daß die Frau folglich ein *per definitionem* anonymes, vielleicht sogar unbenennbares Wesen sei, außer es ließe sich bei dem Namen eines Mannes nennen. Warum also, sagte ich ihr schlußfolgernd – und ihre Augen waren nicht nur aufgerissen, sondern traten vor Wut aus den Höhlen –, warum schrieb sie nicht die wahre Wahrheit auf meinen Steuerbescheid? Warum schrieb sie nicht »Schwiegersohn Leloup« statt »verheirateter Leloup«? Aber ich habe gleich darauf das Gesprächsthema gewechselt, aus Angst, schon zu weit gegangen zu sein.)

Wie dem auch sein mag, wenn ich von dem Haus in Autheuil-sur-Eure als von Montands Haus spreche, während es ganz offensichtlich von beiden zusammen ausgesucht, eingerichtet, bewohnt und belebt worden ist, dann deshalb, weil es in dieser Gemeinschaft, die sie gebildet haben und die weder auf erworbene Güter noch auf erworbene Eigenschaften beschränkt ist, sondern das Beste und das Schlechteste im Leben, all seine Wechselfälle umfaßte – zwischen ihnen immer das Spiel gegeben hat zu erklären, Montand kümmere sich um das Landhaus und Simone um das Haus in Paris. In Autheuil waren wir bei Montand. An der Place Dauphine bei Simone.

Einverstanden, spielen wir das Spiel mit.

Autheuil ist jedenfalls ein privilegierter Ort meiner Erinnerung.

Ich habe das Haus in Autheuil kennengelernt, noch bevor ich Montand begegnete, dank Catherine Allégret. Oder ihretwegen. Woraus hervorgeht, daß Catherine in dieser ganzen Geschichte die Rolle einer kleinen Satanin gespielt hat – suchen Sie nicht im Wörterbuch: das Substantiv ist ausschließlich männlich; um der integren Beamtin des Finanzamts von Nemours (Bourron-Marlotte) jedoch zu beweisen, daß ich nicht wirklich sexistisch bin, gewähre ich ihm eine reizvolle und kristallklare Weiblichkeit, die vom grammatikalischen Standpunkt aus zweifellos suspekt ist, aber wohlverdient von dem der dämonologischen Geschichte aus – die Rolle einer kleinen Satanin also oder einer Teufelin *ex machina*. Von der Rue Vaneau im Jahr 1947 bis zum Maracanàzinho im Jahr 1982, über die École alsacienne und Autheuil-sur-Eure werden wir auf den Umwegen und Abwegen dieses Berichts häufig auf Catherine Allégret stoßen. Catherine hatte also Dominique, meine Stieftochter, eingeladen, das Wochenende mit ihr auf dem Land zu verbringen. Wir haben sie am Sonntagnachmittag besucht. Wenn ich mich recht erinnere, war es am Ende des Winters. Wenn ich mich wiederum recht erinnere, hat Marc Maurette uns in seinem Auto hingefahren. Mit Marc, der Assistent von Jean Renoir und Jacques Becker gewesen war – gewesen ist, vielmehr, denn er wird nie aufhören, es gewesen zu sein –, habe ich manchmal andere Reisen gemacht. Weitere und gefährlichere als die nach Autheuil-sur-Eure. Marc war nämlich – wenn seine Filmarbeit ihn nicht gänzlich einspannte und wenn ich es sehr eilig hatte – einer jener Freunde, die ich bitten konnte, in ein Auto zu springen und nach Madrid loszubrausen. Er war obendrein ein wunderbarer Reisegefährte, der sehr schnell, aber sehr vorsichtig fahren konnte. Der es hinbekam, den Stundenplan, die Verabredungen und Zwänge der geheimen Reisen auf die Sekunde einzuhalten, und dabei noch die Zeit fand, unterwegs kleine Gasthäuser von der besten Sorte ausfindig zu machen, wo wir gemeinsam Gans in Aspik aus den Landes oder baskische *kokochas* schmausten.

Sie werden verstanden haben, daß ich diese Art und Weise, Ihnen das Haus in Autheuil vorzustellen, nur gewählt habe, um an Marc Maurette zu erinnern. In Wirklichkeit ist die Tatsache, daß ich diesen Landsitz bei dieser Gelegenheit, auf diese Weise kennengelernt habe, nur durch Marcs Anwesenheit in dieser Erinnerung von Interesse. Ich hätte das Haus in Autheuil auf tausend andere Weisen in den Bericht einführen können. Manche sogar glanzvollere, die viel berühmtere Personen in Szene setzen und in den Vordergrund stellen würden. Die Anlaß zu saftigen und rührenden Anekdoten gäben. Aber daß ich die Banalität eines Sonntagsausflugs gewählt habe, um zwei jungen Mädelchen guten Tag zu sagen, die ich ohne Schwierigkeiten während der Woche sehen konnte, erklärt sich nur aus dem obskuren Wunsch, Marc Maurettes Namen zu erwähnen. Denn wir haben sozusagen aufgehört, uns zu sehen. Es ist sogar vor einiger Zeit oder vor längerer Zeit vorgekommen, daß wir uns gestritten haben. Aus politischen Gründen selbstverständlich. Das sind die einzigen Gründe, derentwegen ich mich noch mit jemandem streiten kann. Aber weder die verflossene Zeit noch die – heute übrigens völlig überholten – Streitigkeiten, noch irgend etwas anderes wird mich vergessen lassen, daß unser Reisegefährte an jenem Sonntag auf der Straße nach

Autheuil-sur-Eure Marc Maurette gewesen ist. Andere Reisen, andere Straßen, andere Gefühle verbinden mich mit ihm, auf immer, und ich habe lange keine Gelegenheit gehabt oder gesucht, ihn daran zu erinnern.

Jetzt habe ich es getan.

»Wenn meine Mutter sich zügellosen Phantasien hingab, sah sie immer ein Haus.« So führt Montand uns zu seinem Landsitz in Autheuil. *Er* braucht Marc Maurette natürlich nicht, um dieses Haus in seinen Lebensbericht einzuführen.

Und Montand fährt fort: »Sie hätte es ausführlich beschreiben können, hätte die Farbe der Fensterläden angeben, die roten Geranien erkennen, die Fenster und Kamine zählen können. Da wir immer beengt und in widerlichen Vierteln wohnten, machte sie es geräumig, versetzte es aufs Land, inmitten von nach Blumen und Kräutern duftenden Winden...«

So drückt Montand sich in seinem Buch *Du soleil plein la tête* aus – Erinnerungen, gesammelt von Jean Denys, besagt ein Untertitel –, das Ende 1955 von den Éditeurs français réunis veröffentlicht wurde.

Aber ist wirklich er es, der sich so ausdrückt? Zweifellos war es Montand, der seine Erinnerungen erzählt hat. Zweifellos war er es, der dieses Buch *gesprochen* hat. Denn Montands Sprache ist tatsächlich ein Sprechen. Er ist jedoch nicht geschwätzig. Einzelgänger sind nicht geschwätzig, und er ist ein großer Einzelgänger. Im übrigen sind Geschwätzige – oder ganz einfach Leute, die eine Vorliebe für ausgedehnte Gespräche haben, auch oder vor allem in der besonderen Form verschlungener Monologe, gerichtet an geduldige Gesprächspartner, die aus Interesse für die gesagten Dinge und Neigung für die Person, die sie sagt, aufmerksam sind –, Geschwätzige sind also Leute, die es sich für stundenlange Schwätzchen bequem machen. Aber Montand hält es nicht an einem Platz. Eine Mahlzeit, die sich in die Länge zieht, ein zu

94

ausgedehnter Aufenthalt an ein und demselben Ort, vor allem, wenn dieser geschlossen ist, macht ihn rasend. Macht, daß ihm unbehaglich wird bis zur Beklemmung. Nur aus Gründen der Arbeit, bei seiner Arbeit, hält er es endlos an einem Platz aus. In solchen Fällen dagegen ist er unermüdlich. Montand, ein großer Einzelgänger und ständig in Bewegung, wenn er nicht arbeitet, ist also nicht geschwätzig.

Jedoch seine Sprache ist ein Sprechen. Sogar ein freimütiges Sprechen. Großartig im übrigen.

Man muß Montand gehört haben, wenn er eine Geschichte erzählt, eine erlebte oder erfundene. Man muß ihn gesehen haben, wenn er im großen Salon in Autheuil, der nach allen Seiten aufs Land, »inmitten von nach Blumen und Kräutern duftenden Winden« hinausgeht, eine Anekdote von Dreharbeiten oder von einer Tournee erzählt, wenn er eine neue Episode der exemplarischen Biographie Madame Pluviers anfügt, einer von ihm erfundenen Figur, von der noch die Rede sein wird, weil sie in unseren Leben wichtig ist. Was täten wir manchmal ohne Madame Pluvier, frage ich mich.

Daß die Gestalt des César in *César et Rosalie (Cesar und Rosalie)* von Claude Sautet und Jean-Loup Dabadie derart urwüchsig, vor Wahrheit – oder noch besser Wahrscheinlichkeit – strotzend ist, liegt hauptsächlich daran, daß sie mit der überhöhten Schärfe der künstlerischen Charakterisierung diese gern und sogar brillant redende Seite verstärkt und herausstellt, dieses schöne und gute, flammende und entflammende Sprechen, das Montand im Alltag eigen ist.

Wer ist auf einem ganz anderen Gebiet, dem der Politik oder, weitergefaßt, dem des öffentlichen Lebens, vor allem in den letzten Jahren nicht von der improvisierten Präzision, von der berechtigten offenherzigen Brutalität und vom Mut mancher Erklärungen Montands im Radio oder im Fernsehen beeindruckt gewesen?

Aber gerade diese Komplexität und das Persönliche von Montands Sprechen machen die Übertragung ins Schriftliche schwierig. In dem Buch mit Erinnerungen, das diese Überlegung ausgelöst hat, übertreibt die Transkription ganz offensichtlich. Sie ist zu schriftlich. Das originale Sprechen wird oft verschwommen und verflüchtigt sich manchmal ganz und gar unter den Geziertheiten eines zu sorgfältigen Schreibens. Das es zu gut machen will. Als hätte der Übertrager ein seiner Ansicht nach zu direktes, zu ungeschliffenes Sprechen gefürchtet, so daß er den Fehler begangen hat, zu sorgfältig, zu kalligraphisch zu schreiben, um den Fallen des Populismus zu entgehen. Denn es ist klar, daß Montand, auch in dem Augenblick, als er gerührt den Wunsch seiner Mutter wachruft, diesen Traum vom Haus auf dem Land wie die Städte Alphonse Allais', unmöglich gesagt haben kann, daß es »inmitten von nach Blumen und Kräutern duftenden Winden« stehen sollte. Jener Wind, jener Duft, jene Blumen und Kräuter stammen nicht aus Montands Sprechen, das nie gekünstelt ist, wenn es auch manchmal poetisch ist.

Andererseits existiert die umgekehrte Gefahr ebensosehr: die einer untertreibenden Transkription. Oder einer die Untertreibung übertreibenden. Einer Transkription, die, in der Absicht, Montands Sprechen mit seinen derben Ausdrükken, seinen Schlüsselwörtern, seiner Urwüchsigkeit wiederzugeben, diese immer richtige, weil immer der Situation angemessene, gesprochene Sprache in eine Céline unterbietende geschriebene Sprache umsetzt, die insofern falsch ist, als sie, das Wahre erfassen wollend, es in den Ticks und im Tand der sogenannten Trivialliteratur erstarren läßt. Manche in dieser Weise übertragenen Interviews mit Montand klingen selbst dann falsch, wenn sie die Wahrheit sprechen.

Das Problem ist eben, daß man Montands Sprache nicht übertragen kann. Daß man sie entweder reproduzieren muß, um ihr zuzuhören, oder sie neu schreiben muß. Daß man eben nicht versuchen darf, an seiner Stelle, in seinem Namen, im Namen seines Sprechens zu sprechen. Daß man ihn entweder selbst sprechen lassen muß oder über ihn, mit ihm sprechen muß. Mit ihm sprechen, um eine Vorstellung von seiner Art zu sprechen zu vermitteln.

Darum bemühe ich mich hier.

Eines Tages wird irgendein Rundfunkproduzent wahrscheinlich auf die höchst einfache Idee kommen, in den Tonarchiven der letzten dreißig Jahre alle auffindbaren Spuren von Montand auf Tonbändern zusammenzustellen. Die Aufzeichnungen seiner Plaudereien im Radio, wie Simone Signoret sagt, wenn sie spielerisch das Sprechen ihrer Concierge nachahmt (ein viel schwierigeres Unterfangen, als es scheinen mag, da sie gar keine Concierge hat!).

Besagter, einfach genialer Produzent würde also die verstreuten Bruchstücke von Montands Stimme zusammenmontieren lassen, Reflexe seines Lebens während dieser dreißig Jahre. Ein langer Monolog, unterbrochen von Chansons, ein Flüstern, unterbrochen von Schreien, von aufsehenerregenden Äußerungen, von Anwürfen, daß es einem die Sprache verschlägt, wenn Montands politische Wut explodiert. Von »Séguy, kenn ich nicht!« aus dem Jahre 1968 bis »Ich scheiß auf Marchais!« aus dem Jahr 1981. Auf diese Weise könnte man Montands Stimme endlich zusammenhängend hören, könnte erfassen, was sein Sprechen bedeutet, was das Besondere daran ist.

Das Einzigartige zweifellos.

Doch wie es mit diesen linguistischen Fragen auch sei – die nicht unwichtig sind, insofern als Montand ein Mann des Wortes ist –, sicher ist, daß das Haus in Autheuil für mehrere von uns ein »Mutterhaus« gewesen ist, eben weil es gewissermaßen Yves' Materialisation eines Traums seiner eigenen Mutter ist. Ein offenes und matriarchalisches Haus, weil es gewissermaßen durch Sohnesvollmacht das Haus von Mama Livi, *madre madona*, ist. Mutterhaus also.

Dafür, wie stark diese Bindung ist, auch wenn sie dunkel ist – Bluts- und Traumbindung –, auch wenn sie Montand selbst

97

teilweise unbewußt ist, habe ich in diesen Tagen die Bestätigung gefunden. Um nämlich das Kapitel über Montands Kindheit in Marseille zu schreiben, habe ich das Erinnerungsbuch, von dem bereits die Rede war, noch einmal gelesen. Und darin habe ich zufällig die Erklärung für ein Ereignis gefunden, das mir mysteriös, zumindest unverständlich erschienen war. Nicht nur mir übrigens. Auch den meisten von Montands Vertrauten.

Vor mehreren Jahren hatte er plötzlich, mit einer Art gebieterischer Eile beschlossen, einen Teil der Bäume der Allee fällen zu lassen, die sich im Park des Landsitzes von Autheuil auf der Rückseite des Hauses erstreckt. Diese Allee bestand sichtlich aus zwei grundverschiedenen Teilen. Der eine, der weißen Directoire-Fassade entferntere, wird von hundertjährigen Bäumen gebildet. Er führt bis zum Ende des Parks und endet in einem kleinen Rondell, von wo aus man die umliegenden Felder und Wiesen betrachten kann. Ganz und gar klassisch, im Stil schöne und romantische hundertjährige Allee. Oder rousseausche Allee.

Der zweite Teil, näher am Haus, reichte praktisch bis an die Freitreppe zur Haupttür der Rückfront. Die Bäume waren gleichfalls Linden, aber viel jünger.

Eben diesen Teil beschloß Montand eines schönen Tages fällen zu lassen. Die Argumente, die er in den manchmal leidenschaftlichen Diskussionen schwang, die die engen Freunde von Autheuil in zwei Lager teilte, waren sehr vernünftig. Es ist klar, sagte er, daß dieser Teil der Allee angefügt worden ist. Indem ich ihn also fällen lasse, stelle ich die Anlage so wieder her, wie sie ursprünglich konzipiert war. Außerdem, fügte Montand hinzu, wird das Haus freigelegt: man bekommt vom Park aus eine Gesamtansicht, die zur Zeit verstellt ist. Argumente, die sehr triftig waren. Nachdem die Bäume nämlich einmal umgehauen waren und sich an ihrer Stelle eine weite, leicht abfallende Wiese mit all den Heuhaufen des Sommeranfangs ausbreitete, stellte sich der perspektivische Zusammenhang zwischen der schönen strengen Fassade und der in den Farben wechselnden Masse der hundertjährigen Bäume der ursprünglichen Allee viel besser her.

Aber all diese Argumente einer gründlichen und gartenarchitektonischen Vernunft verbargen, so triftig sie auch waren, einen tieferen Grund. Auch mysteriöseren. In *Du soleil plein la tête* – und es ist um so verblüffender, als dies kein unmittelbar von ihm geschriebenes Buch ist, sondern gesprochen und aufgeschrieben: die Kraft dieses Sprechens muß also sehr groß gewesen sein, damit sie so klar vernehmbar bleibt, trotz der Vermittlung des Schreibenden oder Schreibers, der ihre Wichtigkeit nicht ahnen konnte – sagt Montand an einer bestimmten Stelle, wo er von jenem Haustraum spricht, der seine Mutter verfolgte, daß diese nicht auf das Trugbild hereinfiel.

Und er fügt hinzu: »Die Trugbilder, die so auftauchen, befinden sich immer am Ende einer Baumallee, die sich endlos hinzuziehen beginnt, sobald man es sich einfallen läßt, sie zu beschreiten. Und das Haus ganz am Ende bleibt ewig unerreichbar.«

Damit also dieses Haus in Autheuil-sur-Eure, das dem Traum seiner Mutter so sehr ähnelt, aufhört, unerreichbar am Ende einer Angsttraum-, Alptraumallee zu sein, durch die man endlos, unendlich laufen könnte, ohne je ans Ziel zu gelangen, damit dieses Haus in der Realität einer der Wirklichkeit entsprechenden, grünenden, kurz gesagt, beruhigenden normannischen Landschaft verankert wird, hat Montand viele Jahre später die Bäume fällen lassen. Das war eine symbolische Opferhandlung, die sich ihm mit der Macht dunkler Gewißheiten aufdrängte. Oder vielmehr derart klarer Gewißheiten, daß sie unlesbar werden. Oder blendend. Von nun an können wir ruhig sterben: das Haus in Autheuil wird in der Realität der Landschaft, der Realität des Gelächters und der Traurigkeiten, die uns überleben werden, verankert bleiben. Mama Livi ist tot, wir werden alle nacheinander sterben. Alle gelegentlichen Bewohner dieses Hauses, wir, die wir aus ihm kleine und großartige Glücksmomente geschöpft haben, können sterben. Das Haus wird in der Zukunft der Landschaft verankert bleiben, jetzt, da er die Nabelschnur durchtrennt hat, die aus den Bäumen des Trugbilds bestand. Den Bäumen des unmöglichen Traums.

Jetzt ist das Haus erreichbar. Für immer.

Im Sommer 1963, nach der Begegnung in der *Colombe d'or*, als ich anfing, im Haus in Autheuil zu verkehren, hatte dieses schon eine fast zehnjährige Geschichte. Eine Geschichte und eine Menge Geschichten, komisch und weniger komisch, deren Echos noch in den Mauern hallten. Das Haus war 1954, nach Montands sechs Monate laufendem triumphalem Konzert im Théâtre de l'Étoile, gekauft worden.

Aber ich werde diese Episode nicht noch einmal erzählen. Simone Signoret hat es bereits in *La Nostalgie* ... getan. »Das wirklich dritte Haus gehört uns. Autheuil. Montand hat es 1954 gekauft. Montand, wohlgemerkt. ›Viele *Battling Joe* und *Feuilles mortes* stecken darin‹, erinnert er gern, wenn er es sich ansieht. Er sieht es sich oft an. Das tue ich auch. Denn noch heute staunen wir über seine Schönheit und seine Proportionen, wir staunen vor allem darüber, daß es uns gehört.«

Ich verweise den auf wahrheitsgemäße Einzelheiten bedachten Leser also auf Simone Signorets Buch. Ich werde sogar noch mehr tun. Ich werde besagten Leser auf ein weiteres Buch hinweisen, das von José Artur. Womit ich nur einen Rat oder Vorschlag von Simone Signoret selbst befolge: »Ich denke, José Artur hat Autheuil in *Micro de nuit* viel besser geschildert als ich«, hat sie nämlich geschrieben.

José Artur war, wie dem auch sei, eine der Personen aus der ersten Epoche von Autheuil – der Epoche Périers, Brasseurs, Reggianis, Beckers, um nur einige zu nennen –, die weiterhin eifrig in Montands Haus verkehrten, als ich 1963 selbst damit anfing. Er war gewissermaßen dessen bestallter Chronist, manchmal gerührt, oft sarkastisch. Aber das ist seine Art, sein Stil, diese explosive Mischung aus Zärtlichkeit und Sarkasmus. José Arturs Stimme ist gewissermaßen die Off-Stimme, die kommentierende Stimme, die ich weiterhin höre, wenn Bilder von Autheuil in meinem Geist vorbeiziehen (als wäre der Geist eine breite Avenue, auf der die Bilder, brav, in Reih und Glied im Gänsemarsch zum Klang der Pfeifen und Tamburine vorbeizögen!).

Im übrigen ist José Artur in allen Epochen von Autheuil dabeigewesen. Bis zum Ende. Damit will ich natürlich nicht sagen, daß Autheuil vorbei ist. Das wäre ein Chansonthema, vielleicht. Aber es ist nicht die Wahrheit. Autheuil hat sich ganz einfach verändert. Das Mutterhaus hat mannigfache Tochterhäuser hervorgebracht. Oder Tochtergesellschaften. Und José Artur sowie Costa Gavras und ich zum Beispiel haben inzwischen unsere eigenen Landhäuser. Weniger groß und weniger schön zweifellos, denn wir haben nie einen Triumph im Théâtre de l'Étoile gefeiert. Und die Kinder – die Jungen und Mädchen der Generation von Catherine Allégret und Dominique Martinet – sind inzwischen groß geworden und haben selbst Kinder. Das wurden allmählich eine Menge Leute für ein einziges Haus. Da hat das Mutterhaus in einer Art organischem Prozeß kleine bekommen. Kleine Häuser, die eine etwas wehmütige töchterliche Zärtlichkeit für es bewahren. Manchmal vermischt mit einer Prise Neid wahrscheinlich. Einer Prise, gerade genug, um die Empfindungen zu würzen. Denn keines der Tochterhäuser – noch eine der Tochtergesellschaften – hat natürlich eine Marcelle haben können wie die Marcelle von Autheuil, Göttin der Gastlichkeit und der Küche, der lächelnden Beständigkeit: Hausgöttin.

Manchmal, wenn die Sehnsucht zu groß ist, finden die Ehemaligen von Autheuil irgendeinen Vorwand, um aufs neue dort zusammenzutreffen. Selten, muß man zugeben. Zu selten.

Sogar Autheuil ist nicht mehr das, was es war.

Wie dem auch sei, 1963, im Sommer, im Herbst war das Haus in Autheuil so etwas wie ein Paradies der Freundschaft.

Montand machte jeden Morgen mit seinem Hund lange Spaziergänge querfeldein. Immer einem Bouvier. Zuerst war es »Caoua«. Und dann ist er alt geworden. Er ist gestorben. Anschließend war es »Taxi«. Ein junger Hund, ein ausgelassener Hund, der schließlich auch alt geworden ist.

Montand war ruhig in jenem Sommer. Ich sage nicht entspannt, das ist kein Bestimmungswort, das besonders gut zu ihm paßt. Man spürt bei ihm immer eine innere vitale Spannung, die, je nach den Umständen, sich beruhigen oder fieberhaft werden kann, die aber immer latent vorhanden ist. Doch in jenem Sommer kam er von seinen langen einsamen – zumindest häufig einsamen – Wanderungen zurück und war ruhig. Zur geselligen Zeit, Aperitifzeit genannt, setzte er sich mit uns auf die Terrasse. Er hörte sich an, was um ihn herum gesagt wurde. Überlegt oder vielmehr überlegend. Aber etwas zurückgezogen. Als empfände er, einmal über die vierzig hinaus, das Bedürfnis, Abstand zu nehmen. Wieder Distanz zu sich selbst, zu seinem Leben zu gewinnen. Abzurücken, um die gesamte Landschaft besser zu überschauen. Auch die Zukunft besser zu erkennen. Montand ist nämlich von den Menschen, die ich kenne, einer derjenigen, denen es am besten gelungen ist, ihre Zukunft zu beherrschen. Vielleicht alles in allem nicht einer von ihnen, sondern wirklich der, dem es am besten gelungen ist, diese Beherrschung zu erreichen.

Ich spreche selbstverständlich von der öffentlichen, gewissermaßen sozialen Zukunft. Der Zukunft der Arbeit, der Karriere, des gesellschaftlich gewordenen Ausdrucks der Talente, die man hat. Was das übrige betrifft, was das

Privatleben betrifft, so weiß Montand genau, daß es vergeblich, sogar lächerlich ist, zu versuchen, jene Zukunft zu beherrschen. Er weiß genau und mit unerbittlicher Klarheit, daß niemand das Vergehen der Zeit beherrscht. Weder ihr Verstreichen noch ihr Gerinnen in der Form von Vergessen oder Gegenwart des Todes.

Montand saß in jenem Sommer ruhig auf der Terrasse in Autheuil. Er hörte zu, was die einen und die anderen sprachen. Manchmal sprach er auch selbst.

Was mir auffällt, wenn ich an diese fernen Gespräche zurückdenke, ist, daß er zurückhaltend von seiner Filmkarriere sprach. Wenn er von der Music-Hall, vom Chanson sprach, war er selbstsicher. Er drückte sich zu diesem Thema mit redseliger und fröhlicher Präzision aus. Das war seine Domäne. Er wußte, daß er auf diesem Gebiet unschlagbar war. Vier Jahre zuvor hatte er Amerika erobert. Im Vorjahr, 1962, war er erneut im Théâtre de l'Étoile aufgetreten, mit dem gleichen leichterrungenen Erfolg.

Wenn er dagegen vom Beruf des Filmschauspielers sprach, war Zurückhaltung üblich. Man spürte, daß er noch nicht in dessen Geheimnisse eingedrungen war, daß er ihn umkreiste und versuchte, die Bresche in dieser Festung zu finden, durch die er sich hineinstürzen konnte. Noch dazu schien in seinen Erinnerungen an die Filmarbeit das Gefühl von Anstrengung zu überwiegen. Nicht das von Freude. Während aus all seinen Schilderungen der Music-Hall Freude klang.

Und dabei war 1963, als Montand mit derart zurückhaltender, beinahe mißtrauischer Vorsicht von seiner Filmarbeit sprach – wobei er immer auf Simone Signorets Erfahrung verwies, die ihm beispielhaft erschien –, seine Schauspielerlaufbahn schon lang. Siebzehn Filme, von *Étoile sans lumière* bis *My Geisha (Meine Geisha),* manche davon mit begabten Regisseuren, mit weltbekannten Partnern: das ist wirklich nicht übel.

Man muß sich bei einem Überblick auf Montands Filmkarriere bis 1963 übrigens hüten, in einen ziemlich gewöhnlichen (im doppelten Sinn des Wortes: üblich und vulgär) Fehler zu verfallen. Oder auf ein weitverbreitetes Klischee. Einer gewissen Meinung zufolge soll Montand damals nämlich ein großartiger Sänger und Music-Hall-Star gewesen sein, aber ein sehr schlechter Schauspieler. Man braucht jedoch nur in Alain Rémonds preziösem und präzisem Bildband über Montand nachzulesen, um festzustellen, daß dieser, unabhängig vom kommerziellen Erfolg des einen oder anderen seiner Filme, bei einem Teil der Kritik schon einen beachtlichen Status erworben hatte. Über *Marguerite de la nuit (Die Blume der Nacht)* zum Beispiel, einen Film, von dem man in Form einer Litotes sagen kann, daß er nicht gerade einschlug, schrieb Simone Dubreuilh, Kritikerin der (damaligen) *Libération* folgendes: »Wenn der Film uns trotzdem berührt, so vor allem deshalb, weil er uns einen unbekannten und sensationellen Yves Montand offenbart. Einen Yves Montand, der so anders ist als seine bisherigen Filmgestalten, daß man zu Recht sagen kann, Yves Montand habe bis jetzt nie in einem Film agiert. Dieser Ausdruck! Diese Sicherheit! Diese Eindringlichkeit und Nüchternheit des Spiels!«

Und Georges Sadoul gibt in *Les Lettres françaises* über *Uomini e lupi (Frauen und Wölfe)* von Giuseppe de Santis, von dem man ebenfalls und wieder in Form einer Litotes sagen kann, daß es ein Film ist, der die Filmgeschichte nicht beeinflussen wird, folgende Bewertung ab: »Das ist seine beste Leinwandrolle, die seinen Erfolg in *Le Salaire de la peur (Lohn der Angst)* noch übertrifft. Abwechselnd böser Bube, sentimental, heroisch, verschmitzt, brutal, zartfühlend, gekkenhaft, aufrichtig verliebt, erlaubt die Rolle in *Frauen und Wölfe* Montand, abwechselnd die so verschiedenen Register seines Repertoires als Sänger zu ziehen.«

Und Claude Mauriac schreibt in *Le Figaro littéraire* (dem *Figaro* der fernen Zeit vor dem Hersantschen Insektenschwarm) über *La Loi (Wo der heiße Wind weht)* von Jules

Dassin nach dem Roman von Roger Vailland – einen Film, von dem man, und wieder in Form einer Litotes, sagen kann, daß er sich auch nicht in unser Gedächtnis einprägen wird –, folgendes: »Yves Montand ist ausgezeichnet und zutiefst überzeugend in der Rolle des Matteo Brigante, die von den Drehbuchautoren ziemlich schlecht angelegt ist« (die letzten Worte beweisen uns, daß auch Claude Mauriac die Kunst der Litotes anmutig und treffend handhabt, wenn das Bedürfnis dafür spürbar wird).

Aber genug davon.

Weitere Einzelheiten können Sie, ich wiederhole es, in Alain Rémonds Buch nachlesen, das Montands Filmkarriere Schritt für Schritt nachzeichnet. Mein Anliegen ist ein anderes. Mein Anliegen heute ist festzustellen, daß Montand 1963, trotz einer schon langen Laufbahn, trotz einer gewissen Anzahl wichtiger Filme, trotz des gerade zurückliegenden Hollywood-Abenteuers mit Cukor und Marylin Monroe, seine Vergangenheit als Filmschauspieler ohne Selbstgefälligkeit und mit einer gewissen Zurückhaltung betrachtet.

Um mit einer weiteren Litotes zu schließen: man kann wirklich nicht sagen, daß es ihm den Kopf verdreht hat, siebzehn Filme zu drehen. Wirklich nicht. Er fragt sich sogar, in jenem Sommer 1963, als wir auf der Terrasse in Autheuil über all das sprechen, ob er tatsächlich wieder in ein Filmstudio gehen möchte. Als Schauspieler zumindest. Und dabei wird Montand bald eine zweite Karriere beginnen, die innerhalb weniger Jahre einen der blendendsten Filmschauspieler dieses Jahrhunderts aus ihm machen wird.

Aber soweit sind wir noch nicht.

Wir sind in Autheuil, im sichtbar annehmlichen Leben, in der wirklichen Schönheit der Dinge, im Sommer 1963. Wir sprechen über alles und nichts.

Sehr wenig über Politik allerdings.

Ich persönlich war in meiner Situation innerhalb der Führung der spanischen KP an den Rand des Bruchs geraten. In jenem Sommer habe ich die grünenden Reize des normannischen Waldgebiets von Autheuil verlassen, um in die gute alte Stadt Arras zu fahren. Dort war uns in der Gegend von Guy Mollets Hochburg von der französischen KP ein der CGT gehörendes Ferienhaus oder Erholungsheim zur Verfügung gestellt worden, um uns zu ermöglichen, mit etwa hundert Studenten der Universitäten von Madrid und Barcelona ein sommerliches und nichtsdestoweniger marxistisch-leninistisches Studienseminar abzuhalten. Ich war mit der Leitung des sagen wir philosophischen Teils dieses Fortbildungsseminars betraut. Meine Einmischungen gaben Anlaß zu einer gewissen Anzahl von Wortwechseln, manche gedämpft, manche offen und unüberhörbar, mit Santiago Carrillo und bestimmten Vertretern der Mehrheit des Politbüros der spanischen KP.

Ich erinnere mich, daß ich eines Tages, als ich während einer der Seminarsitzungen als Antwort auf einen vor ideologischer – und mörderischer – Härte blitzenden Einwurf einer sichtlich vom Maoismus angezogenen jungen Madrider Studentin die höchst simple und auf der Hand liegende Idee entwickelte, daß die Arbeiterklasse, soziologisch und historisch gesehen, auf den Gebieten der Wissenschaft und Kunst keine Positionen einnimmt und einnehmen kann und daß es folglich Blödsinn sei, von den Schriftstellern und Künstlern zu verlangen, sie sollten sich, nach der heillosen und heiligen Formel, »in die Positionen der Arbeiterklasse« hineinversetzen, daß ich in den Raum, in dem diese Diskussion stattfand, einen stark beunruhigten, von Kopf bis Fuß mit seiner charismatischen Macht bewaffneten Carrillo treten sah, der gekommen war, diese gefährliche Ketzerei zu widerlegen. Wahrscheinlich war der Schwefelgeruch meiner improvisierten Erklärungen bis zu ihm gedrungen oder war von irgendeiner eifrigen Kellerassel kolportiert worden, worauf er herbeieilte, um zum Halali auf den Revisionismus zu blasen, den ich verkörperte.

Kurz gesagt: es nahm eine schlechte Wendung. Von Auseinandersetzung zu Auseinandersetzung zwischen der Mehrheit des Politbüros auf der einen Seite und Fernando Claudin und mir – in der bereits dahinschwindenden Gestalt von Federico Sanchez – auf der anderen näherten wir uns dem endgültigen Bruch. Im Januar 1964 sollte die letzte Serie von Diskussionen beginnen, die im April auf einem Schloß der böhmischen Könige in der Umgebung von Prag mit unserem Ausschluß aus den Führungsorganen, wie man sagt, endete.

Ein paar Wochen später, am 1. Mai 1964, um ganz genau zu sein, und in einem Schloß, das nicht der Königsfamilie von Böhmen gehört hatte, sondern der Fürstenfamilie derer von Hohenlohe, überreichten mir dreizehn Verleger den Prix Formentor für Literatur, der mir im Jahr zuvor für *Die große Reise* verliehen worden war. So wechselte ich, von einem Schloß zum anderen, von der Politik in die Literatur über.

Aber 1963, unter dem sommerlichen Laub von Autheuil, sprach ich, mich wie jeder gute Beamte zur Zurückhaltung verpflichtet fühlend, nicht über Politik.

Montand auch nicht.

In Wirklichkeit hatte Montand seit dem Schock von 1956, den Enthüllungen des XX. Parteitages und seiner Tournee durch die Ostblockländer sich immer deutlicher vom Kommunismus distanziert, für den er an der Seite von Simone Signoret lange Zeit ein tüchtiger und treuer Weggefährte gewesen war, aber er hatte seine Hoffnung noch nicht ganz begraben. Oder vielmehr ging die Trauerarbeit in seinem Geist noch weiter. Wahrscheinlich hatte er keine Gewißheit mehr, aber er nährte noch Illusionen.

Er beobachtete also, er hörte zu. Er hielt sich auf dem laufenden. Ohne deswegen oft über Politik zu sprechen.

An das alles habe ich in Rio de Janeiro, zwanzig Jahre danach, gedacht.

Es war Montag, der 30. August 1982. Durch die Panoramafenster des großen Salons von Montands Suite im *Méridien* hatte man einen Blick von oben auf die wollüstige weißsandige Krümmung von Copacabana. Es war so schön wie auf den Bildern der Faltblätter für Touristen. Ein bißchen schöner sogar, weil es sich bewegte. Der Ozean bewegte sich, bildete leichte Schaumsäume. Auf dem Strand bewegten sich Hunderte von kleinen Barockkrippenfiguren voller Eleganz und Präzision: junge Brasilianer spielten mit nackten Oberkörpern und Füßen Fußball. Das erinnerte mich an den Strand von La Concha in San Sebastian, seine ebenso reinen, aber unendlich viel kleineren Krümmungen. Das erinnerte mich an die Ballspiele meiner Kindheit mit baskischen Jugendlichen, von denen manche renommierte Spieler beim Klub der Stadt, Real Sociedad, werden sollten.

Aber ich entferne mich von meinem Panoramafenster, von dem aus man Copacabana überblickt, ich entferne mich von meinen Erinnerungen. Im Salon nimmt Montand das üppige, angelsächsische oder skandinavische Frühstück ein, das an den Tagen, an denen er sich auf einer Bühne produziert, seine Hauptmahlzeit ist. Nun, am Abend dieses Montags produzierte er sich im Teatro municipial von Rio. Tags darauf sollte es das Maracanàzinho-Stadion sein.

Bei Montand war Bob Castella. Das stellt wahrhaftig keine heiße Meldung für nach Neuigkeiten oder Klatsch gierende Journalisten dar: Bob ist seit fünfunddreißig Jahren bei Montand. Daß er sich an diesem Tag im Salon des *Méridien* in Rio de Janeiro befand, war nicht außergewöhnlicher als ihn an irgendeinem Pariser Tag in der Place Dauphine Nr. 15 anzutreffen. Auf der Hut.

Auch Charley Marouani war da, der Impresario der Welttournee. Und Catherine Allégret. Sie waren beide an diesem Morgen aus Paris eingetroffen.

Sie werden feststellen, daß Catherine es immer wieder überaus listig anstellt, in diesem Bericht wiederzukehren, wiederaufzutauchen. Nicht nur, damit ich von ihr rede, sondern auch, damit ich von Dingen rede, die in ihrer Abwesenheit geschehen sind, auf die sie neugierig ist. Gleichzeitig werden auch Sie von diesen Berichten profitieren.

So habe ich Catherine an diesem Morgen von São Paulo und von Brasilia erzählt. Was São Paulo betrifft, so sind Sie schon auf dem laufenden. Mehr oder weniger. Aber Catherine ist anspruchsvoll, sie stellt Fragen. Sie hatte sich um Montands Show während der drei Monate im Olympia in Paris gekümmert, wobei sie gleichzeitig eine Art Organisationssekretariat und die Verbindung zu den Medien übernommen hatte. Folglich stellt sie präzise Fragen. Hat es mit der Beleuchtung geklappt? War Gérard mit dem Ton zufrieden? Wie haben sie auf *Les Bijoux* reagiert? Was für eine Art Publikum war es?

Anschließend, als ihre Neugier befriedigt ist, habe ich ihr von Brasilia erzählt. Und da sie auf Anekdoten versessen ist, habe ich mit den Anekdoten angefangen.

Am Abend unserer Ankunft in Brasilia, am Freitag, dem 27., hatte der Botschafter von Frankreich, Robert Richard, einen großen Empfang zu Ehren Montands veranstaltet. Bob Castella und ich hatten ihn begleitet. Die französische Botschaft, ein Gebäude von schlichter Schönheit, dessen Fenster und Türen auf die umliegende Landschaft hinausgehen, steht selbstverständlich im Viertel der Botschaften. In Brasilia gibt es für jede Sache, für jede Tätigkeit ein Viertel. Brasilia ist eine von einem Mann, dem Präsidenten Kubitschek, erdachte und von einer Kommission von Stadtplanern mitten in die brasilianische Hochsavanne gestellte Stadt. Eine bunte Stadt, die auf einen voluntaristischen Schlag mit dem Stab auf den Boden aus rotem Laterit inmitten der wuchernden grünenden Vegetation entstanden ist. Wie jedes Produkt der rationalen Phantasie der Menschen ist Brasilia ein Wahn. Manchmal fällt dieser Wahn mit der vollendetsten Schönheit zusammen. So, scheint mir, ist die halb unterirdische Kathedrale wunderbar gelungen. Wie auch das Palais des Außenministeriums, ein wahres Meisterwerk. Manchmal dagegen fällt der Wahn wieder mit dem bürokratischen Grau in Grau, mit der städtebaulichen Willkür zusammen. Es gibt ein Viertel für Botschaften, ein Viertel für Ingenieure, ein Viertel für Metzgereien und Lebensmittelgeschäfte, ein Viertel für kulturelle Aktivitäten. Vielleicht wird es eines Tages, wenn es der Stadt mit der Zeit gelingt, menschlicher zu werden, das heißt, der bürokratischen Schwerfälligkeit zu entrinnen, die augenblicklich alle ihre Regungen plant, vielleicht wird es eines Tages ein Viertel für das Leben geben. Das gute oder das schlechte Leben, wie auch immer, aber das Leben alles in allem. Im Augenblick gibt es kein Viertel für das Leben. Man hat ihm wirklich kein Viertel erbaut, dem Leben, in dieser Traumstadt.

Wenn ich Zeit hätte, würde ich an dieser Stelle eine gelehrte und brillante Abschweifung über Städte und Utopie einfügen. Ausgehend von Baczkos hervorragendem Essay *Lumières de l'utopie* und mit Gilles Lapouges Hilfe – der sich wie kein anderer gleichzeitig in Utopien und in brasilianischen Fragen auskennt – würde ich die Besonderheiten der urbanen Utopie Brasilia analysieren: das zu entschlüsselnde Gesicht des Ideals eines fortschrittlichen Staatskapitalismus. Aber keine Sorge, ich habe keine Zeit. Im übrigen weiß ich nicht, ob Catherine Allégret mir, nach einer Nacht im Flugzeug und mit dem ganzen Gewicht der Zeitverschiebung auf dem Buckel und den Lidern, bis zum Ende zuhören würde.

Ich komme also auf die Anekdote zurück. Ich verlasse das Gebiet der Begriffe und der Kategorien.

An jenem Abend in der französischen Botschaft im Viertel der Botschaften ließ Montand die Qual der Vorstellungen, der verzettelten Unterhaltungen, der unzusammenhängenden Gesprächsfetzen, die das Los derartiger Empfänge sind, mit unerschütterlichem Lächeln und gediegenster Höflichkeit über sich ergehen. Bob Castella und ich saßen in kleiner

Entfernung und waren völlig ungestört, denn kein Diplomat des französischsprachigen Afrika interessierte sich für uns, sie schwirrten alle um Montand herum; Bob und ich, die wir wußten, wie sehr Yves solche Zeremonien verabscheut, beobachteten sein Gesicht und machten leise Prognosen, wann genau er platzen würde.

Er platzte beim plus minus zwölften Botschafter. Wir sahen, wie sein Gesicht sich plötzlich auflöste, wie sein Blick, durch den ein Anflug von Panik huschte, uns vergeblich suchte. Und dann – Diplomaten, Missionschefs und Kultur- attachés, die um ihn herumstanden, in seinem Kielwasser hinter sich herziehend – wandte er sich mit seinem schönsten Lächeln an Madame Robert Richard: »Essen wir jetzt?« sagte er laut in die Runde. Und es wurde natürlich gleich gegessen. Sehr gut und bei sehr guter Laune, denn unsere Gastgeber waren reizend. Sie nahmen keinerlei Anstoß daran, daß Montand seinen Begleitern an dem Tisch, der für ihn bestimmt war, Plätze zuwies: »Du«, sagte er zu mir, »setzt dich da hin! Und du, Bob, dorthin!«

Catherine amüsiert sich sehr über diese Anekdote und will noch eine hören.

Das zweite Geschichtchen ist ebenso aufschlußreich für Montands Charakter, für seine starke Spontaneität. Aber sie ist ernster. Ich meine, sie berührt ein ernsteres Thema.

Montand hatte mich nämlich an jenem Abend gebeten, vertraulich Kontakt mit dem französischen Botschafter auf- zunehmen. Da er voraussah, daß es für ihn schwierig sein würde, sich im Gedränge eines solchen Empfangs, wo alle mit ihm würden sprechen wollen, wo er in der Menge der Gäste eingekeilt sein würde, mit Robert Richard abzusondern, hatte er mich gebeten, den Botschafter zu fragen, was er von einem Eintreten Montands bei den Vertretern der Obrigkeit – am nächsten Tag bei der Wohltätigkeitsgala, bei der er singen würde – für zwei französische Priester hielte, die wegen mutmaßlicher umstürzlerischer Straftaten in brasilianischen

Gefängnissen saßen. Ich nutzte also einen Augenblick unter vier Augen mit Robert Richard, um ihm diese Frage Montands zu stellen. Der Botschafter, von diesem Vorschlag sichtlich berührt, riet Montand durch mich, die Frage auf keinen Fall in der Öffentlichkeit anzusprechen. Auch nicht in Anwesenheit einer begrenzten Personenzahl. Mit Rücksicht auf den Stand der diesbezüglichen diplomatischen Verhandlungen war es unbedingt notwendig, daß Montand, wenn es sich ergab, mit Präsident Figuereido nur unter vier Augen darüber sprach.

Aber am nächsten Tag, nach der triumphalen Vorstellung im Theater von Brasilia, blieb Montand nur einen kurzen Augenblick in dem Saal, in dem Präsident Figuereido Hunderte von Gästen empfing. Einen sehr kurzen Augenblick für die Fotografen und die protokollarischen Höflichkeiten. Es ergab sich keine konkrete Gelegenheit für Montand, das Problem der beiden inhaftierten französischen Jesuiten zur Sprache zu bringen. Im übrigen verließen wir den Empfang sehr schnell und gingen beide allein in einer *churrascaria* etwas essen, um den Abend unter Männern zu beenden.

Jedenfalls, und ich komme zu meiner Anekdote, am nächsten Tag kam der französische Botschafter an den Flughafen, um sich von Montand zu verabschieden, bevor wir nach Rio de Janeiro abflogen. Wir sagten ihm, daß es für Montand unmöglich gewesen sei, mit Figuereido zu sprechen. Wir gaben Kommentare zum Erfolg der Vorstellung am Abend zuvor ab. Ich erfuhr in diesem Moment, daß die Regierung Calvo Sotelo die Parlamentskammern aufgelöst und für den 28. Oktober in Spanien vorgezogene Wahlen angesetzt hatte. Ich dachte flüchtig, daß mein Freund Felipe González wahrscheinlich Premierminister werden würde. Ich freute mich für ihn. Für uns, meine ich.

Aber die Zeit verging, das Flugzeug nach Rio startete verspätet, und die Reisenden begannen sich eng um Montand zu scharen, baten um Autogramme oder hatten einfach nur den Wunsch, ihn von nahem anzulächeln, einen Arm, eine Schulter von ihm zu berühren. Unglaublich, wie gern Bewunderer den Gegenstand ihrer Bewunderung berühren. Irgendwann kam eine Gruppe von dunklen, molligen und zwitschernden jungen Frauen, sie baten Montand, mit ihnen für ein Foto zu posieren. Sie wären, sagten sie, Angestellte der peruanischen Botschaft in Brasilia, sie führen mit ihrem Missionschef auf Urlaub in ihre Heimat und wollten sich gerne alle zusammen mit Montand fotografieren lassen. Dieser erklärte sich lächelnd in einem ungefähren, aber herzlichen Spanisch bereit. Er ging los, umgeben vom schwatzenden und entzückten Anhang der Peruanerinnen mit den schrillen Stimmen.

Plötzlich sah ich, wie Montand sich zu seiner vollen Größe aufrichtete. In seinem Blick stand plötzliche Unruhe. Sein Gesicht hatte sich wieder mit einer Maske der Unsicherheit überzogen.

»Peru, geht das?« rief er uns nervös zu.

Ich sah in seinen Augen die bei der Vorstellung, sich mit den Vertretern irgendeiner Militärdiktatur fotografieren zu lassen, plötzlich aufgekommene Unruhe. Aber wir beruhigten ihn einstimmig, Robert Richard und ich. Ja, Peru, das ging. Für wie lange noch, wußten wir nicht. Aber augenblicklich ging es. Montand schritt beruhigt weiter.

Aber jetzt habe ich Catherine Allégret schon seit einer guten Stunde von São Paulo und Brasilia erzählt. Im Augenblick entferne ich mich von dem Panoramafenster und setze mich an den Tisch mit dem englischen Frühstück, um einen Kaffee zu kosten (den man in Brasilien unbedingt »bitter« bestellen muß, denn sonst tun sie eigenmächtig Zucker hinein, und zwar in Massen!).

Montand ist in die Lektüre der Pariser Zeitungen und Zeitschriften vertieft, die Catherine ihm heute morgen mitgebracht hat. Augenblicklich blättert er im *Nouvel Observateur*. Plötzlich reagiert er lebhaft. Er reicht mir den *Obs*, bittet mich, etwas zu lesen. Er bittet mich, ihm zu sagen, was ich davon halte.

In dieser Woche befragte der *Obs* eine Reihe von Persönlichkeiten und Linksintellektuellen darüber, was sie von der sozialistischen Regierung hielten, welche Art von Unterstützung sie bereit wären, ihr zu geben. Eine der Antworten, ziemlich kurz, stammte von Philippe Robrieux.

Ich wußte, da ich mit Montand darüber gesprochen hatte, daß er Robrieux' Arbeiten über die KPF ihrem Wert entsprechend schätzte. Ich wußte, daß er alle von Philippe zu diesem oder jenem Anlaß veröffentlichten Artikel ausschnitt und in seinem Presseordner aufhob. Also las ich Robrieux' Text aufmerksam.

Dieser forderte in wenigen Zeilen eine entschiedene Unterstützung der sozialistischen Regierung, die, sagte er, gleichzeitig den Angriffen einer entfesselten Rechten und dem doppelten Spiel der Kommunistischen Partei ausgesetzt ist. Ich blickte auf. Montands Blick ruhte auf mir.

»Nun?« sagte er.

»Nicht sehr klar«, sagte ich.

Er nickte bestätigend. Erleichtert sogar.

»Das doppelte Spiel der kommunistischen Führer ist doch nur möglich«, rief er aus, »weil man ihnen die Mehrheit gegeben hat, weil man ihnen erlaubt hat, Minister in der Regierung zu haben. Wenn es ein doppeltes Spiel gibt, hat die Strategie der Sozialistischen Partei es möglich gemacht. Oder was haben die geglaubt? Daß die Kommunisten loyal spielen würden? So blöd sind sie nun doch nicht! Oder?«

Und er legte los.

Mit einem Schlag vergaß er die Tournee, die brasilianische Presse voller Echos auf sein Auftreten in São Paulo und Brasilia. Voller Artikel zur heutigen Abendvorstellung in Rio de Janeiro. Mit einem Schlag war die einzig wichtige Frage, die auf der Stelle besprochen werden mußte, die der Strategie der Linksunion, so wie sie von der Regierung und der

Sozialistischen Partei betrieben wurde. Er nahm sogar den Telefonhörer ab, wählte die Nummer der Place Dauphine und fragte Simone Signoret nach ein paar kurzen Begrüßungsworten, was sie von Robrieux' Stellungnahme hielt. Ich weiß nicht, wieviel Uhr es in Paris sein mochte und werde es jetzt nicht ausrechnen. Aber wieviel Uhr es auch war, wahrscheinlich ist, daß Simone ziemlich verdutzt gewesen sein muß, von so weit her aufgefordert zu werden, eine Meinung zu einigen Zeilen im *Nouvel Observateur* abzugeben, die sie wahrscheinlich nicht einmal bemerkt hatte.

Aber ich erzähle diese Episode nur zur Unterrichtung. Ich will nur hervorheben, daß die Politik im weitesten Sinne und im besonderen die Probleme einer demokratischen Widerstandsstrategie gegen den sowjetischen Expansionsdrang Montand im höchsten Grade beschäftigten. Tatsächlich beschäftigt er sich heute viel mehr mit Politik als 1963, im Jahr, in dem ich ein endloses Gespräch mit ihm angefangen habe.

Und das ist logisch, wenn man ein ganz klein wenig darüber nachdenkt.

Die kommunistischen Genossen – und noch weniger die Weggenossen – machen nicht wirklich Politik. Sie sind nicht die Akteure. Die Politik wird ohne sie gemacht, auf höchster Ebene, in den geheimen Beratungen der Politbüros. Die Genossen sind nur die »Schräubchen«, die »Rädchen«, wie Marschall Stalin sagte, im großen Übertragungsgetriebe der Entscheidungen auf höchster Ebene. In Wirklichkeit gibt es in den kommunistischen Parteien keine wirklichen Genossen: es gibt nur Aktivisten, mediatisierte Vermittler zwischen einer Strategie, die ohne sie entschieden wird, und einer sozialen Realität, deren Reaktionen sie nicht immer an die höchste Ebene weitergeben können, da sie diese Realität nicht richtig empfangen, da sie nur Sprecher und sogar nur Lautsprecher sind, geschwätzig und taub inmitten dieser Realität.

Der Genosse macht also keine Politik: er schenkt Vertrauen. Erst von dem Moment an, in dem das Vertrauen aus diesem oder jenem Grund zerbricht, das Band freiwilliger ideologischer Knechtschaft reißt, wird wirkliche Politik möglich. Aus diesem Grund wird Politik für den von seinen Zwängen befreiten Genossen oder Weggenossen nie wieder, wie in der einstigen Unwissenheit und Knechtschaft, gedankenlos optimistisch sein: siehe das Klischee von den »strahlenden Horizonten«. Die Politik, von nun an die neue politische Reflexion, begleitet nämlich die Trauerarbeit. Sie ist der Tod der Gewißheiten, die Agonie der Illusionen. Sie hört auf, wie früher gedankenlos glückselig zu sein – enthusiastische Politik des staunend aufgerissenen Mundes –, sie wird tragisch. Sie wird also aktiv. Politik hört auf, passive Sprachlosigkeit zu sein, um leidenschaftliche Aktivität zu werden.

Wenn ich mich recht erinnere – eine fix und fertige Formel, geprägt von erzählerischer Koketterie: ich erinnere mich genau –, war es Florence Malraux bei den Dreharbeiten zu *Der Krieg ist vorbei*, die uns auf einen Satz von Francis Scott Fitzgerald aufmerksam machte, dessen moralische und strategische Lehren Montand seitdem ganz und gar zu den seinen gemacht hat. Und zweifellos ist es merkwürdig, im Zusammenhang mit einem Schriftsteller wie Fitzgerald von Strategie sprechen zu müssen. Ebenso sonderbar, wiederum im Zusammenhang mit ihm von Dialektik sprechen zu müssen. Und doch, der bedauernswerte Präsident Mao kann einpakken und kann alle kleinen oder großen, an den Umgang mit den dialektischen Floretten gewöhnten Steuermänner in die Höllenfeuer der Scham mit sich nehmen. Keiner hat nämlich einen Satz geschrieben, der in seiner dialektischen Dichte dem des alkoholsüchtigen und dekadenten amerikanischen Schriftstellers vergleichbar ist, auf den Florence Malraux uns vor langen Jahren hinwies. Vor vielen Jahren zumindest: die einen werden lang gewesen sein, die anderen kurz wie Glücksmomente.

Fitzgerald erklärt also – beiläufig und von einer keineswegs philosophischen Erzählung abschweifend –, daß das Charakteristische einer außergewöhnlichen Intelligenz darin besteht, widersprüchliche Ideen verarbeiten zu können. »Zum Beispiel müßte man begreifen«, setzt er hinzu, »daß die Dinge hoffnungslos sind, und trotzdem entschlossen sein, sie zu verändern.« Das ist tatsächlich Montands Moral, auf einen einzigen Nenner gebracht. Das ist die Haltung, in der heute seine Wutausbrüche, seine Stellungnahmen gegen Intoleranz und Totalitarismus wurzeln. Hoffnungslos, aber entschlossen. Illusionslos, aber leidenschaftlich. Da man sowieso sterben muß, kann man genausogut versuchen, nicht blöd zu sterben. Kann man bis dahin genausogut aufrecht leben.

Wir waren in Rio de Janeiro in diesem August 1982, und ich besann mich auf die parallele Entwicklung unserer Ideen während der ganzen Jahre. Auf die lange Arbeit des Bruchs, nicht nur mit der Partei, sondern auch mit dem Parteigeist, der ebenso berauschend ist wie Weingeist. Während ich den Kommentaren Montands zuhörte, die ein kleiner ungeschickter Satz von Philippe Robrieux provoziert hatte, einem Mann, dessen Begabung er schätzte, dachte ich bei mir, daß, wenn radikal sein darin besteht, die Dinge bei der Wurzel zu packen, Montands politisches Denken zweifellos radikal war. Es packte die Dinge bei der Wurzel. Es riß deren Wurzeln sogar aus.

1963 und auch in den folgenden Jahren in Autheuil-sur-Eure sprachen wir jedenfalls noch nicht wirklich über Politik.

Dagegen sprachen wir viel über Filme. Vor allem wenn Costa Gavras da war. Und er war oft da. Costa war Assistent von René Clément bei *Le Jour et l'heure (Nacht der Erfüllung)* gewesen, einem Film über die Résistance, in dem Simone Signoret die Hauptrolle spielte. Und Simone brachte ihn auch in ihrem Kielwasser mit nach Autheuil.

Costa Gavras war damals Grieche. Er ist es natürlich

immer noch in gewisser Weise, trotz seines nunmehr französischen Passes. Man hört nicht auf, in gewisser Weise griechisch zu sein, scheint mir, wenn man es als Jugendlicher gewesen ist. Vor allem wenn, wie bei Costa, das Gedächtnis bedrängt wird von Bildern und Wirren des Bürgerkriegs, der Polizeirepression, der geistigen Verwirrung der von fremden Mächten ausgenutzten inneren sozialen Kämpfe. Es ist übrigens diese Situation, verbunden mit einer endemischen Armut, die einen dazu bringt, aus Griechenland auszuwandern. Aus Spanien ebenfalls, Sie werden wahrscheinlich zur gleichen Zeit wie ich daran gedacht haben.

Costa Gavras war also Grieche. Wir sprachen endlos über seine Heimat, das ist leicht zu erraten, unter dem so wenig mediterranen Laubwerk von Autheuil. Ich habe bereits gesagt, daß die Geschichte des gegenwärtigen Griechenland mich beschäftigte. Und gesagt, warum. Es waren zweifellos die langen Gespräche dieser ersten Monate, die vier Jahre später unsere Zusammenarbeit beim Schreiben des Drehbuchs zu *Z* nach dem reportagehaften Romanpoem von Vassilis Vassilikos so leicht gemacht haben.

Aber wir sind noch nicht bei *Z*, Costas drittem Film. Wir sind nicht einmal beim ersten, *Compartiment tueurs (Mord im Fahrpreis inbegriffen)*. Wir sind jedoch nicht mehr weit von ihm entfernt. Es ist wirklich bald soweit. Und wir sind an dem besten Ort, um über ihn zu sprechen. Denn Costas besagter erster Film ist ein Produkt von Autheuil. Ein reines Produkt des normannischen Waldgebiets. In Autheuil schloß Costa sich stundenlang ein, um mit seiner winzigen und pingeligen, oft nicht entzifferbaren Handschrift – ich habe bei Gott genug darunter gelitten, um es in aller Freundschaft zu sagen – die Seiten vollzuschreiben, aus denen die Verfilmung eines Krimis von Sébastien Japrisot hervorgehen sollte. In Autheuil wurde dieser Text von der freundschaftlichen und nichtdestoweniger spitzfindigen Gemeinschaft gelesen und für gut befunden. In Autheuil beschlossen Montand und

Signoret, sich an der Produktion des Films zu beteiligen, und dort wurden auch die meisten Mitwirkenden rekrutiert. Sehen Sie sich den Vorspann von *Mord im Fahrpreis inbegriffen* an, und Sie haben, von einigen Ausnahmen abgesehen, eine Liste der Wochenendstammgäste in Montands Landhaus.

Der Film – 1964 gedreht, im November 1965 in Paris angelaufen – war ein Erfolg. Aber er war darüber hinaus indirekt der Ausgangspunkt für bestimmte wichtige Dinge. Wichtig für uns natürlich. Aber vielleicht auch objektiv wichtig. Einmal das Regieabenteuer von Costa Gavras. Dann Montands Aufschwung als Schauspieler.

Er betrachtete, wie man sich erinnert, das Filmen zu jener Zeit mit Zurückhaltung. Im Dezember 1963, während er wahrscheinlich mit sich selbst klärte, welche Hauptrichtung er seiner künftigen Aktivität geben sollte, war Montand zum Theater zurückgekehrt. Er spielte im Gymnase *Des clowns par milliers*, ein von Jean Cosmos bearbeitetes Stück des amerikanischen Autors Herb Gardner. Das Stück lief sehr gut, und Montand war bemerkenswert. »Wie kann man sich dem trägen und feierlichen Charme des ›großen Bruders‹ entziehen, wenn dieser die unvergleichliche Intensität von Yves Montand hat, einem Inbild der zuverlässigsten, männlichen, spöttischen, schamhaften Güte?« schrieb Bertrand Poirot-Delpech, damals Theaterkritiker, in *Le Monde*.

Während Montand in jenem Winter im Gymnase das Stück von Gardner spielte, war ich im Athénée. Ich spielte dort jedoch nichts. Dort wurde meine Bearbeitung des *Stellvertreters* von Rolf Hochhuth in einer Inszenierung von Peter Brook gegeben. Ich bewahre eine scharfe, tiefe Erinnerung daran, die gelegentlich noch mein Blut in Wallung bringt. Nicht nur weil ich damals in die magische Welt des Theaters eintauchte, deren Faszination für mich ich schon erwähnt habe. Auch aus anderen Gründen, die zum einen mit der Freundschaft, zum anderen mit der Politik zusammenhängen. Oder mit der Geschichte, wenn man ein weniger starkes, aber ebenso präzises Wort vorzieht.

In den Zusammenhang der ersten Gründe, jenen, die sich auf die Freundschaft beziehen, gehört seit jenem Winter meine Bekanntschaft mit einer Reihe von Schauspielern, die beim Abenteuer des *Stellvertreters* mitmachten. Mit Michel Piccoli insbesondere. Ich war ihm schon vorher begegnet, durch Zufall oder bei Gelegenheit. Ohne weder den einen noch die andere zu vertiefen. Aber damals, auf der Bühne des Athénée, hinter den Kulissen und in den Gängen des Athénée, in Louis Jouvets ehemaligem Büro im Athénée, hatte ich Gelegenheit, in vertrauten Umgang mit ihm zu kommen.

Michel Piccoli war bewundernswert in der Rolle des Kurt Gerstein. Aber er war es auch in seinem Verhalten ganz allgemein. Denn *Der Stellvertreter* – dessen Thema das Schweigen Pius' XII. zur Ausrottung des jüdischen Volkes durch die Nationalsozialisten ist – rief, man erinnert sich vielleicht, öffentliche Proteste der Integralistengruppen hervor. Ein paar Wüteriche demonstrierten in den ersten Wochen allabendlich im Athénée. Ihr Ziel war ganz einfach, ein derartiges Durcheinander zu provozieren, daß das Polizeipräsidium sich gezwungen sähe, die Vorstellungen zu verbieten. In solchen Fällen ist eine der Ermessensgrundlagen des für die Aufrechterhaltung der Ordnung zuständigen Kommissars die Tatsache, ob die Vorstellung wirklich unterbrochen worden ist, ob der eiserne Vorhang heruntergelassen werden mußte. Daher kam es, als kleine Kommandos von jungen Integralisten, von Aktivisten antisemitischer rechtsextremer Organisationen die Bühne stürmen wollten, darauf an, daß die Schauspieler nicht nur deren Angriffe abwehrten, sondern auch, daß sie ihre Rolle weiter sprachen, damit die Vorstellung nicht unterbrochen wurde. Das war wesentlich, um ein Verbot des Stückes durch das Polizeipräsidium zu vermeiden.

Die *Stellvertreter*-Truppe bot, zu einem Block der Freundschaft und Begabung zusammengeschweißt, all diesen Provokationen die Stirn. Man mußte sehen, wie an den Abenden großer Krawalle Antoine Bourseiller, Jean Topart, Pierre Tabard, Alain Mottet, François Darbon, Jacques Monod und all die anderen, die ich nicht vergesse, den sukzessiven Wellen von Demonstranten die Stirn boten. Man mußte vor allem Michel Piccoli sehen, der alle mit seiner Körpergröße überragte, auf der Hut, immer gleichzeitig überall, wie er mit einer Handbewegung den Demonstranten, dem es gelungen war, auf der Bühne Fuß zu fassen, hinunterfegte, wie er seinen Text aufsagte und gelegentlich, damit die Aufführung weiterging, auch den Text irgendeines anderen Schauspielers, der vom wogenden Getümmel daran gehindert wurde. Und die Aufführung war großartig.

Und dann, nach drei oder vier Wochen, begriffen die Demonstranten, daß sie es nicht schaffen würden, die Vorstellungen verbieten zu lassen. Sie verließen das Schlachtfeld. *Der Stellvertreter* wurde die ganze Saison hindurch vor vollem und aufmerksamem Saal in einer Stille leidenschaftlichen Zuhörens gespielt.

Aber es gibt andere Gründe, habe ich gesagt, moralischer und historischer Art, derentwegen ich mich genau an jenen Winter erinnere. Anläßlich der Vorstellungen des *Stellvertreters* und der Polemiken in der Presse, die das Ereignis hervorrief, entdeckte ich nämlich das latente Vorhandensein tiefer antisemitischer Vorurteile in Frankreich. Eine ziemlich überraschende, aber bedeutsame Erfahrung, die unauslöschliche Spuren in mir hinterlassen hat.

Ich war also im Athénée, und Montand war im Gymnase. Dann, als das Wetter wieder schön wurde, fingen Montand und die ganze Bande von Autheuil an, *Mord im Fahrpreis inbegriffen* zu drehen.

In Alain Rémonds unentbehrlichem Bildband über Montands Filmkarriere, den ich bereits erwähnte, gibt dieser dem

Autor gegenüber folgende Erklärung ab: »Von *Mord im Fahrpreis inbegriffen* rührt meine wahre Berufung her, mein wirkliches und totales Engagement für den Film. Bis dahin war und blieb das Wesentliche für mich die *one man show* auf der Bühne, die eine absolute Konzentration, eine Nichtverzettelung verlangt. Ich filmte ein bißchen, als Dilettant. Und dann, plötzlich, mit Costa Gavras, ist etwas geschehen. Ich habe mehr entdeckt als einen Regisseur: einen Komplizen, der meine wahre Persönlichkeit enthüllt hatte...«

Daß Montand während dieser Dreharbeiten einen Komplizen entdeckt hat, scheint offensichtlich. Die Folge hat es übrigens bewiesen. Aber die Frage seiner »wahren Persönlichkeit« muß näher beleuchtet werden. Sie ist nämlich komplexer, als es scheint.

Ohne Zweifel spielt Montand auf seine Schauspielerpersönlichkeit an. Die Abende in Autheuil, die Spiele, die langen Diskussionen über Göttliches und Menschliches, wie man auf spanisch sagen würde *(a propósito de lo divino y de lo humano)*, wenn man von Unterhaltungen über alles oder nichts spricht, hatten zwischen den beiden Männern zu der Verständigung auf bloße Andeutungen hin, zu der Komplizität geführt, die bei der Filmarbeit, bei der Annäherung an die Figur eine gemeinsame Inspiration ermöglichen.

Andererseits aber scheint die Figur, die Montand in *Mord im Fahrpreis inbegriffen* zu verkörpern hatte, zunächst nicht seiner »wahren Persönlichkeit« zu entsprechen. Was gibt es in Wahrheit an Gemeinsamem zwischen dem Montand von 1964 und diesem ständig verschnupften Inspektor Grazzi, der mehr oder weniger schwungvoll eine Routineuntersuchung über einen reichlich perversen Mord führt? Nichts auf den ersten Blick.

Doch etwas, wenn man genauer hinsieht. Etwas scheinbar Oberflächliches, was sich aber als entscheidend herausstellen wird. Nämlich, daß Inspektor Grazzi nicht nur Marseiller ist, sondern daß man es auch hört. Dieser Marseiller Akzent des

Inspektor Grazzi, etwas auf den ersten Blick so Unbedeutendes, wird sich als wesentlich herausstellen.

Auf mysteriöse Weise hat Montand – zur Lebensreife gelangt: zehn Jahre früher wäre es unmöglich gewesen – in dieser scheinbar banalen Rolle in einem gut konstruierten Krimi Gelegenheit, seinen letzten Entwurf zu machen. Im gleichen Zug allen mehr oder weniger künstlich entworfenen – manchmal überzogenen – Persönlichkeiten seiner Vergangenheit Lebewohl zu sagen. Das Natürliche seiner wahren Persönlichkeit zu entdecken durch die wunderbare Verdoppelung des Schauspielers, der eine Rolle verkörpert, entwirft, in der der Marseiller Akzent die Vergangenheit symbolisiert, aus der er kommt, die Welt, aus der er sich herausreißt. Inspektor Grazzi ist alles in allem die letzte Karnevalsmaske: von nun an werden sein eigenes reifes Männergesicht, seine eigenen Falten und sein eigenes gerührtes oder angespanntes Lächeln seine Maske sein. Von nun an kann er den Gestalten, die er verkörpert, seine eigene Persönlichkeit geben, die Montands. Seine eigene Maske also, denn *persona* ist das lateinische Wort für Theatermaske.

Der Vorhang hebt sich über einem neuen Abenteuer.

Mord im Fahrpreis inbegriffen lief noch nicht in den Kinos, es war noch nicht einmal vollständig abgedreht, als Alain Resnais und ich uns eine Arbeitskopie ansahen. Resnais hatte Costa Gavras um diese Vorführung gebeten, um Montand spielen zu sehen. Es ging um die Hauptrolle des Drehbuchs, das ich gerade für Resnais zu Ende schrieb – wenn man ein Drehbuch für Alain Resnais überhaupt je zu Ende schreibt –, das Drehbuch zu *Der Krieg ist vorbei.*

Ich hatte Alain in Louis Jouvets Büro im Théâtre de l'Athénée kennengelernt. Jouvet war natürlich nicht mehr dort. Zumindest nicht in Fleisch und Blut. Vielleicht irrte er an manchen Abenden als Geist dort umher, seines Aufenthalts im Theaterjenseits überdrüssig. Vielleicht kam er manchmal dorthin zurück wie der Geist aus Giraudoux' *Intermezzo*, den ich Jahre später heraufbeschwören sollte, eben für Alain Resnais. In *Stavisky*, und Jean-Paul Belmondo war großartig in der Geisterszene.

Wie dem auch sei, und selbst wenn Louis Jouvet, in welcher Form auch immer, nicht mehr in seinem Büro herumspukte, war es in seinem Büro, in dem damals Françoise Spira und Yvette Étiévant saßen, wo ich Alain Resnais kennenlernte.

Zweifellos bin ich ein geborener Glückspilz.

Auf jeden Fall, wenn ich auch hier nicht den fernen Ursprung dieses Ausdrucks untersuche, ihn nur als Metapher gebrauche, es stimmt, daß ich immer Glück gehabt habe. Ohne jeden Zweifel. Ist es nicht ein verflixtes Glück, mein erstes Drehbuch für Alain Resnais zu schreiben?

Wir sahen uns also in einem Vorführraum der Studios von Boulogne eine Arbeitskopie von *Mord im Fahrpreis inbegriffen* an. Resnais war so weit, daß er eine Entscheidung treffen mußte, welcher Schauspieler die Rolle des Diego spielen sollte. Die Produzenten warteten darauf. Auch ohne es zu wissen, war Montand von Anfang an im Rennen gewesen. Nicht nur weil Resnais schon immer ein eifriger und entzückter Zuschauer von Yves' Konzerten im Théâtre de l'Étoile gewesen war und weil er ihn für einen großen Schauspieler hielt, der häufig schlecht eingesetzt wurde. Oder zur Unzeit eingesetzt wurde. Sondern auch weil er, Bildfolge für Bildfolge, die Kennzeichen, die er jedem der für die Rolle in Frage kommenden Schauspieler zuschrieb, auf einem Zettel notiert hatte und Montand dabei deutlich an der Spitze lag.

Die Vorführung von Costa Gavras' erstem Film bestätigte ihn in seiner Idee. Gegen die etwas mürrische Überzeugung der Produzenten und vor allem der Verleiher des Films, die den Namen nicht für »kommerziell« genug hielten, traf Resnais eine endgültige Entscheidung: Yves Montand sollte die Rolle des Diego spielen.

Ein Jahr später war ich in Karlovy Vary im großen Saal, in dem das Filmfestival stattfand. Es war der Abend der Preisverleihung.

Ich war allein an jenem Abend in Karlovy Vary. Alain Resnais, der mit mir gekommen war, um seinen Film *Der Krieg ist vorbei* vorzustellen, war vor dem Ende des Festivals wieder abgereist. Es war nämlich so, daß unser Film, offiziell ausgewählt, in letzter Minute vom Wettbewerb zurückgezogen worden war. Die spanische Kommunistische Partei hatte in diesem Sinn Druck ausgeübt. Dolores Ibarruri, »La Pasionaria«, hatte sogar persönlich bei den tschechischen Führern vorgesprochen. Diese hatten den für das Filmfestival von Karlovy Vary Zuständigen also den Befehl erteilt, den Film zurückzuziehen. Aber sie hatten es nicht geschafft, daß er gänzlich verschwand. Die Cineasten hielten stand, und der Film wurde trotzdem im Rahmen des Festivals vorgeführt, aber außerhalb des Wettbewerbs.

Weder Alain Resnais noch ich kannten alle diese Einzelheiten, als wir im Juli 1966 in Prag landeten. Ein vom Festival gestelltes Auto brachte uns vom Flughafen direkt in die Kurstadt Karlovy Vary, das Karlsbad von Goethe und Marx. Erst als wir im *Hotel Moskva-Pupp* ankamen, teilte der Festivaldirektor uns mit tonloser Stimme mit, daß *Der Krieg ist vorbei* vom Wettbewerb zurückgezogen worden war. Er fügte einen vorsichtigen Kommentar hinzu, der aber klar genug war, um uns begreiflich zu machen, aus welcher Ecke dieses Verbot kam.

Alain Resnais lächelte verkrampft. Sein Film hatte schon einige Wochen zuvor, beim Festival von Cannes, ein ähnliches Schicksal erlebt. Nachdem er ausgewählt worden war, zum offiziellen französischen Beitrag zu gehören, war er in letzter Minute zurückgezogen worden, um, wie es scheint, keine Probleme mit der spanischen Delegation hervorzurufen. Der Film wurde trotzdem in Cannes, in einem kleinen Kinosaal in der Rue d'Antibes, vorgeführt und erregte großes

Aufsehen. Die in Cannes anwesenden spanischen Journalisten erfanden auf der Stelle einen Prix Luis Buñuel und verliehen ihn an *Der Krieg ist vorbei.*

Aber ich werde nicht alle Preise, Medaillen und Auszeichnungen aufzählen, die dieser Film nach dem »Luis Buñuel« sowohl in Europa als auch in den Vereinigten Staaten erhalten hat. Den Prix Louis-Delluc, die Étoile de Cristal der Filmakademie, den Prix Méliès der Association de la critique, den Preis für den besten Film des Jahres von den New Yorker Kritikern, den Preis für den besten ausländischen Film der amerikanischen Importeure und Verleiher, den Preis für den besten Schauspieler an Montand von den amerikanischen Kritikern, Oskar-Nominierungen ... Nein, ich werde nicht alle kleinen Medaillen aufzählen, die wir bekommen haben. Ich würde auf jeden Fall einige vergessen. Noch heute kommt es vor, daß Resnais mit irgendeinem kostbaren Gedenkgegenstand unterm Arm bei mir auftaucht. Er hat beim Aufräumen, sagt er zu mir, irgendeine Vase aus böhmischem Kristall, irgendeine Bronzefigur gefunden, die im Lauf all dieser Jahre an *Der Krieg ist vorbei* verliehen worden ist, und bittet mich, sie treuhänderisch zu verwahren.

Aber im Juli 1966, in Karlovy Vary, in einer Kurstadtkulisse, die einem Resnais-Film perfekt angemessen wäre, lächelte Alain verkrampft.

Es muß gesagt werden, daß er weder Festivals noch die Reisen dorthin besonders schätzt. Noch die Zwänge, die sie mit sich bringen. Die Vorstellung, daß er so weit gereist war, um die Nachricht vom Ausschluß seines Films aus dem Wettbewerb mitgeteilt zu bekommen, ließ ein blasses, verkrampftes Lächeln auf seinem Gesicht erscheinen. Er dachte nur noch daran, so schnell wie möglich wieder abzureisen. Zumal er die Erinnerung an eine andere Reise in die Tschechoslowakei bewahrte, bei der er in Prag endlos auf einen Flug nach Cuba gewartet hatte. Ich glaube, es war Cuba. Eine Erinnerung, die er mit diesem scheinbar neutralen, fast eisigen Humor wachrief, der seinen Berichten den sonderbaren Reiz mancher ausgerechnet tschechischen Werke verleiht. Mancher Erzählungen von Kafka, der Romane von Milan Kundera.

Wie dem auch sei, im Rokokobüro des *Grand Hotel Moskva-Pupp* – der erste Teil des Namens dieses einstigen Luxushotels war natürlich hinzugefügt worden, um die unzerstörbare Freundschaft mit dem großen sowjetischen Bruder zu feiern, dem Big Brother in Orwell-Englisch –, wo der Festivaldirektor uns die schlechte Nachricht mitteilte, zeigte Alain Resnais ein blasses, verzerrtes Lächeln.

Es stellte sich jedoch heraus, daß die tschechischen Filmschaffenden die Aufführung des Films außerhalb des Wettbewerbs erreichten. Daß sie sogar, und das war für Resnais entscheidend, die Beibehaltung der Pressekonferenz erreichten, die den offiziellen Aufführungen gewöhnlich folgt. Daraufhin beschloß Alain, achtundvierzig Stunden zu bleiben, bis zum Tag nach der einen und der anderen. Die erste – die Aufführung versteht sich – wurde triumphal: ein Riesenerfolg. Was die Pressekonferenz angeht, so war Alain Resnais wie gewöhnlich brillant. Es ist übrigens merkwürdig zu sehen, wie es einem so zurückhaltenden, in gewisser Weise schüchternen Menschen gelingt, sich während des kurzen Zeitraums einer solchen Zeremonie zu befreien, wie er immer präzise, eingehend und phantasievoll antwortet, wie er absurden Fragen mit Humor ausweicht und intelligente Fragestellungen nutzt, um den Sinn seiner Arbeit, seines Forschens zu vertiefen. Vielleicht sogar seiner Suche. Jedenfalls war Alain Resnais, wahrscheinlich durch diese zweite diskriminierende Maßnahme gegen seinen Film angespornt (auf eine Frage nach dem Woher des Verbots in Karlovy Vary antwortete er: »Ich weiß es wirklich nicht. Im vergangenen Mai in Cannes geschah es auf Druck der Franco-Obrigkeit. Ich hoffe, daß hier nicht sie Druck ausgeübt hat!«, eine Antwort, die bei den Journalisten und den tschechischen Filmschaffenden Gelächter und Begeisterung auslöste), jedenfalls war Alain Resnais während der Pressekonferenz wirklich meisterhaft. Der Regisseur Jean-Paul Rappeneau, der daran teilnahm, da sein Film *La Vie de château* in jenem Jahr auf dem Festival gezeigt wurde, kann meine Aussage bestätigen: er erinnert sich tief beeindruckt an Resnais' »Leistung«.

Aber am Schlußabend des Festivals war ich allein in Karlovy Vary. Alain Resnais war schon wieder abgereist. Er hatte mich gebeten dazubleiben, um an seiner Stelle den Preis entgegenzunehmen, den die tschechischen Filmschaffenden, wie zwei Monate zuvor die spanischen Journalisten in Cannes, auf Anregung von Milos Forman und Antonin Liehm für *Der Krieg ist vorbei* erfunden hatten.

(Wir sind Liehm Jahre später wiederbegegnet. Und zwar auf Staten Island, in der eisigen Pracht eines New Yorker Winters, der die Landschaft von Horizont zu Horizont blauweiß gefärbt hatte. Liehm war nach der Invasion der Russen in seine Heimat emigriert. Er lehrte an der Universität von Staten Island. Wir, Montand, Costa Gavras und ich, haben ihn dort nach der Vorstellung von *Das Geständnis* in New York besucht. Einige Jahre nach dem Festival von Karlovy Vary, nach dem Prager Frühling, nach dem Regen und den Tränen und dem Blut in Europa.)

Resnais hatte Karlovy Vary also verlassen. Und Montand war nicht gekommen. Er drehte zu jener Zeit einen Film. Wahrscheinlich *Grand Prix (Grand Prix)* von John Frankenheimer. Oder vielleicht *Paris brûle-t-il? (Brennt Paris?)* von René Clément. Ich muß ihn danach fragen. Er filmte jedenfalls. Er hatte uns nicht nach Karlovy Vary begleiten können.

Montand hat übrigens nach *Der Krieg ist vorbei* unaufhörlich weitergefilmt. 1966 spielte er in den beiden eben erwähnten Filmen mit. 1967 drehte er *Vivre pour vivre (Lebe das Leben)* von Claude Lelouch. 1968 vier Filme: *Un soir, un train (Ein Abend – ein Zug)* von André Delvaux; *Z* von Costa

Gavras; *Le Diable par la queue (Pack den Tiger schnell am Schwanz)* von Philippe de Broca; und *On a clear day you can see forever (Einst kommt der Tag ...)* von Vincente Minnelli. Und 1969 *Das Geständnis*.

Man muß sagen, daß die Kritik Montand in der Rolle des Diego in *Der Krieg ist vorbei* außerordentlich positiv besprochen hatte. »Ein Yves Montand von einer so ungewöhnlichen Natürlichkeit, Schlichtheit und Wärme«, schrieb zum Beispiel Jean-Louis Bory in *Arts*, »daß ich es immer noch nicht fassen kann.« Und das stimmt tatsächlich. Manche Kritiker konnten es nicht fassen. Sie haben auf der Leinwand das Talent eines Schauspielers zum Durchbruch kommen sehen, den viele von ihnen bis dahin mit einer gewissen Herablassung behandelt hatten. Ein bißchen ironisch manchmal. Befangen in Klischees und vorgefaßten Meinungen, wie sie waren. Unfähig, wie manche von ihnen waren, gleich Alain Resnais und Costa Gavras die immense Fähigkeit zur Interpretation, zur filmischen Verkörperung im eigentlichen Sinn des Wortes zu ahnen, die Montands Erfahrung auf den Music-Hall-Bühnen barg. Und seine Erfahrung als solche.

Daraufhin wollten ihn die gleichen Finanziers und Verleiher – oder ihresgleichen, ihre Brüder –, die bei der Vorstellung, Montand die Hauptrolle in *Der Krieg ist vorbei* spielen zu sehen, den Mund verzogen und ein verdrießliches Gesicht gemacht hatten, künftig überall dabei haben: er wurde sehr rasch einer der seltenen französischen Filmschauspieler, auf dem man, wie man sagt, »ein Geschäft aufbauen« konnte.

Aber ich bin allein im Festivalsaal von Karlovy Vary, im Juli 1966. Die Abschlußveranstaltung hat begonnen. Man schreitet zur Preisverleihung. Gleich, ich weiß es, nach der Überreichung aller offiziellen Preise, wird die Vereinigung der tschechischen Filmschaffenden mir ihre Auszeichnung für *Der Krieg ist vorbei* überreichen. Ich werde sie anstelle von Alain Resnais entgegennehmen.

Und ich bin offengestanden nicht unzufrieden, hier zu sein.

Zuallererst erinnere ich mich an meine letzte Preisverleihung. Das war im Lycée Henri IV, in der großen Turnhalle. Am Ende des Schuljahrs 1942. Der erste Name, der auf dem Podium aufgerufen wurde, war meiner. Ich hatte nämlich den zweiten Preis in Philosophie in der allgemeinen Prüfung gewonnen, und niemand stand in jenem Jahr vor mir auf der Ehrenliste des Lycée Henri IV. Ich wurde übrigens gleich wieder aufgerufen, denn ich hatte auch – das war vorhersehbar – den ersten Preis in Philosophie in meiner Klasse gewonnen. Alle Khâgneux und Hypokhâgneux des Henri IV johlten laut, um ihre Begeisterung zu zeigen, als sie mich so schnell auf die Ehrentribüne zurückkehren sahen.

Jahre später jedoch schien Catherine Allégret von so glanzvollen Empfehlungen nicht beeindruckt. Sie bereitete sich auf ihr Philosophieabitur an der École alsacienne vor, und ihre Mutter war im letzten Trimester auf die Idee gekommen, sie hin und wieder zu mir zu schicken, damit ich mit ihr ihren Lernstoff durchging. Ein paar Tage vor dem schriftlichen Abitur versuchte ich ihr Grundbegriffe zum Thema »Wahrnehmung« einzutrichtern, einem Unterrichtsstoff, den sie wirklich nicht zu beherrschen schien. Und die »Wahrnehmung« war in jenem Jahr natürlich eines der Themen im Schriftlichen. Bei welchem Catherine versagte. Ich hatte vier Tage zuvor sehr wohl bemerkt, daß sie den Nutzen meiner Erklärungen zur Wahrnehmung nicht sehr deutlich wahrnahm, da sie mit dem Kopf sichtlich woanders war. Diese Anekdote ist so etwas wie ein intimer Spaß zwischen uns geblieben. Sie ist Gegenstand vielfältiger Scherze und feiner Andeutungen, die nun vielleicht ein bißchen abgestanden sind. Aber Scherze, selbst die ältesten und abgedroschensten, sind das Salz des Familienlebens.

Ich erinnerte mich also an die Preisverleihung am Lycée

Henri IV, während ich, fünfundzwanzig Jahre später, die Abschlußzeremonie des Festivals von Karlovy Vary beobachtete.

Ich erinnerte mich an eine Menge Dinge. Man muß sagen, daß ein Theatersaal, in dem man allein im Halbdunkel sitzt, aber umgeben von einer offenkundig freundschaftlichen kleinen Menge, in dem man auf der Bühne vage die verschiedenen Episoden einer Preisverleihungszeremonie, unterbrochen von sogenannten künstlerischen Einlagen, vorbeiziehen sieht, ein idealer Ort ist, um sich zu erinnern.

So erinnerte ich mich an den Tag, an dem ich Montand nach der Vorführung des ersten Schnitts von *Der Krieg ist vorbei* angerufen hatte, die Resnais für mich in den Studios von Joinville organisiert hatte. Montand war nicht in Paris, er war in *La Colombe* in Saint-Paul-de-Vence. Ich habe ihm gesagt, was der Film in mir aufgewühlt hat. Ich habe ihm gesagt, was ich von seiner Darstellung des Diego hielt.

Natürlich ist es schwierig für mich – und war 1966, in der unmittelbaren Hitze des Ereignisses, noch schwieriger –, Abstand von *Der Krieg ist vorbei* zu gewinnen. Um so schwieriger übrigens, als dieser Film es mir ermöglicht hat, Abstand von mir selbst zu gewinnen. Zumindest von diesem Selbst, das ebenso wahr ist wie jedes mögliche andere und das zehn Jahre im Untergrund in der Gestalt von Federico Sanchez existiert hatte, meinem politischen und hispanischen Alter ego.

Man weiß sattsam und aufgrund von Zeugnissen jeglicher Qualität, die schlechteste, die weinerlichste inbegriffen, was der Bruch mit der Partei für einen kommunistischen Intellektuellen bedeutet. Sei es infolge eines Ausschlusses oder eines freiwilligen Austritts, ein derartiger Bruch ist schmerzlich, wie man weiß. Man verläßt auf einen Schlag Papa-Mama, die heilige Familie, die Gewißheiten, die brüderliche Wärme der arbeitenden Massen (mit denen man im allgemeinen übrigens nicht verkehrt hat, es sei denn, sie hatten die Gestalt jener

Arbeiter- und Bauernfunktionäre, welche die politischen Funktionäre sind, die seit mindestens einem Vierteljahrhundert nicht mehr mit Hand angelegt haben, weder am Ofen noch an der Drehbank, weder am Pflug noch an der Mühle!), den horizontblauen Horizont der Geschichte. Man springt von deren (der Geschichte) Trittbrett ab. Kurzum, man bleibt allein. Was natürlich die beste vorstellbare Situation für einen Intellektuellen ist, der die Risiken seiner kritischen Funktion bis ins letzte akzeptiert. Aber es dauert oft lange, bis man diese Wahrheit entdeckt, vor allem in Epochen historischen Durcheinanders, in denen es von gerechten Sachen wimmelt. In denen man manchmal, je nach den biographischen Umständen und denen der unmittelbaren Geschichte, lange braucht, um zu begreifen, daß die gerechten Sachen und Kriege häufig geradewegs in die am radikalsten ungerechten Gesellschaften dieses Planeten in diesem Jahrhundert führen.

Kurzum, sagte ich: es ist hart, den Bruch zu vollziehen. Aus allen möglichen Gründen, die schlimmsten eingeschlossen. Die Trauerarbeit ist immer in Trauer gehüllt. In meinem Fall jedoch und dank dem Zufall der Begegnung mit Alain Resnais, dank seinem Wunsch, sich von mir einen Film schreiben zu lassen – einem Wunsch, der, scheint es, nach der Lektüre der *Großen Reise* entstanden ist, die Florence Malraux ihm vorgeschlagen hatte; und deshalb ist das veröffentlichte Drehbuch zu *Der Krieg ist vorbei* auch ihr, Florence, gewidmet –, dank dem Zufall dieser Begegnung also ist meine Rückkehr zur Erde, in die wirkliche Welt, nach dem Ausschluß aus der spanischen Kommunistischen Partei, ohne allzu großen Schaden vonstatten gegangen.

Auch dank Montand. Vielleicht sogar vor allem dank ihm.

Daran dachte ich im Halbdunkel des Saals in Karlovy Vary, während eine appetitliche Blondine auf der Bühne eine Nummer darbot, die ich aufgrund der entzückten Reaktionen des Saals für satirisch und witzig hielt.

Indem er die Rolle des Diego spielte, hatte Montand mir gewissermaßen geholfen, wieder ich selbst zu werden. Der Übergang von Sanchez zu Semprun war von diesem Diego Mora erleichtert worden, einer fiktiven Gestalt, die weder der eine noch der andere war, die dem einen wie dem anderen aber erlaubte, dank der Realität der Fiktion Abstand von der Fiktion der Realität zu gewinnen: sich in der verwirrenden Objektivität dieses Spiegels anzusehen, den Montand uns mit seiner Interpretation der Rolle vorhielt. Denn er *war* Diego, und das half mir, ich selbst zu sein. Es wieder zu werden.

Als *Der Krieg ist vorbei* in den Kinos anlief, schloß Françoise Giroud in *L'Express* ihren Artikel über den Film mit folgenden Worten: »Ob Montand gut ist? Das ist wirklich die letzte Frage, die man sich stellt. *Er ist.*«

Und das ist ein wesentlicher Punkt.

Bis dahin hatte Montand in seinen Filmen den Milliardär oder den Lastwagenfahrer oder den Industriellen oder den Abenteurer oder den Boxer *gespielt*. Und er hatte ihn mit Talent, mit Überzeugung gespielt. Mit Glück. Oft mit Erfolg. Aber es war fast immer ein Spielen. Das Spielen eines guten Spielers zweifellos, das aber immer einen Spielraum von Äußerlichkeit zwischen dem Schauspieler und der dargestellten Figur ließ. Ganz zu schweigen von der Äußerlichkeit in bezug auf ihn selbst, den Menschen Montand in den verschiedenen Seiten seiner Persönlichkeit.

Aber in *Der Krieg ist vorbei* – nach dem Übergangsfilm, von dem ich bereits gesprochen habe, Costa Gavras' Film *Mord im Fahrpreis inbegriffen*, von dem Montand sagt, er habe »eine Blockierung in ihm gelöst«, von dem ich meinerseits ebenso genau und kaum genauer, kaum pedantischer sagen würde, daß er eine kathartische Wirkung gehabt hat –, in *Der Krieg ist vorbei spielte* Montand die handelnde Person nicht, er *war* sie. Und aufgrund seiner persönlichen und politischen Implikationen war seine Arbeit als Schauspieler ein Akt: eine Aktion. *An acting*, wie man im Englischen sagt, das immerhin die Muttersprache der Filmkunst ist, was manche auch daherreden mögen.

So *spielte* er die Rolle des Diego nicht: er *war* Diego. Kurz gesagt, er wurde wirklich er selbst, indem er ein anderer wurde. Anders. Und er wurde anders – Schauspieler, kurz gesagt, und damit fähig, unbegrenzt anders zu sein –, weil er er selbst wurde, auf dem Höhepunkt der Reife. Das nennt man schlicht und einfach das Paradoxon des Schauspielers.

Jahre später war *Der Krieg ist vorbei* das allererste, worüber Régis Debray mit mir sprach. Und zwar in Autheuil, in Montands Haus.

Régis kam von Cuba zurück. Oder vielmehr aus Camiri. Er war dort drei Jahre im Gefängnis gewesen. Er kam nach seiner Freilassung durch die bolivianische Regierung von dort zurück und nahm einen kurzen Umweg nach Cuba. Kurzer Umweg ist übrigens vielleicht nicht der beste Ausdruck. Régis Debrays Bindungen an Cuba werden sich nie wandeln, fürchte ich.

Jedenfalls sprach er gleich bei unserer ersten Begegnung mit mir über *Der Krieg ist vorbei*. Er hatte den Film in Paris gesehen, bevor er wieder nach Südamerika fuhr, wo er an dem unter einem Unstern stehenden Abenteuer Che Guevaras in Bolivien teilnehmen sollte.

Unter einem Unstern stehend ist vielleicht nicht der passende Ausdruck. *Unstern* ist ein Wort, das dem Zufall, den unvermeidlichen Risiken jedes historischen Unterfangens, sogar dem Schicksal zu bereitwillig Rechnung trägt. Den Gestirnen, die aufhören, günstig für einen zu stehen, wie die Etymologie deutlich besagt. Wohingegen Guevaras Guerilla in Bolivien nicht nur unter einem Unstern stand. Sie ist etwas viel Schlimmeres gewesen: eine Dummheit. Und zwar eine von der schlimmsten Sorte, von der, die man vermeiden kann. Die mit einem Minimum an theoretischer Intelligenz, an Sinn fürs Praktische, an Kenntnissen der südamerikanischen Realität hätte vermieden werden können. Der Unstern, unter dem die bolivianische Guerilla stand, ist nicht einer Laune der Gestirne zuzuschreiben, sondern der stolzen und dickköpfigen Dummheit der Castristen, die ihr patentiertes Modell des bewaffneten Kampfes einem ganzen Kontinent aufzwingen wollten.

Aber wir haben am Anfang nicht über die Guerilla in Bolivien gesprochen, Régis und ich. Auch nicht über Cuba. Wir haben die brennenden Themen der cubanischen Revolution in Autheuil nicht zur Sprache gebracht. Aus Achtung vor der schützenden Ruhe des Ortes, aus Freundschaft für unsere Gastgeber klammerten wir Cuba einmütig und vorübergehend aus. Wir sprachen also über alles und nichts, das heißt vor allem über Literatur und Film. Régis schien damals vom Film fasziniert, vom Theater und von den Männern und Frauen vom Theater. Vor allem von den Frauen natürlich. Zum einen sind die Frauen vom Theater eindrucksvoller als die Männer. Und dann sind sie Frauen, was nie schaden kann.

Doch wenn wir auch nicht über Cuba sprachen, Régis und ich, so wußten wir doch genau, woran wir bei diesem Thema miteinander waren. Er zumindest wußte, woran er mit mir war. Ich hatte bereits öffentlich gegen Fidel Castros Politik Stellung genommen. Bei der Verhaftung des Dichters Heberto Padilla zum Beispiel. Und noch früher, als Castro im August 1968 die Invasion der russischen Truppen in die Tschechoslowakei gutgeheißen hatte.

Und dann, einige Jahre später, 1974, gleich nach dem Erscheinen von Régis Debrays Essay *La Critique des armes* sprachen wir die cubanische Frage schließlich an. Sie ansprechen und abschließen war übrigens eins: der Abszeß wurde ein für allemal ausgedrückt.

Das war in Autheuil, wie es sich gehört, während eines Abendessens. Wir waren ziemlich viele bei Tisch, lauter enge Freunde. Aber Simone Signoret war nicht dabei. Ich nehme an, sie war irgendwo bei Dreharbeiten. Und ich bedauere, daß sie an jenem Abend nicht da war. Denn mit dem wohlwollenden Eifer dessen, der wünscht, daß alle seine Freunde sich gegenseitig gern mögen, wundert sich Simone manchmal, daß ich bestimmte Haltungen von Régis so heftig kritisiere. Sie denkt mitunter, es sei ein Mißverständnis, wir müßten mehr miteinander sprechen, um es aufzuklären. Aber wenn sie bei der Diskussion an jenem Abend bei ihr, in ihrem Haus in Autheuil, anwesend gewesen wäre, hätte sie begriffen, daß es kein Miß-Verständnis ist, sondern ein zu genaues Verständnis. Eher übermäßige Klarheit als Verwirrung.

Wir waren also viele bei Tisch, trotz Simones Abwesenheit. Montand war natürlich da, auf seinem Gastgeberplatz am großen ovalen Tisch, den Marcelle gedeckt hatte. Chris Marker war da. Und Catherine Allégret, Jean-Pierre Castaldi, Jean-Claude Dauphin. Und Dominique Martinet, jetzt Landmann durch ihre Heirat mit Claude Landman der ebenfalls anwesend war (in diesem Augenblick fällt mir ein: vielleicht war es die Erinnerung an jenen Abend in Autheuil, an andere vergleichbare Diskussionsabende, die Claude Landmann auf die Idee gebracht hat, mir vorzuschlagen, dieses Buch zu schreiben, obendrein im richtigen Moment, genau in dem Moment, als die Lust, es zu machen, in mir zu keimen begann). Und natürlich waren auch – sonst wäre die Diskussion nicht möglich gewesen – meine Frau und ich da und Régis Debray mit einer jungen Freundin, einer brasilianischen Schauspielerin.

Ich hatte gerade den ersten Band von Régis' Essay *La Critique des armes* gelesen. Aber ich hatte nicht die Absicht, an jenem Tag mit ihm darüber zu sprechen. Ich sagte es ihm vor dem Essen. Daß wir lieber ein andermal, unter vier Augen, darüber sprechen sollten. Wann er wollte. Er war damit einverstanden. Doch kaum hatten wir angefangen zu essen, als der Zufall uns dazu brachte, darüber zu diskutieren. Der Zufall war ein kurzer Gedankenaustausch über ich weiß nicht mehr welche kürzliche Stellungnahme Louis Althussers. Ich konnte nicht umhin, Régis darauf hinzuweisen, daß er – leider! – die einzig wirklich althussersche Geschichtsanalyse geschrieben hatte: einen Essay, in dem die Geschichte tatsächlich, aber fälschlich, ein Prozeß ohne Subjekt und ohne Ziele war. Denn die jüngste Geschichte der Guerrilla in Lateinamerika hatte ein Subjekt, die cubanische Revolution, die von Régis Debray in seiner ganzen Arbeit geschickt unterschlagen wurde. Und sehr genaue, aus der historischen Aktivität dieses Subjekts herrührende strategische Ziele, die Debray ebenfalls verschwommen darstellte, zweifellos um ihr blutiges Scheitern nicht untersuchen zu müssen. Es war etwa so, wie wenn ein Historiker, der die Aktivität der europäischen kommunistischen Parteien zwischen den Weltkriegen darstellt, die Rolle des Komintern verschweigen würde. So massiv war das.

Aber wahrscheinlich war es im Grunde nicht der richtige Moment, darüber zu sprechen, fügte ich sofort hinzu.

Da schaltete Montand sich ein.

»Wieso denn nicht?« fragte er. »Seit langem höre ich euch über Cuba reden, jeden für sich. Redet doch miteinander darüber, ein für allemal!«

Wir redeten also miteinander. Ein für allemal. Ein letztes Mal.

Heute erscheint es wahrscheinlich merkwürdig, vielleicht sogar lächerlich, daß man einer Diskussion über Cuba Zeit und Energie hat widmen können. Heute interessiert die cubanische Revolution nicht mehr viele. Vielleicht teilweise deshalb, weil das Problem der Revolution selbst uns nicht mehr beschäftigt. Heute ist Cuba nur noch ein Ort, wo Minister mit Fidel Castro Langusten fischen gehen. Ein Ort, von wo Fidel Castro hin und wieder einen politischen Gefangenen freiläßt, um mit dieser souveränen Geste zu beweisen, daß er noch existiert und daß er die Macht noch innehat. Als wären der an die UdSSR verkaufte Zucker und die dem schlechten Gewissen des Westens abgetretenen politischen Gefangenen das einzige, was der Castrismus noch exportieren kann. Die nach Afrika entsandten Söldnertruppen natürlich nicht zu vergessen.

Aber in der Zeit, von der ich spreche, nahmen die strategischen Zielsetzungen der cubanischen Revolution eine manchmal zentrale Stellung in den Diskussionen der europäischen Linken ein. Vielmehr jener neuen Linken, die versuchte, sich von den Dogmen, den Verboten und sogar den traditionellen kommunistischen Erfahrungen freizumachen.

So haben wir um die Mitte der sechziger Jahre die Fragen der Revolution in Lateinamerika in der spanischsprachigen Zeitschrift *Cuadernos de Ruedo Ibérico*, die in Paris veröffentlicht wurde und zu deren Redakteuren ich gehörte, unter mehreren Blickwinkeln behandelt. Eine der lebhaftesten Diskussionen bezog sich auf die Strategie der *focos* oder Guerrilleronester, die im Mittelpunkt der castristischen Perspektive war und den meisten Spaniern und Südamerikanern, die unserer Zeitschrift nahestanden, wenig begründet erschienen. Mehrere, zumeist kritische Artikel wurden zu diesem Thema veröffentlicht.

Später, als Régis Debray seinen Essay *Révolution dans la révolution? (Revolution in der Revolution?)* veröffentlichte, griff er diese kritischen Artikel an. Er glaubte sie für immer zu disqualifizieren, indem er ihnen einen »entfernt trotzkistischen« Ansatz zuschrieb. Einer der blinden Flecken in Régis Debrays politischer Sicht ist nämlich sein neurotisches Entsetzen vor dem Trotzkismus. Seine Unfähigkeit, eine seriöse Kritik an ihm zu üben. Anders gesagt, eine Kritik, die den Trotzkismus als das sieht, was er ist. Als eine Variante des durch den Sieg vom Oktober 1917 und die Niederlage der linken Opposition in den folgenden Jahren allmählich kodifizierten Leninismus. Der Versuch, den Trotzkismus ernsthaft zu kritisieren, ohne den Leninismus anzugreifen, ist daher nutzlos. Und eben das hat Régis Debray nie tun wollen. Er ist dem Leninismus verhaftet geblieben. Und darauf ist er auch noch stolz, was der Gipfel ist, da der Leninismus die tödliche Krankheit der Arbeiterbewegung ist. Eine Art Syphilis in Wahrheit. Und diese Metapher muß fast wörtlich genommen werden, denn der Leninismus ist eine Krankheit, die man sich, wie Geschlechtskrankheiten, im Bett holt. Im Bett der Macht natürlich. Im Gefallen, in der Lust, in der grenzenlosen, todbringenden Verführung der Macht.

Wie dem auch sei, als ich im Juli-August 1967 mit den Künstlern des Salon de Mai meine erste Reise nach Cuba machte, war *Revolution in der Revolution?* ganz groß in Mode. Handbuch des Kämpfers und Katechismus des an einer theoretischen Praxis herumbastelnden Guerrilleros, wurde Régis Debrays Essay von den kulturellen und politischen cubanischen Autoritäten als der letzte Schrei auf dem Gebiet der revolutionären Strategie hingestellt. Es wurde einem sogar, um die charismatischen Wirkungen noch zu erhöhen, zugeflüstert, daß die zweifellos von Régis erarbeitete und verfaßte Broschüre vor allem Ausdruck des hehren Denkens des obersten Führers Fidel Castro sei.

In jenem Sommer war Euphorie in Havanna noch gang und gäbe, trotz Régis Debrays Verhaftung, der sich auf dumme Weise in Bolivien hatte schnappen lassen, und trotz der Befürchtungen, die man berechtigterweise in bezug auf Che Guevara haben konnte. Trotz dieser dunklen Punkte hatten sich die libertären Wirkungen der ersten nationaldemokratischen Phase der Revolution noch nicht gänzlich erschöpft. Die Vereisung der Strukturen und Ideen stellte sich zwar in dem Maße ein, wie der Apparat der einzigen Partei sich entwickelte, aber das war ein zum Teil unterirdischer Prozeß, der dem Blick neugieriger, aber eher wohlwollender Touristen, die wir waren, noch entging.

Andererseits sah sich die castristische Führung aufgrund der gleichzeitigen und sich ergänzenden Entwicklung ihrer politisch-militärischen Expansion – deren Lanzenspitze Che Guevaras Entsendung nach Bolivien war – und aufgrund ihrer Öffnung zur intellektuellen Linken Europas, deren sichtbarste Manifestation die Einladung der Künstler des Salon de Mai und der Pariser Intellektuellen im Juli und der Kulturkongreß am Jahresende waren –, die castristische Führung sah sich also objektiv veranlaßt, ihre Originalität zu betonen. Wieder Abstand von der UdSSR zu gewinnen und die Erfahrung des realen Sozialismus sowie jene der aus der Komintern-Gußform hervorgegangenen kommunistischen Parteien immer offener zu kritisieren. Und der letzte Punkt konnte natürlich nur unsere Sympathie erregen.

Es gab jedoch einen negativen, sogar unseligen Aspekt der cubanischen Revolution, den nicht zu bemerken man blind, vielmehr taub sein mußte, denn Castros Reden waren donnernd und rhetorisch. Und ich war nicht mehr blind. Auch nicht taub, wenngleich betäubt vom Palavern und Parlieren des obersten Führers. Es war der Aspekt, der eben die Rolle Castros innerhalb der Revolution betraf.

Jahre zuvor war er nach dem Sieg über den Diktator Batista in Havanna eingezogen. Er hatte die ganze Insel langsam im Triumphzug überquert. Am 8. Januar 1959 hielt er in der Columbia-Kaserne eine Rede. Eine sehr lange Rede, wie gewöhnlich, aber heute hochinteressant zu lesen. Als Castro die Übergabe der mit den Gewehren des revolutionären Krieges errungenen Macht an das souveräne Volk verkündete, sagte er: »Wenn das Volk die Freiheit hat, ist diese alles: die Gewehre müssen sich ihr unterwerfen, müssen vor ihr auf die Knie gehen.« *Los fusiles se tienen que doblegar y arrodillar ante ella.*

Aber Fidel Castro hat diese Verpflichtung nicht eingehalten. Ganz im Gegenteil hat er das Volk vor den Gewehren auf die Knie gezwungen. Er ist ein Despot geworden, indem er die Macht des souveränen Volkes usurpiert hat, das seit jenem 8. Januar 1959, an dem der oberste Führer die sofortige

Wiederherstellung der öffentlichen Freiheiten verkündete, nie gefragt worden ist. Ein nicht einmal aufgeklärter, aber aufklärender Despot: überzeugt, im Besitz der Wahrheit zu sein. Der Lichter der Wahrheit und des Fortschritts, die er nach seinem Belieben auf das brave Volk herabregnen lassen würde. Ganz und gar in der südamerikanischen Tradition übrigens. Der Tradition des *caudillo*, des aus einem Volkskrieg hervorgegangenen charismatischen Führers, der der glanzvollen Romanliteratur des Kontinents eines ihrer Hauptthemen geliefert hat. Und wahrscheinlich wird der letzte *Herbst des Patriarchen* – wer wird ihn anstelle von García Marquez schreiben, der durch die Nähe zur Macht sichtlich schwach geworden, entschieden getrübt ist? – der Herbst von Fidel Castro sein. Nach ihm wird die Spezies der *caudillos* in Lateinamerika wahrscheinlich aussterben.

Auf jeden Fall begegnete ich im Juli 1967 in Santiago de Cuba anläßlich einer amazonaslangen Rede Castros Elisabeth Burgos. François Maspéro stellte sie mir vor. Sie war würdevoll, aufmerksam, rätselhaft. Sie war auch die Gefährtin, *la compañera*, von Régis Debray, der ein paar Monate zuvor in Bolivien verhaftet worden war.

Wir sahen Elisabeth im Herbst in Paris wieder. Sie kam eines Abends zu Simone Signoret an die Place Dauphine, in Begleitung von K.-S. Karol, wenn ich mich recht erinnere. Von da an waren Elisabeth und Simone gut befreundet. Die junge Venezolanerin mit dem Blick eines uralten Steins wohnte sogar in einem der kleinen Appartements, die Simone Signoret in ihrem Haus gemietet hat und die sie ihren Freunden zur Verfügung stellt. In demselben hat auch Régis Debray nach seiner Freilassung aus Camiri gewohnt. Und dann – als Debrays soziale Lage sich fühlbar verbessert hatte – hat Simone Signoret es an zwei junge vietnamesische Flüchtlinge weitervergeben, zwei Schwestern, zwei glatte und schweigsame kleine Schiffbrüchige aus dem Chinesischen Meer.

Die beiden Frauen, Elisabeth und Simone, freundeten sich also an. Und durch Vermittlung der ersten, die Régis regelmäßig in Bolivien besuchte, entstand ein Briefwechsel zwischen Simone und dem Gefangenen von Camiri.

Aber das steht mir nicht zu, wie Simone Signoret mit einem ihrer Lieblingsausdrücke sagen würde. Es ist nicht meine Sache, von der Freundschaft zu erzählen, die damals zwischen dem jungen Mann, der hin- und hergerissen zwischen dem Wunsch zu verführen, der Sehnsucht, geliebt zu werden, und der bitteren Lust an der Autorität, der berauschenden Versuchung des intellektuellen Terrorismus aus Camiri zurückkommen sollte, und der fraulichen Frau, dem Star auf dem Gipfel einer Reife, die auf das Herzklopfen der Freundschaft, der Zuneigung für die gerechten Sachen und deren junge Helden nicht verzichtete. Daß diese Freundschaft existierte, daß sie ohne Zweifel trotz der Wechselfälle des Alltags, in dem die Politik für Simone, was man auch sagen mag, nicht die Hauptsache ist, weiterexistieren wird, ist das einzige, was ich festhalten darf.

Ich sah Elisabeth Burgos Ende 1967 in Havanna anläßlich des Kulturkongresses wieder, des letzten Aufflackerns – Irrlichts vielmehr – einer autonomen Politik. Die Atmosphäre in Cuba hatte sich sehr verändert. Die jämmerliche Niederlage der Guerrilla in Bolivien beraubte die Castristen jeglicher strategischen Zielsetzung. Sie paradierten und palaverten, nach dem Vorbild ihres obersten Führers, zwar weiterhin auf der politischen Bühne. Aber die Verstörtheit, die Verwirrung waren deshalb, so unausgesprochen sie auch blieben, nicht weniger spürbar.

Einige Monate später machte Castro – indem er im August 1968 die durch die Invasion in die Tschechoslowakei sich bietende Gelegenheit ziemlich unfein ausnutzte – ein neuerliches Wendemanöver und kehrte endgültig in den russischen Schoß des realen Sozialismus zurück. In den Mutter- oder Mutterkuchenschoß des marxistisch-leninistischen Nichts.

Che Guevaras Guerrilla mit ihrer hohlen Talmiphraseologie, aber mit ihren realen Risiken und ihrem realen Blut, sollte von nun an nur noch in Gestalt der von Fidel Castro im Dienst der Weltinteressen des sowjetischen Hegemonismus nach Afrika entsandten Prätorianerlegionen wiedererstehen. Die Geschichte wiederholt sich, einmal mehr, in der Form einer Farce. Einer blutrünstigen Posse.

Aber ich werde nicht versuchen, hier alle Themen wiederzugeben, die an jenem fernen Abend im Jahr 1974 in Autheuilsur-Eure angeschnitten wurden. Ich werde auch nicht, so interessant es sein könnte, zu einer Analyse von Régis Debrays intellektueller Route seit seinen ersten Artikeln in *Les Temps modernes* Anfang der sechziger Jahre bis zu seinem jüngsten Buch *Critique de la raison politique* ansetzen, einem erstaunlichen Wortgeklingel des politischen Pragmatismus und Zynismus. Ich spreche von Régis einzig deshalb, weil er 1971 in der familiären Familienszenerie von Autheuil auftauchte. Ich spreche darüber, weil für mich von allen Begegnungen in Autheuil diese die einzige mißglückte war. Aber wahrscheinlich liegt es daran, daß Régis Debray, trotz seines äußersten Bemühens und Trachtens, trotz der eingegangenen Risiken, trotz der Aufregung in den Medien seine Begegnung mit der Geschichte mißglückt ist. Mit sich selbst auch.

Von jenem fernen Abend möchte ich doch etwas festhalten, weil es heute noch nachwirkt, noch am Werk ist. Das ist die bedingungslose Treue zu Fidel, zur cubanischen Revolution, die Régis Debray damals, im Laufe jener Diskussion an den Tag legte. Die er seitdem nicht aufgehört hat an den Tag zu legen.

An jenem Abend jedenfalls wand sich Régis, jedesmal wenn er in der Diskussion den Boden unter den Füßen verlor, jedesmal wenn er, in die Enge getrieben, die Realität zugeben mußte, mit einem plötzlichen Meinungsumschwung heraus:

Wahrscheinlich hast du recht, sagte er, das ist vielleicht wahr. Aber es ist nicht gut, diese Wahrheit auszusprechen, sie ist Wasser auf die Mühlen des Feindes! Um weder die *pampa* noch die *sierra* zu entmutigen, mußte also ein mythologisches Bild der cubanischen Revolution intakt bleiben. So als könnte die notwendige Spannung der Volkskämpfe nur in der Verschwommenheit verlogener Ideologie bewahrt werden. Hierin erkennt man eine uralte Gewohnheit der intellektuellen Linken wieder, deren unheilvolle betäubende Auswirkungen in Europa schon im Zusammenhang mit der russischen Revolution spürbar geworden sind.

Dieser treue Fidelismus Régis Debrays ist ein Aspekt seiner Persönlichkeit, über den wir noch oft gesprochen haben, Montand und ich, seit jenem Abend in Autheuil. Erst kürzlich, in Tokio, während der Welttournee, haben wir uns darüber ausgelassen. So finde ich in meinem Reisetagebuch unter dem 22. Oktober 1982 den Hinweis auf ein Gespräch über Régis. Es geht dabei um die politischen Gefangenen in Cuba aufgrund der gerade bekannt gewordenen Meldung über die Freilassung von Armando Valladares. Und wir haben uns an ein im Frühjahr 1979 in *Le Nouvel Observateur* veröffentlichtes Interview erinnert. Unter einer ziemlich scharfen und hochtrabenden, sogar schwülstigen Überschrift: *La nouvelle trahison des clercs* griff Régis Debray die Intellektuellen an. »Die französischen Intellektuellen versteifen sich ja darauf, zwanzig Jahre hinterherzuhinken«, verkündet Debray, »und das gerade, weil sie immer – im Namen der Gesetze von Angebot und Nachfrage – an der Aktualität kleben wollen...« Und er fährt fort mit dem Satz, der mich augenblicklich interessiert: »Sind sie nicht dabei, in Cuba den tropischen Gulag zu entdecken, gerade jetzt, wo es bald keine politischen Gefangenen mehr geben wird und wo eine wachsende Zahl von Emigranten wieder Verbindung zur revolutionären Macht aufnimmt?«

Es ist schwer, in so wenigen Worten so viele zynische

Unwahrheiten anzuhäufen. Denn genaugenommen wirft Régis Debray den europäischen Intellektuellen vor, zu spät gegen die politische Verfolgung in Cuba zu protestieren. Aber er vergißt zu erwähnen, daß wir, als wir rechtzeitig, im richtigen Moment – zum Beispiel bei der Affäre Padilla – protestierten, von den castristischen Propagandaorganen und ihren Pariser Brutstätten und Filialen als CIA-Agenten und Verräter beschimpft wurden. Andererseits behauptet er 1979, daß es bald keine politischen Gefangenen in Cuba mehr geben wird, obwohl wir doch regelmäßig welche auftauchen sehen. Und obwohl Régis Debray selbst sich, im Austausch gegen Gott weiß was, um ihre Freilassung bemühen muß.

Auf jeden Fall ist es unnötig, über Nuancen und Unausgesprochenes in Régis Debrays Formulierungen im erwähnten Interview herumzustreiten. Denn gleich danach versichert er: »...meine Bewunderung und meine Solidarität für Cuba sind heute genauso radikal wie damals«. Damals, das ist der Zeitpunkt, als es Debray zufolge zwanzigtausend politische Gefangene in Cuba gab. Wozu dann also mit ihm diskutieren? Wie die Situation auch ist, wie hoch die Zahl der Gefangenen, seine »Bewunderung« und seine »Solidarität« für Cuba werden immer »genauso radikal« sein. Das weiß man allmählich.

Aber wir waren in Autheuil-sur-Eure, an einem Märzabend im Jahr 1974. Das Feuer im Eßzimmerkamin flackerte. Plötzlich, nach mehr als einer Stunde leidenschaftlichen, aber strengen Diskutierens, ohne laut erhobene Stimmen und theatralische Effekte, fängt die junge Brasilianerin, die Régis begleitet, an zu weinen.

Sie bricht buchstäblich in Schluchzen aus.

Es ist sogar eines der seltenen Male in meinem Leben, bei dem ich habe feststellen können, wie wahr diese Redensart sein kann. Die junge Frau erinnert in Tränen gebadet mit abgehackten Sätzen an das Schicksal vieler ihr Nahestehender, die in den bewaffneten Kampf in Brasilien hineingezogen worden sind. Hineingezogen in den Tod, ins Gefängnis oder ins Exil, Folgen der Niederlage. Hineingezogen durch das gepriesene und propagierte Vorbild der cubanischen Revolution. Durch die Lektüre ihrer theoretischen Schriften, an erster Stelle leider *Revolution in der Revolution?*, die Taschenbibel der lateinamerikanischen Guerrilla.

Die Diskussion bricht natürlich ab.

Schweigen tritt ein. Wir wagen kaum, diese junge Frau anzusehen, die ihre verschwundenen Freunde, ihre verrauchten Illusionen beweint. Aber wir haben keine Antwort auf diese Verzweiflung. Wir können sie mitempfinden, aber wir sind nicht dafür verantwortlich. Es ist an Régis zu antworten. Es ist an ihm, Rechenschaft abzulegen. Wird er es nach jenem Abend getan haben? Wie dem auch sei, ich denke, die Zeit der Lagerfeuer ist vorbei und ihre Asche wird lange brauchen, um abzukühlen.

5

Der Bruch

So kommen wir wegen einer weinenden jungen Frau, wegen der Erinnerung an einen fernen Abend im Jahr 1974 nach Brasilien im Jahr 1982 zurück.

Ich habe die Augen wieder aufgemacht, im Maracanà-zinho.

Montand hat *Les Bijoux* von Baudelaire zu Ende gesungen. Vierzehntausend Brasilianer jubeln ihm stehend zu.

Ich sehe Catherine Allégret an, sie sieht mich an. Wir haben an diesem Abend gewonnen, wir lachen ohne Ende. »Er ist verrückt, dieser Typ, er ist verrückt!« murmelt Catherine hingerissen.

Was Montand macht, ist allerdings ziemlich verrückt.

Wie viele Brasilianer sprechen Französisch? Wie viele haben an diesem Abend im Maracanàzinho die Verse von Baudelaire verstanden? Eine winzige Anzahl wahrscheinlich. Einige Hunderte höchstens alles in allem in der Menge von vierzehntausend Menschen.

An den anderen Abenden in den Sälen in São Paulo, in Brasilia und sogar hier in Rio, im Stadttheater, war der Anteil der Französisch verstehenden Zuhörer bestimmt beträchtlich. Das Publikum bestand nämlich aus Intellektuellen, Künstlern und Leuten aus den privilegierten, kultiviertesten – zumindest, was die Beherrschung von Fremdsprachen angeht – Schichten der brasilianischen Gesellschaft. Es waren nämlich Gala- oder Wohltätigkeitsveranstaltungen in Abendkleidung gewesen, in deren Verlauf Schauspieler, Theaterstücke und Filme mit Jahrespreisen ausgezeichnet worden waren:

die Molière-Preise, so etwas wie die brasilianischen Cäsars oder Oscars. Und eben weil diese Abende tatsächlich für ein begrenztes Publikum reserviert waren, hatte Montand gewünscht, ein breiteres volkstümliches Publikum zu erreichen. So kam es zu der außerplanmäßigen Vorstellung im Maracanàzinho-Stadion zu niedrigen Eintrittspreisen.

Gewiß, die Wette ist gewonnen. Das Publikum ist wirklich volkstümlich. Und wirklich zahlreich. Die Sitzreihen des Maracanàzinho quellen über von einer begeisterten Menge. Die aber in ihrer überwältigenden Mehrheit, fast in ihrer Gesamtheit nicht Französisch versteht. Während also der Beifall wie ein glückliches Gewitter durch das Stadion brandet, versuche ich das Wunder zu verstehen, dem ich gerade beigewohnt habe.

Im Olympia in Paris waren *Les Bijoux* zweifellos einer der starken Momente des ersten Konzertteils. Das Inszene- und Inreliefsetzen des Gedichts war übrigens kunstvoll in seiner Schlichtheit. Mit einem Minimum an Mitteln gelang es Montand, beim Zuschauer eine besondere Aufmerksamkeit, ein besonderes Zuhören herzustellen. Eine Art Spannung sozusagen. Er sang *Hollywood*, das vorangehende Stück, zu Ende, er verschwand im Dunkel. Licht an, er tauchte wieder auf, er fand in der Mitte der Bühne – und der Zuschauer entdeckte es mit ihm – einen ungewöhnlichen Gegenstand vor: einen hohen, kannelierten antiken Stuhl. Er setzte sich schräg darauf, faltete die Hände, blickte in den Saal. Sofort stellte sich eine Atmosphäre der Vertraulichkeit, des flüsternd mitgeteilten Geheimnisses her. Dann trugen, ehe sie ganz verstummten, einige vereinzelte Musikklänge leicht den Rezitativgesang, bei dem allein die Stimme mit ihrer dunklen und goldbraunen Samtigkeit modulierte.

Aber im Olympia in Paris konnte man natürlich annehmen, daß schon die Qualität des Textes, der Sinn und die Sinnlichkeit der Worte Baudelaires einer der Hauptgründe für die hervorgerufene Gemütsbewegung waren. Für die

Beschaffenheit der Stille, zugleich intim und mitempfindend, die im Saal eintrat. Es war vollendet, aber es war alles in allem nicht überraschend. Montand hat sein Publikum an Schwierigkeit, an Qualität gewöhnt. Er hat es daran gewöhnt, anspruchsvoll zu sein. Er hat es an Prévert, an Aragon, an Apollinaire, an Desnos gewöhnt. Warum nicht an Baudelaire?

Später jedoch, im Maracanàzinho, von dem ich jetzt spreche, in der Metropolitan Opera in New York, im Kennedy Center in Washington, im Greek Theater in Los Angeles, in Osaka und in Tokio, wovon ich im weiteren Verlauf sprechen werde, hat sich das gleiche Phänomen wiederholt. *Les Bijoux* waren immer ein Knüller. Sie waren immer und überall einer der starken Momente des ersten Konzertteils. Der Moment, in dem man in der von Montand zur Entwicklung seines Vortrags kunstvoll geplanten Steigerung der Effekte und Emotionen einen Punkt des nicht mehr Zurückkönnens erreichte. Der Punkt, an dem die Freude überschwang, die Kommunikation Enthusiasmus, der Beifall Ovation wurde. Und doch, an keinem dieser fremden Orte konnte der eigentliche Sinn der Worte Baudelaires als Element für den Triumph berücksichtigt werden.

Es ist auch nicht Montands Gestik, seine erstaunliche Fähigkeit als Mime – als Schauspieler –, die manchen seiner Chansons (*Sir Godfrey, Gilet rayé* zum Beispiel) das Tempo und die Dichte richtiger Geschichtchen, kleiner dramatischer Szenen gibt. Auch nicht sein Sinn für Bewegung, für Tanz, die andere Chansons (*Les Grands Boulevards, Luna-Park, Les Cireurs de souliers de Broadway* unter anderen) zu hundertprozentigen Music-Hall-Augenblicken machen. Bei *Les Bijoux* ist Montand reglos, er singt oder rezitiert *a cappella*. Er hat keine andere Waffe als seine Stimme. Seine Präsenz. Eine Stimme, deren Musikalität, deren Vielfarbigkeit bewirken, daß sie Sprache wird, sogar für Ausländer, und das trotz der Sprachschwierigkeiten. Eine so dichte physische, dramatische Präsenz, daß sie das Ungesagte, das Unverstandene verständlich macht. Stimme und Präsenz, die ganz einfach universale Sprache werden.

Vierzehn Tage später in Washington wird eine Zeitung in dem Bericht über das Konzert im Kennedy Center unter ein Foto von Montand schreiben: *Yves, the Frenchman is speaking everybody's language.* Yves, der Franzose, der die Sprache aller spricht. Ein Sprechen, kurz und gut. Kunst, wenn man so lieber will.

Aber Montand hat *L'Étrangère* von Aragon zu singen begonnen, deren fröhliche Orchestrierung scharf von der Zurückhaltung des vorangegangenen Stücks absticht. Das Stadion von Maracanàzinho trampelt buchstäblich vor Freude.

Ich drehe mich zu Catherine Allégret um. In ihren Augen glänzen Tränen. Da fällt mir blitzartig Norma B. ein, die junge Frau, die vor acht Jahren in Autheuil schluchzte. Ich erinnere mich wahrscheinlich an sie, weil Catherine ebenfalls da war, an jenem fernen Abend in Autheuil. Wahrscheinlich weil Norma B. Brasilianerin war. Weil sie es immer noch ist, wie ich hoffe. Ich meine: ich hoffe, daß sie ist, daß sie noch existiert. Ist sie nach Brasilien, in ihre Heimat zurückgekehrt?

Ich habe in den letzten Tagen in Rio de Janeiro aus politischen Gründen Emigrierte getroffen, die nach der Amnestie, nach der von der brasilianischen Militärregierung betriebenen Politik der Öffnung, der allmählichen Wiederherstellung der Freiheiten in ihre Heimat zurückgekehrt sind. Ich habe zum Beispiel Fernando Gabeira getroffen. Er hat sich nach dem Putsch von 1964, der die legal gewählte Macht stürzte, an der Stadtguerrilla beteiligt. Er hat über diese Erfahrung ein bemerkenswertes Buch geschrieben, das übrigens ins Französische übersetzt worden ist, aber bei weitem nicht das Echo gefunden hat, das es verdiente. Der Titel der französischen Übersetzung ist bestimmt nicht genial: *Les*

Guérilleros sont fatigués (Die Guerrilleros sind müde). Einmal, weil es nicht stimmt. Fernando Gabeira ist der Guerrilla nicht müde: er ist anderswo. Er ist im Leben. In den bereichernden und ermüdenden Erfahrungen des Lebens. Aber ich fürchte, selbst mit einem besseren Titel hätte Gabeiras Buch in Frankreich nicht das Echo gefunden, das es verdiente. Ich fürchte, die Intellektuellen in diesem Land, in diesem Paris mögen mythologische Bücher. Weniger mögen, weniger lesen und verstehen sie solche, die eine persönliche oder globale, aber zwangsläufig strenge Bilanz der blutigen Niederlagen der Dritte-Welt-Mythen, der Albernheiten über den bewaffneten Kampf und die Revolution auf dem Vormarsch ziehen. Sie mögen letzten Endes global positive Bilanzen. Lieber erinnern sie sich an den Sartre, der ein Vorwort für Fanon verfaßte, der *Les communistes et la paix (Die Kommunisten und der Frieden)* schrieb, als an den, der theoretisch die Gründe für eine Opposition gegen den Kommunismus aufgestellt hat. In einem widersprüchlichen Werk wie dem Sartres wählen sie immer den positiven Pol, wie sie sagen. Positiv mystifizierend, eigentlich. So mögen sie es nicht, wenn man über den Gulag-Zirkus spricht, wie sie ziemlich niederträchtigerweise sagen. Noch über die Katastrophe, die die Tupamaros in Uruguay hervorgerufen und beschleunigt haben (ach, das wäre ein weiterer Text von Régis Debray, der es wert ist, noch einmal gelesen zu werden, wenn man eine Gänsehaut bekommen möchte: *Apprendre d'eux*, 1971 in Cuba geschriebenes Nachwort zu einer – man muß schon sagen – blödsinnigen Sammlung von politisch-militärischen Rezepten der uruguayischen Stadtguerilla!). Kurz, sie sollten mehr Fernando Gabeira lesen. Oder Gérard Chaliand zum Beispiel. Überdies brauchen dessen Bücher nicht übersetzt zu werden. Sie sind auf französisch geschrieben, für jeden erreichbar, für jede Geldbörse erschwinglich.

Über das alles haben wir in jener Nacht lange gesprochen, Montand und ich.

Im Maracanàzinho haben Catherine und ich, kaum daß Yves *Les Feuilles mortes* zu Ende gesungen hatte, unauffällig die Ehrenloge – *tribuna de honra* – verlassen und uns zu den Kulissen hinter der Bühne in die Umkleideräume des Stadions geschlängelt.

Auch die Menge fing an, sich von ihren Plätzen fortzubewegen, in einer wogenden Bewegung, fast unmerklich, schweigend tanzend. Sie verließ ihre Plätze, um sich am Fuß der Bühne zusammenzudrängen. An den Bühnenseiten ebenfalls. Nur wenige Minuten, und diese undurchdringliche Masse hätte uns daran gehindert, die Kulissen zu erreichen. Aber wir sind dort.

Auf der Bühne singt Montand *À Paris*. Im grellen Scheinwerferlicht umringen ihn Tausende von rund um die Estrade ausgestreckten Armen bei diesem Finale. Dann, am Ende des Chansons, nach x Vorhängen, läuft Montand durch die Kulissen und rennt auf den Ausgang zu. Jemand reicht ihm ein weißes Handtuch, das er um den Hals schlingt. Jemand anderes einen leichten Mantel. Wir rennen mit ihm zum Ausgang, außer Sichtweite der Menge, Bob Castella (»Wo bist du denn, Bobby? Kommst du bald?«), Charley Marouani, Catherine und ich. Montand weiß genau, wenn er eine Minute zögert, auf diese Weise zu entwischen, wird er stundenlang von Hunderten von Bewunderern in den Kulissen blockiert, von denen manche wild versessen darauf sind, ein Autogramm zu bekommen, mit ihm zu sprechen, einfach nur seine Hand zu berühren. Beleidigt und traurig überdies, wenn er ihnen nicht die Aufmerksamkeit und Sympathie schenkt, die sie glauben zu Recht erwarten zu können. Die sie zu Recht erwarten können.

Aber in diesem Moment, nach einem Konzert, einem physischen und moralischen Einsatz von einer Stunde und vierzig Minuten, kann Montand zu keinem Unbekannten aufmerksam oder sympathisch sein. Vor allem dann nicht, wenn der Unbekannte sich vervielfacht, Menge wird, wie es der Fall ist. Er braucht Ruhe, eine vertraute Umgebung, ein paar Gesichter nur, ein paar Menschen, die ihm nahe genug stehen oder genügend in seine Arbeit einbezogen sind, damit er in ihrer Gesellschaft aus seiner erschöpfenden Einsamkeit auftauchen kann, indem er mit ihnen den Abend kritisch kommentiert.

Wir rennen also zum Ausgang. Wir springen in das Auto, das mit laufendem Motor dasteht.

Leb wohl, Maracanàzinho! Genau in diesem Augenblick erinnere ich mich an eine Fotografie, die man in der Wohnung an der Place Dauphine sehen kann, in jenem Erdgeschoß, das Simone Signoret »Zigeunerwagen« getauft hat. Darauf sieht man die Moskauer Menge, die sich 1956 im Uljniki-Stadion drängt, um Montand singen zu hören. Das Foto ist von oben aufgenommen, und Montand ist ganz klein auf der riesigen Bühne vor der riesigen Menge.

Es ist ein sehr ergreifendes Foto, auf dem sich für mich nicht nur die unvermeidliche Einsamkeit des Sängers vor Massen, sondern auch Montands Lebewohl an das russische Volk und sein Abschied von der Lüge des Regimes, das es beherrscht und es stumm macht, vereinigt.

Dann im Hotel, während Montand sich umzieht, denn wir wollen diesen triumphalen Abend, die letzte Vorstellung in Brasilien feiern, gehe ich für einen Augenblick auf mein Zimmer. Auf meinem Tisch liegt Simone Signorets *La Nostalgie* (*...n'est plus ce qu'elle était,* natürlich: so lautet der vollständige Titel; aber zweifellos ist das Buch so bekannt, daß man mich schon versteht, ehe ich ihn ganz zitiert habe!).

La Nostalgie (Ungeteilte Erinnerungen) begleitet mich auf dieser Reise, das ist normal. Es hat übrigens Verdienste. Man wird an diesem scheinbar unangebrachten Neutrum gemerkt haben, daß ich von dem Buch spreche, nicht von dem Gefühl. Die Nostalgie, sie begleitet mich keineswegs. Es ist eher Freude, die mich auf dieser Reise begleitet. Die Nostalgie kommt später.

Wie dem auch sei, es hat Verdienste, dieses Buch, da es mich begleitet. Es ist nämlich eine Taschenbuchausgabe, und man kann den Herstellern kaum dazu gratulieren. Die Leimung hält nicht und geht in Stücke. Ich mache ein Gummiband darum, um keine Seiten zu verlieren. Außer, wenn ich gerade lese, selbstverständlich. Jetzt zum Beispiel habe ich das Gummiband abgemacht und suche die Seiten, wo Signoret die Reise nach Moskau im Jahr 1956 schildert. Ich finde sie gleich, ich kenne dieses Buch sehr gut. Das ist normal, ich habe gesehen, wie es geschrieben wurde. Ich habe es entstehen, Form annehmen, wachsen, sich vermehren sehen.

Noch heute kommt es manchmal vor, daß ich an Leute gerate, die mit Kennerlächeln in einer Ecke zu mir sagen: »Na, komm schon, unter uns: Simone hat es nicht wirklich selbst geschrieben, gib's zu!« Ich pruste vor Lachen. Denn ich weiß genau, daß Simone es geschrieben hat, ganz allein. Wie eine Große. Ich weiß, daß sie in *Le lendemain (elle était souriante)* die ganze Wahrheit darüber sagt. Ich habe *La Nostalgie* von Simone Signoret Kapitel für Kapitel gelesen. Manchmal Seite für Seite. Ich habe es in Autheuil-sur-Eure, in Paris, in Saint-Paul-de-Vence gelesen. Und ich rühme mich, der erste gewesen zu sein, der ihr seinen Erfolg vorhergesagt hat. Ich habe ihr eines Tages sogar einen Handel vorgeschlagen, den sie abgelehnt hat, abergläubisch Holz berührend. »Ich erlaube dir, mich jedesmal, wenn hunderttausend weitere Exemplare verkauft sind, zum Mittagessen in ein Luxusrestaurant einzuladen«, habe ich zu ihr gesagt. Hätte sie diesen Handel angenommen, schuldete sie mir mehr als zehn luxuriöse Mittagessen. Aber sie hat nicht auf meinen Vorschlag hören wollen. Ich denke nicht, daß es aus Geiz war. Vielmehr denke ich, daß sie Luxusrestaurants nicht besonders schätzt.

Ich bin in meinem Zimmer im *Méridien* in Rio de Janeiro. Zu meinen Füßen, zwanzig und ein paar Etagen unter mir, säumt der Ozean den nächtlichen Strand mit blassem

Schaum. Ich lese die Seite in *La Nostalgie*, auf der Simone das Uljniki-Stadion in Moskau beschreibt: »Zwanzigtausend Menschen, von denen allerhöchstens zweitausend die Feinheiten der Interpretation mitbekommen. Dreitausend erahnen sie. Die fünfzehntausend anderen vertrauen auf ihre Freunde und auf die Lautsprecheranlage. Sie war hervorragend installiert. Drei Tage lang zwanzigtausend Menschen, die einen lieben, lieben, lieben ...«

Ich blicke auf, ich sehe die glitzernde Nacht von Copacabana.

Kurz gesagt, Montand hat nicht auf mich gewartet, um seine universale Sprache zu erarbeiten. Das klappte schon 1956. Dabei hatte ich ihn damals noch nicht auf einer Bühne gesehen. Ich kannte ihn nicht einmal. Und das klappte ohne mich, ohne meinen Blick, ohne mein aufmerksames Ohr, meine Freundschaft. Kurz gesagt, ich bin ihm zu nichts nutze: das ist eine gute Lektion in Bescheidenheit.

1956 hatte ich das Uljniki-Stadion noch nicht gesehen. Meine erste Reise in die UdSSR fand erst zwei Jahre später statt. An dem Tag, als ich das Stadion besichtigt habe, sang dort übrigens niemand. Es wurde Eishockey gespielt, wenn ich mich richtig erinnere. Aber ich weiß nicht mehr, ob es 1958 war oder zwei Jahre später, 1960, bei meinem zweiten und letzten offiziellen Aufenthalt in der Sowjetunion. Bei diesem letzten Mal hatte ich mit meiner Familie dort als führender spanischer Kommunist Ferien gemacht. Meine Frau und meine Stieftochter Dominique waren bei mir. Wir sind auf die Krim, nach Phoros gefahren. Die Landschaft war phantastisch. Dort, auf dem Gelände jenes Erholungsheims, stand die Datscha, in der Maxim Gorki in seinen letzten Lebensjahren den Winter verbrachte. Wahrscheinlich weil er nicht mehr nach Capri reisen konnte.

Bis vor wenigen Wochen habe ich naiv geglaubt, das offizielle Ferienhaus in Phoros sei ein schicker Ort. Eine Nobelabsteige der Nomenklatura. Die Tatsache, daß ich in jenem Jahr Dolores Ibarruri, »La Pasionara«, und Santiago Carrillo als Nachbarn hatte, bestätigte mich in dieser Vorstellung. Aber das war nur eine Illusion. Ich habe gerade eine weitere Lektion in Bescheidenheit bekommen. In *Les Enfants modèles* schreibt Paul Thorez nämlich über Phoros, »dieser Feriensitz war nicht auf den Empfang von Staatschefs eingerichtet, der Gästen wie meinem Vater vorbehalten war. Er war für Leute bestimmt, die in der Hierarchie eine gute Stufe tiefer standen«. Und etwas später fügt er hinzu, daß er »von ausländischen Parteiführern besucht wurde, die nicht offiziell in den Rang der Geschichte machenden Riesen aufgestiegen waren«.

Was mich angeht, so überrascht mich das nicht. Nicht einmal in meinen schlimmsten narzißtischen Momenten habe ich mich für einen Geschichte machenden Riesen gehalten. Im übrigen beweist die Tatsache, daß die Sowjets mich nach Phoros geschickt haben und nicht in irgendeinen der anderen für wirkliche Riesen bestimmten Ferienorte, die Paul Thorez zitiert, daß sie hellsichtig waren: sie ahnten schon, daß es schlecht mit mir enden würde. Aber daß sie auch »La Pasionaria« dort hingeschickt haben, die im Geruch der Heiligkeit enden sollte und in den einschlägigen Brevieren immer als eine Riesin angesehen worden ist, die Geschichte gemacht und ungeschehen gemacht hat, finde ich ziemlich unhöflich.

Es fehlt nicht viel, und ich bekäme einen Anfall nationaler Auflehnung, postumen Partei-Patriotismus'. Was bilden sie sich eigentlich ein, diese Franzosen? Daß sie immer als erste kommen, unter allen Regimen? Frankreich, nacheinander die älteste Tochter der Kirche und des Komintern?

Auf jeden Fall muß man annehmen, daß diese radikal verschiedene Behandlung von Thorez (Maurice) und Dolores Ibarruri ein zusätzlicher Beweis für das besondere Interesse der russischen Führer für die KPF ist, Hauptelement ihrer strategischen Anordnung zum Eindringen in den Westen.

Aber meine bösen Gedanken werden unterbrochen. Es klopft nämlich an meiner Zimmertür in Rio de Janeiro. Montand ist fertig, wir gehen zu Abend essen.

Später, viel später, waren wir wieder allein.

Das Abendessen war fröhlich und laut gewesen, war mit großen Mengen von *caipirinhas* – einem Getränk auf der Basis von weißem Rum, ähnlich den cubanischen *mojitos* – hinuntergespült worden und hatte bis tief in die Nacht hinein gedauert. Es fand in einem typischen Restaurant statt. Wirklich typisch, meine ich. Ein Restaurant für Brasilianer, anders gesagt. Kein typisch brasilianisches Lokal für leicht zu blendende Touristen. Es war auch ein populäres Restaurant, in jedem Sinn des Wortes. Montand wurde dort also herzlich aufgenommen. Wovon wir natürlich auch profitierten. Die Leute waren froh, sie grüßten Montand von weitem oder kamen und sagten ihm etwas Nettes, kurz, um ihn nicht zu sehr zu stören. Sie freuten sich, daß sie da waren, daß er da war. Das nennt man zweifellos Popularität.

Eine Woche später in New York sollte sich das gleiche Phänomen wiederholen. Mit noch größerer Intensität als in Rio. Auch mit noch mehr Gefühl. Es war nach einer der ersten Vorstellungen in der Metropolitan Opera. Jane Hermann, die Direktorin der Opera, führte uns zum Abendessen in ein Restaurant in der Nähe des Theaters, *The Ginger Man*, in der 64. Straße. Als Montand eintrat, fing der Saal an zu klatschen, lange. Dann, als der Moment kam, die Rechnung zu verlangen, näherte sich eine Abordnung von Kellnern und sagte zu Montand, daß nichts zu zahlen sei, daß das Personal des *Ginger Man* stolz und glücklich sei, ihn und seine Freunde zum Abendessen einzuladen. Jane Hermann lächelte. Sie war stolz auf diesen Stolz ihrer Landsleute. Wir waren alle insgesamt sehr froh und zufrieden. Ein bißchen gerührt sogar. Ich zumindest war ein bißchen gerührt. Ich habe es sehr gern, wenn man meinen Kumpel gern hat.

Später, noch später, in Marseille, als ich mit Montand die Armenviertel (wie bezeichnet er sie in seinem Erinnerungsbuch *Du soleil plein la tête*? Er nennt sie »widerlich«. Genau das ist es: widerlich) seiner armseligen Jugend besucht habe, dachte ich an den Abend im *Ginger Man*. Montand zeigte mir die kleinen Kinos, in denen er sich die Filme von Fred Astaire ansah, in denen er von einem gastfreundlichen und pionierhaften Amerika träumte, dem Eldorado wagemutiger Emigranten, und ich erinnerte mich an den *Ginger Man*. An die kleine Menge von New Yorker Abendgästen, die in spontanen Beifall ausbrach, als dieser große Typ hereinkam, der sie eben im riesigen, höchst erhabenen Schiff der Metropolitan Opera bezaubert, aufgewühlt hatte. Ich dachte an den zurückgelegten Weg, an den verwirklichten Traum, an das märchenhafte Wirklichkeit gewordene Märchen.

Aber wir dürfen die Etappen nicht überspringen.

Wir sind nicht in Marseille, noch nicht. Wir sind noch nicht einmal im *Ginger Man* in New York, er ist nächste Woche an der Reihe. Wir sind in Rio de Janeiro, wo der Flügel der Nacht allmählich bleigrau wird.

Wir waren also allein. Catherine war mit den Halfins, José und Maria-Alice, Musik hören gegangen. Halfin war der Promoter der Tournee in Brasilien. Bob Castella, unerschütterlich und zurückhaltend wie immer in der glücklichen Stimmung dieses gelungenen Abends, die seine Augen allerdings sprühen ließ, Bob war ins Bett gegangen. Charley Marouani auch. Es empfahl sich übrigens, denn um den rauschenden Sieg im Maracanàzinho zu feiern, hatte Charley den ganzen Abend hindurch die *caipirinhas* herausgefordert, ihm zu widerstehen. Was beweist, daß auch er sehr glücklich war, trotz der scheinbaren lässigen Unbekümmertheit, die zur persönlichen Eleganz seines Verhaltens gehört.

Wir waren allein, Montand war entspannt.

Der nächste Tag war Ruhetag. Wir würden erst nach Einbruch der Nacht nach New York abfliegen. Er gestand sich einige Stunden der Entspannung, des Sichgehenlassens zu. Nicht zu viele allerdings. Gleich am nächsten Tag, davon war ich überzeugt, würde er anfangen, in seinem Kopf, seinen Muskeln und in seiner Phantasie die große Premiere in der MET in New York vorzubereiten, die eine Woche danach, am 7. September, stattfinden sollte. Und die unweigerlich der Höhepunkt dieser Welttournee würde.

Eine Wette, bei der er alles aufs Spiel setzte.

Währenddessen begann in Rio hinter den Panoramafenstern, oben am ozeanischen Horizont ein gräulicher Streifen den pechschwarzen Flügel der Tropennacht bleiern zu färben. Das Bier war kühl. Wir redeten, unzusammenhängend.

Montand hat mir Fragen über die Leute gestellt, die ich getroffen hatte. Ich habe ihm von Fernando Gabeira erzählt. Erinnerst du dich an den Abend bei dir, in Autheuil, mit Régis? Als wir über Cuba, über die Guerrilla gesprochen haben? Er erinnerte sich. Sehr gut sogar. Ich habe ihm gesagt, wie diese Erinnerung mir im Maracanàzinho plötzlich gekommen ist. Wir haben über Régis gesprochen. Dann habe ich ihm von meiner Unterredung mit »Lula« erzählt, dem Führer der Metallarbeitergewerkschaft von São Paulo, der bei den Wahlen kandidierte. In São Paulo? Und warum bin ich nicht mitgegangen, fragt er mich. Es fehlt nicht viel, und er nähme es mir übel, daß ich ganz allein zu dieser Unterredung gegangen bin. Aber du hast doch mit den Musikern geprobt, sage ich. Er nickt, er ist trotzdem frustriert. Er will, daß ich ihm die Unterredung bis ins kleinste erzähle.

Anschließend haben wir eine Bilanz dieser ersten Etappe der Tournee gezogen, indem wir die schon sehr zahlreichen Presseausschnitte kommentierten.

YVES MONTAND, COM MUITO PRAZER

Das steht in O *Estado de S. Paulo*, der über das Konzert in dieser Stadt berichtet. Und der Kritiker Rubens Ewald Filho schreibt: »...Montands *show* war eine Lektion in Einfachheit und Professionalismus. Mit einem Minimum an Mitteln, einigen Lichteffekten, einem kleinen Orchester, einem feststehenden Mikrofon, einem einzigen Kostümwechsel (um dann zum Finale wieder seine klassische braune Kombination anzuziehen) ist das neunzigminütige Konzert immer spannend gewesen.« Und etwas weiter unten fügt der Journalist hinzu: »Auch wer kein Französisch versteht, war in der Lage, den Chansons zu folgen, dank der charismatischen Präsenz des *show-man*.« (Dieses letzte Wort im Text selbstverständlich englisch.)

MONTAND, O MELHOR DO MOLIÈRE

Das schreibt die *Folha de S. Paulo* über dasselbe Konzert Montands, das mit der Überreichung der Molière-Preise eröffnet wurde. Die ganze Seite ist dem Abend gewidmet. Man findet einen Leitartikel: »Yves Montand hat die Privilegierten, die das Teatro municipal füllten, in seinen Bann geschlagen...« und eine Kritik von Pepe Escobar, in der es im besonderen heißt: »Aber die wahrhaft grandiosen Momente des Konzerts artikulieren sich im poetischen Raum, wenn Montand träumt. Bei *Les Bijoux*« (aha, aha, da ist einer, der meinen Standpunkt bestätigt!) »untermalt ein sanfter musikalischer Kommentar von Léo Ferré Baudelaires Universum, er treibt ziellos über ein Silbermeer, während ein unbewegtes Bewußtsein das eintönige Schlagen der Wellen reflektiert. Auf einem Stuhl in der Mitte der Bühne sitzend, ein schwaches Licht auf dem Gesicht, schwimmt Montand zwischen den fluktuierenden Wörtern wie in einem rhythmischen Ozean und führt uns eine bildhafte, poetische und musikalische Landschaft vor.«

MONTAND, C'EST FORMIDABLE

Unter diesem französischen Titel veröffentlicht die Zeitschrift *Manchete* eine Reportage über den Abend in Brasilia. »Als Montand *Les Feuilles mortes* singt«, fügt der Journalist

Alexandre Garcia hinzu, »applaudiert der Saal fünf Minuten lang stehend.«

A GRANDE NOITE DE YVES MONTAND

Das *Jornal de Brasilia* präsentiert auf der ersten Seite eine Reihe von Beiträgen über Montands Konzert im National-theater Villa-Lobos.

Und so könnte ich lange fortfahren. Es ist genug da, um viele Seiten mit Artikeln aus der brasilianischen Presse zu füllen, die nicht nur lobend sind, das ist das mindeste, was man sagen kann, sondern auch sachkundig. Intelligent. Sensi-bel. Ich werde jetzt allerdings nicht die Feder gegen eine Schere und einen Topf mit Leim oder eine Rolle durchsichti-gen Klebstreifen austauschen.

Um mit dem höchsten Lob zu enden, und ehe ich von etwas anderem spreche, zeige ich Montand einen langen Beitrag, den das Magazin *Nova* ihm im Juli 1982 gewidmet hat, einen Monat vor seiner Ankunft in Brasilien. Der Verfasser ist Rodolfo Konder, der natürlich der Bruder von Leandro ist. Nun, diese Gewißheit wird vielleicht nicht von aller Welt geteilt. *Ich* weiß, daß Rodolfo und Leandro Brüder sind, weil ich letzteren, Leandro Konder, gut kenne. Er ist ein alter Freund. Ich meine, er ist jung, aber wir sind seit langem befreundet. Ich habe Leandro Konder vor vielen Jahren in Paris kennengelernt. Er war Emigrant. Er kam eines Tages zu mir, er wollte ein Interview aufnehmen. Ich fand ihn sympathisch, wußte aber nicht, wer er war. Und außerdem hatte ich an dem Tag keine Lust zu reden. Auch keine Lust zu schreiben, wenn ich mich recht erinnere. Es war ein trübsin-niger Tag. Aber Leandro Konder hat sich nicht entmutigen lassen, er hat mir seine Fragen geschickt, ich brauchte sie nur schriftlich zu beantworten. Monate später, als er, trotz zahlreicher Anrufe aus Westdeutschland, die ihn allerhand kosten mußten, sein Interview immer noch nicht hatte, schickte Leandro mir ein Briefchen, in dem er mir humorvoll drohte, die Antworten auf seine Fragen selbst zu schreiben. »Ich werde Sie sagen lassen«, fügte er hinzu, »Sie seien ein Bewunderer von Georges Marchais.« Da er mich zum Lachen gebracht hatte, hat er seinen Text sofort bekommen.

Ich habe Leandro Konder in Rio de Janeiro wiedergetroffen. Auch er ist in seine Heimat zurückgekehrt. Am Tag vor dieser langen Gesprächsnacht mit Yves hatten Leandro Konder und Carlos Nelson Coutinho in der Universität eine Diskussion geleitet, zu der ich eingeladen war. Carlos Nelson hatte mir ein Exemplar eines seiner Essays geschenkt: *A democracia como valor universal*. (Unnötig diesen Titel zu übersetzen, nicht wahr? Er ist klar. Er ist sogar eindringlich.) Er hat eine wunderschöne Widmung hineingeschrieben, die immer noch darin steht und die ich für mich behalte.

Rodolfo Konder, der Bruder meines Freundes Leandro, hatte in *Nova* einen sehr langen Beitrag geschrieben mit dem Titel: *Yves Montand, ein Held des 20. Jahrhunderts*. Darin werden Montands Leben und seine Laufbahn dargestellt und, wie der Titel vermuten läßt, die politische Bedeutung – oder die öffentliche, wenn man einen weiteren Sinn vorzieht – des einen wie der anderen besonders betont.

Denn Montand ist eine politische Person. Und nicht nur in Frankreich. Man braucht nur ein wenig mit ihm durch die Welt zu spazieren, um festzustellen, wie weit die Wirkung seiner Persönlichkeit, seiner Wortmeldungen und Stellungnahmen über die enge Welt des Showgeschäfts hinausgeht.

In Washington, vierzehn Tage nach dieser Nacht nächtlichen Gesprächs über dem stummen Ozean von Copacabana, der aber anfing, sich durch die Schaumkronen der Morgendämmerung aufzuhellen, hat Montands öffentliche und politische Statur sich mir am deutlichsten gezeigt.

Und zwar in der französischen Botschaft in Washington.

Am Dienstag, dem 14. September 1982, gab Monsieur Vernier-Palliez, Botschafter in den Vereinigten Staaten, nach dem Konzert im Kennedy Center nämlich in seiner Residenz in der Kalorama Road einen Empfang zu Ehren Montands. Zweifellos gibt es immer Anekdoten zu erzählen, wenn Yves an solchen Empfängen teilnimmt. Aber diesmal werde ich keine erzählen. Wir wollen nüchtern sein und zum Wesentlichen kommen. Wir wollen nicht einmal das Mißgeschick jener jungen Fotografin erzählen, die, zu wenig cinephil oder zu *stoned*, hartnäckig darauf aus war, ihn mit Jane Hermann zu fotografieren, der Direktorin der MET in New York, die sie für Simone Signoret hielt. Nichts konnte ihr verständlich machen, daß sie sich in der Person irrte.

Das Wesentliche ereignete sich gegen Ende des Essens an kleinen Tischen, als die Toasts ausgebracht wurden. Bob Castella und ich saßen am Tisch Montands und des Botschafters. Ich weiß nicht, ob diese Platzverteilung im Protokoll vorgesehen war, aber Montand hatte uns ohne weiteres an seinen Tisch gesetzt, an dem es von Senatoren und anderen Persönlichkeiten der Washingtoner Gesellschaft wimmelte. In solchen Situationen hat er immer das Bedürfnis, eine komplizenhafte Bemerkung oder einen bloßen Blick mit Komplizen auszutauschen. Bob Castella ist seit fünfunddreißig Jahren Komplize. Ich seit zwanzig. Das zählt allmählich.

Und eben an jenem Abend nutzte Montand einen Augenblick, in dem seine unmittelbaren senatorischen Nachbarn den Mund voll hatten und ihm keine Fragen stellten, um mir, nach einem schweifenden Blick über den glanzvollen und geräuschvollen Saal, folgende Worte zuzuflüstern: »Wenn Madame Pluvier uns sähe!«

Ich lachte kurz auf.

Aber Sie können allerdings nicht darüber lachen: Sie wissen ja nicht, wer Madame Pluvier ist. Ich habe schon einmal auf sie angespielt, doch nur flüchtig. Ohne näher auf sie einzugehen. Da Monsieur Bernard Vernier-Palliez, Botschafter Frankreichs, noch nicht das Wort ergriffen hat, da wir noch eine Minute Zeit haben, ehe er einen Toast zu Ehren seines illustren Gastes ausbringt, will ich diese Pause nutzen, um zu sagen, wer sie ist.

Madame Pluvier – die sich manchmal mit Vornamen Bernadette genannt hat, aber man kennt sie auch bei anderen Vornamen – ist eine von Montand erfundene Figur. Montand hat sie, wenn meine Nachforschungen gewissenhaft gewesen sind, nach 1956 erfunden, zu dem Zeitpunkt, als das Abdriften begann, das ihn vom eisigen Kontinent des Kommunismus entfernt hat. Madame Pluvier war – und ist zweifellos noch immer, trotz der sehr verständlichen Zweifel und Zwistigkeiten, die ein anderer illustrer Kommunist, Louis Aragon, in Versen geäußert hat – eine aktive Genossin der KPF. Eine einfache Frau, treu und großzügig. Mutig und ergeben. Manchmal tauchte Madame Pluvier oder vielmehr die Genossin Pluvier in Montands Erzählungen als Sekretärin einer ländlichen Zelle im Hérault auf. Manchmal war sie Aktivistin der *Union des femmes françaises*. Oder Journalistin bei *Antoinette*. Aber fast immer geschah es nach einer Reise Madame Pluviers in die UdSSR, daß Montand sie in seinen immer neuen Geschichten sprechen ließ.

Als ich Madame Pluvier 1963 gleichzeitig mit ihrem Schöpfer kennengelernt habe, konnte sie also schon mehrere Jahre der Abenteuer und Heldentaten für sich verbuchen (das Leben eines ergebenen Aktivisten, wenn auch bescheiden, wenn auch äußerstenfalls anonym, ist in sich eine Heldentat, sagte André Wurmser in Montands Erzählungen). Es war in Autheuil-sur-Eure, das Feuer flackerte im Kamin. (In der Jahreszeit, in der Feuer in Kaminen flackern und glühen natürlich.) Und Montand fügte an Abenden der Begeisterung und des Spiels (oh, Menschenbrüder, die ihr nach uns leben werdet, wisset, daß wir glücklich waren zu jener Zeit! Die einen berühmt und reich, die anderen arm und unbekannt; oder reich und unbekannt, berühmt, aber arm: alle Kombinationen waren bei den Gästen von Autheuil vorstellbar, die, trotz ihrer unterschiedlichen Betätigungen und Passionen, eine ganz einzigartige Beziehung von Zuneigung und Ironie verband; eine »Beziehung des Scherzens« hätte man bei den Dogon gesagt, dem weisen Volk unter den Weisen, wenn ich den Ethnologen glaube), und Montand fügte an den Abenden des Übermuts und der Muße neue Episoden zu Madame Pluviers schon an Peripetien reichem Leben hinzu.

Deren Bravourstück war meistens der Bericht, den sie aus Montands Mund von ihrer letzten Reise in die UdSSR, in das strahlende Land des Sozialismus, abgab. Madame Pluvier hatte eine Antwort auf alles: würdige Nacheifererin oder Schülerin von André Wurmser, Francis Cohen oder Georges Soria, den Pionieren der organisierten und enthusiastischen Reisen. Soundso beschwerte sich, daß es nicht genug Straßen auf dem russischen Lande gebe? Aber hören Sie mal, sagte Madame Pluvier, das ist doch absichtlich so! Die sozialistische Macht produziert wenig Autos und baut wenig Straßen, um die natürliche Schönheit der Natur zu erhalten, um die Kolchosebauern zur gesundheitsfördernden Ausübung des Zufußgehens zu zwingen, um die Luftverschmutzung durch Abgase zu vermeiden.

Irgendein Idiot machte bissige Bemerkungen darüber, daß es in der UdSSR keine Meinungspresse gebe? Also wirklich, antwortete Madame Pluvier, was für eine törichte Forderung! Ist die Wahrheit nicht eine und unteilbar? Daß es in Frankreich Zeitungen aller Meinungsrichtungen gibt, liegt daran, daß die Lüge hier frei ist. Wenn es unsere liebe und beherzte *Humanité* nicht gäbe, verteilt von den nicht weniger lieben und beherzten CDHs, würden die arbeitenden Massen die Wahrheit, und sei es nur teilweise, erfahren? An dem Tag, da der Sozialismus in Frankreich triumphiert, wird es nur noch eine Wahrheit geben: die eine und unteilbare Wahrheit. Es wird also nur noch eine einzige Zeitung geben, *L'Humanité*. Und außerdem, heißt die Zeitung unserer sowjetischen Genossen nicht eben *Prawda*? Die Wahrheit eben. Quod erat demonstrandum, bitte schön. Und damit Schnabel gehalten!

Aber in diesem Augenblick schaltete José Artur sich stürmisch ein, um der Genossin Pluvier herzlich, aber fest einen unerläßlichen Hinweis zu geben. Bewies dieser Ausdruck »Schnabel gehalten!« nicht, daß die Genossin zu häufig *Le Canard enchaîné* las, eine zweifellos mit glaubhaften Informationen gefüllte Zeitung, deren Inhalt man aber filtern, sieben, dialektisch analysieren mußte, um nicht von kleinbürgerlichen, rechtsanarchistischen Haltungen oder bestenfalls solchen der Mitte angesteckt zu werden? Die Genossin Pluvier müßte ihr diesbezügliches Verhalten zweifellos einer selbstkritischen Betrachtung unterziehen.

Und alle lachten natürlich.

So kam es, daß in Erinnerung an jene fröhlichen Tage eine der Figuren in *Der Krieg ist vorbei* Bernadette Pluvier genannt wurde. Eine Nebenfigur allerdings, die von der Schauspielerin Laurence Badie gespielt wurde. Irgendwann klingelt Diego/Montand – oder vielmehr Carlos: Diego nennt sich in diesem Teil der Geschichte noch Carlos –, Montand klingelt an einer Tür im elften Stock eines Sozialwohnblocks. Eine Frau öffnet ihm, und Carlos/Diego nennt das Kennwort. »Ich komme von Antonio«, sagt er. Aber die junge Frau versteht überhaupt nichts. Anschließend stellt sich heraus, daß sie nicht Madame Lopez ist. Sie sagt ihren Namen und sieht den großen, etwas verwirrten Typ an, der vor ihr steht. »Ich bin Madame Pluvier: Bernadette Pluvier.« Und denken Sie nicht gleich, ich hätte sie absichtlich, aus Aufsässigkeit Bernadette genannt wie eine andere treue Gläubige, Soubirous, nicht Pluvier, mit Nachnamen. Das ist wirklich Zufall. Oder Euphonie.

So oder so, wenn Sie eines Tages eine Vorstellung von *Der Krieg ist vorbei* besuchen, für den Fall, daß dieser Film in irgendeinem sogenannten Studio für Filmkunst gezeigt würde und Sie in diesem bestimmten Moment ein kurzes einsames Gelächter im Dunkeln hören, seien Sie sicher: im Saal ist ein Stammgast des Autheuil der sechziger Jahre.

Aber es wird Ihnen bei dieser kurzen Beschwörung Madame Pluviers, während der Botschafter Frankreichs in den USA, Monsieur Bernard Vernier-Palliez, sich anschickt, einen Toast zu Ehren Montands auszubringen; es wird Ihnen sicherlich nicht entgangen sein, daß es der Ironie, mit der wir diese Figur behandelt haben, nicht an einer gewissen Sympathie fehlt. Einer gewissen Zuneigung. Madame Pluvier brachte uns zum Lachen, aber wir verachteten sie nicht. Dieser Gedanke lag uns fern. Wir schätzten ihre kämpferischen Tugenden. Vielleicht hofften wir in unserem Innersten, daß ihr eines Tages die Augen aufgehen würden, daß sie weiterhin Kommunistin bleiben würde, ohne zwangsläufig blind zu sein. Oder dumm. Kurz, es gab noch eine gewisse Prise Hoffnung in der Betrachtungsweise dieser Figur bei Montand. Bei uns allen.

Heute ist das alles vorbei.

Heute würde Montand Madame Pluvier nicht mehr erfinden. Wenn es heute je vorkommt, daß Madame Pluvier an die Oberfläche des Lebens zurückkehrt, dann nur als nostalgisches Zeichen einer fernen Vergangenheit, oder aber als Idiotin. Als gefährliche Idiotin obendrein. Denn heute gibt es keine Hoffnung mehr. Keine Illusion mehr über die Möglichkeit, das sowjetische System zu reformieren.

Niemand hat jetzt mehr Lust zu lachen.

Aber der Botschafter Frankreichs ist gerade aufgestanden und hat die zahlreichen in den Salons der Kalorama Road versammelten Gäste um Aufmerksamkeit gebeten.

Es ist heiß draußen, bald beginnt der Altweibersommer am Potomac.

Monsieur Vernier-Palliez bringt einen Toast auf Montand aus.

Ich bedaure, das winzige – japanische, ich entschuldige mich dafür – Tonbandgerät nicht mitgenommen zu haben, das ich gewöhnlich auf dieser Reise durch die Welt bei mir trage. Aber das Tragen eines Smokings erleichtert das Tragen eines Tonbandgeräts nicht. Ich habe es im *Watergate* gelassen, einem ausgezeichneten Ort für Tonbandgeräte übrigens.

Ich kann die Worte Bernard Vernier-Palliez' also nicht wörtlich wiedergeben. Aber sie waren treffend, herzlich. Sie betonten Montands öffentliche Rolle, den Sinn seines Kampfes als Mensch, Schauspieler gegen die Ungerechtigkeit, die Intoleranz. Sie würdigten einen Mann, mit dem Frankreich sich Ehre machen konnte.

Unsere Blicke begegneten sich für den Bruchteil einer Sekunde (oh, Mann!).

Aber der Botschafter fuhr fort. Er sprach über die beiden Filme Montands, die ihm als die bedeutsamsten erschienen, zumindest unter dem Gesichtspunkt seines Engagements als Bürger-Schauspieler.

Montand hat mir erneut zugezwinkert. So etwas wie ein lachender Gruß der Augenlider.

Ich freue mich sehr.

Denn ich sitze am Tisch meines Freundes, an diesem Dienstag, den 14. September 1982, in der französischen Botschaft in Washington, und die beiden Filme, die Monsieur Bernard Vernier-Palliez gerade genannt hat, die nicht nur Montands Filmkarriere symbolisieren sollen, sondern gewissermaßen auch die politische Bedeutung, die er ihm zugeschrieben hat, diese beiden Filme, *Z* und *Das Geständnis*, habe ich geschrieben.

Ist das etwa kein Grund, sich zu freuen?

Wenn ich mich recht erinnere, warf das Schreiben des Drehbuches zu *Z* keinerlei Problem auf. Ich meine: kein ästhetisches oder politisches Problem. In dieser Hinsicht ging alles wie geschmiert.

Es warf allerdings materielle Probleme auf. Costa Gavras hatte nämlich einen kleinen Vorschuß, den wir uns teilten, von einer großen Produktionsfirma bekommen, deren

Namen ich vorziehe zu vergessen. (Wenn ich es mir überlege, brauche ich es nicht vorzuziehen: ich habe ihn wirklich vergessen.) Aber als das Drehbuch fertig war, mußte der besagte Vorschuß zurückgezahlt werden, da der bewußte große Laden es abgelehnt hatte. Wie alle anderen Produktionsfirmen es ablehnten, klein oder groß, französisch oder ausländisch, denen das Projekt vorgelegt wurde. Bis zu dem Tag, an dem Jacques Perrin, befragt, ob er eine Rolle übernehmen wolle, das Drehbuch entdeckte und beschloß, alles daran zu setzen, die Produktion von Z zu sichern.

Es gelang ihm, aber das ist eine bekannte Geschichte.

Das Schreiben selbst, sagte ich, warf keinerlei Problem auf. Es ging leicht, schnell. Es ging freudig dabei zu.

Wir, Costa und ich, hatten uns im Herbst 1967 in einem Haus im Loiret eingesperrt, das Freunde uns überlassen hatten. Warum nicht in Autheuil, werden Sie sagen. Das Haus in Autheuil ist ein idealer Ort zum Arbeiten. Simone Signoret hat dort den größten Teil von *La Nostalgie...* geschrieben. Chris Marker hat dort einige seiner *Commentaires* ausgebrütet. Ich selbst habe dort *La Deuxième Mort de Ramón Mercader (Der zweite Tod des Ramón Mercader)* zu Ende geschrieben. In diesem Roman ist die Rede von einem Bild, das im Haus der Mercaders in Cabuérniga hängen soll. Ein ausführlich beschriebenes Bild, das *La Primavera* heißt. In Wirklichkeit hängt es in Autheuil. Und daß die skurrile Person, die es in dem Roman aus Mexiko mitgebracht hat, Onkel Luis heißt, liegt zweifellos daran, daß Simone dieses Bild von dort mitbrachte, nachdem sie mit Luis Buñuel *La Mort en ce jardin (Pesthauch des Dschungels)* gedreht hatte. Das habe ich zumindest immer geglaubt. Aber ich habe es wohl geträumt. Den skurrilen Onkel hätte ich besser Jacques nennen sollen. Denn Jacques Becker hat Simone das Bild geschenkt.

Aber wir haben das Drehbuch zu Z nicht in Autheuil geschrieben, wir haben es in einem Haus im Loiret geschrieben. Denn wir wollten wirklich allein sein, Costa und ich, um durch nichts abgelenkt zu werden. Auch nicht oder vor allem nicht durch die herzliche Neugier der Freundschaft. Allein, um vierzehn Stunden am Tag zu arbeiten, was wir auch taten.

Wir unterbrachen die Arbeit mittags und fuhren zum Essen nach Château-Landon. Manchmal im *Chapeau rouge,* manchmal im *Cheval blanc.* In dem einen fand Costa die Kellnerinnen zuvorkommender. Im anderen entsprach das Verhältnis Qualität – Preis, wie man sagt, mehr unseren damaligen Mitteln. In beiden unterhielten wir uns gut, indem wir die Arbeit des Vormittags rekapitulierten und uns Lösungen für die folgenden Szenen ausdachten.

Am Ende des Tages machten wir einen zweiten Ausflug nach Château-Landon, um die Pariser Zeitungen zu kaufen. Auch um einige Partien Flipper im Café am Platze zu spielen. Aber zum Abendessen fuhren wir nach Villiers zurück, wo wir uns selbst etwas kochten. Auf dem Rückweg, auf dem geraden Stück an der Ferme des Pithurins entlang, gab Costa sich manchmal einem seiner Lieblingsspiele hin. Einem Lieblingsspiel zumindest zu der Zeit, von der ich spreche, als er noch nicht Oberhaupt einer relativ zahlreichen Familie war. Ohne auch nur im geringsten zu verlangsamen – und er fährt gewöhnlich ziemlich schnell –, machte er plötzlich die Scheinwerfer seines Autos aus. Die Blindfahrt ins Schwarze war eindrucksvoll. Beim erstenmal, als ich nicht wußte, daß es ein Spiel war, und glaubte, die Beleuchtung sei ausgefallen, habe ich heftig reagiert, als ich merkte, daß er nicht langsamer fuhr. Danach sagte ich nichts mehr. Ich habe sogar das beste Mittel gegen die Unruhe gefunden, wenn das blinde Auto blindlings in die Dunkelheit hineinraste. Ich habe ganz einfach die Augen zugemacht.

Im Herbst 1967 haben wir also das Drehbuch zu Z geschrieben. Dann begannen die Produktionsfirmen eine nach der anderen es abzulehnen. Am Jahresende fuhr ich nach Havanna zu dem Kulturkongreß, von dem ich gesprochen habe.

Wieder in Paris, im Februar 1968, traf ich Costa Gavras, der praktisch entschlossen war, das Projekt *Z* aufzugeben. Er tat es zwar nicht leichten Herzens. Aber es schien tatsächlich, daß der Film unter den damaligen französischen Produktionsbedingungen nicht realisiert werden könnte. Ich hatte einen Roman in Arbeit, *Der zweite Tod des Ramón Mercader* (der übrigens nicht so hieß; der den Arbeitstitel *Le Cours des choses* hatte), und schrieb daran weiter.

Was Montand betraf, so bereitete er sich nach Abdrehen des Films von Claude Lelouch *Vivre pour vivre (Lebe das Leben)* darauf vor, mit Anouk Aimée unter André Delvaux' Regie in *Un soir, un train (Ein Abend – ein Zug)* zu arbeiten.

Ich habe trotzdem Zeit gehabt, Montand in allen Einzelheiten meine cubanischen Erfahrungen zu erzählen, bevor er anfing, mit Delvaux zu drehen.

Und dann kam der Mai 1968.

Costa Gavras und ich waren in Cannes zur Zeit, als dort das Filmfestival begann. Nicht so sehr wegen des Festivals. Sondern Jacques Perrin, der sich für das Projekt *Z* begeistert hatte, war dort mit den Vertretern des algerischen Films, Ahmed Rachedi und Lakdar Amina, verabredet, um zu versuchen, eine Koproduktion zu vereinbaren und so die Realisation des Films zu ermöglichen. Kaum eröffnet, wurde das Festival an dem Tag abgebrochen, als gewisse Avantgardisten, die inzwischen zur Vernunft gekommen sind, sich an den Vorhang des großen Vorführsaals hängten und verhinderten, daß er sich für einen Film von Carlos Saura öffnete. Aber das Geschäft mit den Vertretern des algerischen Films war abgeschlossen: *Z* trat aus der Phase des Planens und würde Realität werden.

Wir fuhren nach Paris zurück, wo sich die Festlichkeiten eines anderen Festivals abspielten. Auf den Straßen, in der Sorbonne, im Odéon, bei den *États Généraux du cinéma*, überall war alles voller Revolutionäre. Aber es gab keine

Revolution. Es gab Millionen von streikenden Arbeitern, aber keinen Generalstreik, da die CGT sich befleißigte, die Bewegung zu zersplittern, sie in eine Kakophonie von Teilkämpfen aufzulösen. Es gab vor allem eine Kommunistische Partei, die sich vor einer einzigartigen, unverhofften Situation befand: ihre verkündete Strategie massiver, gewaltloser Kämpfe für eine erweiterte Demokratie, für eine tiefgreifende strukturelle Umgestaltung der Machtinstitutionen und -gesetze in die Praxis umzusetzen, und die, statt in aller Ruhe in diese offene Bresche vorzudringen, sich mit allen Mitteln bemühte, sie zu leugnen, sie abzudichten, die einen Seufzer der Erleichterung ausstieß, als ihr Gelegenheit gegeben wurde, sich bei vorgezogenen Wahlen kläglich besiegen zu lassen. Ein spannendes Spektakel zweifellos, aber ein Spektakel letzten Endes.

In diesen Wochen des Mai 68, in denen der Diskurs König, das Wort Herr der Straße und der Salons, der Hörsäle und der Fabrikhöfe war, sagt Montand nichts. Er geht hierhin und dorthin. Er beobachtet, er hört zu. Sehr aufmerksam. Aber in der Stille dieses Zuhörens sind unwiderrufliche Stellungnahmen am Keimen. Die lange Arbeit – die gewöhnlich als »dumpf« bezeichnet wird, obwohl sie doch ganz im Gegenteil durch vielfaches und leidenschaftliches Belauschen der Realität genährt wird –, die lange stumme Arbeit des Bruchs mit der Heiligen Familie des kommunistischen Gesellenvereins geht ihrem Ende entgegen. Sie wird im Lauf des Sommers und Herbstes 1968 abgeschlossen werden.

Zunächst wird Z gedreht.

Im Herbst 1967 geschrieben, wie man sich erinnert, entsteht der Film erst nach den Maiunruhen 68 in Algier. Selbstverständlich haben wir am Drehbuch nichts geändert. Nichts ist hinzugefügt oder gestrichen worden im Versuch, sich anzuhängen an die Aktualität der Studentenrevolte, an die aus der Tiefe einer französischen Gesellschaft aufgetauchten Themen, die weniger verschlafen war, als es schien.

Aber die Erschütterung des Mai 68 hat zweifellos direkte Auswirkungen auf die soziale Durchschlagskraft von Z gehabt. Zum einen weil sie ein breites Publikum für diese Gattung politischer Filme zwar nicht hat entstehen, aber sich auf Dauer hat herauskristallisieren lassen. Wäre der Film vor Mai 68, zur Zeit seiner Planung gedreht worden, so hätte er vielleicht keine so umfassende und nachhaltige Publikumswirksamkeit gehabt.

Wie dem auch sei, die Dreharbeiten für den Film fanden in Algier unter besten Bedingungen statt. Es gibt nicht viel darüber zu sagen. Die Hauptdarsteller, angefangen bei Montand (der der historischen Gestalt von Lambrakis eine Aura gab, die sie den ganzen Film hindurch gegenwärtig machte, obwohl sie zu Beginn der Handlung stirbt und damit den Titel – Z soll bedeuten: Er lebt – auch auf der Ebene der Schauspielerarbeit rechtfertigte), machten den Film auf gemeinsame Rechnung, weil sie daran glaubten. Außerdem waren unter ihnen, wie in Costas früheren Filmen, viele aus dem Freundeskreis von Autheuil, von Georges Géret bis François Périer und Marcel Bozuffi. Wenn ich also das Mittelmeer mit einem Flügelschlag überquerte, im *Saint-Georges* abstieg und am nächsten Tag den Dreharbeiten auf den Straßen, den Plätzen oder in den Häusern Algiers beiwohnte, war es wieder ein wenig wie im Familienkreis. Ich konnte dort alle meine Freunde treffen. Einen großen Teil von ihnen zumindest.

Aber als der Film einige Monate später, am 26. Februar 1969, in Paris herauskam, trat der Erfolg nicht sofort ein. Der Kartenverkauf in der ersten Woche war eher gering. Zweifellos war die populäre Mund-zu-Mund-Propaganda entscheidend für die Karriere von Z. Jedenfalls machte Z drei Wochen nach seiner Premiere – er sollte in ununterbrochener Folge in sechsunddreißig Kinos gespielt werden – in allen Häusern volle Kasse. Oft klatschte das Publikum am Ende der Vorstellung.

Dieser durchschlagende, überraschende Erfolg rief merkwürdige Reaktionen hervor. Bezeichnend für einen bestimmten Pariser Kulturterrorismus.

Da waren zunächst jene, die uns beschuldigten, einen
kommerziellen Film gemacht zu haben, absichtlich versucht
zu haben, den Publikumsgeschmack zu treffen. Komisch,
sogar drollig daran war, daß manche dieser Kritiker zu den
Leuten vom Fach gehörten, die es nicht gewagt hatten, den
Film zu produzieren, gerade weil sie ihn zu wenig kommerziell gefunden hatten. Zu politisch. Außerdem verlangten
dieselben Leute, die sich wegen Z zierten, ständig von diesen
oder jenen, ähnliche Produkte für sie herzustellen. Bis
schließlich der »politische Film« eine Zeitlang die Sahnetorte
des französischen Kinos wurde.

Es gab auch Kritiken anderer Art. Die uns von »links«
angriffen.

Man muß sagen, daß der Marxismus-Leninismus, auf allen
Feldern des politischen Spiels besiegt, in all seinen Formen,
all seinen Varianten – Trotzkisten, Maoisten, orthodoxe
Moskauanhänger – besiegt, in der Nach-Mai-68-Epoche eine
Art halluzinatorische Apotheose erlebte. Aus der Realität
vertrieben, eignete er sich für eine relativ lange Periode die
Gehirne der neuen Akademikergenerationen an. Wäre ich
Historiker oder einfach neugierig auf die kulturelle Realität
im gegenwärtigen Frankreich, wäre dies eine spannende und
groteske Periode, in die ich mich gern vertiefte. Darin die
Althusserschen Schnitzer, das Garaudystische Geschwätz,
die Volten der Telqueler aufzuspüren, dieser leichten Reiterei
des sowohl dialektischen als auch historischen Materialismus,
wäre eine dankbare Aufgabe für meine alten Tage.

Ich werde mich jedoch auf den Hinweis beschränken, daß
diese marxistisch-leninistische Seuche in bestimmten Kreisen
der Filmkritik und -praxis unheilvolle Wirkungen hatte. Und
zuallererst die, fast überall eine stumpfsinnige, abstruse,
aber kategorische Sprache einzuführen. Eine in der schnei-

denden Überzeugung ihrer Wahrheit sogar terroristische Sprache.

So konnte die Zeitschrift *Cinéthique* im Oktober 1969 einen ihrer zahllosen Artikel über das Verhältnis Film–Politik mit folgenden Zeilen schließen: »Es ist jetzt möglich, den für das Proletariat *nützlichen* Film zu definieren: den materialistischen Film, den dialektischen Film, den in seine Geschichte eingebetteten Film.

Ein MATERIALISTISCHER FILM ist ein Film, der keine illusorischen *Reflexe* des Wirklichen zeigt, der überhaupt keine Reflexe zeigt, sondern, ausgehend von seiner eigenen Materialität (flache Leinwand, natürliches ideologisches Gefälle, Zuschauer) und der der Welt, diese in *einer Bewegung* zeigt... Ein DIALEKTISCHER FILM ist also ein Film, der beim Ablaufen weiß (und dieses Wissen vermittelt), durch welchen *Prozeß* regulierter Transformationen eine Erkenntnis oder eine Vorstellung *filmische Materie* wird und durch welchen anderen *Prozeß* diese filmische Materie sich beim Zuschauer in Erkenntnis und Vorstellung verwandelt...«

Zweifellos weil Costa und ich über so offensichtliche, so einfach zu formulierende und in der Realität der Filmproduktion so leicht durchzuführende Wahrheiten nicht Bescheid wußten, ist uns kein materialistisch-dialektischer Film gelungen. Zumindest wurde *Z* von den Puristen des korrekten Denkens in Sachen Film dieses Gütezeichens nicht für würdig befunden.

Wir haben es überlebt, muß ich sagen.

Zumal *Z* in der ganzen Welt einen triumphalen Erfolg erlebte. In dem Teil der Welt, in dem er erlaubt wurde jedenfalls. Denn *Z* wurde in den Ländern mit Militärdiktaturen von der Zensur verboten, vom Spanien Francos bis zum Brasilien der Putschgeneräle, wie in den kommunistischen Ländern. Aber innerhalb dieses doppelten Verbots muß einmal mehr auf einen Unterschied hingewiesen werden. Den

Unterschied der Dauer, der Zeit, die im Osten und im Westen nicht auf dieselbe Weise zu funktionieren scheint. In den Ostblockländern nämlich wird Z immer noch nicht gezeigt. Dagegen sind im Laufe der letzten Zeit eine Menge Militärdiktaturen verschwunden, und unser Film ist in den betreffenden Ländern erlaubt worden. Manchmal findet er zehn Jahre nach seiner Entstehung dort noch den gleichen Widerhall wie bei seinem Start. Besonders in Spanien und in Brasilien.

Für mich – und ich stelle mir leicht vor, daß es Montand und Costa genauso ergeht – ist die Vorführung von Z in Griechenland nach dem Sturz der Obristen die beste Erinnerung. Ich habe es bereits gesagt, aber ich werde mich zum bloßen Vergnügen wiederholen. Ich werde noch einmal, und sei es nur flüchtig, den blauen Winterhimmel über der Akropolis beschwören. Die während der Vorstellung vom Schluchzen und Lachen des Volkes durchzogenen Kinosäle beschwören. Die Gemütsbewegung von Costa Gavras beschwören, des jungen Griechen in der politischen Diaspora, als er sein Werk zu seiner ewigen Quelle zurückkehren sah. An jenem Abend, während wir alle drei irgendwo am Meer auf dem Rost gebratenen Fisch aßen, ist mir plötzlich klar geworden, daß Costa Gavras zweifellos noch viele wichtige Filme machen würde, daß er es aber sich und bei der gleichen Gelegenheit auch uns schuldete, *seinen* Film über die jüngste Geschichte Griechenlands zu drehen: den Film *seiner* Jugenderinnerung voller Lärm und Wut. Solange er diesen Film nicht verwirklicht hat, habe ich gedacht, wird sein Werk nicht vollendet sein. Aber ich habe es nicht nur gedacht, ich habe es ihm natürlich auch gesagt.

Wie dem auch sei, vielleicht haben wir aus Z keinen nach den Kriterien von *Cinéthique* »materialistisch-dialektischen«, »für das Proletariat nützlichen« Film gemacht. Unser Pech, dachte ich an jenem Abend im Jahr 1974 in der Umgebung von Athen. Es genügte zweifellos, daß der Film in seiner Tragweite universell und in seinem öffentlichen Widerhall populär war. Zweifellos konnten wir uns damit zufrieden geben, wie groß die grämliche Feindseligkeit der kleinen Steuermänner des Marxismus-Leninismus auch sein mochte.

Aber *Z* war an dem Tag, als Costa Gavras ganz Feuer und Flamme bei mir auftauchte, noch nicht in den Kinos in Frankreich angelaufen. Costa Gavras hatte gerade *Das Geständnis* von Artur London gelesen. Er hatte beschlossen, alles zu tun, um es zu verfilmen. Er meinte, Montand solle die Rolle übernehmen.

Zu dem Zeitpunkt (Ende 1968) war Montand in Hollywood. Er drehte dort mit Barbra Streisand *On a clear day, you can see forever (Einst kommt der Tag ...)*, ein Film von Vincente Minnelli.

Montand war nicht untätig gewesen in den letzten Monaten. Nach dem Abdrehen von *Z* nämlich, im September 1968, hatte er eine Reihe von Konzerten im Olympia gegeben.

Seine Show war ein Muster an Nüchternheit, an Strenge. Während in Paris die Winde der Mode in Richtung allseitige Infragestellung, Politisierung bis zum letzten wehten, nachdem die Maiereignisse den Markt für derartige spektakuläre Haltungen tatsächlich erweitert hatten, nahm Montand die entgegengesetzte Haltung ein. Er nahm alle Chansons aus seinem Repertoire – sogar die, die er früher immer gesungen hatte, wie *Quand un soldat* –, die für Zugeständnisse an die neuen herrschenden Strömungen hätten gehalten werden können.

Er äußerte sich sehr klar darüber. *Quand un soldat* mitten im französischen Indochinakrieg im Théâtre de l'Étoile zu singen, hatte einen Sinn. Es hatte auch in Moskau einen Sinn, vor einem mit selbstgefälligen und betreßten Militärs besetzten Parkett. Zum Beispiel. Es hatte überhaupt nicht mehr den gleichen Sinn, als der französische Indochinakrieg der amerikanische Vietnamkrieg geworden war. Wie Montand ins

Gedächtnis rief: Selbst de Gaulle ist gegen diesen Krieg! Es ist kein Verdienst und kein Risiko mehr, sich dazu zu äußern. Lassen wir die amerikanischen Sänger darüber singen. Die es sich übrigens nicht versagen.

Im September 1968 sang Montand also im Olympia einige Chansons aus seinem von jeher bewährten Repertoire. Und so ist es ja, die bewährten Chansons stehen dem Herzen der einzelnen Frau, des einzelnen Mannes, an die er sich immer richtet, am nächsten; stehen den äußeren Zufälligkeiten, den Ereignissen der unmittelbaren Geschichte am fernsten. Und er sang Desnos, Hikmet, Aragon, Apollinaire. Und Jacques Prévert natürlich.

Zweifellos ist dies der Moment, hier eine Fähigkeit Montands hervorzuheben, einen Willen, seinen eigenen Weg abzustecken, ohne Rücksicht auf äußere Zwänge, welcher Art sie auch sein mögen. Sein öffentliches Image, sein Repertoire hat er selbst erarbeitet, hat ihnen selbst den letzten Schliff gegeben. Er hat sie der Welt nach und nach aufgezwungen, indem er sich auf seinen Instinkt, seine Arbeit, seine Fähigkeit zu wirklichem Kontakt mit dem Publikum verließ. In seiner Umgebung, und das seit seinen Anfängen in Marseille, haben Männer und Frauen ihn allerdings mit Ermutigung und Ratschlägen überhäuft. Er hat ihnen zugehört. Montand hört übrigens immer zu. Aber er übernimmt etwas, oder er läßt es bleiben. Und im ersten Fall übernimmt er, was in die Richtung seiner eigenen Entwicklung, seines Vorwärtskommens, seines starken Wunsches nach Vervollkommnung oder Bereicherung geht: er übernimmt, was ihm hilft zu werden, was er ist. Was er anstrebt zu sein. Beschlossen hat zu sein.

Es ist in diesem Zusammenhang viel von Edith Piaf gesprochen worden. Es ist oft unterstellt oder geradeheraus behauptet worden, daß sie es war, die aus noch formlosem Lehm das *monstre sacré* der Bühne modelliert hat, das er zur Zeit ihrer Liaison wurde. Zweifellos steckt ein Körnchen Wahrheit in dieser unwahren Legende. Denn es stimmt, daß die Piaf in Montands Leben wichtig gewesen ist. Entscheidend vielleicht in mancher Hinsicht. Als Sängerin, als Frau, als Mensch.

Aber man muß sich in diesem Bereich vor Banalitäten, Klischees, phrasenhaften, oberflächlichen Erklärungen hüten. Man kann allerdings, ohne verleumderisch zu sein, daran erinnern, daß Edith Piaf sich um eine Reihe von jungen Männern gekümmert hat, von denen viele Sänger waren. Ich wüßte jedoch nicht, daß irgendeiner von ihnen Montand geworden wäre, wie begabt er im übrigen auch war. Ich will damit sagen, daß keiner von ihnen in seinem Fach, mit seinem eigenen Stil das geworden ist, was Montand ist: ein Meister. Ein Grandseigneur der Bühne. Ich komme also darauf zurück. Durch die Piaf hat Montand vielleicht Zeit gewonnen, durch ihre Ratschläge, ihre Beobachtungen, ihre Wutanfälle. Auch durch ihr Lachen, denn es ist offensichtlich, daß mit ihm, sogar über ihn, zu lachen, wenn dieses Lachen der Verbündete der Zuneigung und Freundschaft ist, eine der besten Voraussetzungen dafür ist, sich bei Montand Gehör zu verschaffen. Aber sie hat ihn nicht verwandelt. Montand hat sich selbst gemacht, dank seinem märchenhaften Instinkt eines großen Theaterlöwen, dank seiner unerschöpflichen Arbeitsfähigkeit, deren eine Facette eben darin besteht, anderen zuhören zu können. Seit dem Tag, als er mit achtzehn Jahren auf der Bühne des Alcazar emporschoß, um *Les Plaines du Far West* zu singen, die er noch immer singt, mehr als vierzig Jahre danach, stand fest, daß Montand Montand werden würde.

Wahrscheinlich muß man weiter, tiefer in seinem Inneren – in einem Bereich also, in den ich mich nicht zu weit vorwagen würde; zum einen, weil Montand, der von Natur aus schamhaft ist, ihn schützen möchte; und außerdem, weil ich Widerwillen dagegen empfinde, wie alle, die wirklich an die wesentliche Wahrheit von Freuds Aussage, an die Salonpsychoanalyse glauben –, man müßte im Bereich seiner männlichen Intimität nach den tiefsten Spuren des Vorkommens der Piaf in Montands Leben suchen. Oder umgekehrt, wir dürfen nicht sektiererisch sein: des Vorkommens von Montand im Leben der Piaf.

Aber ist es wirklich der richtige Augenblick, um, selbst auf Zehenspitzen, den Finger auf den Lippen, Montands Verhältnis zu Edith Piaf zu untersuchen und, allgemeiner, zu den Frauen? Zu der Frau?

Das ist keineswegs sicher. Er ist in Hollywood, am Ende dieses Jahres 1968. Er ahnt bereits, daß diese Filmerfahrung mit Barbra Streisand nicht unvergeßlich sein wird. Er ist ein bißchen ungeduldig. Er hat es zweifellos sehr eilig, daß ich ihn nach Paris zurückversetze, zur Vorbereitung und zu den Dreharbeiten von *Das Geständnis*, daß ich endlich die Schilderung dieser entscheidenden Epoche seines Lebens in Angriff nehme.

Dennoch, auf die Gefahr hin, ihn zu reizen, werde ich zwei Worte dazu sagen. Zwei, nicht mehr. Vielleicht wird die Gelegenheit dazu sich nicht wieder ergeben. Nutzen wir diese hier, die sich bei einer Abschweifung ergibt.

Montands weibliches Universum oder vielmehr, genauer, das seiner jugendlichen Männlichkeit scheint mir von zwei Frauengestalten beherrscht. Für eine bestimmte mediterrane, ländliche und katholische (das will einiges heißen) Tradition der Weiblichkeit übrigens typischen Frauengestalten. Auch der Männlichkeit natürlich. Einerseits die Gestalt der Mutter, hier verdoppelt durch die der älteren Schwester. Marien- und matriarchalische Gestalt, Paradigma der Reinheit. Aber auch Paradigma der Weisheit, zumindest der Kenntnis. Von der Zeit an läuft eine Frau, die ihm nichts beizubringen hat, die nicht in irgendeinem Bereich des Lebens oder der Sprache – hier als allgemeines Instrument zum Umgang mit den Realitäten aufgefaßt – eine größere oder zumindest andere Erfahrung als seine eigene hat, eine solche Frau läuft Gefahr, Montand nie zu interessieren. Langfristig, meine ich.

Die zweite Frauengestalt ist natürlich die der »jungen Dame von zweifelhafter Tugend«. Die nicht unbedingt eine berufsmäßige Circe ist. Die ganz einfach eine Frau sein kann, die sich hingibt, für nichts. Zum bloßen Vergnügen. Was in der Tradition, von der ich gesprochen habe, zugleich schmeichelhaft und verdächtig ist. Selbstverständlich.

Aber die Piaf ist zu dem Zeitpunkt, als Jugend und Erfolg in Montands Leben ausbrechen, gewissermaßen eine Synthese, ein Konzentrat dieser beiden Frauengestalten. Sie kann jedoch weder auf die eine noch auf die andere beschränkt werden. Sie hat die beinahe mütterliche Zärtlichkeit und Neigung, ihm beizubringen, was sie weiß, sie hat auch die Kühnheit der Liebenden. Im empfindlichen, bald bedrohten Gleichgewicht dieser Beziehung zwischen ihnen spielt sicher auch der Ausbruch aus dem imaginären jugendlichen Zuchthaus zwischen diesen beiden Frauengestalten mit.

Erst mit Simone Signoret natürlich wird er endgültig daraus ausbrechen. Fürs Leben. Für die Hochs, die Tiefs, die Wunder und die Ärgernisse des Lebens. Aber das ist seit der Zeit allmählich bekannt geworden.

Doch damit genug.

Selbst wenn Montand nicht ungeduldig in Hollywood darauf wartete, daß ich den Bericht über die Entstehung von *Das Geständnis* wiederaufnehme, muß man zugeben, daß ich keineswegs dazu angesetzt hatte, mit Ihnen über sein Verhältnis zu Frauen, zu der Frau zu reden. Ich hatte dazu angesetzt, Sie an Montands Autonomie zu erinnern, an seine Fähigkeit, Modeströmungen, jeglichen äußeren Zwängen zu widerstehen, um seinen eigenen künstlerischen Weg zu entwickeln. In diesem Zusammenhang, über den Umweg dieser Feststellung ist die Piaf in unserer Geschichte aufgetaucht, eine kleine, rührende und zerbrechliche Gestalt: unverwüstlich. Stehend, die Hände gefaltet, angesichts der blendenden Lichter des Todes.

Es gibt eine historische Periode, die des kalten Krieges, der äußersten Offensive der KPF an der – wie man mit schmetternder Stimme sagte – Kulturfront, in der es besonders interessant ist, Montands Verhalten zu analysieren. Es war die Epoche, versuchen wir uns daran zu erinnern, in der Louis Aragon von der Höhe seiner politischen Macht herab seine Schreckensherrschaft in den Künsten, in der Literatur und sogar in den Wissenschaften ausübte. Wer in diesem letzten Bereich hat vergessen, daß seine donnernde Einmischung zugunsten der Thesen Lyssenkos entscheidend gewesen ist, zumindest in Frankreich? Wer hat den Preis an Verleugnungen, Schande, Lügen vergessen, die sie gekostet hat? Es war die Epoche der zwei Wissenschaften, der bürgerlichen und der proletarischen, der zwei Kulturen, der zwei Moralen. Kurz, man war zu der Parole Klasse gegen Klasse zurückgekehrt.

Diese Periode, die, über partielle Studien und häufig parteiische Erinnerungen hinaus, auf ihren wahrhaften Historiker wartete, hat ihn gefunden. Oder vielmehr hat *sie* gefunden, denn es handelt sich um eine Historikerin. Jeannine Verdès-Leroux nämlich hat mit Meisterhand eine Studie darüber geschrieben. Mit Meisterinnenhand vielmehr. *Au Service du parti: Le P.C.F. et les intellectuels,* die ich im Manuskript habe lesen können, ist eine bemerkenswerte Arbeit, die in ihren Einzelanalysen von der gesamten Periode eine ebenso präzise und preziöse wie in der umfassenden soziologischen Interpretation aufklärende und klare Sicht gibt.

Um zu diesem Ergebnis zu kommen, hat J. Verdès-Leroux zusätzlich zur Auswertung der gesamten verfügbaren Literatur mehrere Dutzend Kommunisten, Exkommunisten und Weggefährten der KPF befragt. Unter letzteren Yves Montand.

»Yves Montand, bereits ein berühmter Künstler, der ein sehr breites Publikum erobert hatte«, schreibt unsere Autorin, »und selbst aus der Arbeiterklasse stammend (als Sohn italienischer Einwanderer hat er kurze Zeit in der Fabrik gearbeitet), hatte bestimmt genug Talent, Gespür für sein Metier, um es abzulehnen, unbrauchbare Chansons zu singen, die die Partei ihm vorschlug, aber es gelang ihm nicht gänzlich, den ›Lektionen‹ zu entgehen, die führende Parteimitglieder ihm erteilten: das brachte ihn manchmal (sehr selten) dazu, sich selbst zu zensieren und, in mehr als einem Fall, sich über den Sinn eines Erfolges Sorgen, Gedanken zu machen, sich zu fragen, ob er sich nicht alles in allem von der Arbeiterklasse entfernt habe...«

Zum Nachweis dieser Schlußfolgerung zitiert J. Verdès-Leroux einige Auszüge aus dem Interview, das Montand ihr im Juni 1980 gegeben hat. Und das alle möglichen Kommentare bestätigt, die er mir gegenüber im Laufe der Jahre zu dem gleichen Problem geäußert hat. Zitieren wir ihn unsererseits:

»Ich habe mich nie total unterworfen, aber in manchen Dingen habe ich mich selbst verstümmelt, selbst zensiert«, sagt Montand. »Beispiel, das Chanson *Luna-Park*, das gerade ein ausgesprochen populäres Chanson ist: die einfache und gesunde und wirklich populäre Freude dieses Arbeiters, der sich nach der Arbeit im Luna-Park austoben ging, wie man heute sagen würde, oder dieser junge Mann, der über den Jahrmarkt spaziert und *Une Demoiselle sur une balançoire* sieht. Und das Argument, mit dem man mir kam, lautete: Meinst du nicht, daß dieser Arbeiter, statt seine Zeit im Luna-Park zu verlieren, seine Energie und seine Kraft in den Dienst der Revolution und der Arbeiterklasse stellen sollte? Ich habe mich darüber hinweggesetzt, ich habe es weiter im Programm behalten, aber wenn ich auf der Bühne stand, hatte ich in meinem Innersten Schuldgefühle, ich dachte, du richtest wohl doch einen kleinen Schaden an... Aber ich dachte: Scheiße! Schließlich ist es hübsch, oder, schließlich ist es amüsant... Das alles ging mir vage durch den Kopf, und ich setzte mich darüber hinweg. Und ich habe *Sanguine* gesungen... Das nun aber erst! Das war schandbar erotisch, ein

Sakrileg, und gleichzeitig war ich wild entschlossen, dieses Chanson allen Hindernissen zum Trotz beizubehalten, trotz der Partei... Dagegen habe ich *C'est si bon* gestrichen, das ich in Europa zum erstenmal gesungen und bekannt gemacht habe... Das habe ich weggelassen, weil es wirklich zu amerikanisch war, so weit ging das. Bestimmte Parteimitglieder bedrängten mich nicht, sie legten mir nahe... Ich habe ein Chanson von Florimond Bonte über Paris bekommen... Instinktiv wies ich es zurück, darüber mußte ich lachen, ich fand das vollkommen blöd, zu erbaulich...«

Kurz, trotz eines diffusen vorübergehenden Schuldgefühls hat Montand allen Hindernissen, Ratschlägen und Empfehlungen der KPF-Bonzen getrotzt, die mit ihm in Verbindung standen. Außer im Fall von *C'est si bon*. Vielleicht, weil in diesem Fall der Druck stärker, direkter gewesen ist. Vielleicht, weil er für das ausgekochte und demagogische Argument des Antiamerikanismus empfänglicher war zu einer Zeit, da der Sonderfall des Unglücks der Rosenbergs hervorragend benutzt, manipuliert wurde, um in Europa das zur gleichen Zeit täglich stattfindende massenhafte Unglück der Tausende von Unschuldigen, die bei den Säuberungen und Prozessen in den Ländern des Ostens verschwanden, vergessen zu machen.

Wie dem auch sei, offensichtlich wird es von nun an schwerfallen, Montand, den diese Erfahrung gestärkt hat, dazu zu bringen, daß er auf die Bauernfängerei der phrasenhaften Reden ohne Zukunft und inneren Zusammenhang über die Untaten des amerikanischen Kulturimperialismus hereinfällt.

So kam es, daß Costa Gavras, während er noch mit der Fertigstellung von *Z* beschäftigt war, mich mit dem Vorschlag aufsuchte, *Das Geständnis* von London zu verfilmen.

Ich kannte Gérard bereits, das war nämlich Artur Londons Pseudonym unter der Nazibesatzung, der Vorname, den seine engen Freunde beibehalten haben. Übrigens hatte ich mich selbst so genannt im Untergrund. An dem Tag, als der Zuständige der MOI (Main-d'œuvre immigrée: Organisation der Partei für die ausländischen Arbeiter), ein italienischer Genosse, mit mir entscheiden sollte, welchen Decknamen ich tragen sollte, hat er zu mir gesagt: Weißt du was, du nennst dich Gérard! Erst viel später habe ich erfahren, daß es eine Huldigung Londons gewesen war, mir das gleiche Pseudonym zu geben.

Ich bin Gérard-Artur London ein einziges Mal kurz in Paris begegnet. Es war 1945, er kam aus Mauthausen zurück, ich aus Buchenwald. Er war physisch stärker mitgenommen als ich, das sah man.

Später, anläßlich des Slánský-Prozesses, habe ich nicht an ihn gedacht. Zum einen habe ich nicht gleich den Zusammenhang hergestellt zwischen dem Vizeaußenminister, der bei diesem Prozeß angeklagt war, und dem Gérard der MOI, den ich gekannt hatte. Und außerdem war ich in jenen Wochen vom Fall Josef Frank benommen, meinem Freund aus Buchenwald, einem der Gehenkten von Prag, dessen Asche auf einer einsamen Straße im Schnee verstreut wurde.

Anfang April 1964, in einem ehemaligen Schloß der böhmischen Könige auf einer der letzten Plenarsitzungen des Politbüros der KPS, die uns, Claudin und mich, aus ihrem mütterlichen Schoß ausschließen sollte (die Anwesenheit der »Pasionaria« in diesem Gremium gestattet mir, diesen Schoß eher weiblich als männlich zu bestimmen), habe ich an den Fall Josef Frank erinnert. Um all diesen ergebenen Söhnen der Arbeiterklasse zu erklären, daß ich nicht vor dem Geist der Partei kapitulieren würde, daß ich in Zukunft lieber ganz allein recht haben als mich mit ihnen irren wollte – tatsächlich war ich soweit, daß es mir sogar lieber war, mich ganz allein zu irren, als mit ihnen recht zu haben: mein persönlicher Irrtum konnte ein Anlaß zum Nachdenken, ein Schritt voran sein, während ihr gelegentliches Rechthaben nur noch die leichenhafte und todbringende Starrheit des Dogmas haben konnte –, habe ich meine Erinnerung an Josef Frank wachgerufen. 1951, im Prager Prozeß, war Frank beschuldigt worden, im Lager von Buchenwald für die Gestapo gearbeitet zu haben. Er hatte dieses Verbrechen zugegeben. Nun wußte ich aber, daß das falsch war, daß das unmöglich war, denn ich hatte zwei Jahre lang an seiner Seite gearbeitet. Und ich habe nichts gesagt, niemandem. Ich habe die Wahrheit über diese Lüge für mich behalten, um weiter in der Lüge der kommunistischen Wahrheit zu leben. Aber das war vorbei, ich würde es nicht wieder tun. Nie wieder.

Nach meinem Beitrag hatte Dolores Ibarruri, »La Pasionaria«, eine unsinnige Reaktion. Die sie übrigens schnell unterbrach. »Warum hast du denn damals nicht die Wahrheit gesagt?« hat sie ausgerufen. Und dann hat sie stillgeschwiegen, mit offenem Mund, die Dummheit ihres Ausrufs begreifend. Wenn ich damals in der Partei die Wahrheit gesagt hätte, wäre ich natürlich ausgeschlossen worden. Und sie wäre die erste gewesen, die verlangt hätte, daß man mich aus der engelhaften Legion der Parteikämpfer hinauswirft. Sie hat sich also unterbrochen, ist mit einer Hand über ihre Haare gefahren, um an einem widerspenstigen Büschel zu zupfen, und die Sitzung ist weitergegangen.

Einige Monate später, Ende desselben Jahres, habe ich bei Jean Pronteau am Boulevard Voltaire Artur und Lise London getroffen. Es war ein schrecklicher langer Abend, in dessen Verlauf Gérard uns mit gleichmäßiger eintöniger Stimme alles erzählte, was ihm zugestoßen war, wobei er minuziös den Mechanismus der Geständnisse auseinandernahm. Am Ende waren wir es, denen die Luft ausging. Denen der Atem stockte.

Ich sah Costa Gavras an, vier Jahre später, und ich fragte mich, ob er wußte, worauf er sich da einlassen wollte. Also habe ich ihn gefragt, ob er wisse, worauf er sich da einließ. Er schien es zu wissen, zumindest zu ahnen. Ich habe ihm also ohne weiteres meine Zusage gegeben, das Drehbuch zu *Das Geständnis* zu erarbeiten. Ich habe eine einzige Bedingung gestellt, die, ganz allein für die Bearbeitung und die Dialoge verantwortlich zu zeichnen. Costa hat genau verstanden, daß ich das nicht aus dummen Prestigegründen, wegen einer Erwähnung im Vorspann verlangte. Sondern weil ich bei dieser Arbeit wirklich autonom sein, jegliche Verantwortung dafür übernehmen wollte. Den Film zu *Das Geständnis* zu schreiben war nämlich sehr viel mehr als ein kinematographischer Akt. Es war ein politischer Akt.

Wir brauchten nur noch auf Montands Rückkehr zu warten. Und auf seine Reaktion.

Aus dem Bestreben nach Klarheit, um diesem Bericht Perspektive und Plastizität zu geben, habe ich es bisher unterlassen, von zwei Ereignissen jener Periode zu sprechen, die in Montands Leben entscheidend waren.

Das erste von ihnen war übrigens nicht allein in Montands Leben entscheidend, sondern auch in dem zahlloser Menschen. Es handelt sich um die Invasion der sowjetischen Armee in die Tschechoslowakei im August 1968.

Nach der Erfahrung der Maibewegung – in deren Verlauf die Rolle der KPF bald lächerlich, bald unverschämt, aber immer erbärmlich war – bedeutete die Besetzung der Tschechoslowakei für Montand einen schrecklichen Schock. Der brutale Abbruch des Demokratisierungs- und Popularisierungsprozesses des realen Sozialismus, den die tschechischen Kommunisten selbst unternommen hatten, die anschließende »Normalisierung« und Wiederherstellung der Polizeiordnung, das alles löste in ihm unüberwindlichen Zorn und Abscheu aus. Verzweifelten, aber endgültigen Zorn und Abscheu.

So kommt der lange Prozeß des Bruchs seiner Weggenossenschaft mit der Kommunistischen Partei zu seinem Abschluß. Eine neue Etappe beginnt in seinem politischen

Leben. Oder vielmehr, wie ich bereits angedeutet habe, jetzt beginnt sein wirkliches politisches Leben.

Man wird es bald bei der Verfilmung von *Das Geständnis* und den darauf folgenden Polemiken feststellen.

Das zweite Ereignis, auf das ich anspielte, ist der Tod des Vaters. Und die Auswirkungen beider sind unterirdisch verbunden, scheint mir.

Giovanni Livi stirbt im Oktober 1968, während Montand auf der Bühne des Olympia in Paris auftritt. Er ist siebenundsiebzig Jahre alt, und seine Vitalität war durch einen ersten Schlaganfall kurz zuvor etwas beeinträchtigt gewesen.

Es ist schwierig, in der unvermeidlichen Objektivität des Schreibens auf die Stellung anzuspielen, die Giovanni Livi im Leben seines Sohnes Yves eingenommen hat. In dem aller seiner Kinder übrigens. Die zweifellos idealisierte, zumindest überhöhte Vaterfigur wirft ihren Schatten oder ihr schützendes Licht auf alle ihre Abkömmlinge.

Eines hat uns, meine Frau Colette und mich, später bei einem Gespräch mit Montand erstaunt. Hat uns im wahrsten Sinne des Wortes getroffen. Wir hatten über irgendein Problem gesprochen, bei dem Montand mit einer Entscheidung zögerte. Ging es um seine Arbeit? Um eine Rolle, die ihm angeboten wurde? Oder um eine persönlichere Entscheidung? Ich weiß es wirklich nicht mehr. Aber das ist nicht das Wesentliche. Das Wesentliche ist, daß Montand irgendwann mit dem natürlichsten Ausdruck der Welt, als sei es selbstverständlich, zu uns sagte, er habe mit seinem Vater darüber gesprochen, er habe ihn deswegen um Rat gefragt.

Nun war sein Vater aber tot. Dieses Gespräch fand nach Giovanni Livis Tod statt.

Wir sahen uns den Bruchteil einer Sekunde lang an, Colette und ich, dann bat ich Yves zu bestätigen, was er gesagt hatte. »Ja doch«, sagte er mit der gleichen Natürlichkeit, »es kommt manchmal vor, daß ich mich an meinen Vater wende. Daß ich ihm meine Zweifel vortrage, meine Probleme darlege. Manchmal im Schlaf, wenn ich träume. Aber das kann auch vorkommen, wenn ich wach bin. Ich wende mich oft an ihn, das hilft mir klarzusehen.«

Montand sprach ruhig. Keinerlei Angeberei, auch keinerlei Absicht, uns zu verblüffen, um jeden Preis originell zu wirken, schien durch sein Verhalten hindurch. Er sprach mit seinem Vater, das war alles, über den Tod hinaus.

Zweifellos ist es überflüssig, lange Kommentare hierüber abzugeben. Die Anekdote spricht für sich selbst.

So stirbt Giovanni Livi in dem Moment, da sein Sohn die Schwelle des Bruchs mit der Heiligen Familie überschreiten wird. Der kommunistischen Familie zunächst, der Montand praktisch seit seiner Geburt angehört. Gebürtiger Kommunist, wie er manchmal gesagt hat. Und der Familie als solcher. Denn die fortwährenden und sich häufenden Stellungnahmen Montands vom Herbst 1968 an werden den Familienkreis, in dem er immer gelebt hat, aufbrechen oder zumindest rissig machen, den Familienkern, mit dem er sich immer umgeben hat in dieser Gemeinschaft an der Place Dauphine und die von Yves und Simone, ihrer Tochter Catherine einerseits und andererseits von Julien und Elvire Livi, ihrem Sohn Jean-Louis gebildet wurde, natürlich nicht zu vergessen Bob Castella, der fest die Stellung hielt, unersetzlich im Wirbel dieses »Zigeunerwagens« voller Zärtlichkeiten und aufsehenerregender Handlungen. Bis zum Bruch.

Was wäre passiert, wenn Giovanni Livi zu dem Zeitpunkt noch gelebt hätte, als der Bruch seines Sohnes mit dem Traum seines ganzen Lebens offensichtlich werden sollte? Irreversibel wurde?

(Eine Erinnerung taucht in meinem Gedächtnis auf, blitzartig, wie sie in Montands Gedächtnis aufgetaucht war, als wir am Dienstag, dem 14. Dezember 1982, zum Allaucher Haus in La Pounche gingen. Man muß dazu sagen, daß Lydias

Haus, in dem wir unvergleichliche Ravioli genießen sollten, auf dem Grundstück steht, das Montand, als er die Mittel dafür hatte, seinen Eltern kaufte, um ihnen ein Haus zu bauen. Ein eigenes Haus, endlich. Später, nach dem Tod der Alten, verkaufte Lydia dieses Haus, in dem sie weder Lust noch Mut hatte weiterzuleben, und ließ sich auf dem Teil des Grundstücks, den sie behielt, einen kleinen Bungalow bauen.

Montand und ich gingen also in der anregenden und durchsichtigen Kühle eines sonnigen Winters zu dem Haus in La Pounche. Plötzlich blieb er stehen, fing an, über seinen Vater zu sprechen. Er erzählte mir einen Spaziergang mit ihm vor langer Zeit. Sehr langer Zeit sogar. Sie wohnten noch in La Cabucelle, in der Impasse des Mûriers. Es war Sonntag, er war mit seinem Vater und seiner Mutter ausgegangen, *fare una passeggiata*. Giovanni Livi erzählte ihm von der Sowjetunion. Das Leben dort war besser. Die Arbeiter hatten dort ihre Heimat. Giovanni Livi träumte laut von der Schönheit, der Gleichheit der dortigen Gesellschaft. Auch von ihren ständigen Fortschritten. Von ihrer wachsenden Kraft. Stell dir vor, Kleiner, sagte Giovanni Livi, sie bauen für die Ewigkeit. Sie bauen Straßen aus Stahl. Montand hatte seit einer Weile angefangen, italienisch zu sprechen wie einst sein Vater. In jener fernen Zeit in La Cabucelle, als die Sowjetunion in seinen Arbeiterträumen schön war. *Ti rende conto, petit, fanno anche delle strade d'acciaio!* wiederholte Montand, wobei er mit dem Fuß auf die Straße von La Pounche aufstampfte. Wie einst sein Vater wahrscheinlich, als die Illusion noch war, was sie war.

Danach hat Montand geschwiegen. Er hat den Kopf geschüttelt, mit abwesender Miene, ernstem Gesicht. »Na ja, Scheiße!« hat er gemurmelt. Und er ist mit großen Schritten weitergegangen.

Das ist die Erinnerung, die mir blitzartig gekommen ist, während ich diese Zeilen schrieb.)

Was wäre also geschehen, wenn Montand mit seinem Vater über *Das Geständnis* hätte diskutieren müssen? Zweifellos hätte er seinen Entschluß bis zum Ende getrieben. Bis zum Bruch. Seine Gründe waren zu ernst, als daß er auf halbem Weg hätte haltmachen können. Nichts, nein, nichts hätte ihn aufhalten können, nicht einmal der Schmerz und die Verständnislosigkeit des Vaters.

Aber es ist unnötig, an eine derartige Zerreißprobe, eine so schmerzliche Konfrontation zu denken. Giovanni Livis Tod hat sie unvorstellbar gemacht. In gewisser Weise hat diese private Trauer die politische Trauerarbeit leichter gemacht. Der Tod des Vaters hat, trotz allen Schmerzes, den er mit sich brachte, den Bruch mit der Heiligen Familie leichter gemacht.

Ich weiß nicht, ob ich mich zu weit vorwage, wenn ich annehme, daß es Montand lieber gewesen wäre, wenn sein Vater seine damaligen Stellungnahmen gebilligt oder zumindest verstanden hätte. Daß es ihm lieber gewesen wäre, seinen Vater auf diesem neuen Weg an seiner Seite zu haben. Andererseits ist auch sicher, daß der Weg der radikalen Infragestellungen sich nur Waisen wirklich auftut. Waisen der Illusionen und Gewißheiten, meine ich. Parteivater- und Mutterparteiwaisen, anders gesagt. Aber manchmal, bei der Heftigkeit mancher heutiger Formulierungen Montands über den Kommunismus, die übrigens vollkommen richtig, von erstaunlichem Scharfblick sind, hat man den Eindruck, daß er sich an einen unsichtbaren Gesprächspartner richtet. Jemand Nahestehenden, zu nahe Stehenden vielleicht, den er um jeden Preis überzeugen möchte. Daher die Maßlosigkeit, die verzweifelte Wut der Äußerungen. Als ginge in diesem Moment Giovanni Livis Schatten, schwer und verschwommen, durch einen verwüsteten Winkel seines Gedächtnisses. Der Schatten seines Vaters, der mit dem Fuß auf den Boden aufstampft, mit klarer und lauter Stimme spricht. *Strade d'acciaio, figlio, strade d'acciaio!*

Wie fundamental für die Brüder Livi die Beziehung zum Vater ist, zeigt eine spätere Episode deutlich, scheint mir.

Im September 1977 veröffentlichte *Le Nouvel Observateur* ein von Franz-Olivier Giesbert geführtes Interview mit Montand. Montand hatte gerade *La Menace (Die Bedrohung)* unter der Regie von Alain Corneau gedreht. Corneau hatten wir bei der Arbeit zu *Das Geständnis* kennengelernt. Er war damals der Assistent von Costa Gavras gewesen. 1972 dann hatte Alain Corneau mir – als Assistent, Produktionsleiter, Koregisseur, Berater: kurz, als unersetzliches Einmannorchester – geholfen, als ich selbst *Les Deux mémoires* drehte, eine Filmmontage aus Dokumenten und Interviews mit Aktivisten und Parteiführern, die im einen und im anderen Lager am Spanischen Bürgerkrieg teilgenommen hatten. Daher der Titel.

Corneau hatte eine vorübergehende Erlaubnis bekommen, in Spanien einen Dokumentarfilm über ich weiß nicht mehr welches Thema zu drehen, eine Erlaubnis, die es uns möglich gemacht hatte, das Team und das Material ins Land zu bringen – General Franco war noch am Leben und an der Macht – und in Madrid und Barcelona Interviews zu filmen. Alles verlief ohne Schwierigkeiten, zum großen Teil dank Alain Corneaus Organisationstalent.

Ich würde jedoch sagen, selbst auf die Gefahr hin, einen von Alain Corneaus dröhnenden und jugendlichen Lachanfällen hervorzurufen, die ihn charakterisieren, daß er noch in einer anderen Weise alle meine Hoffnungen erfüllte. Es war in Südfrankreich, während der Drehvorbereitungen. Wir fuhren mit dem Auto aus Toulouse hinaus, nachdem wir mit den zuständigen Leuten von der spanischen CNT – Bund der anarchistischen Gewerkschaften – Datum und Fristen für die vorgesehenen Interviews festgelegt hatten, die ein paar Wochen später gedreht werden sollten. Wir mußten nach Biarritz fahren, um dort einen meiner Freunde, Lucio Losa, zu treffen, einen ehemaligen kommunistischen Kämpfer, dessen genaues und lebendiges Gedächtnis Schätze birgt, tragische oder possenhafte wie jedes ehrliche kommunistische Gedächtnis. Oder vielmehr exkommunistische Gedächtnis, die vorangegangene Formulierung ist ein Widerspruch in sich.

Jedenfalls fuhren wir von Toulouse nach Biarritz, über die Landstraße. Bei der Abfahrt habe ich auf die Uhr geschaut und habe, zweifellos mit sichtbarer betrübter Resignation, zu Alain gesagt: »Wir werden zu spät kommen.« Zuerst hat er nicht verstanden, worum es geht, da die Verabredung mit Losa erst für den nächsten Tag vorgesehen war. »Nein«, habe ich ihm erklärt, »zu spät für die Übertragung des Europa-Cup-Finales der Landesmeister.« Darum wurde nämlich an jenem Abend gespielt, und zwar zwischen Inter Mailand und Ajax Amsterdam. (O Herr, wie wehmütig! Wie wehmütig ist es, jetzt, da die Grünen von Saint-Étienne von provinziellem Haß und provinziellen Gehässigkeiten erstarrt abbauen, an das Ajax-Spiel der großen Zeit zurückzudenken!)

An Alain Corneaus Ausdruck, als ich ihm gegenüber dieses Finale erwähnte, habe ich erkannt, daß Fußball nicht seine Hauptsorge war, das ist das mindeste, was man sagen kann. Er hat den Kopf geschüttelt, ohne irgendeinen Kommentar abzugeben, hat jedoch auf die Uhr geschaut und den Motor angelassen. Ein paar Stunden später, genau im Moment des Spielanstoßes, saß ich in Biarritz im Salon des Hotels vor einem Fernsehapparat. Nie habe ich jemanden so schnell und so sicher über eine so weite Strecke fahren sehen.

Montand hatte also gerade mit Alain Corneau gearbeitet, mit dem er bis heute drei Filme gedreht hat, und schickte sich an, mit Joseph Losey zu drehen, mit dem er zweifellos nie mehr zusammenarbeiten wird. Und am 19. September 1977 veröffentlichte *Le Nouvel Observateur* ein Interview mit ihm von Franz-Olivier Giesbert.

Die angesprochenen Fragen waren hauptsächlich politischer Art. Auf eine unter ihnen, nach dem Warum und Wie er

Weggefährte der KPF geworden war, antwortete Montand: »Eine Frage des Milieus. Ich war in gewisser Weise gebürtiger Kommunist.« Anschließend sprach er über seinen Vater, über dessen Emigration, Vertreibung aus dem faschistischen Italien, Arbeit in Marseille. »Er arbeitete zehn bis zwölf Stunden täglich in einer Ölmühle«, fügte Montand hinzu. »Nach dem Arbeitstag, wenn er vor Müdigkeit umfiel, lernte er in Abendkursen Französisch. Um vorwärtszukommen, um zu kämpfen. Das war für ihn der erste revolutionäre Akt.«

Man spürt in diesen Zeilen die Bewunderung und Achtung für seinen Vater, die ich bereits hervorgehoben habe. Und um das Porträt von Giovanni Livi abzurunden, setzte er hinzu: »Politisch gesehen war er eher Sozialist, aber Einheitssozialist.«

Eine offensichtlich unvollständige oder unvollständig übertragene Formulierung. Obendrein eine zu dem, was gesagt wurde, widersprüchliche Formulierung. So widersprüchlich, daß es dem Redakteur des Interviews hätte auffallen müssen. Wie nämlich könnte Montand »in gewisser Weise gebürtiger Kommunist« sein, wenn sein Vater bis zu seinem Lebensende nur Sozialist, wenn auch Einheitssozialist, gewesen wäre?

Aber diese Formulierung, mit der Montand nur sagen wollte, daß sein Vater Sozialist gewesen war, bevor er Kommunist wurde, bevor er jenes »Milieu« schuf, das seinen Sohn Yves auf ganz natürliche Weise dazu brachte, Weggefährte zu werden, rief eine entrüstete, heftige Reaktion von Julien Livi, dem älteren Bruder, hervor, der einen schroffen und kategorischen Brief an den *Nouvel Observateur* schrieb. Und nur weil der Brief veröffentlicht worden ist, weil er freies geistiges Eigentum ist, darf ich mir erlauben, einige Worte dazu zu sagen.

Ich kenne Julien Livi wenig. Es wäre sogar richtiger zu sagen, daß ich ihn gar nicht kenne. Ich bin ihm wohl zwei-

oder dreimal im »Zigeunerwagen« an der Place Dauphine begegnet. Etwa Mitte der sechziger Jahre habe ich mit ihm einen Tag in Autheuil-sur-Eure verbracht. Ich weiß von ihm also nur, was alle Welt weiß: daß er sein Leben lang Aktivist der KPF und hoher Gewerkschaftsfunktionär der CGT gewesen ist. Ich beschränke mich also darauf, sein Verhalten in diesem bestimmten Fall gegenüber seinem jüngeren Bruder zu konstatieren, wobei ich mich jedes Werturteils enthalte.

Mich um so mehr enthalte, als ich aus persönlicher Erfahrung weiß, wie brudermörderisch derartige Brüche zwischen Brüdern sind. Aber in meinem Fall waren die Rollen umgekehrt. Ich habe einen jüngeren Bruder, Carlos, was niemandem unbekannt ist, der das kommunistische Abenteuer jahrelang mit mir geteilt hat. Mit einbegriffen den spanischen Untergrund, wo wir zusammengearbeitet haben, Seite an Seite. Er war übrigens der beste Gefährte im Untergrund, den ich je gehabt habe. Aber Carlos hat die Partei vor mir verlassen, in der Folge des Schocks, den ein an traumatisierenden Ereignissen reiches Jahr 1956 ausgelöst hat: Geheimbericht auf dem XX. Parteitag, Arbeiteraufstände in Polen und Ungarn. Ich habe also länger gebraucht als er, um mich von der Verblendung zu befreien, die der Geist der Partei bewirkt. Zweifellos weil meine Stellung an der Spitze der KPS-Hierarchie mich länger an die unheilvolle Illusion einer Reform der Parteiinstitutionen, einer positiven Entwicklung in Osteuropa hat glauben lassen.

Wie dem auch sei, ich weiß aus Erfahrung, selbst wenn deren Rollen umgekehrt sind – und vielleicht um so besser, weil sie es gewesen sind –, wie die todbringende Konfrontation zwischen feindlichen Brüdern vor sich geht: die rasende Wut darüber, daß gerade der sich gegen uns wendet oder zumindest von uns abwendet, den wir am meisten geliebt haben! Und da ich es aus Erfahrung weiß, weil ich auch weiß, wie lange es dauert, bis diese Wunden verheilen, werde ich nichts weiter dazu sagen. Werde ich mich darauf beschränken, die Tatsachen zu berichten.

Julien Livi schreibt also nach der Veröffentlichung des Interviews mit seinem Bruder an den *Nouvel Observateur*. Auf den drei Seiten, die die Zeitschrift Montands Äußerungen widmet, gibt es eine Menge politische Themen aus der Vergangenheit und der Gegenwart, auf die ein Funktionär der KPF und der CGT hätte reagieren können. Aber der Brief bezieht sich nur auf die Sache mit dem Vater. Alle anderen Punkte werden mit Schweigen übergangen.

Hier also Julien Livis Richtigstellung: »Monsieur Yves Montand sagte, Vater sei *politisch gesehen eher Sozialist, Einheitssozialist,* fügt er hinzu, gewesen.

Diese Behauptung ist nicht richtig.

Vater ist von 1920 an in seinem toskanischen Dorf einer von denen gewesen, die aktiv zur Gründung der Kommunistischen Partei Italiens beigetragen haben.

Das hatte für ihn zur Folge, daß er von Mussolinis Schwarzhemden angegriffen und verfolgt und von den Sozialdemokraten bekämpft wurde, die gegen den Beitritt zur Kommunistischen Internationale waren...«

Und so weiter.

Ich habe selbstverständlich keine Möglichkeit zu erfahren, wann genau Giovanni Livi anfing, für die Gründung der KPI zu kämpfen. Aber wann immer es war, zuvor war er Sozialist gewesen. Wie alle Begründer der Kommunistischen Partei. Die Kommunisten fielen nicht vom Himmel, nicht einmal die Gründungsväter. Sie kamen aus den Reihen der Sozialdemokratie. Wie Lenin persönlich. Man konnte zu jener Zeit nicht »gebürtiger Kommunist« sein.

Außerdem ist die Geschichte der Gründung der KPI viel komplexer, als Julien Livi zu unterstellen scheint. Im Januar 1921 wird sie in Livorno von einer kleinen Minderheit von Aktivisten gebildet und fängt erst 1924 an, richtig zu existieren, nach der Machtergreifung Mussolinis, als die Minderheit von Livorno auf den zwingenden Rat der Komintern hin mit dem linken Flügel der Sozialistischen Partei fusioniert. Bis dahin ist die KPI nur eine kleine, auf bestimmte Industriegroßstädte begrenzte Sekte, zerrissen von erbitterten inneren Meinungsverschiedenheiten, von eher abstrakten theoretischen Diskussionen.

Der zweite Absatz von Julien Livis Richtigstellung ist in noch höherem Maße vereinfacht. Er tendiert zum einen zu der Unterstellung, daß allein die Kommunisten von den »Schwarzhemden« verfolgt wurden, was historisch falsch ist. Der schwarze Terror wütete gegen alle Aktivisten der demokratischen und Arbeiterparteien. Giacomo Matteotti, dessen Ermordung im Jahr 1924 gewissermaßen symbolisch ist für diesen Terror, war, soweit man weiß, nicht Sekretär der Kommunistischen Partei, sondern der Sozialistischen Partei. Von den Faschisten verfolgt (an deren Spitze übrigens sein eigener Schwager stand, noch eine Familiengeschichte!) wurde Giovanni Livi ohne jeden Zweifel. Bis er gezwungen war, aus seiner Heimat zu fliehen. Aber er wäre auch verfolgt worden, wenn er nicht Kommunist geworden wäre.

Was die Behauptung angeht, die Julien Livi aufstellt, sein Vater sei »von den Sozialdemokraten bekämpft worden, die gegen den Beitritt zur Kommunistischen Internationale waren«, so kann sie nur der äußersten Phantasie entstammen.

Zuallererst weil die italienischen Sozialdemokraten der besagten Internationale gleich bei deren Gründung beitraten. Die Internationale wollte sie nicht aufnehmen, zumindest nicht *en bloc*, da sie die Sozialistische Partei von ihrer rechten Strömung säubern wollte und allen und jedem – das war der Hauptstreitpunkt – die Annahme der berühmten 21 Bedingungen aufzwingen wollte. In Monsummano Alto hätten sich schon die verbissensten Parteigänger von Turatis winzigem rechtem Flügel zusammenfinden müssen – den die Kommunistische Internationale übrigens nicht aufnehmen wollte –, damit Giovanni Livi von den italienischen Sozialisten politisch hätte bekämpft werden können.

Aber ich glaube nicht, daß man in der Politik, im weiten Sinne, und nicht einmal in der unmittelbaren Situation – einige Tage nach der Veröffentlichung des Interviews mit Montand und vor Julien Livis Richtigstellung kommt es am 23. September 1977 zum Bruch der Linksunion, der eine regelrechte Offensive der KPF gegen die Sozialdemokratie auslösen wird – den Grund für eine derart radikale Haltung suchen muß. Worum es zweifellos heimlich geht, ist das Verhältnis zur Vaterfigur. Es ist die Frage der Kindschaft, der Legitimität des Erbes. Wer spricht wirklich im Namen des Vaters? Wer führt ihn fort? Wer wird das Recht haben, sich auf sein Vorbild zu berufen?

Man weiß zu gut, daß diese Fragen nie an einem grünen Verhandlungstisch gelöst worden sind. Auch nicht an einer weißen brüderlichen Sonntagstafel. Sie sind immer im Affekt leidenschaftlicher Konfrontationen gelöst worden. Oder vielmehr nie, auf keine Weise. Auch nicht der Tod des Vaters noch dessen Ermordung haben sie je gelöst.

Jedenfalls hört Montand erst mehrere Jahre nach Giovanni Livis Tod auf, mit diesem zu sprechen. Oder vielmehr, sein Vater hört auf, ihm zu antworten, ihn im Verlauf der imaginären Dialoge, in denen Montand sich durch die geisterhafte Vermittlung des Vaterbildes an sich selbst richtet, mit seinem üblichen *forza!*, seinem *coraggio!* zu ermutigen.

Das Ereignis, das es, wie mir scheint, verdient, aufgezeichnet zu werden, fand in Rom statt. Im Jahr 1976, um ganz genau zu sein, während Montand dort *Le Grand Escogriffe* von Claude Pinoteau drehte.

Eines denkwürdigen Tages also erteilte ihm sein Vater, statt ihm zu antworten, eine barsche Abfuhr. »Bist du nicht groß genug, um jetzt ganz allein zurechtzukommen? Brauchst du mich mit fünfundfünfzig Jahren immer noch? Los, sieh zu, wie du allein zurechtkommst!« Und Montand kommt allein zurecht. Nie wieder hat er von da ab dieses väterliche Phantom gebraucht. Nie wieder ist es ihm erschienen.

Aber ich komme wieder auf *Das Geständnis* zurück, das all diesen Brüchen, Ausbrüchen und Infragestellungen zugrunde liegt.

»Es war für uns eine sehr schwere Verantwortung, diesen Film zu machen, und wir hätten das Projekt beinahe aufgegeben«, sagt Simone Signoret in *La Nostalgie...* über *Das Geständnis*.

Persönlich werde ich der Aussage meiner Freundin einige Nuancen hinzufügen. Eine schwere Verantwortung, zweifellos. Man ging ein solches Thema nicht sorglos an – damals zumindest nicht, selbst wenn man heute darüber lächeln muß: man hat schon ganz andere Sachen mitgemacht! –, wenn alle Mitglieder des Teams, das daran mitwirken will, sofern nicht Kommunisten, so doch zumindest Linke gewesen sind. Gläubige Linke obendrein. Ich meine: solche, die diesen linken Glauben praktiziert haben, der instinktiv manche Opfer bevorzugt und sich mit dem gleichen todsicheren, blindwütigen Instinkt vor manchen Henkern trübt. Denn es gibt böse Opfer und gute Henker. Objektiv natürlich, wie der Marschall Stalin und die ungezählten Kohorten seiner Leutnants sagten.

Die Verantwortung war also offensichtlich schwer. Der Übergang vom Geschriebenen zum Gefilmten warf schon in sich Probleme auf. Die brutale, zumindest eindringliche Objektivität des Bildes war ein weiteres. Die Tatsache, daß die Subjektivität des Autors sich im Film aus materiellen Gründen der Technik des filmischen Ausdrucks nicht so äußern konnte, wie sie sich im Buch gezeigt hatte, war ein drittes. Und schließlich die Tatsache, daß die wahre Geschichte eines wirklichen Mannes erzählt wurde, der da war, gegenwärtig, ganz lebendig – trotz einer mäßigen

Gesundheit, welcher Zustand gewissermaßen zu gleichen Teilen der Deportation durch die Nazis und den sozialistischen Gefängnissen zuzuschreiben ist –, der also sein Wort zu sagen, seine Wahrheit zu verteidigen, seine Rechtfertigungen abzugeben hatte, das alles vereinfachte die Dinge nicht.

Wir, Costa Gavras und ich, waren nämlich gezwungen, nicht nur die Tatbestände zu respektieren, ihre gewichtige Objektivität, was banal war, was sich von selbst verstand. Wir mußten auch den Blick berücksichtigen, mit dem Artur und Lise London diese Tatsachen betrachteten. Ein Blick, der nicht regungslos, unwandelbar, ein für allemal ausgerichtet war. Der je nach den politischen Ereignissen, den Gesinnungsänderungen der KPF-Linie – die die Invasion in die Tschechoslowakei »verurteilt« und dann »mißbilligt« hatte, die die Normalisierung aber billigte oder zumindest schweigend duldete –, je nach der allgemeinen Haltung der internationalen kommunistischen Bewegung variieren konnte.

Ich werde nur ein einziges Beispiel für diese letzte Art von Schwierigkeiten anführen.

Eines Tages, im Lauf des Sommers 1969, als wir das Drehbuch und die Schnittfolge des Films schon fertig hatten, bat mich Costa Gavras, unverzüglich nach Paris zurückzukommen. Mit den Londons war in letzter Minute ein Problem entstanden. Und zwar hatten sie den Wunsch vorgebracht, daß der Film 1956 mit der Zeit des XX. Parteitages enden sollte. Einer Zeit scheinbarer Hoffnung also, in der vorsichtige Kritik an den Verbrechen Stalins geübt wurde, manche zu Unrecht verurteilten Genossen rehabilitiert wurden. Kurz, der Film sollte einen positiven Schluß bekommen, wie man sagt. Wie man sagte, vielmehr. Positive Schlüsse sind heutzutage schwerer zu finden als weiße Amseln.

Ich fuhr nach Paris zurück, wir diskutierten. Wir brauchten nicht länger als eine halbe Stunde, muß ich sagen, um Gérard und Lise London davon zu überzeugen, daß sie Unmögliches von uns verlangten. Sie verlangten nämlich von uns, ihr Zeugnis, ihr Buch, ihren Schmerz, ihre Tragödie, ihre Wahrheit zu verleugnen, um der Wahnidee von der angenommenen Positivität der Geschichte des Sozialismus treu zu bleiben. Wie konnten sie von uns verlangen, daß der Film hinter dem Buch zurückblieb, wo er doch nur weiter gehen konnte?

Sie waren, wie gesagt, schnell davon überzeugt.

Zusammenfassend und um Simone Signorets Worte aufzugreifen, will ich gern zugeben, daß unsere Verantwortung in den damaligen Zeitzusammenhängen schwer gewesen ist. Dagegen haben wir das Projekt nie beinahe aufgegeben. Zumindest wenn dieses *wir* die Betroffenen betrifft. Uns alle: Costa Gavras, Montand, mich. Wenn dieses *wir* allerdings ein verhülltes *ich* ist, wenn es nur Simone selbst betrifft, so ist es vollkommen berechtigt. Es stimmt, daß Simone schwere Zweifel an diesem Projekt hatte, es stimmt, daß sie es beinahe aufgegeben hätte. Daß sie es nicht getan hat, geschah, scheint mir genau besehen, aus all den Gründen, die sie in *La Nostalgie...* äußerst zutreffend aufzählt, aber auch, um *uns* nicht aufzugeben. Uns: ihren Mann, ihre Freunde und Komplizen. Um *sie* nicht aufzugeben: sie, die Verurteilten von Prag, die Gehenkten des Slánský-Prozesses.

Aber zu all den Gründen des Zweifels, die sie hatte, kommt vielleicht ein weiterer, von moralischer und beruflicher Art, hinzu.

Simone Signoret mußte in *Das Geständnis* nämlich die einzige Situation spielen, die sie unfähig wäre zu leben. Eine der sehr wenigen Situationen zumindest. Die einer Frau, die nicht nur bereit ist, an die Schuld ihres Mannes zu glauben, sondern bereit, sie laut zu verkünden. Ihn öffentlich zu verleugnen. Denn das menschliche Drama dieser wahren Geschichte ist nicht ausschließlich das des Geständnisses von nicht begangenen Verbrechen. Es ist auch das einer erschrekkenden Verleugnung. Und das ist wirklich die einzige, eine der sehr wenigen dramatischen Situationen, in der man sich

Simone Signoret schwer vorstellen kann. Im Leben, angenommen selbst, der Mann ihres Lebens hätte tatsächlich seine Ideen verraten, kann man sich unmöglich vorstellen, daß sie ihn öffentlich verleugnen würde. Sie hätte auf ihn gewartet, um sich mit ihm auszusprechen. Sie hätte treu zu ihm gehalten, auf die Gefahr hin, ihn zu verlassen, nachdem sie sich mit ihm unter vier Augen, von Angesicht zu Angesicht, ausgesprochen hätte. Aber zweifellos ist sie deshalb nie Kommunistin gewesen.

Daher war die Annäherung an die Figur, die sie voller Überzeugung, voller Aufrichtigkeit zu spielen, zu sein hatte, der sie – gegen das Wesentlichste in ihr selbst – ihr Bestes geben mußte, eines der schwierigsten Dinge, die man je von ihr verlangt hatte.

Es trifft also zu, daß sich das Paar Montand–Signoret in dem Moment, als es sich auf das Abenteuer von *Das Geständnis* einließ, in einer merkwürdigen, buchstäblich dramatischen Situation befand.

Zwölf Jahre vorher hatten sie nämlich auf der Bühne des Théâtre-Sarah-Bernhardt die ganze Theatersaison 1954-55 hindurch und mit beträchtlichem Erfolg *Les Sorcières de Salem (Hexenjagd)* gespielt, ein Stück in vier Akten von Arthur Miller, bearbeitet von Marcel Aymé. Aber in Wirklichkeit hatten sie zwei Stücke gespielt: zwei nach Millers Absicht ineinander verschachtelte Tragödien. Zunächst einmal hatten sie die Tragödie von John und Elisabeth Proctor gespielt, 1692 in Salem Opfer der Hexenjagd. Sie hatten die Rolle eines unschuldigen Paars gespielt, von dem der Mann, John Proctor, gehängt wird, weil er sich weigert, nicht begangene Verbrechen zu gestehen. Weil er sich aus Würde, aus Treue zu sich selbst, einem Geständnis widersetzt hat, das sein Leben hätte retten können.

Aber diese alte Hexengeschichte wurde deutlich überlagert von der Tragödie der Eheleute Rosenberg, Julius und Ethel, die zum Tod durch den elektrischen Stuhl verurteilt und am 19. Juni 1953 hingerichtet worden waren. Unter diesem Gesichtspunkt war *The Crucible*, so lautet der Originaltitel von Arthur Millers Stück, eine zeitgenössische Tragödie. Eine ganz aktuelle amerikanische Tragödie. Auch hier weigerte sich, wie im 17. Jahrhundert, ein Paar zu gestehen, um sein Leben zu retten. Waren sie deswegen an dem Verbrechen der Spionage zugunsten der Sowjetunion unschuldig, das man ihnen vorwarf?

Zweifellos waren sie im Hauptanklagepunkt unschuldig. Selbst wenn man annimmt, daß Julius und Ethel Rosenberg auf die eine oder andere Weise einem sowjetischen Netz angehört haben, was wahrscheinlich ist, waren sie bestimmt doch nicht in der Lage, den russischen Agenten besonders komplizierte Geheimnisse über die Atombombe zu liefern. Im übrigen brauchte die UdSSR dazu nicht so unbedeutende Personen. Hatte sie nicht ihr gänzlich ergebene Physiker wie Klaus Fuchs und Bruno Pontecorvo in ihren Diensten, die einer wie der andere mitten im Zentrum der geheimen Nuklearforschungsanlage saßen? Nein, die Eheleute Rosenberg haben wahrscheinlich keine besonders interessanten Geheimnisse zu diesem Thema geliefert. Wenn sie überhaupt welche geliefert haben. Dazu gab es an besseren Orten eingesetzte Kommunisten.

Dagegen ist es nicht verboten anzunehmen, daß sie unzweifelhaft einem sowjetischen Netz angehört haben. Zur damaligen Zeit, das weiß man aufgrund von vielfältigen unwiderlegbaren Zeugenaussagen, wurden zahlreiche amerikanische Genossen, und gerade die ergebensten, idealistischsten, systematisch vom normalen politischen Leben der kommunistischen Organisationen abgebracht, um in die vielfältigen Netze jeder Art umgeleitet zu werden, die der Führung der sowjetischen Staatssicherheit direkt unterstanden.

Der Fall von Noel Field, einer entscheidenden Person nicht

nur der Periode, die *Das Geständnis* behandelt, sondern aller Prozesse gegen titoistische oder zionistische Hexerei in den sogenannten Volksdemokratien während der fünfziger Jahre, illustriert ausgezeichnet, was ich gerade sagte. Puritaner und Idealist, wie die Proctors, wie die Rosenbergs, wie so viele andere junge Amerikaner, die über die schreienden Ungerechtigkeiten ihrer Gesellschaft verbittert waren, ist Noel Field in den dreißiger Jahren sowjetischer Agent geworden und hat in allen Prozessen, in denen Kommunisten zu Geständnissen gebracht, entehrt werden mußten, die im Westen gelebt hatten, wo Noel Field sich wie durch Zufall während der Zeit der Nazibesatzung aufhielt, die Rolle des CIA-Agenten gespielt – eine Rolle, die er, damit die Wahrscheinlichkeit des Arrangements gewahrt blieb, mit vielen Jahren Gefängnis im sozialistischen Ungarn bezahlt hat. Aber diese Geschichte ist bereits von Flora Lewis in ihrem Buch *Le Pion rouge* hervorragend erzählt worden.

Ich würde sogar sagen (und das ist eine persönliche Überzeugung, das heißt von zweifelhafter Beweiskraft wie alle inneren Überzeugungen; aber nicht nur auf einer Analyse der zugänglichen Dokumente begründet, sondern auch auf gewissen Halbvertraulichkeiten von Personen aus dem internationalen kommunistischen Serail, die ich während der kurzen Zeit, in der ich dort verkehrt habe, Anfang der sechziger Jahre, mitgeteilt bekommen oder gehört habe), daß Julius und Ethel Rosenberg, ganz und gar zweitrangige Personen in einem sowjetischen Netz, von den Russen selbst absichtlich an die amerikanischen Gegenspionagedienste ausgeliefert worden sind. Auf diese Weise lenkten sie die Aufmerksamkeit der besagten amerikanischen Dienste ab, indem sie einen Mann und eine Frau die Rolle des Sündenbocks spielen ließen, die bewundernswert in ihrer Aufrichtigkeit, voller Zärtlichkeit und exemplarischer Tugenden waren. Und Juden obendrein. Was nicht belanglos ist in einer Zeit, in der der Zionismus in den Ländern des Ostblocks Staatsverbrechen wird, in der der Antisemitismus dort erneut ausbricht, in der Stalin sich in seinem ubuesken Despotengehirn ein allgemeines Pogrom gegen die Juden in der Sowjetunion ausdenkt. So dienen Julius und Ethel Rosenberg dazu, die Aufmerksamkeit der europäischen Linken von den Prozessen im Osten, von dem verheerenden Antisemitismus abzulenken, der dort in dem Moment losbricht, als Stalin eine Wendung in seiner Nahostpolitik macht und den Staat Israel, dessen Entstehung er unterstützt hatte, zugunsten der Araberregime fallenläßt, die zwar reaktionär sind, aber objektiv dazu getrieben werden, sich den Überresten des britischen und französischen Kolonialismus, dem neuerlichen amerikanischen Eindringen in die Region zu widersetzen.

Ich erinnere mich an John und Elisabeth Proctor auf der Bühne des Sarah-Bernhardt. Ich erinnere mich an meine Freunde Yves Montand und Simone Signoret, die noch nicht meine Freunde waren. Oder vielmehr, Simone war schon meine Freundin, aber ich hatte sie aus den Augen verloren. Es tut mir leid, man sollte seine Freunde nie, nicht einmal vorübergehend, aus den Augen verlieren. Ich trauere um die für immer verlorenen Jahre der Freundschaft. Nichts und niemand wird mir diese Jahre von 1949 bis 1963 wiedergeben, in denen ich meine Kameradin aus dem *Flore* aus den Augen verloren habe. Und in denen ich Montand *nicht* kennengelernt habe.

Aber Schluß mit dem Trauern, Schluß mit der Nostalgie.

Ich erinnere mich an das Ehepaar Proctor, das von Montand und Signoret gespielt wurde. Sie waren unschuldig, sie waren schön, und alle verzweifelte Liebe der Welt leuchtete in ihrem Blick, als ihre zusammengeketteten Hände, wie die der Rosenbergs, sich auf der Bühne des Sarah-Bernhardt zum letztenmal umschlangen.

Zu der Zeit, als ich *Hexenjagd* gesehen habe, war ich Mitglied des Zentralkomitees der KPS und reiste schon illegal durch Spanien. Am 19. Juni 1953, dem Tag, an dem die Presse die grauenhafte Hinrichtung der Rosenbergs gemeldet hat, war ich in San Sebastian. Zwei Tage zuvor hatte sie auch den Arbeiteraufstand in Ostberlin gemeldet, vielmehr schmetternd verkündet. So entstand durch eine jener Listen, auf die die Geschichte versessen ist, wenige Monate nach dem Tod des Autokraten der erste Riß im Stalinschen Imperium im gleichen Moment, als die Rosenbergs Opfer einer weiteren, schwer entzifferbaren Episode in der blutigen Geschichte dieses Jahrhunderts wurden.

Im Sarah-Bernhardt sah ich John und Elisabeth Proctor, und Laurenti Beria war in Moskau unter den Umständen, die man kennt, entmachtet und hingerichtet worden. Die jüdischen Ärzte, die »Mörder im weißen Kittel«, waren rehabilitiert worden. Ein paar Wochen, bevor ich mir mit Colette bei einem meiner Zwischenaufenthalte in Paris das Stück von Arthur Miller ansehen ging, hatte Santiago Carillo mir erklärt, daß die Affäre Tito in allen Stücken ein Trick gewesen wäre, daß die Wiederherstellung von normalen Beziehungen zwischen der UdSSR und Jugoslawien nur eine Frage der Zeit sein würde.

Wie auch immer, Montand und Signoret waren großartig auf der Bühne des Sarah-Bernhardt.

Ende des Sommers 1969 aber hatten meine Freunde nicht die Rollen von John und Elisabeth Proctor zu spielen. Auch nicht die von Julius und Ethel Rosenberg. Sie hatten die von Artur und Lise London zu spielen.

Und das war offensichtlich etwas ganz anderes.

Wir hatten es schon bemerkt, Costa Gavras und ich, während der Arbeit am Drehbuch und am Aufnahmeplan des Films. Es war etwas ganz anderes als bei Z zum Beispiel. Bei dem Film badeten wir im geweihten Öl des richtigen linken Bewußtseins. Ich trage ein bißchen dick auf, auf der Ebene der Ironie, damit ich richtig verstanden werde.

In Z jedenfalls waren unsere Helden Linke, sie waren ergreifend, man hatte Lust, sie in den Arm zu nehmen. Und die Gegner unserer Helden waren auch die unsrigen. Von jeher. Sie waren gräßlich. Oder kleinmütig. Sie hatten zum großen Teil die stumpfsinnigen Vorstellungen der militaristischen und polizeistaatlichen Dummheit. Sie glaubten noch, daß Dreyfus schuldig war und daß jeder Kommunist oder Sympathisant des Kommunismus ein abgelegtes Teufelsgewand in seinem Kleiderschrank hatte. Die Tatsache, daß alles wahr war, daß die Dinge sich im wesentlichen wirklich so in Griechenland abspielten, verstärkte unsere Gewißheit nur noch, auf dem richtigen Weg der Traditionen der Linken und der Menschenrechte zu sein.

In *Das Geständnis* war es ganz anders.

Denn die Wahrheit mag zwar, nach Gramscis Ausspruch, revolutionär sein, doch trifft deshalb nicht weniger zu, daß die Revolutionäre sie bis ins Mark verabscheuen, wenn sie die Bilanzen der Revolution berührt. Ohne allzu weit zurückzugehen, können wir feststellen, daß sie die Wahrheit über Robespierre oder über die Pariser Commune genausowenig mögen wie die über Stalin, Mao Tse-tung oder Fidel Castro. Zweifellos wird man in der Zukunft weitere Beispiele finden.

Aber nicht dieses Problem machte uns, Costa und mir, hauptsächlich Sorgen. Wir waren entschlossen, den Film zu schreiben und zu drehen, wie die Reaktion der Linken, kommunistisch oder nicht, auch ausfallen würde. Die Hauptschwierigkeiten – unabhängig von den vorübergehenden und jedesmal überwundenen, die sich aus der Notwendigkeit ergaben, London dazu zu bringen, mit seinem Zeugnis bis zum Äußersten zu gehen, also über das Buch selbst hinaus – waren anderer Art.

Die erste rührte von der Komplexität des Tatsachenmaterials her, das lesbar, einleuchtend, wenn ich so sagen darf, strukturiert werden mußte. Der in einem Kino isolierte Zuschauer hat nicht die Möglichkeit, zurückzublättern, ein paar Seiten weiter vorn, weiter oben in der Geschichte nachzulesen, um den dramatischen Mechanismus des

Geständnisses, der Kapitulation des Genossen vor dem Parteigeist zu erfassen. Er muß die Situationen und Verhaltensweisen in einer eindeutigen, nicht umkehrbaren, ununterbrochenen Bewegung mitvollziehen, in der die Reflexion gleichzeitig mit der Wahrnehmung des Ereignisses auf der Kinoleinwand stattfindet.

Die zweite Schwierigkeit rührte daher, daß es aus moralischen Gründen unmöglich war, die Register der Spannung und der Identifikation mit der ganzen Geschicklichkeit zu ziehen, deren wir, Costa und ich, fähig waren und immer noch fähig sind.

Gleich bei unseren ersten Gesprächen hatten wir beschlossen, uns dieses immer wirksamen dramatischen Mittels zu enthalten. Es durfte nicht sein, daß der Zuschauer alle moralischen und physischen Torturen mit Montand erleidet, die London zum Geständnis nicht begangener Verbrechen führten, er durfte sich nicht fragen, ob er durchhalten, und dann, ob er verurteilt, und dann, ob er begnadigt würde. Die um diese Themen herum konstruierte Spannung erschien uns unanständig. Schon da beschlossen wir, auf die Gefahr hin, selbst den bewährtesten dramatischen Mechanismus zu schwächen, gleich im ersten Drittel des Films die von uns so genannten »Sonnen« einzuführen. Anders gesagt, Momente, in denen Montand Jahre später in der Sonne der wiedergefundenen Freiheit Freunden seine Geschichte erzählt. Wie er – London in diesem Fall – sie mir 1964 bei Jean Pronteau erzählt hatte. Momente, in denen unsere Personen die dunkle Eingeschlossenheit in den Zellen und den Verhörzimmern verlassen und über ihre Erfahrung nachdenken würden. In der banalen, von nun an jeglicher tragischen Würze beraubten Sonne der banalen wiedergefundenen Freiheit. Und zweifellos widersprach dies sämtlichen Gesetzen des Films. Aber es entsprach den Gesetzen einer bestimmten Moral dem Zuschauer gegenüber. Und uns selbst gegenüber. Bei *ihm* wurden nicht die Nerven, sondern Herz und Verstand angesprochen. Von *uns* würde man nicht als von Opportunisten der handgestrickten Gefühlsduselei sprechen können.

Aber ich werde mich nicht weiter über die Probleme auslassen, die wir zu lösen hatten. Der Film ist da, er existiert, man kann sich an ihn halten. Jeder wird beurteilen können, ob wir die adäquatesten Lösungen für die erwähnten Probleme gefunden haben. Oder ob wir im Gegenteil unser Ziel verfehlt haben.

Das Geständnis ist jedoch vor allem ein Schauspielerfilm. Es ist zuallererst Montands Film. Nicht nur weil das Gewicht der Geschichte ganz auf ihm ruht, sondern auch weil er sich total darauf eingelassen hat, mit einer Art finsterer und verhaltener Wut. Hin und wieder fast selbstmörderischer Wut.

An dieser Stelle meiner Erzählung wünschte ich, daß der Leser die Möglichkeit hätte, eine ganz einfache, aber zweifellos bereichernde Maßnahme vorzunehmen. Vielleicht wird er sie übrigens in einer nicht allzu fernen Zukunft vornehmen können, wenn die technischen Mittel das totale Buch möglich machen, an das ich an dieser Stelle denke. Denn ich wünschte mir genau an dieser Stelle der Erzählung, daß der Leser dieses Buch hinlegte, daß er eine Videokassette nähme, die er in der gleichen Hülle oder Schachtel wie den gedruckten Band bekommen hätte, und daß er sich die beiden Kurzfilme von Chris Marker ansähe, die ihm besser als meine Worte verständlich machen würden, welche unglaubliche schauspielerische Leistung – aber es ist beinahe unanständig, bei einem solchen geistigen Engagement von Leistung zu sprechen – Montand in *Das Geständnis* erbracht hat.

Der erste dieser Kurzfilme von elf Minuten Dauer heißt *Jour de tournage* und schildert, wie sein Titel besagt, einen Studioarbeitstag zu *Das Geständnis* in Lille. Der andere, *Le Deuxième procès d'Artur London*, dreißig Minuten lang, stellt, wie sein Titel andeutet, Londons ersten Prozeß, 1952 in Prag, neben den, der ihm, glücklicherweise in Abwesenheit,

1969, nach der Veröffentlichung seines Buches von der Obrigkeit der »normalisierten« Tschechoslowakei gemacht wurde, die ihm seine Staatsangehörigkeit aberkannte.

In diesem zweiten Dokument von Chris Marker ist ein Interview mit Montand, aufgenommen während der Dreharbeiten zu dem Film. Das Gesicht vom Bart überwuchert, die Augen von einer Art innerem Fieber verzehrt, abgemagert – er hat für die Glaubwürdigkeit der Figur freiwillig mehr als zwölf Kilo abgenommen –, fast unkenntlich, mit schwacher Stimme sprechend, ist Montand eindrucksvoll. Ich bin sicher, daß der Leser, der meinen Rat befolgt hat und sich diese Kassette auf seinem Videogerät angesehen hat, wirklich bewegt ist.

Im üblichen filmischen Schauspiel hat das Phänomen der Identifikation immer eine doppelte Richtung. Eine doppelte Wirkung. Einerseits identifiziert sich der Schauspieler mit der Figur, die er darstellen soll, um zu sein, was er spielt, um zu spielen, was er als Figur ist. Andererseits wird der Zuschauer angeregt, sich mit der Figur zu identifizieren, vor allem in Filmen, die angelegt sind nach dem Mechanismus der Entdeckung eines Rätsels oder der Spannung hinsichtlich des Ausgangs einer Handlung, welcher Art diese auch sein mag.

Wenn wir im Falle von *Das Geständnis* die letztere Identifikation, die des Publikums mit dem Schauspieler, zumindest auf emotionaler Ebene, durchbrochen haben – was Montands Arbeit noch schwieriger machte –, so hat er dafür seine Identifikation mit der Figur bis zu schwer erreichbaren Extremen getrieben. Fast bis zur Selbstentäußerung. Anders gesagt, genau an der Schwelle haltmachend, wo die Identifikation Wahnsinn werden kann. Wo das Sichverkörpern in der Figur radikales Anderssein werden kann. Eine einfache Episode beim Drehen macht verständlich, was ich meine.

Bei einer der Verhörszenen, man erinnert sich vielleicht,

läßt einer der Polizisten dabei London unermüdlich seine Biographie wiederholen. London ist mitten in der Nacht geweckt worden, er ist verstört, abgemagert. Er betrachtet mit aus den Höhlen tretenden Augen das riesige Wurstbrot, das der Polizist gefräßig verschlingt, wozu er randvolle Gläser mit blondem und offensichtlich schön frischem Bier trinkt. Aber da wir beim Filmen sind und die Einstellung wiederholt werden muß, um die Szene aus allen Winkeln, in halbnaher oder in Nahaufnahme und so weiter einzufangen, bekommt der Polizist jedesmal aus Gründen der Wahrscheinlichkeit ein nicht angebissenes Wurstbrot. Am Ende, eine kurze Arbeitspause nutzend, hält Montand es nicht mehr aus. Er stürzt zu den auf einem Tablett liegenden Wurstbroten und schnappt sich eins – trotz der Handschellen, die seine Hände fesseln –, das er zu verschlingen beginnt wie ein ausgehungertes Tier. Ein paar Sekunden lang, versichert Montand, hat er geglaubt, die Polizisten würden mit Faustschlägen und Stiefeltritten über ihn herfallen. Ein paar Sekunden lang, sagt er, hat er die Scheinwerfer, die Kameras, den Film vergessen, um sich in der Realität dieser Fiktion wiederzufinden und heißhungrig mit Londons Hunger, mit Londons Gleichgültigkeit für die Schläge, die auf ihn niederprasseln werden, das Brot und die Wurst zu verschlingen. Ein paar Sekunden lang ist Montand jenseits des Spiegels gewesen.

So gelang es Montand auf den ersten Blick, in *Das Geständnis* Artur London zu sein, wie er in *Der Krieg ist vorbei* Diego gewesen war. Jacqueline Michel hat es, als der Film anlief, deutlich hervorgehoben: »Zu sagen, daß Yves Montand Artur London verkörpert, genügt nicht«, schrieb sie in *Télé-Sept-Jours*. »Die Identifikation ist so total, so schmerzhaft absolut, daß man sich schämen würde, von einer Schauspielerleistung zu sprechen. Was er macht, geht weit darüber hinaus. Nach und nach, von *Der Krieg ist vorbei* von Resnais, zu *Z*, dann zu *Das Geständnis*, hört Yves Montand auf,

Schauspieler zu sein, um dieser gefolterte und gequälte Kämpfer zu werden, dem man immer intensiver glaubt.«

Aber in *Der Krieg ist vorbei*, erinnern wir uns, war Diego kein »gefolterter und gequälter Kämpfer«. Zwar hatte er Zweifel, opponierte er gegen seine Genossen, aber er blieb von der romantischen Aura des Untergrunds umgeben: die jungen Frauen fielen ihm noch in die Arme. Die Zukunft war noch vorstellbar. In *Das Geständnis* ist der Kämpfer nur noch so etwas wie ein von den Seinen gehetztes Tier, ein zermalmtes Wesen, ein Schräubchen im großen Mechanismus der Treue gegenüber einer Sache, deren einziger Horizont der des Todes ist. Des Nichts.

Was Montand sich in *Das Geständnis* vornimmt, was ihm zu verwirklichen gelingt, ist also viel gewagter. Er bezahlt buchstäblich mit seiner Person dafür. Er bezahlt schwer, freiwillig für die Ignoranz der Vergangenheit, für die Blindheit von Treu und Glauben, für die Belastungen des schlechten Gewissens, für die Schlagwortphrasen (wie jene von Éluard, die er gegengezeichnet hat: »Ich habe zu viel mit den Unschuldigen zu tun, die ihre Unschuld hinausschreien, um mich mit den Schuldigen zu beschäftigen, die schreiend ihre Schuld beteuern.«) Er bezahlt mit dem Abmagern seines Körpers, den Alpträumen seiner Nächte, der Genauigkeit seiner Darstellung. Aber er bezahlt auch für uns alle. Er bezahlt unsere Schulden, er entlastet uns. Er erkauft uns ein neues Leben durch seine Schauspielerleidenschaft. Selten ist die Arbeit eines Schauspielers den wahren Fragestellungen des Schicksals der Menschen in diesem Jahrhundert stärker verpflichtet gewesen.

Jeder, der sich weigert, das zuzugeben, ist ein Idiot, davon lasse ich mich nicht abbringen.

Wenn man sich daran erinnert, daß Montand unmittelbar bevor er *Das Geständnis* drehte, mit Philippe de Broca in *Le Diable par la queue (Pack den Tiger schnell am Schwanz)* zusammengearbeitet hatte, worin er (bereits!) mit verblüffender Leichtigkeit eine unwiderstehlich charmante und urwüchsige Figur mit Vornamen César verkörperte; wenn man bedenkt, daß er bald danach *La Folie des grandeurs (Die dummen Streiche der Reichen)* von Gérard Oury drehte, muß man daraus schließen, daß sein Register als Schauspieler, seine Meisterschaft im Übergang von einer Figur, die er gern spielt, zur anderen einen Höhepunkt erreicht hat.

Es ist also kein Zufall, daß das Jahr des Bruchs mit der Heiligen Familie auch das der vollen Entfaltung des Mannes und Schauspielers ist. Des Aufstrahlens seiner Reife, seiner endgültigen Autonomie.

Wie zu erwarten, löste *Das Geständnis,* als es im April 1970 in den Kinos anlief, eine leidenschaftliche Polemik aus.

Wenn man sie zusammenfaßte, eingehend analysierte, fände man darin das Material für einen regelrechten Essay über das intellektuelle Elend der kommunistischen Linken. Allgemeiner sogar der marxistisch-leninistischen Linken insgesamt, alle verfeindeten Familien zusammengenommen. Von den *Cahiers du Cinéma* bis zu den maoistischen Publikationen fielen alle Organe des korrekten Denkens – auf die Gefahr hin, sich wegen der korrekten Interpretation besagter Korrektheit gegenseitig zu zerfleischen – mit Begriffen um sich schlagend über uns her. Alle lasen uns die Leviten, wieder einmal.

Wieder einmal schickten wir uns in das Unvermeidliche.

Wenn man heute zum Beispiel in den *Cahiers du Cinéma* vom Oktober 1970 liest, daß die damals »ausschlaggebenden politischen« Filme nicht *Z* oder *Das Geständnis* waren, sondern *Othon, Sotto il segno dello Scorpione, Eros+massacre* und *Ice,* ermißt man mit Erleichterung die Relativität jeder Sache in dieser Welt hienieden.

Aber wenn in der Analyse der damaligen Kritik das Material für einen Essay steckt, sind wir nichtsdestoweniger nicht in einem Essay. Wir sind auf einer Reise durch Zeit und

Raum mit Yves Montand. Ich werde also kurz nur über die Haltung der KPF zu *Das Geständnis* sprechen, weil sie den Helden unserer Geschichte direkt betrifft.

Als Artur Londons Buch 1968 erschien, billigte die Kommunistische Partei es diskret. Sie hatte gerade die Invasion in die Tschechoslowakei *verurteilt,* dann *mißbilligt* – eine Nuance, die Anlaß zu zahllosen Scholien und schulischen Anmerkungen in der auf die Kreml-Auslegung spezialisierten Presse gab. Sie konnte sich also nicht frontal dagegenstellen, ohne ihre Stellungnahmen zum Sozialismus in Freiheit, in Demokratie und natürlich in den Farben Frankreichs unglaubwürdig zu machen. Zu jener Zeit, manche erinnern sich zweifellos, war viel die Rede von den nationalen Wegen zum Sozialismus. Die Frage nach dem *sozialistischen* Weg zum Sozialismus dagegen wurde weit weniger erforscht. Als rührten die Fehler, die man hinsichtlich des Sozialismus im Ostblock gern zugeben wollte, von der Tatsache her, daß er russisch oder polnisch oder auch rumänisch war, wo sie doch schlicht und einfach daher kamen, daß es in keinem dieser Länder Sozialismus gab, weder realen noch sonstigen.

Kurz, die KPF mißbilligte das Buch *Das Geständnis* nicht, noch verurteilte sie es. Sie zeigte zweifellos keine offene und massive Begeisterung, und die Veröffentlichung war nicht Ursache für eine Kampagne von Erläuterungen und Debatten. Aber immerhin, es wurde zugelassen. Es bekam das Etikett des Mutterhauses, das *nihil obstat.*

Eineinhalb Jahre später dagegen, als der Film *Das Geständnis* auf den Leinwänden erschien, war die Reaktion der KPF unverzüglich, massiv und schneidend. Mit Ausnahme der *Lettres françaises,* die eine nuancierte und rundherum positive Kritik von Michel Capdenac veröffentlichten, und eines ehrlichen Artikels in *La Marseillaise,* griff die gesamte kommunistische Presse den Film und seine Autoren frontal an.

Die Taktik, die angewandt wurde, war sehr einfach. Ein bißchen zu einfach sogar. Zunächst wurden Buch und Film gegenübergestellt. Aus einem kommunistischen Buch, sagten sie – aber sie hatten sich gehütet, bei seinem Erscheinen im Buchhandel so kategorisch zu sein –, hatten wir einen antikommunistischen Film gemacht. Alles in allem, wir hatten London verraten. Der mehr oder weniger aufgefordert wurde, wieder einmal, seine Irrtümer zu gestehen. Und uns zu verleugnen. Aber wir waren nicht mehr im Prag von 1951. Wir waren im Paris von 1970. Artur London veröffentlichte in *Le Monde* eine sehr standhafte, sehr klare Richtigstellung, in der er sich für den Film verbürgte. Daraufhin griff *L'Humanité* London selbst an. Und der Artikel, in dem dieser neue Schritt vollzogen wurde, endete mit folgenden unheilvollen Worten. Unheilvollen Andenkens: »Man kann nicht wirklich mit dem kämpfenden Vietnam solidarisch sein, wenn man hier den Freunden von Herrn Nixon Waffen liefert.«

Das war es: wir bewaffneten die Freunde von Herrn Nixon. Mit uns brauchte man nicht mehr zu diskutieren. Über den Film brauchte man nicht mehr zu diskutieren. Objektiv, wie Marschall Stalin und sein Staatsanwalt Wyschinskij gesagt hätten, spielten wir das Spiel des Feindes. Wir trugen Wasser auf seine Mühle. Kurz, wir waren in der Mühle des Feindes.

Merkwürdigerweise behandelten uns Herrn Nixons konsularische Dienste, zweifellos nicht wissend, daß die Feinde ihrer Feinde logischerweise ihre Freunde waren, zum gleichen Zeitpunkt, als *L'Humanité* uns öffentlich mit Schande überhäufte, weiterhin wenn nicht wie Feinde, so doch wie Verdächtige. Keineswegs wie Freunde jedenfalls.

Als wir nämlich zur Erstaufführung von *Das Geständnis* mit Costa Gavras nach New York fuhren, bekamen Montand und ich wieder einmal nur dieses falsche Visum, diesen mit chiffrierten Vermerken versehenen *waiver*, den die Verdächtigen bekommen. Wir waren immer noch verdächtig, weiterhin Freunde der Feinde der Vereinigten Staaten zu sein, während diese Feinde uns eher als Freunde ihrer Feinde betrachteten! Eine drollige Situation, aber keineswegs ungemütlich, moralisch gesehen.

Doch diese Krankheit, diese Art politische Masern, die wir uns in unserer Jugend geholt hatten, Montand und ich – Simone Signoret natürlich auch: ich habe es nicht erwähnt, weil sie bei der New-York-Reise zur Premiere von *Das Geständnis* nicht dabei war; wir waren als Junggesellen hingereist: als Altgesellen sogar –, diese Krankheit muß wohl unheilbar sein. Zumindest langwierig, wie man, scheint es, in der Krankenversicherungssprache sagt. Denn um Montand auf seiner Tournee zu begleiten, im Herbst 1982, habe ich noch einmal diesen berühmten *waiver,* dieses berühmte Nicht-Visum beantragen müssen, der einem vorübergehend, vorsichtig das Recht gibt, in die Vereinigten Staaten einzureisen. Doch da es besser ist, die ganze Wahrheit zu sagen, füge ich hinzu, daß dieser jüngste *waiver* von 1982, auf dem immer noch die kabbalistischen Zeichen 212 (d) (3) (A): 28 stehen, ein Jahr gültig ist und für mehrere Reisen benutzt werden kann. Sogar die Computer der CIA in Frankfurt scheinen fähig, Fortschritte zu machen!

Wie dem auch sei, sechs Jahre später, im Dezember 1976, wurde *Das Geständnis* im Rahmen der Sendung *Les Dossiers de l'écran* im französischen Fernsehen gezeigt. Und alles änderte sich bei dieser Gelegenheit. Jean Kanapa, Mitglied des Politbüros der KPF, war nicht nur bereit, an der Diskussion teilzunehmen – neben Lise und Artur London, Jiři Pelikan, dem ehemaligen Direktor des tschechoslowakischen Fernsehens zur Zeit des Prager Frühlings, und Laurent Schwartz –, sondern er äußerte auch, ohne ein Blatt vor den Mund zu nehmen, eine positive Meinung über den Film. Insgesamt positiv, aber auch im Detail.

Wir hatten uns im »Zigeunerwagen« an der Place Dauphine zusammengesetzt, um die Fernsehdiskussion zu verfolgen. Es waren da Yves und Simone natürlich – wir waren bei ihnen –, Costa Gavras und seine Frau. Meine Frau und ich. Und außerdem Chris Marker.

Dezember 1976. Franco war seit einem Jahr tot. Bald sollte die spanische Kommunistische Partei in die demokratische Legalität zurückfinden. Der Krieg war wirklich vorbei. Zweifellos stand wegen alldem Spanien wieder im Mittelpunkt meiner Pläne. Ich arbeitete an dem Buch, das eines Tages zu veröffentlichen ich seit langem beschlossen hatte, aber eben erst an dem Tag, an dem die KPS in die demokratische Legalität zurückgekehrt sein würde. Auch sein Titel stand schon fest: *Autobiografía de Federico Sanchez (Federico Sanchez).* Andererseits begann ich, das Drehbuch zu einem Film zu schreiben, den Joseph Losey drehen sollte, *Les Routes du Sud (Straßen nach Süden).* Auf die Lektüre eines Exposés von wenigen Seiten hin war Montand das Risiko eingegangen, die Hauptrolle zu spielen. Womit es möglich geworden war, wie man so sagt, die Sache durchzuziehen.

Als Montand die letzten Szenen dieses Films im November 1977 in Katalonien, in dem Fischerdorf Calella de Palafrugell drehte – dessen Name durch eines der besten Bücher, *El Quadern gris,* eines großen Schriftstellers dieses Jahrhunderts verewigt worden ist, des Katalanen Josep Pla, den die Franzosen natürlich und leider Gottes nicht kennen! –, las er übrigens *L'Autobiographie de Federico Sanchez.* Um der Bequemlichkeit des Lesens willen habe ich den Buchtitel auf französisch angegeben, aber Montand las es auf spanisch. Unverzüglich und aufmerksam. Mit der herzlichen Strenge eines freundschaftlichen Blicks, die ein wahres Geschenk war. Aber ich bin derartige Geschenke von Montand gewohnt.

Doch wir wollen nicht vorausgreifen.

Wir sind im Dezember 1976 und sehen uns im »Zigeunerwagen« an der Place Dauphine die Diskussion über *Das Geständnis* an. Montand hat vor kurzem *Police python 357 (Police Python 357)* mit Simone Signoret und François Périer unter der Regie von Alain Corneau gedreht (wahrhaftig, man trifft in meiner Geschichte immer auf dieselben: die Bande von Autheuil hat nicht aufgehört, von sich reden zu machen!). Sein letzter Film ist gerade Anfang Dezember angelaufen. Und zwar *Le Grand Escogriffe* von Claude Pinoteau, der ein bißchen durchgefallen ist. Zweifellos weil die Behandlung des Themas – heikel insofern, als es in burlesker Weise eine Kindesentführung anpackt – nicht den richtigen Ton gefunden hat und ständig zwischen einer etwas sentimentalen Sittenkomödie und einer zügellosen Farce schwankt.

Augenblicklich hören wir Jean Kanapa zu, der über *Das Geständnis* spricht.

Vor Jahren – und es waren wahrscheinlich Lichtjahre, so fern kommt es mir vor – habe ich mit Jean Kanapa verkehrt. Er hatte kurz nach meiner Rückkehr aus Buchenwald meine Aufmerksamkeit durch einen merkwürdigen Roman erregt: *Comme si la lutte entière*, der nicht ohne stilistische Qualitäten war und vollkommen gleichgültig gegenüber den Normen des Realismus, weder *kritisch*, geschweige denn *sozialistisch*. Aber auch durch eine Befragung, die er in einer damaligen Zeitschrift zur Diskussion gestellt hatte und deren Titel allein den Inhalt gut zusammenfaßte: *Faut-il brûler Kafka?*.

Nach dieser widersprüchlichen, aber aufsehenerregenden Einführung hatte ich also mit ihm verkehrt. Es muß gesagt werden, daß wir zu jener Zeit in Saint-Germain-des Prés alle miteinander verkehrten. Was Kanapa betraf, so führte er unter uns seinen intelligenten Dünkel, seine etwas desillusionierte Miene vor, die durch einen manchmal aufblitzenden maßlosen, aber wahren Ehrgeiz korrigiert wurden. Ich meine damit, daß er echt war, kein Tand, kein Talmi. Er strebte nicht nach Ehren, nach ersten Plätzen, sondern nach wirklicher Macht, sei sie auch unsichtbar. In den langen Nachtstunden im *Royal Saint-Germain* (einem Bistrot, das verschwunden ist, um dem jetzigen *Drugstore* Platz zu machen, und das den ungeheuren, überdies doppelten Vorteil hatte, erst sehr spät nachts zu schließen und eine riesige runde Theke zu besitzen, an deren Stange man sich festklammern konnte, wenn das Leben in die Ängste einer müßigen, aber dem Ideal der strahlenden Zukunft ergebenen Jugend umkippte), in diesen langen Nachtstunden also erklärte uns Jean Kanapa, daß sein Vorbild eines revolutionären Intellektuellen Laurenti Beria sei, Stalins allmächtiger Polizeichef, den Chruschtschow und die Seinen vor dem XX. Parteitag wie einen Hund erschlagen mußten.

Er war in diesem Punkt übrigens nur ein Wegbereiter. Wie viele ebenso intelligente junge Leute laufen heutzutage nicht herum und verkünden, daß Juri Andropow[†], Chef des KGB, Anglizist und Musikliebhaber, sagt man, der Mann sei, durch den tatsächlich die Moderne in den Kreml einziehen werde? Auf jeden Fall haben sie beide, Beria und Andropow, wenn man es überlegt, den gleichen marxistisch-leninistischen Intellektuellenkopf.

Das verheißt nichts Gutes.

Später, als ich anfing, illegal in Spanien herumzureisen, verlor ich Jean Kanapa aus den Augen. Zum letztenmal begegnete ich ihm Ende 1959, als wir den VI. Parteitag der KPS abhielten. Das war in Prag, in der zum Versammlungssaal umfunktionierten Turnhalle der Zentralschule der tschechischen Partei. Jean Kanapa vertrat dort die KPF, zusammen mit den beiden Georges, Frischmann und Gosnat. Aber ich glaube, das habe ich bereits gesagt.

Plötzlich falle ich fast von meinem Sessel.

Ich stelle fest, daß ich nicht der einzige bin, der zusammengezuckt ist. Jean Kanapa hat nämlich gerade im Fernsehstudio erklärt, *Das Geständnis* sei ein Film, den die Kommunisten selbst hätten machen sollen! Ich sehe Montand und Costa an. Sie sehen mich an. Wir können nicht umhin zu lachen. Chris Marker lächelt nur. Aber auf seinem Gesicht gewinnt dieses schmale Lächeln eine außergewöhnliche Tiefe. In diesem Moment bedaure ich flüchtig, daß Julien Livi nicht da ist, um dieser historischen Erklärung beizuwohnen.

Kurz, wir haben keinen antikommunistischen Film mehr gemacht. Wir haben einen Film gemacht, den die Kommunisten selbst an unserer Stelle hätten machen sollen. Bald wird man uns vorwerfen, ihn an ihrer Stelle gemacht zu haben. Ihnen den Platz weggenommen zu haben, der ihnen rechtmäßig zustand.

Man muß auf alles gefaßt sein, von seiten der Führung der KPF.

Ich würde in diesem Moment gern die Gesichter der strengen Kritiker sehen, die dem *Geständnis* jede politische Bedeutung abgesprochen haben. Woran kann man denn das politische Potential eines Filmes messen, wenn nicht an seinem Einwirken auf die Realität, an deren Einbeziehung? Sechs Jahre nach seiner Entstehung bringt *Das Geständnis* die Realitäten und Mentalitäten noch in Bewegung. Aber zweifellos werden unsere wackeren alternden jungen Leute von den *Cahiers du Cinéma* neue Argumente finden, um ihren Groll zu nähren. Bis zu dem Tag, an dem sie selbst anfangen, politische Filme zu machen. Und an dem sie sehen werden, wie kompliziert das ist.

Aber diese fortwährenden Sinnesänderungen der KPF in bezug auf *Das Geständnis* sind relativ einfach zu erklären. Unabhängig von der aktuellen politischen Konjunktur, die ihre Haltung bald zu Strenge, dann wieder zu Verständnis neigen lassen konnte, ist nämlich klar, daß die KPF unterschiedlich auf unterschiedliche Produkte reagiert hat. Ein Buch, ein Film, eine populäre Fernsehsendung sind miteinander nicht vergleichbare Medien, die nicht vergleichbare Arten von Publikum erreichen.

Von einem Verleger (Gallimard) veröffentlicht, der gänzlich außerhalb des kommunistischen Gegenuniversums, dessen Subkultur, steht, lief das Buch *Das Geständnis* keine

Gefahr, in diesen halb geschlossenen, gegen die vermittelnden Reize des Geschriebenen relativ gut abgeschirmten Bereich einzudringen. So konnte die KPF, da die Genossen und Sympathisanten in ihrer überwältigenden Mehrheit das Buch nicht lesen würden, sich den Luxus leisten, es, wenn auch unwillig, zu billigen. Gegenüber der bürgerlichen französischen Gesellschaft bewies sie damit geistige Weite, demokratische Konsequenz. Gegenüber der Gesamtheit der Partei war es kein allzu großes Risiko.

Aber ein Film ist etwas ganz anderes. Der Film *Das Geständnis,* vom Regisseur von *Z* gedreht, der gerade einen enormen und obendrein »linken« Erfolg gehabt hatte, dargestellt von einem der populärsten Schauspieler der Zeit – populär im engsten und strengsten Sinn des Wortes –, würde zwangsläufig die Grenzen des kommunistischen Universums überschreiten. Er würde die gewohnten Zäune niederreißen. Denn man geht ins Kino, im kommunistischen Universum, selbst wenn man nicht liest, oder wenig liest. Der Film war also eine Gefahr. Er stellte dem kommunistischen Zuschauer radikale Fragen, die zu umgehen, denen auszuweichen, von denen abzulenken die KPF bis dahin – sogar bei ihrer Billigung des Buches – Mittel und Wege gefunden hatte. Auf den Film mit Gebrüll also!

Mit dem Fernsehen erreichen wir ein neues Maß. Die Sendung *Les Dossiers de l'écran* erreicht nicht einige Zehntausend Zuschauer wie der Film, sondern Millionen. Bei dieser Gelegenheit brechen alle Dämme. Nichts und niemand wird Montand–London daran hindern können, sich einen ganzen Abend lang im Wohnzimmer der kommunistischen Familien, der Arbeiterfamilien niederzulassen. Der Fernsehschirm ist ein Fenster zur Realität der Welt, das niemand in der Lage ist zu versperren. Nicht einmal die Großkopfeten der KPF. Dies eine Mal trifft die etwas einfältige Dialektik der Abendkurse an den Parteischulen ins Schwarze: der quantitative Sprung verwandelt sich in einen qualitativen.

Indem sie Jean Kanapa ins Studio der *Dossiers de l'écran* schickt – eine ihrer Führungspersonen, die übrigens am engagiertesten auf der Suche nach einer neuen Unabhängigkeit der französischen Partei von Moskau zu sein schien –, ändert die KPF letzten Endes jedoch ihre früheren Stellungnahmen zum realen Sozialismus nicht tiefgreifend. Sie kapituliert nur vor der Macht des Fernsehbildes. Wenn das französische Fernsehen bei Erscheinen des *Archipel Gulag* von Solschenizyn in der Lage gewesen wäre, ein authentisches, zum Beispiel in den Lagern an der Kolyma aufgenommenes, Dokument zu senden, wäre die ganze Kampagne gegen das meisterhafte Buch des ehemaligen Sek zusammengebrochen.

Kurz, das televisuelle Bild ist, wenn es wahrheitsgemäße Informationen überträgt, sei es in Form des Dokuments oder der dokumentierten Fiktion, eine großartige Waffe für die Bewußtwerdung. Das heißt für die Demokratie. Man muß ein Pedant sein, um das televisuelle Medium an sich für entfremdend zu halten, um es von vornherein als Medium zu verteufeln. Ohne auch nur die Zwecke zu berücksichtigen, denen es besser als jedes andere in einem antitotalitären Kampf dienen kann.

Wie zu erwarten, war die Auswirkung von *Das Geständnis* im Fernsehen auf das kommunistische Universum beträchtlich. Einige Tage danach war *L'Humanité Dimanche* gezwungen, lang und breit auf dieses Problem zurückzukommen. Insbesondere wurde ein Interview mit Jean Kanapa veröffentlicht.

In seinem Verlauf wird Kanapa aufgefordert, einen Satz zu kommentieren, den Montand am Tag nach der Fernsehausstrahlung von *Das Geständnis* im Rundfunk gesagt hatte. Montand hatte sich dabei etwas ironisch über den Versuch Kanapas geäußert, den Film zu vereinnahmen. Und dann war er vor allem auf die historischen Tatsachen zurückgekommen. Von der Vergangenheit, von der Blindheit der Kommunisten und ihrer Weggefährten sprechend, hatte Montand schneidende und zutreffende Worte geäußert. Endgültige Worte. »Wir sind blöd gewesen. Blöd und gefährlich«, hatte er erklärt. Und Kanapa kommentiert diese Worte, die der Journalist von *L'Huma Dimanche* ihm ins Gedächtnis ruft, folgendermaßen: »Wie jeder von uns hat Yves Montand über all das nachgedacht. Wie jeder von uns hat er es sicherlich ernsthaft und mit einem schmerzlichen Gefühl getan. Denn wir sind verletzt worden, alle, damals. Im übrigen ist er danach seinen persönlichen Weg gegangen. Er hat sicherlich nach seinem Gewissen gehandelt. Jeder von uns ebenfalls.«

Gemäßigte Worte, wie man bemerkt. Die beweisen, wie sehr die KPF in der Defensive war. Man ist weit entfernt von den Beschuldigungen der *Humanité* im Jahr 1970, die uns vorwarf, den Freunden von Herrn Nixon Waffen zu liefern. Wir sind jetzt, wie Montand, Leute geworden, die nach ihrem Gewissen gehandelt haben. Das werden wir übrigens weiter tun, auch ohne die Erlaubnis der KPF.

Um glanzvoll zu schließen, um mit einem gezwungenen Lachen zu schließen, erinnere ich an das Abenteuer, das meinem Freund Raymond Lévy zugestoßen ist, Autor von *Schwartzenmurtz ou l'esprit du parti.* Es war zur Zeit von *Das Geständnis.* Es war auf dem Flughafen von Nizza. Dort begegnete er Raymond Guyot, der, wie jedermann weiß, Londons Schwager war. Der auch aufgrund seiner Stellung und seiner Biographie einer der über die Realitäten des Ostens bestinformierten Führer der KPF war. Als der Prozeß gegen Slánský und London stattfand, verhielt Guyot sich still. Als im Osten die Entstalinisierung schüchtern, dann stürmisch begann, verhielt Raymond Guyot sich still. Jahre später veröffentlichte sein Schwager London seinen Zeugenbericht. Und Raymond Lévy begegnete Raymond Guyot auf dem Flughafen von Nizza.

Er erkannte ihn von hinten an seinem silberweißen Haar und trat zu ihm. »Erinnerst du dich an mich?« fragte er

Guyot. Dieser erinnerte sich selbstverständlich. Sie haben ein sehr gutes Gedächtnis, die kommunistischen Führer. Außer, wenn es ihnen besser paßt, amnestisch zu sein. Jedenfalls nicht Guyot. »Selbstverständlich!« sagte er. »Man hat dich lange nicht gesehen.« Das stimmte, man hatte Raymond Lévy lange nicht mehr gesehen. Aber es war auch einiges passiert! Raymond Lévy hatte nämlich 1956 mit der Partei gebrochen. »Ich nehme an, du hast Londons Buch gelesen, du hast es doch gelesen?« fragte Schwartzenmurtz. Ich meine Lévy. Und Raymond Guyot nickte wieder, ernst. »O ja!« antwortete er. »Diese Dinge mußten endlich einmal gesagt werden.«

Voilà, das war alles. So weit getriebene Heuchelei ist schon höchste Kunst.

Aber wir lernen immer noch etwas dazu. Elf Jahre später sollten wir die gleiche Verhaltensweise wieder erleben.

In bezug auf Polen diesmal.

6

Es lebe Polen, meine Herren!

Am Mittwoch, dem 16. Dezember 1981, empfängt Ivan Levaï
wie an allen oder fast allen Tagen des Jahres am Mikrofon von
Europe 1 seinen Morgengast. Richtig gesagt, sind sie an
diesem Morgen zu zweit, die Gäste: Michel Foucault und
Yves Montand. Der Professor am Collège de France und der
Schauspieler–Sänger.

Es ist nicht das erste Mal, daß sie gemeinsam eingreifen,
daß sie in Wort oder Zeugenaussage einverständlich handeln.
Im September 1975 gehörten sie beide zu der Delegation von
französischen Intellektuellen (Costa Gavras, Régis Debray,
Jean Lacouture, Pater Laudouze, Claude Mauriac und
schließlich, wie gesagt, Foucault und Montand), die nach
Madrid reiste. Sie hatten die Absicht, während einer Pressekonferenz einen gemeinsamen Text von Sartre, Malraux,
Aragon, Mendès-France und François Jacob zu verlesen, in
dem die Begnadigung von fünf jungen Antifaschisten gefordert wurde, die vom Regime des Generals Franco zum Tode
verurteilt worden waren.

Die Pressekonferenz wurde, wie man sich vielleicht erinnert, von der Polizei abgebrochen. Die Delegation *manu
militari* ausgewiesen. Und die fünf Antifaschisten wurden
erschossen. Es war das letzte politische Verbrechen einer
Regierung mit langer blutiger Geschichte, wenige Wochen
vor dem Tod des alten Diktators.

In den folgenden Jahren haben Foucault und Montand sich
weiter gemeinsam an Aktionen für die Menschenrechte beteiligt. So zum Beispiel an den vom Komitee Ärzte der Welt

organisierten, die die Aufmerksamkeit auf das Schicksal der *boat-people* lenken sollten, anders gesagt, der vietnamesischen Flüchtlinge, Schiffbrüchiger des realen Sozialismus: Männer, Frauen und Kinder, von der Verzweiflung ins Meer geworfen und Übermittler einer schrecklichen Botschaft für die europäische Linke.

Aber an diesem Morgen, am Mittwoch, dem 16. Dezember 1981, geht es um Polen.

Drei Tage zuvor hatte General Jaruzelski den Kriegszustand verhängt. Armee und Spezialeinheiten der Polizei überzogen das Land mit einem Überwachungsnetz. Mitglieder von *Solidarność* – der legalen Gewerkschaft, deren Existenz nicht nur von der massiven Unterstützung der Arbeiter sanktioniert worden war, sondern auch durch eine Abstimmung im Sejm, dem polnischen Parlament – wurden zu Tausenden verhaftet und in Gefängnissen und Lagern interniert. Alle bescheidenen Freiheiten der Meinungsäußerung und Versammlung wurden aufgehoben, Polen wurde von der westlichen Welt abgeschnitten.

An jenem Sonntag, dem 13. Dezember 1981, wird Montand die Nachricht von Jaruzelskis Militärputsch – des Generals mit der dunklen Brille, den zusammengepreßten Lippen, dessen Bild direkt aus einem zweitklassigen antikommunistischen amerikanischen Film der fünfziger Jahre zu stammen scheint – wohl erst am späten Vormittag erfahren haben.

Im allgemeinen ist Montand eher ein Frühaufsteher. Die Zeitpläne der Filmdreharbeiten haben eine Gewohnheit aus der Jugend nur verfestigt. Die früh erlernte Arbeitsdisziplin verbietet langes Ausschlafen. Aber seit zwei Monaten, auf den Tag genau, seit dem 13. Oktober, singt er im Olympia. Daß er singt, besagt im übrigen wenig. Er singt, er mimt, er tanzt, er spielt: er füllt nahezu zwei Stunden die Bühne aus, ohne einen Augenblick der Untätigkeit. Er spielt also jeden

Abend ums Ganze, mit seiner Stimme, mit seinem Leben, vor vollen Sälen. Und erfüllten, verblüfften. Überglücklichen.

Jeden Abend der Woche, außer sonntags. Am Sonntag, jenem Sonntag, dem 13. Dezember 1981, produziert er sich nur in einer Matinee.

Er ist also spät aufgestanden. Die Arbeitsdisziplin der Music-Hall ist anders als die der Filmstudios. Nach dem Konzert, nach der emotionalen Entladung, die es mit sich bringt, taucht der einsame Langstreckensänger allmählich auf, trifft sich mit ein paar engen Freunden – oder mit Gelegenheitsfreunden, die manchmal von weit her gekommen sind –, um eine Kleinigkeit zu essen, um den Umgang mit der Sprache und der Welt wiederzufinden. Das kann bis spät in die Nacht dauern. Und dann taucht er wieder in die Einsamkeit des Schlafes ein, die auf die des nächsten Tages, auf die der magischen Stunde vorbereitet, in der er sich von neuem dem widerspenstigen oder hingerissenen – hinreißenden – Ungeheuer stellt, dem Publikum.

Montand ist also spät aufgestanden. Er hat ausgiebig gefrühstückt – er tritt in einer Matineevorstellung auf, er wird vor dem Konzert nichts mehr essen –, er hat das Telefon wieder angeschlossen. Da muß die Nachricht ihn erreicht haben, spät am Vormittag.

Wer ihn kennt, kann sich leicht die Wut vorstellen, die ihn in jenem Augenblick gepackt hat. Eine Wut, die das Blut zum Wallen bringt, Wut voller Schreie, Wut der Empörung. Zweifellos auch voller Verzweiflung. Eine Wut, um Gegenstände in seiner Reichweite kaputtzuschlagen, auf jeden Fall. Denn mag man auch wissen, wie Montand es seit langen Jahren weiß, daß der *reale Sozialismus* nicht mehr reformiert, nicht mehr gerechter gemacht werden kann, indem man ihm entsprechend der Losung des Prager Frühlings ein menschliches Gesicht gibt; mag man auch wissen, daß bei den kommunistischen Parteien, ob sie an der Macht sind oder nicht, immer mit dem Schlimmsten zu rechnen ist; mag man auch wissen, daß die Dinge hoffnungslos sind, nichtsdestoweniger hatte das polnische Experiment seit einem Jahr, seit dem überraschenden Arbeitersieg von Gdansk Ende August 1980 in der Wüste unserer Seelen einige Flämmchen der Illusion entfacht. Und wenn man es doch schaffte, diese entmutigenden Dinge ohne Hoffnung zu verändern? Wenn das einmal gelänge? Wenn die Russen aufgrund einer ungünstigen internationalen Lage und des massiv ausgedrückten Willens der Polen gezwungen wären, in diesem Grenzgebiet des Imperiums einen gewissen, wenn auch gemäßigten Pluralismus zuzulassen, der das grundsätzliche Gleichgewicht der Kräfte in Europa nicht in Frage stellte?

Jaruzelskis Putsch machte jeder Illusion, jeder Spekulation der schnurrenden schönen Seelen ein Ende. Er stellte die Uhren wieder richtig. Er veranschaulichte, was wir schon zu wissen glaubten: von den Regimen des Ostblocks ist nichts anderes zu erwarten als Gewalt, der Knebel oder der Tod.

Dennoch mußte Montand an jenem Sonntagnachmittag auf der Bühne des Olympia auftreten. Er mußte die Rosen der Picardie und die jugendlichen Freuden des Fahrradfahrens besingen. Er mußte die Gestalt von Sir Godfrey zum Leben erwecken, auch die des traurigen einäugigen Hotelnachtportiers mit der gestreiften Weste. Er mußte die volkstümliche Freude des Luna-Parks preisen. Das ist ein Gesetz des Showgeschäfts. Das hört nie auf, Damen und Herren! Musik, bitte! Sogar der Tod eines teuren Menschen kann die Show nicht unterbrechen. Man muß weitermachen, sein Bestes geben, verführen, bezaubern, überzeugen. Seine Arbeit tun.

Aber tief im Gedächtnis muß zweifellos das Bild des Vaters, des dreizehn Jahre zuvor gestorbenen Giovanni Livi, während Montand sich dort, auf der Bühne des Olympia produzierte, die Erinnerung an den Vater muß sich an jenem

Sonntag geregt haben, schwer vom Gewicht eines kämpferischen und betrogenen Lebens.

Ich war an jenem 13. Dezember 1981 nicht in Paris.

Ich war in einem Landhaus im Gâtinais, einer von jeher für
die Güte ihres Honigs bekannten Gegend. Ich hatte die
Nachricht von Jaruzelskis Gewaltstreich durch einen Anruf
von Florence Resnais bei Colette, meiner Frau, erfahren.

Der Tag ist mit Radiohören, mit dem Ansehen der Sonder-
sendungen im Fernsehen vergangen. Man konnte natürlich
nichts anderes machen. Seine Wut hinunterschlucken, vor
Sorgen umkommen. Versuchen, etwas zu erfahren, die
Freunde anzurufen, um das Ereignis zu besprechen. Auch
sich erinnern.

Ein paar Tage vorher hatten wir in Paris einen langen
Abend mit Karol Modzelewski verbracht. Er fuhr am nächsten Tag nach einem kurzen Aufenthalt in Frankreich nach
Warschau zurück. Ein fieberhafter, herzlicher Abend. Auch
herzzerreißend. Modzelewski hatte mehrfach die Gefängnisse seines Landes kennengelernt, seit er um die Mitte der
sechziger Jahre seinen in Zusammenarbeit mit Jacek Kuron
verfaßten *Offenen Brief an die Vereinigte Polnische Arbeiterpartei* in Umlauf gebracht hatte. Er war einer der historischen
nationalen Führer jener gesellschaftlichen Bewegung, für die
er selbst den Namen gefunden hatte, der sie für die geschichtliche Ewigkeit in der ganzen Welt bekannt machen sollte:
Solidarität.

Mit viel Wodka sind wir spät in die Nacht eingedrungen,
haben unsere Kampferfahrungen gegen die Diktaturen vergli-
chen. Gegen die Francos in meinem Fall; gegen die der
kommunistischen Partei in seinem.

Die friedlichen Massenaktionen; die revolutionäre Nutzung aller legalen Möglichkeiten des Systems; die Fragen
einer Strategie der ständigen Eroberung von Freiräumen: all
diese gemeinsamen Probleme, die sich früher in der Bewe-

gung der Arbeiterkommissionen im Franco-Spanien gestellt hatten und die sich jetzt – in einer spezifischen Form natürlich – der Solidarność-Bewegung in Polen stellten, waren an jenem Abend Gegenstand unserer Diskussion.

Aber ohne Zweifel gab es einen radikalen Unterschied zwischen beiden Erfahrungen. In Spanien nämlich brauchten weder die Arbeiterkommissionen noch die Kommunistische Partei, von der jene im wesentlichen beherrscht wurden, die Möglichkeit eines bewaffneten Eingreifens der Vereinigten Staaten in ihre strategische Sicht miteinzubeziehen. Es war undenkbar und kein Mensch dachte im übrigen daran, daß der »amerikanische Imperialismus« (ich setze absichtlich Anführungszeichen, nicht um allzu offensichtliche hegemoniale expansionistische Tendenzen der amerikanischen Großmacht in ihrem Sicherheitsbereich zu leugnen, sondern um die Vorsicht zu unterstreichen, mit der man diesen ebenso rituellen wie wirren Ausdruck gebrauchen muß), undenkbar also, daß die Vereinigten Staaten ihre VI. Flotte und ihre Marineinfanteristen losschickten, um General Franco gegen eine von Marcelino Camacho und seinen Genossen in den Arbeiterkommissionen organisierten Bewegung friedlicher Streiks zu Hilfe zu eilen.

In Polen dagegen, selbst wenn die Sowjetunion nie ausdrücklich in den Dokumenten von Solidarność genannt wurde, selbst wenn sie das Unausgesprochene der Bewegung war, ihr Verdrängtes, mit allem, was dies an moralischen und politischen Zweideutigkeiten beinhaltete, in Polen war es undenkbar, nicht ständig, bei jedem Schritt voran die Möglichkeiten einer militärischen Intervention der UdSSR mit einzukalkulieren, abzuschätzen, zu berücksichtigen.

Dieser Unterschied ist natürlich nicht vorübergehend. Er hängt nicht mit den immer wechselnden, immer konkret zu erfassenden historischen Gegebenheiten zusammen. Er hängt mit der Eigenart der UdSSR und der Vereinigten Staaten zusammen.

Jedenfalls, an jenem Sonntag, dem 13. Dezember, erinnerte ich mich, während ich gleichzeitig die Nachrichten aus Polen hörte, an einen Abend, den ich unlängst mit Karol Modzelewski verbracht hatte. Ich versuchte mir auch Montand während seiner Matineevorstellung im Olympia vorzustellen.

Das war nicht allzu schwierig. Ich kannte jetzt die Kulissen, den Garderobenkorridor, den kleinsten Winkel hinter der Bühne. Ich konnte mir Montand vorstellen, Minute für Minute, bei seinem Hinundherwandern in der Stunde vor dem Beginn der Vorstellung. Auf die Sekunde genau konnte ich mir vorstellen, wo er während der Vorstellung selbst war. Jetzt hat er gerade *L'Addition* von Jean-Loup Dabadie zu Ende gesungen; er weiß schon, wie das Publikum ist an diesem Nachmittag; er spürt schon die bebenden Wellen der Kommunikation, die Kältezonen, wenn es überhaupt welche gibt: er spürt den Saal, er hält ihn, er wird auf ihn zugehen oder wird ihn im Gegenteil auf sich zukommen lassen, je nachdem; aber jetzt strahlen die Lichter für *Battling Joe* auf, jede Vorstellung ist ein Kampf!

Ich konnte es mir vorstellen, ohne jeden Zweifel.

1968, als Montand im September wieder aufgetreten ist, habe ich mir seine Show natürlich angesehen. Es war das erste Mal, daß ich sie sah. Bis dahin war Montand eine Stimme gewesen, ich sagte es bereits. Dann hatte diese Stimme Gestalt angenommen. Aber seit wir uns begegnet waren, im Jahr 1963, hatte Montand nicht in den Music-Halls gearbeitet. Er war einer der großen Filmschauspieler seiner Zeit geworden.

Damals jedoch, wie ich zugeben muß, 1968 im Olympia, habe ich mich nicht voll von der Magie seines Vortrags vereinnahmen lassen. Ich bin etwas außerhalb geblieben. Ohne Zweifel war ich von der Perfektion der Vorstellung, von der Meisterschaft und Nüchternheit von Montands

Leistung beeindruckt. Aber Tatsache ist, daß ich, vielleicht aus Mangel an Music-Hall-Erfahrung, vielleicht oder vor allem, weil der Filmschauspieler mich damals mehr interessierte, daß ich nicht so betört, erschüttert gewesen bin wie später dann. In Wahrheit verdanke ich im wesentlichen Chris Marker die Entdeckung der Schätze an Phantasie, leidenschaftlicher ungeduldiger Geduld, beherrschter Instinktivität: kurz, an Kreativität, die in Montands Music-Hall-Arbeit steckt. Und ich denke natürlich an *La Solitude d'un chanteur de fond*, den Film, den Chris anläßlich von Montands Sonderkonzert zugunsten der chilenischen Flüchtlinge im Februar 1974 im Olympia drehte.

Es war in Autheuil-sur-Eure, wenn ich mich recht erinnere, wo Montand uns seinen Entschluß mitteilte. Seit einiger Zeit fragte er sich, was er tun könnte, um seine Solidarität mit den Opfern der Repression in Chile auszudrücken. Der Putsch von General Pinochet, Präsident Allendes Tod im Monedapalast hatten ihn zutiefst aufgewühlt. Aus generellen und generischen Gründen. Aber auch aus persönlicheren Gründen. Denn Salvador Allende war für ihn nicht nur ein Bild, das man in den Fernsehnachrichten sah. Er war nicht nur die Verkörperung eines bestimmten Begriffs von sozialer Gerechtigkeit und sozialem Fortschritt. Allende war ein Mensch aus Fleisch und Blut, mit dem Montand lange gesprochen hatte, dessen höfliche und intensive Gegenwart er hatte schätzenlernen können.

In Chile hatte Montand nämlich 1972 *État de siège (Der unsichtbare Aufstand)* unter der Regie von Costa Gavras gedreht. Und damals hat er Salvador Allende und Augusto Olivares kennengelernt, der sich neben der Leiche des Präsidenten eine Kugel in den Kopf schoß, in der von Pinochets Panzern belagerten Moneda.

(Ein Wort, Yves, zu *Der unsichtbare Aufstand*. Ein Wort, weil die Gelegenheit sich bietet. Denn genaugenommen ist dieses Buch nichts als ein an Dich gerichteter Brief. Ein Wort, um Dir zu sagen, daß es mir ebenso lieb ist, daß Du in *Der unsichtbare Aufstand* das Opfer bist. Ohne Zweifel spielst Du die Rolle eines CIA-Agenten in diesem Film – einem von Costas schönsten, unter dem Gesichtspunkt der Inszenierung betrachtet – und tust es mit der Konsequenz, der Überzeugung, die Du in Deine gesamte Arbeit legst. Aber nicht weil Du Philipp Michael Santore bist, alias der sehr wirkliche und der Wahrheit entsprechende Don Anthony Mitrione, amerikanischer Beamter mit dem Auftrag, die uruguayische Polizei auszubilden, ist es mir ebenso lieb, daß Du stirbst. Nein, nicht deswegen. Ich persönlich hätte Dich oder vielmehr ihn leben lassen. Mir ist es ebenso lieb, daß Du stirbst, weil ich keineswegs sicher bin, ob Deine Gerichtsherren Gerechte sind. Ich bin nicht sicher, gestatte mir die Litotes und den Euphemismus, ob die Tupamaros, die Mitrione in der Realität der Geschichte oder Santore in der des Films zum Tode verurteilten, mit dieser Hinrichtung den Weg zur Gerechtigkeit geöffnet haben. Oder den Weg zur sozialen Befreiung. Ich bin vielmehr sicher, daß sie alle Wege verschlossen haben, indem sie mit einer militaristischen und mörderischen Raserei auf die repressive Raserei der Polizisten ihres Landes geantwortet haben. Ich schreibe diese Worte in dem Augenblick, in dem die historischen Führer der Roten Brigaden, unter anderen Renato Curcio, die sich so stark vom Vorbild der Tupamaros leiten ließen, gerade verkündet haben, daß sie den bewaffneten Kampf von nun an verurteilen. Dafür können wir uns etwas Schönes kaufen, nachdem sie sich so viele Unschuldige gekauft haben! Jetzt, nach zehn Jahren dröhnender Worte und relativ täglicher Morde, entdecken unsere brillanten marxistisch-leninistischen Theoretiker, was wir, wir anderen armen Sterblichen ohne unfehlbaren ideologischen Kompaß schon wußten, was wir nicht aufgehört haben zu sagen. Daß der Terrorismus nur zum Terror führt, daß der Wille, den Staat ins Herz zu treffen, nur dazu führt, daß der Staat sich einem im Herzen einnistet. Das ist jedem Chorknaben von jeher bekannt. Aber die Brigadisten, Erben der Tupamaros, die Dich – im Namen der Demokratie natürlich, im Namen der strahlenden Zukunft der *Zukunft* – ermordeten, wußten von all diesen Gewißheiten nichts. Sie haben zehn Jahre Blei und Maschinenpistolenfeuer gebraucht, bis sie geruht haben, die Augen zu öffnen und uns das Almosen ihrer brillanten theoretischen Entdeckung zu schenken. Gott nehme ihre Seele auf, aber er möge mir erlauben, ihnen ins Gesicht zu spucken! Ich sagte Dir ja, Yves, es ist mir ebenso lieb, daß Santore in *Der unsichtbare Aufstand* stirbt. Es ist mir ebenso lieb, daß Du wieder auf der Seite der Opfer bist, wie immer. Auch wenn Santore ein böses Opfer ist. Es ist immerhin besser, ein böses Opfer zu sein als ein guter Henker. Das ist alles, Yves, auf bald.)

Montand fragte sich also, was er tun könnte, um seine Solidarität mit den chilenischen Flüchtlingen auszudrücken. Und ihm kam der Gedanke, ausnahmsweise wieder auf die Bühne zu steigen für ein einziges Konzert zu ihren Gunsten.

Er sprach mit uns in Autheuil darüber. In Autheuil bereitete er sich auch darauf vor, in den zehn Tagen, die ihm alles in allem bis zu dem einzig möglichen Termin im Olympia blieben.

Man kann dieses Abenteuer in *La Solitude du chanteur de fond* von Chris Marker verfolgen.

Aber ich habe Ihnen Chris ja noch gar nicht vorgestellt. Er ist mehrmals verstohlen in diesem Bericht aufgetaucht, aber vorgestellt habe ich ihn Ihnen noch nicht. Vielleicht weil er schwer vorzustellen ist. Ich meine damit nicht, daß er nicht präsentabel ist, sondern vielmehr, daß er sich sehr gut selbst vorstellt. Mit seinen Filmen unter anderem. Aber vielleicht habe ich ihn noch aus einem anderen Grund nicht vorgestellt. Weil er so lange zur Familie gehört, daß man ganz einfach vergißt, ihn den neu Hinzugekommenen vorzustellen. Und

Sie, liebe Leser, sind, bei allem Respekt, den ich Ihnen schulde, in dieser Geschichte neu Hinzugekommene. Also Chris ist da, sagte ich, seit jeher, irgendwo in einem Eckchen – denn unbemerkt zu bleiben ist sein Stil, im Mittelpunkt der Dinge, der Ereignisse zu sein – seit dem *Sabot bleu* von Neuilly in Simone Signorets strahlender Jugend. Aber diese Episode ist von ihr erzählt worden. Ich erwähne sie nur.

Ich werde jedoch, bevor ich auf *La Solitude du chanteur de fond* zurückkomme, sagen, welche Punkte mich mit Chris Marker verbinden. Erstens ist er wie ich in Giraudoux verliebt. Er saß zur gleichen Zeit wie ich im hintersten Rang des Athénée und hörte Louis Jouvet in *Ondine (Undine)* seinen Namen sagen: »Ich heiße Hans...« Diese gemeinsame Liebe haben wir viel später entdeckt. Außerdem hat er sein Leben lang in allen Gattungen und allen Sprachen genug gelesen, um kein trockener Bücherwurm zu sein. Er ist gebildet genug, um kein Pedant zu sein. Drittens verachtet er weder Tageszeitungen noch Comics, noch Fernsehsendungen. Er ist sogar ein Meister des Videorecorders. Eine unschätzbare Qualität bei einem Intellektuellen, vor allem einem linken. Und schließlich hat Chris einen Blick für junge Frauen, der mir gefällt. Wenn es nicht umgekehrt ist: daß mir die jungen Frauen gefallen, für die er einen gewissen Blick hat. In dieser Hinsicht mache ich eine einzige Einschränkung: mir scheint, daß das Bestiarium seines Sprachschatzes für junge Frauen hin und wieder zu idyllisch, zu idealisiert ist. Er vergleicht mit Eichhörnchen junge Frauen, die ich eher als Wildkatzen bezeichnen würde. Oder im Gegenteil als Murmeltiere.

Kurz, das einzige, was ein Hindernis zwischen ihm und mir ist, das einzige, was mich manchmal von ihm trennt, ist, daß er in einem Winkel seines Herzens die Hoffnung auf das Paradies auf Erden bewahrt zu haben scheint. Vielleicht nicht auf das Paradies, genaugenommen, aber auf das Glück in seinen großen Linien. Irgendwo, hier oder da, für eine mehr oder weniger lange Periode scheint mir, daß er den Landstrich des Glücks gefunden zu haben scheint.

Und damit spiele ich natürlich nicht auf seine Leidenschaft für Japan an. Chris wird mich übrigens verstanden haben: es ist nicht das Paradies, nicht einmal das Glück, das ihn nach Japan zieht, es ist die Maske des demaskierten Lebens. Die glatte, zivilisierte Maske des Todes auf den vielfältigen Gesichtern des Lebens. Die Abschminkmaske des Jenseits auf dem Hiersein. Schließlich, wenn Ironie die Höflichkeit der Verzweiflung ist, nach einem Ausspruch, den man Chris Marker oft zuschreibt, wäre Japan die Ritterlichkeit der unabänderlichen menschlichen Endlichkeit.

Aber ich komme nun zu *La Solitude du chanteur de fond*, einem Meisterwerk.

Man sieht das Haus in Autheuil, von dem zu sprechen ich nicht müde werde. Das ich nicht müde werde anzusehen. Den Park, in dem Montand mit angelegten Ellbogen durch die lange Allee hundertjähriger Bäume läuft. Den nach allen Seiten hin offenen großen Salon mit dem Flügel, auf dem eingerahmt ein Dankesbrief von John F. Kennedy an Montand, ein anderer von Josip Broz Tito an Montand und Signoret stehen. Und ein dritter von Martin Luther King. Das kleine, in einem Gebäude des angrenzenden Bauernhofs eingerichtete Theater, in dem Montand mit Bob Castella unter dem wachsamen Auge von Chris Markers Kamera geprobt hat.

Aber von diesem großartigen Film, den man auch, wie einen anderen Dokumentarfilm von Chris, *Description d'un combat (Beschreibung eines Kampfes)* nennen könnte – denn es handelt sich tatsächlich um einen Kampf: den Kampf, den Montand gegen die Trägheit des Körpers, die Gedächtnisschwächen, die ihm vor der Vorstellung am 12. Februar 1974 zwischen den Fingern zerrinnende Zeit liefert –, von diesem Film möchte ich zwei Dinge festhalten, die mir wesentlich erscheinen.

Die Einsamkeit an erster Stelle natürlich.

Mir ist unbekannt, ob Montand, weil er ein Einzelgänger ist (im positiven Sinn des Wortes, seine Nuancen Misanthropie, Agoraphobie, auch Angst eingeschlossen; und deshalb war Montand in *Le Sauvage (Die schönen Wilden)* dermaßen glaubwürdig, auch wenn Jean-Paul Rappeneau dieses Thema des Einsiedlers oberflächlich behandelt, nach Art der sentimentalen Komödie), ob er deshalb die Welt der Music-Hall gewählt hat und innerhalb dieser Welt die Herausforderung der *one man show*. Der Schau des einsamen Mannes. Oder ob es diese Arbeit selbst ist, die ihn zum Einzelgänger gemacht hat. Ich neige eher zu der ersten Hypothese, der der metaphysischen oder vielmehr sehr physischen Einsamkeit: so sehr, daß man darunter leidet, daß es einem weh tut, aber daß man nicht anders kann, als sich immer tiefer hineinzuvergraben, um noch mehr zu leiden. Um über ein jedesmal stärkeres Leiden zu triumphieren. Ohne die ganz offensichtliche Tatsache zu vernachlässigen, daß jede gewonnene Herausforderung, jeder mit einem Sieg beendete Kampf in der Music-Hall diese angeborene Gabe der schöpferischen Einsamkeit aufs höchste gesteigert hat.

Doch wie dem auch sei, das Ergebnis ist da, anschaulich. Sogar ansehnlich. Chris Markers Film macht es ganz deutlich spürbar, sichtbar: wie alle großen Tiere der Bühne ist Montand ein Einzelgänger.

Aber seine Einsamkeit ist voller Vitalität. Ich würde sagen, sie ist wie ein vitaler Trieb. Es ist eine Einsamkeit, die nicht ins Leere, ins Nichts geht – der reine Spiegel, um sich selbst zu bespiegeln –, sondern in die Fülle des Lebens, in die Menge des Lebens: seine Geheimnisse und sein Wunder. So sehr, daß, auch wenn andere Gründe vorrangig, unmittelbarer erscheinen mögen, dieser vitale Trieb, diese Herausforderung des Lebens, das ständig abnimmt und das Montand in jedem Augenblick in all seinem Glanz wiederbeleben, wiederherstellen möchte, ihn, scheint mir, dazu getrieben hat, mit sechzig Jahren wieder eine Bühne zu betreten. Dort von neuem zu triumphieren. Über die Einsamkeit selbst zu triumphieren. Und über den Todestrieb, der ihr manchmal innewohnt.

Ein Zweites, was der Film von Chris Marker hervorhebt, immer angemessen, manchmal erschütternd – aber so ist es im wirklichen Leben –, ist das Außerordentliche, die kostbare Einmaligkeit der Beziehung, die zwischen Montand und Bob Castella besteht.

Dieser ist heute, nachdem Henri Crolla gestorben ist, Montands ältester Freund, sein ältester Komplize. Bob ist 1947 in Montands Berufsleben eingetreten und hat es seither nicht mehr verlassen. Weder das Berufsleben noch das Leben als solches. Keiner hat mit Montand so viele Geheimnisse während einer so langen Zeit geteilt. Erbärmliche kleine Geheimnisse des Alltags, von denen Malraux sprach – äußerst ungerechterweise, nach meiner bescheidenen Ansicht –, und ernste Geheimnisse der Traurigkeit, der Wut, der Enttäuschung, des auflodernden Lebens. Jeder, der ein vertrauliches Verhältnis zu Montand gewinnt, muß von vornherein wissen, daß ein Platz besetzt ist, auf immer: der, den Bobby einnimmt, wie Montand ihn nennt. Und *Bobby,* dieser Vorname kann im Ton der Zuneigung gesagt werden, aber auch in dem der Beleidigung geschrien werden, wenn Montand in der genialen Unaufrichtigkeit, die sich auf dieses unzerstörbare Band beruft, beschließt, Bob Castella für das eine oder andere Ärgernis, Scheitern oder Mißverständnis verantwortlich zu machen. Und Bobby trägt die Verantwortung mit einem Lächeln – einem unauffälligen allerdings: es darf nicht sein, daß Montand sich einbilden kann, Bob könne seine Schmähung entbehren! –, das keineswegs das der Resignation ist, sondern das der unwandelbaren Zuneigung.

Dieses außergewöhnliche Paar, das Montand und Bob Castella bilden, habe ich in all den Wochen der Tournee durch die Welt funktionieren sehen. Man braucht nur an irgendeinem Morgen in Rio de Janeiro, Los Angeles, Tokio oder Osaka bei Montands erstem Anruf dabei gewesen zu sein, wenn er Bob in seinem, immer benachbarten, Hotelzimmer anruft; man braucht nur die Gereiztheit oder Unruhe gesehen zu haben, die Montand in den seltenen Fällen erfaßte, wenn Bobby sich nicht sofort meldete, weil er auf die abgeschmackte Idee gekommen war, allein spazierenzugehen und, was schlimmer ist, ohne Bescheid zu sagen, um die Innigkeit dieser Beziehung zu verstehen.

Aber jene, die nicht das Glück gehabt haben, eine Tournee von Montand mitzumachen, werden in *La Solitude du chanteur de fond* einige Illustrationen dessen finden, was ich gerade gesagt habe. Flüchtige Bilder einer Freundschaft, die so beständig ist wie ein schimmernder harter Diamant.

Ich sagte also ein paar Seiten weiter vorn, daß ich 1974, als Montand sein Sonderkonzert zugunsten der chilenischen Flüchtlinge vorbereitete, als Chris Marker die Bilder dieser Vorbereitung, auch die Bilder des Konzerts aufnahm, daß ich endlich – aber nun Hals über Kopf, mit klopfendem Herzen – in die magische Welt von Montands Music-Hall-Arbeit eindrang.

Deshalb interessierte ich mich von Anfang an für Montands Abenteuer, als er 1981 beschloß, wieder aufzutreten. Dieses Buch ist übrigens der Beweis dafür.

Der entscheidende Anstoß hat etwa zwei Jahre vor seinem erneuten Auftritt im Olympia in Autheuil stattgefunden. Entscheidend zumindest für ihn. In seinem Inneren. Anschließend waren noch lange Monate der Arbeit, der Vorbereitung nötig, bevor diese innere Entscheidung öffentlich wurde. Aber nach Montands Aussage geht alles auf jenen Tag in Autheuil zurück. Geht alles von daher aus.

Er war allein, er ging in seinem Haus umher, nach seiner damaligen Gewohnheit mit einer Hose und einer Weste aus schwarzem Cordsamt über einem weißen Hemd bekleidet. Wer *La Solitude du chanteur de fond* von Chris Marker gesehen hat, wird sich erinnern, daß das Montands Aufmachung während der in Autheuil gefilmten Probenarbeit war. Er wird sich auch erinnern, daß diese häusliche Kleidung – schwarzer Cordsamt, weißes Hemd – durch den Filmschnitt neben Montands klassische Bühnenkleidung – Hemd und braune Hose – gestellt wird. Montand geht also in seinem Haus umher. Er hört ein bißchen Musik. Oder er legt die Kassette eines Films ein, den er noch einmal auf dem Videogerät sehen möchte. Und dann, ohne sich etwas dabei zu denken, zum Spaß, holt er einen Zylinder aus einem Schrank. Er setzt ihn auf, spaziert damit umher. Plötzlich, im bodenlangen Spiegel der Tür, die sein Zimmer – auch »rotes Zimmer« genannt, oder »Jacques' Zimmer«, nach Jacques Becker, der während der langen Zeit, die er in Autheuil verbrachte, darin wohnte –, die also dieses Zimmer vom angrenzenden Badezimmer trennt, erblickt Montand seine Gestalt. Instinktiv, immer noch ohne sich etwas dabei zu denken, deutet er einen Tanzschritt an. Nichts Besonderes: einen Tanzschritt, eine Armbewegung, eine weitausholende Verbeugung mit dem Zylinder. Als er sich wieder aufrichtet, mit klopfendem Herzen, hat er beschlossen, wieder aufzutreten.

Darauf beginnt, wie man weiß, die Wahnsinnsarbeit der Konzertvorbereitung, der Auswahl der Chansons, ihrer Abfolge. Eine Plattenaufnahme, um die Stimme zu trainieren und die Reaktionen des Publikums zu testen. Die Wochen mit Proben des gesamten Konzerts, noch ehe er eine endgültige, unwiderrufliche Entscheidung trifft, um seine körperliche Widerstandskraft und die Lust, sich auf einer Bühne zu produzieren, auf die Probe zu stellen. Und dann die öffentliche Ankündigung des Comeback. Die Ankündigung von dessen Termin.

Bei jeder dieser Etappen sind zweifellos Stufen überwunden worden, die die ursprüngliche Entscheidung gefestigt haben. Aber nach Montands Aussage hat sich alles an jenem Tag in Autheuil entschieden. Als er im Spiegel seine schwarz-weiße Gestalt mit dem Zylinder auf dem Kopf erblickt hat. Als er die blitzartige Eingebung gehabt hat, daß es diese häusliche Aufmachung war – die eines auf dem Land leben-den und entspannten Sechzigjährigen, der sich im Leben wohlfühlt wie ein Fisch im Wasser –, in der er das Konzert beginnen sollte. Um uns dann, in der Abfolge der mit einem phantastischen Sinn für die dramatische Steigerung ausge-wählten Chansons zurückzuführen in die wiedergefundene Zeit – weder im Trödellook noch nostalgisch, sondern zukunftsträchtig – der einstigen Gestalt in Braun. Schlicht gesagt, ein genialer Einfall.

Aber heute ist Mittwoch, der 16. Dezember 1981. Mon-tand tritt seit zwei Monaten im Olympia auf. Er wird es bis zum Jahresende vor ausverkauftem Haus tun. Tatsächlich waren die meisten Karten der Pariser Music-Hall Monate im voraus verkauft worden, sobald Montand im späten Frühjahr angekündigt hatte, daß die Premiere seines Konzerts am 13. Oktober stattfinden würde. Er hat nicht öffentlich bekanntgemacht, daß dies sein Geburtstag war, aber das wußte man schließlich. Die Tatsache, daß er an dem Tag, an dem er sechzig wurde, eine Konzertreihe begann, steigerte die Herausforderung noch, die das Unterfangen darstellte.

Heute ist also der 16. Dezember, ein Mittwoch, und es ist genau 8 Uhr 41 morgens. Die Sendung *Expliquez-vous sur Europe 1* fängt mit Michel Foucault und Yves Montand an. Montand antwortet als erster auf Ivan Levaïs Fragen zu Polen, zu den Reaktionen, die General Jaruzelskis Putsch ausgelöst hat.

Zuerst verliest Montand den Text eines Aufrufs, den eine Reihe von Künstlern und Intellektuellen am Montag, dem 14. Dezember, unterzeichnet und den die Zeitung *Libération* am nächsten Tag veröffentlicht hat.

Montand liest getragen, hebt die einzelnen Wörter hervor. Millionen von Menschen werden so auf einen Schlag diesen Aufruf zur Kenntnis nehmen.

»Es dürfte nicht sein, daß die französische Regierung, wie Moskau und Washington, so tut, als wäre die Errichtung einer Militärdiktatur in Polen eine innere Angelegenheit, die den Polen die Möglichkeit ließe, selbst über ihr Schicksal zu entscheiden.

Das ist eine unmoralische und verlogene Behauptung. Unmoralisch, weil in Polen über Nacht das Kriegsrecht verhängt wurde, mit Tausenden von Internierten, mit dem Verbot der Gewerkschaften, mit Panzern in den Straßen und der Todesstrafe bei jedem Ungehorsam: das ist gewiß eine Situation, die das polnische Volk nicht gewollt hat.

Es ist verlogen, die polnische Armee und die Partei, an die sie so eng gebunden ist, als Instrument der nationalen Souveränität hinzustellen. Die polnische KP, die die Armee kontrolliert, ist immer das Instrument der Abhängigkeit von der Sowjetunion gewesen. Schließlich ist auch die chilenische Armee eine nationale Armee.

Mißt die sozialistische Führung, wenn sie wider jegliche Wahrheit und wider jegliche Moral behauptet, die Situation Polens ginge nur die Polen an, ihren Verbündeten im Inneren nicht mehr Bedeutung bei als dem Beistand, den sie jeder gefährdeten Nation schuldet?

Ist demnach das gute Einvernehmen mit der französischen Kommunistischen Partei für die sozialistische Führung wichtiger als die Vernichtung einer Arbeiterbewegung unter den Stiefeln der Militärs?

1936 sah sich eine sozialistische Regierung mit einem Militärputsch in Spanien konfrontiert. 1956 sah sich eine sozialistische Regierung mit der Repression in Ungarn konfrontiert. 1981 wird die sozialistische Regierung mit dem Staatsstreich von Warschau konfrontiert. Wir wollen nicht, daß ihre heutige Haltung die ihrer Vorgängerinnen ist. Wir erinnern sie daran, daß sie versprochen hat, gegen die *Realpolitik* die Verpflichtungen der internationalen Moral geltend zu machen.«

Nachdem Montand diesen Text verlesen hatte, zitierte er die Namen der Erstunterzeichner. Ich gehörte dazu.

Am Montagnachmittag, dem 14. Dezember, hatte ich nämlich einen Anruf von Jeannine Verdès-Leroux bekommen, der Verfasserin des von mir bereits erwähnten bemerkenswerten Essays über die KPF und die Intellektuellen. Sie rief mich im Auftrag von Michel Foucault und Pierre Bourdieu an, die die Initiative zur Abfassung des Textes ergriffen hatten, den ich eben wiedergegeben habe. In Anbetracht des Widerhalls, den er seinerzeit fand, ist es nämlich nützlich, daß jedermann ihn vor Augen hat. So kann ihn jeder ungehindert beurteilen.

Jeannine Verdès-Leroux las mir also diesen Text am Telefon vor. Ich stelle mir vor, daß Foucault selbst ihn im gleichen Augenblick Simone Signoret vorgelesen hat. Diese wird ihn Montand vorgelesen haben, der nach seiner Sonntagsmatinee nach Autheuil gefahren war, um sich auszuruhen. Und noch anderen, zweifellos. So waren durch eine Kette von Anrufen die Erstunterzeichner zusammengekommen. Unter ihnen waren, außer den Namen, die ich gerade erwähnt habe, Costa Gavras, Patrice Chéreau, Bernard Kouchner, Claude Mauriac, Claude Sautet, Marguerite Duras und Guy Bedos.

Ich gab sofort meine Zustimmung. Abgesehen von dieser oder jener Einzelheit in der Formulierung – über Nuancen kann man bei derartigen Texten immer und endlos diskutieren –, war es so, daß dieser Aufruf im wesentlichen einer mit Überraschung und Wut gemischten Sorge entsprach, die mehrere von uns seit vierundzwanzig Stunden ergriffen hatte. Mehrere »Linksintellektuelle«, denen Jacques Fauvet ein paar Tage später von seinem mondialen Magisterstuhl herab mit einer Prise herablassender Verachtung diese Anführungszeichen verpassen sollte, die ich eben gesetzt habe.

Am Sonntag von Jaruzelskis Militärputsch waren die ersten und spontanen Reaktionen gewisser Persönlichkeiten der Regierung und der französischen Sozialistischen Partei mindestens maßvoll vorsichtig gewesen. Oder umgekehrt: vorsichtig maßvoll. »Das ist eine innere polnische Angelegenheit... Selbstverständlich werden wir nichts tun«, erklärte Claude Cheysson, der Außenminister. »Die französische Regierung lehnt jede Einmischung in die polnischen Angelegenheiten ab«, pflichtete ihm Premierminister Pierre Mauroy bei. Und Lionel Jospin, Generalsekretär der Sozialistischen Partei, ließ sich vernehmen: »Wir stehen den Problemen nicht gleichgültig gegenüber, doch die Polen müssen ihre Probleme selbst regeln.«

Eine merkwürdige, abwegige oder auf Abwege geratene Sprache. Denn niemand verlangte von ihnen eine Einmischung in die polnischen Angelegenheiten, sondern eine Meinung darüber. Eine Stellungnahme zu der Bedeutung, die sie hatten, und die Bedeutung der französischen Antwort.

Mich persönlich hatte Jospins zaudernde Verwirrung, als er an jenem Sonntag auf dem Fernsehschirm erschien, am meisten irritiert. Von Claude Cheysson erwartete ich eigentlich nichts. Vielleicht weil man bei ihm auf alles gefaßt sein konnte. Schon seit einiger Zeit fielen seine phrasenhaften Sätzchen wie die Kugeln in Gravelotte: manchmal aufs Ziel, manchmal eindeutig daneben. Lionel Jospin dagegen setzte mich in Erstaunen. Ich kannte ihn gar nicht, aber schließlich war er nach dem Kongreß von Épinay in die Spitze der Sozialistischen Partei aufgestiegen, das war immerhin eine gute Empfehlung. Und außerdem habe ich ihn mit meinen eigenen Augen Georges Marchais herunterputzen sehen, ihn bei einer Fernsehdiskussion über den Kongreß von Tours, bei der Jospin bemerkenswert war, zu einer wirklichen Auseinandersetzung und nicht zu einem Austausch von Albernheiten zwingen sehen.

Aber was mich an dieser Passivität politischer Phantasie, strategischer Intelligenz, die sie alle, wie sie da waren, bewiesen, erstaunte, war die Tatsache, daß sie nicht dieselbe Weltanschauung mit François Mitterrand zu teilen schienen, nicht derselben Welt anzugehören schienen wie er.

Dabei hatte François Mitterrand gerade vor ein paar Wochen *Politique* 2 veröffentlicht, eine Sammlung seiner Artikel und Reden aus der Zeit zwischen 1977 und 1981. In diesem Buch, das ich mir Zeit genommen hatte aufmerksam zu lesen – und dabei bin ich weder Minister noch führendes Mitglied der französischen Sozialistischen Partei; nicht einmal Franzose, werden manche mir sagen –, findet man auf Seite 85 den Auszug aus einem Text vom 8. September 1980, der sich mit Polen beschäftigt.

François Mitterrand kommentiert darin den Arbeitersieg, der gerade in Gdansk unterzeichnet worden war. Und er zieht folgenden Schluß:

»Die polnische Arbeiterklasse hat Hellsichtigkeit, Mut und sogar Optimismus bewiesen und dabei Vernunft zu bewahren verstanden, das heißt, sie hat es vermieden, eine sowjetische Reaktion von der Sorte, wie wir sie in Prag oder Budapest kennengelernt haben, zu provozieren, zumindest direkt zu provozieren. Wie wird es morgen damit aussehen? Ich mäßige meinen Kommentar absichtlich. Ich halte die Koexistenz des marxistisch-leninistischen Systems und der Freiheiten, von denen wir eben gesprochen haben, ich meine die institutionellen Freiheiten, für absolut ausgeschlossen. Folglich wird es irgendwann zu einer Konfrontation kommen.«

Das ist der Hintergrund, den François Mitterrand aufzeichnet. Hellsichtig, das ist das mindeste, was man sagen kann. Ein Jahr, nachdem er diese Zeilen geschrieben hat, ist es tatsächlich zur Konfrontation gekommen.

Dann, mit Blick auf die Zukunft, warnt François Mitterrand zunächst einmal vor den Verantwortungslosen, die die Polen womöglich auffordern werden zu kämpfen, auf die Gefahr hin, sie anschließend mit ihren bloßen Fäusten vor den sowjetischen Panzern allein zu lassen. Kurz, Mitterrand scheint nicht die Verantwortungslosigkeit eines Santiago Carillo zu teilen, der im August 1968 aus einer gemütlichen Halbillegalität im Westen heraus erklärte, daß er den tschechischen Truppen Schießbefehl gegeben hätte, wenn er an der Spitze jenes Landes gestanden hätte.

Und François Mitterrand setzt seine Argumentation folgendermaßen fort:

»Man muß sich also vor unvorsichtigen Worten, bloßen Ermutigungen aus der Ferne hüten, denn es sind die Arbeiter dieser Länder, die letzten Endes die Rechnung bezahlen, die Patrioten. In dieser Hinsicht muß man sehr vorsichtig sein. *Aber man muß immerhin seine Meinung deutlich machen. Eine französische Regierung muß gegenüber einem autoritären doktrinären Regime, in welchem Teil der Welt auch immer, unter allen Umständen deutlich zu machen wünschen, daß es unveränderliche Prinzipien gibt, Prinzipien, die für alle menschlichen Gesellschaften gelten und die heißen: Gerechtigkeit, Freiheit, Selbstbestimmungsrecht der Völker, Recht der Leute, Menschenrechte einfach. Ich meine, jeder beliebige Präsident der Französischen Republik sollte sich angesichts der hypothetischen Entwicklungen der sowjetisch-polnischen Beziehungen dazu äußern.«* (Hervorhebung des ganzen Absatzes durch mich.)

Ist das klar genug? Es scheint mir so. Vollkommen klar.

Zu der Zeit, als François Mitterrand diese Zeilen schreibt, ist er noch nicht Präsident der Republik, die Sozialistische Partei, deren Vorsitzender er ist, ist noch nicht an der Macht. Aber er sagt, was eine französische Regierung »unter allen Umständen« und »unter jedem beliebigen Präsidenten« auf der Ebene der Prinzipien zu tun schuldig wäre. Nun aber äußerten sich die Sozialisten aus Regierung und Partei auf der Ebene der Prinzipien – und eben da drückte der Schuh – merkwürdig stotternd, bis François Mitterrand an demselben Mittwoch, dem 16. Januar, im Ministerrat selbst das Wort ergriff, ein paar Stunden nachdem Michel Foucault und Yves Montand in Ivan Levaïs Morgensendung gesprochen hatten.

Ich kenne François Mitterrand nicht persönlich. Ich muß sogar sagen – er möge mir verzeihen! –, daß sein politischer Werdegang, zumindest bis zum Kongreß von Épinay, mich nicht begeistert hat. Ich war außerdem zu beschäftigt, zweifellos zu Unrecht, um mich für die Wechselfälle und Umschwünge der FGDS oder sonstiger Klubs und Konvente zu interessieren. Aber seit dem besagten Kongreß von Épinay hat sich alles geändert. Daß ein französischer Politiker sich an die Aufgabe macht, wieder eine große sozialistische Partei aufzubauen, wieder ein Gleichgewicht in der Linken herzustellen, indem er den Einfluß der KPF zunehmend verringert; daß es ihm mit Geduld gelingt, indem er die allgemeine Zunahme der linken Kräfte mit der Verringerung der kommunistischen Wählerschaft auf einen knapp bemessenen Anteil verbindet; daß er den Leninisten vom Miniaturformat des Oberst Fabien in aller Ruhe ihre Konzeption von der Linksunion als Kampf wie einen Bumerang zurückschickt und daß er in diesem Kampf einen kühlen Kopf bewahrt, trotz des Gezeters, der Kehrtwendungen, Erpressungen und Angebereien der KPF, das war natürlich etwas, worüber ich vor Bewunderung leise pfeifen mußte.

Ich habe also im Lauf dieser letzten Jahre mehrfach vor Bewunderung gepfiffen.

Und eines Tages dann, ganz genau am 23. November 1981, ein paar Wochen vor Jaruzelskis Staatsstreich und Montands Stellungnahme in Europe 1, die der Anlaß für diese offensichtliche Abschweifung ist, vernahm ich am Telefon eine weibliche Stimme, die mich zum Mittagessen in den Élyséepalast bat. Ich habe zunächst an einen Scherz geglaubt. Aber es gelang mir nicht, die scherzhafte oder zu schlechten Scherzen aufgelegte Freundin zu identifizieren, die sich das ausgedacht haben konnte. Im übrigen hatte die Stimme die Sicherheit und die Aura dessen, der wirklich im Namen der Macht spricht. Ich habe mein höfliches, aber aufrichtiges Bedauern ausgesprochen. Ich flöge am nächsten Tag nach Spanien, es täte mir sehr leid. Daraufhin hat die Stimme mich um die Uhrzeit meines Fluges gebeten, die ich ihr gegeben habe. Sofern man einer bloßen Stimme überhaupt etwas geben kann, insbesondere einer eleusinischen Stimme. Ausgezeichnet, hat die Stimme zu mir gesagt: das Mittagessen wird um dreizehn Uhr stattfinden, Sie werden um fünfzehn Uhr frei sein und alle Zeit haben, Ihr Flugzeug zu nehmen. Und tatsächlich hatte ich alle Zeit.

So kam es, daß ich im Élysée zu Mittag gegessen habe, am Dienstag, dem 24. November, eingeladen vom Präsidenten der Republik, François Mitterrand.

Ohne Zweifel kennt der Leser mich inzwischen gut genug, um zu erraten, daß ich keinen Ohrenschmaus daraus machen werde. Auch keine Omelette surprise. Kulinarische Metaphern, die wie gerufen kommen, denn es geht ja um ein Mittagessen. Man wird in diesem ganzen Bericht bemerkt haben, daß ich schlüpfrige Anekdoten, Bettgeheimnisse und Bravourstückchen vermeide. Ich werde also dieses Mittagessen im Élysée nicht in Form eines Pariser Tableaus, eines Sittengemäldes oder einer Soirée bei den Guermantes schildern. Ohnedies habe ich Proust noch nicht zu Ende gelesen. Erst ein Jahr nach diesem Mittagessen, in Washington, werde ich an das Ende von *La Recherche (Auf der Suche nach der verlorenen Zeit)* kommen. Ich weiß noch nicht, wie man eine Soirée bei den Guermantes beschreibt.

Kein Bravourstückchen also. Was mich interessiert, ist das Erinnern an einige Worte François Mitterrands. In ihrer gleichnishaften literarischen Form glänzende und in der strategischen Sicht, die sie unausgesprochen ausdrückten, absolut zutreffende Worte. Worte, die außerdem einen gewissen, wenn auch indirekten Bezug zu den polnischen Angelegenheiten hatten, die uns, Montand, Foucault und mich, an diesem Morgen im Dezember 1981 beschäftigten.

Ich werde meine Ankunft im Élysée nicht haarklein schildern – und diese Art Beschreibungen werden erst durch ihre Einzelheiten köstlich. Auch nicht mein einsames Platznehmen in einem großen Salon, der auf den herbstlichen Park hinausging. Ich war nämlich als erster gekommen, da ich aus meinen langen Jahren im Untergrund eine zwanghafte Beachtung der Pünktlichkeit beibehalten hatte. Verstehen Sie mich recht: ich kann eine Verabredung auch völlig versäumen. Sie vergessen, eiskalt beschließen, nicht hinzugehen. Aber falls ich hingehe, wenn ich hingehe, bin ich von einer aufreizenden Pünktlichkeit. Sei es in einem Café, an einer Straßenecke oder im Élyséepalast. Denn ich bin nicht so versnobt, nur im Élysée zu spät zu kommen.

Ich war also als erster gekommen und schaute mir den eleusinischen Park an, den der Herbst zu einer geometrischen Zeichnung von braunroten und schwarzen Linien auf der grünenden Fläche der unwandelbaren Rasen vereinfacht hatte. Ich sagte mir, daß das hier größer sei als bei meinen Freunden in Autheuil, aber nicht wirklich schöner. Wenn man Alphonse Allais' Rat befolgen könnte, aber *a contrario,* das Land in der Stadt anzusiedeln – Autheuil mitten in Paris zum Beispiel –, wäre es ungefähr das gleiche. Der Hauptvorteil des Élysée gegenüber Autheuil ist, daß das mitten in Paris liegt.

Ich sah den eleusinischen Park an, ich versuchte mir in seinen Alleen das geisterhafte Umhergehen mancher seiner ehemaligen Bewohner vorzustellen. Der Grand-duc de Berg, funkelnd in seiner Prunkkleidung, erschien mir als allererster. Er vermachte diesen Palast seinem Schwager Napoleon, man erinnert sich bestimmt. Wäre ich in einem Resnais-

Film, was Montand nicht im geringsten stören würde, würde ich tief im eleusinischen Park vor meinen Augen kurz die Gestalt Joachim Murats vorbeigehen lassen. Ein Wort ergibt das andere, oder vielmehr ein Kaiser ergibt den anderen, ich erinnere mich, daß es hier war, wo Louis-Napoléon, Prinz-Präsident, seinen Staatsstreich vom 2. Dezember 1851 vorbereitete, eine entscheidende Episode der Geschichte Frankreichs, über die François Mitterrand, scheint es, nach Karl Marx ein Werk in Arbeit hat.

Ich blickte auf die Bäume im eleusinischen Park und sagte mir, daß ich ihre Namen nicht kannte. Der meisten zumindest nicht. Die einzigen Baumnamen, die ich wirklich kenne, die einzigen Bäume, die ich sofort, mühelos erkenne, sind die aus meiner Kindheit. Bäume, deren Namen mir auf spanisch einfallen, mit ihrem Laub rauschend wie in einem Traum. Alamos, abetos, chopos, olmos, abedules ... Namen, bei denen sogleich Bruchstücke aus Gedichten von Machado, San Juan de la Cruz, Góngora, Valente, Salinas auftauchen. Noch andere. Aber die Bäume, die aus dem Norden und dem Winter zu mir kommen, die nicht in den Gegenden der Kindheit auftauchen, sondern in denen des Exils – diese Bäume kenne ich nicht immer bei ihrem Namen.

Außer den Buchen natürlich, denn sie bildeten, wie der Name schon andeutet, den Wald rund um das Lager Buchenwald. Außer den Ulmen natürlich, denn ich habe sie quer durch ganz Frankreich absterben und traurig verschwinden sehen. Auch unter meinen eigenen Augen auf diesem Landsitz im Gâtinais, wo ich am Sonntag, dem 13. Dezember, war, dem Tag von Jaruzelskis Staatsstreich, hundertdreißig Jahre nach dem Louis-Napoléon Bonapartes. Außer den rosa Kastanien, aus Gründen, von denen in einem anderen Buch die Rede sein wird.

Etwas später, gegen Ende dieser eleusinischen Mahlzeit, auf deren andere Tischgenossen ich augenblicklich noch mit einer gewissen furchtsamen Neugier wartete, sollte François

Mitterrand eine Anspielung auf die Bäume des Präsidentenparks machen. Das war an diesem Tag der bukolische Teil seiner Tischgespräche. Ich zog, mit Verlaub, den politischen Teil vor. Daß seine Berater die Namen der Bäume im Élyséepark nicht kannten, daß er sie ihnen beim Spaziergehen beibringen mußte, wie er sich mit etwas betrübtem Humor beklagte, erschien mir alles in allem zweitrangig. Zumindest wenn ihnen nicht auch die Mechanismen der Marktwirtschaft und Anzahl und Reichweite der auf das Herz des alten Europa gerichteten sowjetischen Raketen unbekannt sind. Andererseits denke ich, daß man einen Baum lieben kann, dessen Namen man nicht kennt, wie man für einen verzweifelten Ewigkeitsaugenblick die Unbekannte bis zum Wahnsinn lieben kann, die auf einem Bahnsteig in Savona auf den Zug wartet und die man zweifellos nie wiedersehen wird.

Zu diesem Zeitpunkt der Mahlzeit, in ihrem letzten und bukolischen Teil also, erreichte der Hofschriftsteller den Höhepunkt in der Kunst der Schmeichelei. Denn es gab selbstverständlich einen Hofschriftsteller an diesem Dienstag im Élysée. Es gibt immer Höflinge, ganz gleich unter welchem Regime, das gehört zu den inneren Möglichkeiten der Macht. Man muß deshalb nicht allzusehr besorgt sein. Das wird erst beunruhigend, wenn der Höfling Berater wird. Wenn die Macht auf die Höflinge hört, die ihr nur das versüßte, sogar verschönte Echo ihrer eigenen Rede zurückgeben, in dem Fall wird es allerdings beunruhigend. Wenn dagegen die Macht die Hofleute mit Nachsicht und Desinteresse betrachtet, wie ein unvermeidliches und geringfügiges Übel, ähnlich den allgemeinen Zwängen des Protokolls, in diesem Fall sind die Höflinge nur eine gewöhnliche und untergeordnete Randerscheinung.

Der Hofschriftsteller ließ sein Speichelleckersätzchen also zum Zeitpunkt des bukolischen Intermezzos los. Eine Hofdame hatte François Mitterrand nämlich gefragt, ob er unlängst Zeit gehabt habe, in sein Haus in Latche zu fahren. Das traf sich gut, er kam gerade von dort, der Präsident. Er hatte sich um seine Pflanzungen gekümmert. Er hatte sich dabei für Eichen interessiert. Da brachte jemand, zweifellos ein unbewußter Protektionist, im Ton der Gewißheit vor, daß es Eichen aus dem Morvan waren, die der Präsident bei sich hatte pflanzen lassen. Aber nichts da, keineswegs! Mit belustigtem Lächeln erwiderte der Präsident, daß es Eichen aus Amerika seien, die widerstandsfähigsten Eichen überhaupt. Und er gab mit sichtlichem Vergnügen noch einige Einzelheiten zu der für seinen Besitz in Latche ausgewählten Sorte an. Da, in dem kurzen Schweigen, das folgte, ließ der Hofschriftsteller seinen Satz fallen, wobei er sich fieberhaft umsah, um festzustellen, ob seine literarische Anspielung auch verstanden wurde. »Die Eichen, die man pflanzt«, sagte er bedeutungsvoll den Kopf wiegend, »die Eichen, die man pflanzt!«

Ich warf einen flüchtigen Blick auf François Mitterrand. Aber sein Gesicht blieb gleichmütig, er ließ das Speichellekkersätzchen auf die unbefleckte eleusinische Tischdecke abgleiten wie auf eine Wachstuchdecke und leitete auf etwas ganz anderes über. Der Geist André Malraux' fühlte sich nicht einmal bemüßigt, schnell vor den Glastüren vorbeizuschweben.

An jenem Dienstag, dem 24. November 1981, aber saß nicht nur der Hofschriftsteller an der Tafel des Präsidenten der Republik. Es saßen auch andere Gäste dort, Schriftsteller oder nicht. Zu viele Gäste übrigens, für meinen Geschmack. Als ich sie vorhin im Wartesalon hatte ankommen sehen, einen nach dem anderen, manche, die ich kannte und schätzte, andere, die ich schätzte, ohne sie persönlich zu kennen, oder die ich kannte, aber nicht schätzte, oder sogar solche, die mir so unbekannt waren, daß ich nicht wußte, ob sie schätzenswert waren oder nicht; als ich alle diese Gäste hatte eintreffen sehen, die kamen, um mein Mittagessen mit

François Mitterrand zu teilen, erfaßte mich eine gewisse Mutlosigkeit. Wir würden zu zahlreich sein, als daß ein wirkliches Gespräch würde stattfinden können. Pech gehabt, vielleicht ein andermal. Ich zog mich also in mein Schneckenhaus zurück und stellte mich auf freischwebenden Empfang ein.

Zum Glück war unter den Gästen Max Frisch. Und ich sage zum Glück, nicht etwa weil seine Beiträge besonders brillant gewesen wären, sondern weil sie François Mitterrand Gelegenheit zu einer glänzenden Klarstellung hinsichtlich der Fragen der europäischen Sicherheit gaben.

Max Frisch fragte den Präsidenten der Französischen Republik nämlich mit viel germanischer Gründlichkeit – das heißt mit einer Menge Einleitungen, Präliminarien, Kommentaren und vollkommen unnötigen biographischen Selbstdarstellungen (wenn er François Mitterrand unbekannt gewesen wäre, wieso hätte dieser ihn dann eingeladen?) – nach seiner Meinung zu den Problemen der Abrüstung, des Pazifismus und des Gleichgewichts der Kräfte in Europa. François Mitterrand entzog sich dieser Fragestellung nicht, die einer anderen Art von Diskussion oder Zusammenkunft angemessener gewesen wäre als diesem rein freundschaftlichen, informellen Mittagessen, und legte etwa zehn Minuten lang seinen Standpunkt dar. Mit bemerkenswerter Präzision, Kraft und Hellsichtigkeit. Seine Worte überzeugten mich davon, daß unter den Staatsführern der demokratischen Welt keiner besser als François Mitterrand über die wirkliche Tragweite der globalen Konfrontation mit der Sowjetunion und über die Möglichkeiten, sich deren Zielen zu widersetzen, Bescheid weiß, ohne in den Prinzipien einen Daumenbreit nachzugeben und ohne deswegen die russische Supermacht zu einer Flucht nach vorn zu provozieren.

Am Ende dieses Exposés, dessen wesentliche Aussage seither in verschiedenen Reden und Erklärungen öffentlich wiederholt worden ist, erzählte uns François Mitterrand folgende kleine Fabel. Nehmen wir an, sagte er (und ich setze hier keine Anführungszeichen, weil diese Worte, auch wenn sie getreulich überliefert sind, wie mir scheint, es nicht wörtlich sein können: ich hatte nicht die Möglichkeit, wie man verstehen wird, sie auf der Stelle zu notieren), nehmen wir an, ich empfange auf seine dringende Bitte hin den Botschafter der Sowjetunion. Nach den üblichen Präliminarien macht der Diplomat eine kurze Mitteilung: Genau in diesem Augenblick, Monsieur le Président, haben unsere Mittelstreckenraketen alle militärischen Einrichtungen der NATO in Europa getroffen. Diese ist praktisch, konkret entwaffnet, ist wehrlos uns gegenüber. Mein Land hat Frankreich verschont, weil es mit dem Ihren, Monsieur le Président, Beziehungen friedlicher Zusammenarbeit aufrechterhalten möchte ... Und dann, fügte Mitterrand hinzu, in dem Moment, als der Botschafter den Salon im Élysée, gleich hier nebenan, verläßt, dreht er sich zu mir um und raunt mir einschmeichelnd zu: Selbstverständlich, Monsieur le Président, rechnen wir darauf, daß Sie sofort sämtliche französischen Atomunterseeboote, die in der Tiefe der Ozeane patrouillieren, in ihre Häfen zurückrufen! Das ist, schloß François Mitterrand, das ist ein mögliches Szenario. Was muß in den folgenden Minuten getan, wie muß entschieden werden? Die U-Boote zurückrufen oder ihnen Schießbefehl geben?

Er ließ die Frage offen. Aber zweifellos war ich nicht der einzige, der beim Anblick der entschlossenen, beinahe wild entschlossenen Maske seines Gesichts begriff, während die erschreckende Frage zwischen dem goldnen Stuck und der strahlenden Tischdecke dieses eleusinischen Eßzimmers umherschwebte, daß dieser Präsident hier nicht unter den Tisch kriechen würde. In keinem Fall und vor keiner äußeren Bedrohung.

Am nächsten Tag waren wir in Barcelona.

Ich führte meine Freunde Danièle und Raymond Lévy

durch die Säle des Museums für Romanische Kunst in Montjuich, eines der schönsten, die es gibt. Zwei Tage später standen wir gemeinsam gebannt und begeistert vor den Patinirs im Prado. Wir blieben lange in dem Saal mit Goyas Schwarzer Malerei sitzen. Und dann in Toledo, unter einer Herbstsonne, die die Landschaft bläulich oder gelblich werden ließ, je nachdem ob man im Schatten oder im Licht ging, wanderten wir durch die Gassen zur *Sinagoga del Transito,* die wunderbar ist in der Bescheidenheit ihrer souveränen Askese.

Während dieser paar Tage sagte ich mir, daß es nichts Erfreulicheres gebe, als denen, die man liebt, das, was man liebt, zu zeigen. Hin und wieder erinnerte ich mich in der herbstlichen Dürre Kastiliens an die Bäume des Élysée. Und an François Mitterrands Äußerungen. Ich hatte es eilig, sie Montand mitzuteilen, den ich vor meiner Abreise nicht hatte treffen können. Ich dachte, daß es sehr schade war, daß er mich nicht in den Élysée begleitet hatte. Nicht nur um Mitterrand zuzuhören, sondern auch um mit ihm zu sprechen, ihm Fragen zu stellen. Zweifellos wäre Montand weniger schüchtern gewesen als ich. Hätten wir nicht alle dabei gewonnen, wenn Montand in den Élysée gekommen wäre, anstelle des Hofschriftstellers zum Beispiel? Ich glaube, ja. Zweifellos wäre uns der Satz über die Eichen, die man fällt, o Verzeihung!, ich wollte sagen, die Eichen, die man pflanzt, verlorengegangen, aber wir hätten an Schlichtheit, Offenheit, an aufmerksamer Herzlichkeit gewonnen.

Und dann ist mir eingefallen, daß Montand es sich zum Prinzip gemacht hat, schon immer und unter allen Regimen, die Stätten der Macht nicht allzuoft zu besuchen. Da habe ich gedacht, daß genaugenommen dieses Mittagessen mit François Mitterrand in Autheuil viel interessanter verlaufen wäre. Ich habe angefangen, von diesem möglichen Gespräch zu träumen. Zweifellos hätte der Präsident der Republik die Standpunkte ausführlicher entwickeln können, die er im eleusinischen Eßzimmer nur angedeutet hatte. Und Montand hätte es genutzt, um ebenfalls seine Haltung kritischer Unterstützung zu erklären: das hätte vielleicht die Streitigkeiten und Mißverständnisse verhindert, die später von einigen Wichtigtuern aus der Umgebung des Präsidenten heraufbeschworen wurden. Schließlich und insbesondere hätte Montand die Frage darlegen können, die ihm in der letzten Zeit am meisten Sorgen macht. Wie ist es langfristig möglich, der sowjetischen Herausforderung in Europa ohne eine Umgruppierung der inneren politischen Koalitionen zu begegnen, die die Neutralisierung der KPF zum Ziel führen und ein Einwirken des breitestmöglichen demokratischen Sozialismus auf die linke Mitte hin eröffnen würde?

Danach, im Dezember, überstürzten sich die Ereignisse. Ich habe manchmal in den Stunden nach Jaruzelskis Putsch an die Äußerungen François Mitterrands denken müssen. Den Stunden, in denen man die läppische Verwirrung, die verstörte Aufgeregtheit gewisser französischer Politiker erleben konnte, die nicht die Treuhänder der moralischen Macht eines freien Volkes zu sein schienen, sondern nur die stammelnden Wortführer der Verwirrung, die sich stets, in allen kritischen Situationen, eines *per definitionem* pazifistischen und, wenn man ihm nicht den Weg dahin zeigt und ihm nicht die geistigen und materiellen Mittel dafür gibt, von Natur aus wenig zum globalen Risiko eines nationalen Anliegens geneigten, guten Teils der schweigenden Meinung einer jeden Demokratie bemächtigt.

Daran dachte ich noch an jenem 16. Dezember 1981 mit der Hoffnung, daß der Präsident der Republik die Dinge anläßlich des Ministerrates klarstellen würde, während ich Michel Foucault und Yves Montand an Ivan Levaïs Mikrofon zuhörte.

Montand hat also gerade den Aufruf der Intellektuellen verlesen, der seit Montag, dem Tag, an dem er in Umlauf gebracht wurde, Hunderte von Unterschriften erhielt.

Anschließend betont Michel Foucault einen wesentlichen Punkt: »Es ist unzulässig«, sagt er, »daß ein Mitglied der Regierung uns jetzt sagt, die polnische Angelegenheit sei eine innere Angelegenheit. Welcher Sozialist, ich würde sogar sagen, welcher Europäer wäre heutzutage bereit zu sagen, daß die Pariser Commune von 1871 nur eine innere französische Angelegenheit war? Ich glaube, daß wir jetzt seit einem Jahrhundert wissen, daß ein wegen Streikvergehens ins Gefängnis gesteckter Arbeiter, eine verbotene Gewerkschaft, eine Armee, die eine Stadt besetzt, niemals eine innere Angelegenheit ist...«

Montand beharrt noch weiter hierauf: »Es ist viel mehr als eine nur polnische Angelegenheit... Es sind die Europäer, die gegen die Verträge von Jalta aufbegehren... Das betrifft uns alle, heute... Gewerkschafter in Polen einsperren, das sind wir selbst, die man anfängt ins Gefängnis zu sperren... Das ist es, was die Leute begreifen müssen...«

Auf eine Frage von Ivan Levaï über die Risiken, die Kriegsrisiken eingeschlossen, die eine westliche Unterstützung von Solidarität mit sich bringen würde, antwortet Michel Foucault: »Man muß die Dinge nehmen, wie sie sich darbieten... Man darf nicht vergessen, daß Solidarität keine oberflächliche Erscheinung ist, das ist keine momentane Aufwallung gewesen, es ist Ausdruck einer tiefen Bewegung, die die polnische Gesellschaft seit Jahren gequält hat... Man darf sich also nicht vorstellen, daß wir zur Zeit vor einer Situation des ›Alles oder Nichts‹ stehen... Es ist ein langer Kampf auf lange Sicht, der gerade beginnt, der Jahre dauern wird, und für ihn ist unsere Hilfe, private Hilfe oder über die Regierung vermittelte Hilfe, absolut unerläßlich... Und sie ist möglich...«

Zum Abschluß fragt Ivan Levaï Montand, warum er seit dem Vortag, Dienstag, dem 15. Dezember, auf der Bühne des Olympia nach dem Beifall und den Vorhängen ein Plakat mit Solidarność entrollen läßt.

»Wenn Sie Solidarität Beifall spenden lassen beim Fallen des Vorhangs«, fragt Levaï, »was soll das heißen? Wem gegenüber ist das eine Demonstration?«

Montand antwortet: »Ich weiß nicht... Es ist wahrscheinlich die gleiche Reaktion, die ich hatte, als ich beschloß, die Galavorstellung für die chilenischen Flüchtlinge zu geben... Gestern abend, als ich im Theater ankam, habe ich mir gesagt: das ist unmöglich, ich werde da stehen, werde singen, werde versuchen, die Leute im Saal ihren Ärger vergessen zu lassen, das ist meine Rolle, und das ist normal, und das ist ein Vergnügen, eine Freude, aber gleichzeitig konnte ich nicht umhin, an Walesa zu denken, der in den Saal gekommen ist, und ich sagte mir, das ist unmöglich, der polnische Winter wird entsetzlich werden... Nun, angesichts dieser ganzen Dinge kann man nicht unempfindlich sein...«

Aber ich stehe hier vor der bereits erwähnten Schwierigkeit, Montands Sprechen ins Schriftliche zu übertragen. Ich habe die Kassette mit der Sendung in Europe 1 aufgelegt. Ich höre Montands Stimme. Aber wie soll ich das Beben dieser Stimme wiedergeben, wenn sie das Schicksal der polnischen Arbeiter wachruft? Wie soll ich das Grollen der Wut wiedergeben, wenn er die am gleichen Morgen gemachten Erklärungen von Pierre Juquin angreift, einem Führer der KPF? Wie soll ich seine Erregung vermitteln, wenn er sich an die französischen CGT-Mitglieder wendet und sie daran erinnert, daß die einzige politische Forderung von Solidarność freie Wahlen waren? »Schließlich«, ruft Montand aus, »muß das einem Genossen, einem Cégétisten doch in den Kopf gehen! Sie haben freie Wahlen gefordert... Freie Wahlen! Das Elementarste überhaupt!«

Und dann führt Montand seine persönliche Überlegung zu Ende, dann treibt er die Logik seiner Stellungnahme auf die Spitze.

·»Ich werde Ihnen sogar etwas sagen«, erklärt er Levaï, »was mich neulich abends erschüttert hat... zutiefst schokkiert hat... Ich war auch unter den Menschen in Montparnasse, um zu demonstrieren... Ich weiß nicht, ob die Arbeiter... ob die Menschen in Polen so froh darüber gewesen wären, die jungen Leute die Internationale singen zu hören... Ich denke nicht... Weil es etwas vollkommen Unfaßbares und Utopisches ist... Solidarität demonstrieren, ja, aber warum die Internationale für sie singen? Die Polen haben in den Fabriken nicht die Internationale gesungen, sie haben Choräle gesungen...«

Hier, scheint mir, legt Montand den Finger auf ein für die europäische Linke brennendes theoretisches Problem. Und insbesondere für die der demokratischen Länder des Westens. Kann der Kampf gegen den Despotismus der einzigen Partei, gegen die todbringende Ideologie des real existierenden Sozialismus beim Gesang der Internationale aufgenommen werden? Im Namen und im Auftrag des Marxismus, alles in allem? Anders gesagt, sind die Regime des Ostens nichts als die abweichenden Produkte eines entarteten, von seinem Ursprung abgeirrten Marxismus, und würde es genügen, dorthin zurückzukehren, den »wahren« Marxismus wiederzufinden, um eine Lösung für ihre Probleme zu finden? Indem Montand auf seine Art – die außerordentlich wirksam ist, weil sie konkret, bildlich, unmittelbar verständlich ist – diese höchst bedeutsame theoretische und praktische Frage formuliert, leistet er uns einen großen Dienst. Er überspringt die dialektischen Etappen, dreht das Messer in der Wunde um, kommt zum Wesentlichen und stellt uns, uns Linksintellektuelle – wir erlauben uns, die Anführungszeichen mit Monsieur Jacques Fauvets gütiger Erlaubnis wegzulassen – vor die augenblicklich entscheidende Frage: die Diktaturen der Staatspartei wird man nicht mit den ideologischen Waffen, die im Laufe eines ganzen, schon unter Lenin begonnenen Prozesses dazu beigetragen haben, diese aufzubauen, abtragen können. Man muß etwas anderes finden. Man muß sich fragen, warum die Polen Choräle singen und nicht die Internationale, in den Fabriken, in denen die Woge einer echten Arbeiterbewegung brandet. Wir müssen also unsere eigenen Choräle finden. Das heißt die Gesänge unserer Revolte, die Worte unseres Widerstands gegen die totalitäre Seuche. Die nicht zwangsläufig Kirchengesänge oder religiöse Litaneien sind, selbstverständlich.

In wenigen Worten, mit der gleichen vitalen Energie, die ihn auf der Bühne antreibt, stellte uns Montand so vor unsere Verantwortlichkeiten. Es ist also nicht erstaunlich, daß Michel Foucaults und Yves Montands Beitrag in Europe 1 vor Levaïs Mikrofon an diesem 16. Dezember 1981 ein außergewöhnliches Echo fand.

Eine Woche später erklärte Pierre Bourdieu auf all diese Ereignisse zurückkommend, um einige Lektionen daraus zu ziehen, der Tageszeitung *Libération*: »...Ich habe seit langem die Utopie zur Sprache gebracht, eine Gruppe von Intellektuellen zu bilden, deren Unterschrift kollektiv wäre, deren Texte von dem für das betreffende Thema Kompetentesten geschrieben und von einem Schauspieler verlesen würden. In diesem Sinne erscheint mir die Sendung Montand–Foucault in Europe 1 exemplarisch, die bei unseren Politikern eine solche Erregung ausgelöst hat – und auch, und das ist das wichtigste, beim Publikum.«

Die zweifellos beste Demonstration dieser Erregung bei den sozialistischen Politikern war die Art und Weise, in der Lionel Jospin gleich am Abend des 16. Dezember 1981 in France-Inter in der Sendung *Face au public* reagierte.

»Ich habe eine kürzlich abgegebene Erklärung gesehen«, antwortet Jospin den Journalisten, die ihn interviewen, »die von Yves Montand, Bernard Kouchner unterzeichnet worden ist, und ich werde mich um so rückhaltloser und ehrlicher ausdrücken, als ich Yves Montand als Sänger, als Persönlichkeit immer bewundert habe. Er weiß es, denn ich habe ihm diese Bewunderung vor einiger Zeit schriftlich bekundet. Ich habe ihm nämlich einen Brief geschrieben, als er wieder aufgetreten ist, um zu singen. Ich muß sagen, daß dieses Kommuniqué, das kein Wort zur Position der Kommunistischen Partei sagt – das ist ihr Recht, ich verlange nicht von ihnen, die Position der Kommunistischen Partei zu kritisieren –, das aber trotzdem kein Wort zur Position der Kommunistischen Partei sagt, ausschließlich Kritik an der Sozialistischen Partei zum Gegenstand hat. Das ist immerhin extravagant, intellektuell gesehen...«

Extravagant ist, intellektuell und auch politisch gesehen, daß Lionel Jospin im Laufe dieses Dezembertages die Fähigkeit verloren hat, einen Text zu lesen und ihn zu verstehen.

Was sagt der Aufruf der Intellektuellen tatsächlich? Er sagt:»*Mißt die sozialistische Führung*, wenn sie wider jegliche Wahrheit und wider jegliche Moral behauptet, die Situation Polens ginge nur die Polen an, *ihren Verbündeten im Inneren nicht mehr Bedeutung bei als dem Beistand, den sie jeder gefährdeten Nation schuldet? Ist demnach das gute Einvernehmen mit der französischen Kommunistischen Partei für die sozialistische Führung wichtiger als die Vernichtung einer Arbeiterbewegung unter den Stiefeln der Militärs?*« (Hervorhebung durch mich.)

Ist das wirklich schwer zu verstehen?

Somit, und was Jospin auch zu glauben vorgeben mag, bestand unsere grundlegende Kritik an den führenden sozialistischen Politikern, die sich am Sonntag, dem 13. Dezember, dem Tag von Jaruzelskis Putsch, geäußert hatten, gerade darin, ihre offensichtliche Angleichung an die Positionen der KPF anzuprangern. Ihre offensichtliche Angst, dieser Kummer zu machen. Ihre offensichtliche Absicht, sie zu schonen. Wir äußerten also nicht nur doch eine Kritik an der Position der KPF, was Jospin auch sagen mag, sondern es war gerade diese offensichtliche Angleichung, die uns an der Haltung bestimmter sozialistischer Spitzenpolitiker und Minister beunruhigte, insbesondere an der Claude Cheyssons.

Über wen machte Lionel Jospin sich an jenem Abend in France-Inter lustig, wenn nicht über sich selbst?

Außerdem ist es ein bißchen drollig – oder ziemlich traurig? – festzustellen, wie unfähig die Spitzenpolitiker und Minister der Sozialistischen Partei waren, in jenen Dezembertagen ihre Geigen aufeinander abzustimmen. So hielt Jack Lang, während Lionel Jospin den Intellektuellen, die den Aufruf unterzeichnet hatten, vorwarf, daß sie keinerlei Kritik an der Position der KPF übten, seinerseits die kommunistischen Minister den Intellektuellen als Vorbild vor. »Ich beobachte die Haltung der kommunistischen Minister gegenüber der vom Präsidenten der Republik bestimmten Politik«, erklärte Lang am 21. Dezember 1981 der Zeitung *Le Matin*. »Ihre Loyalität ist untadelig, sie ist sogar vorbildlich.«

Wenn man hoffen könnte, daß der quirlige Kulturminister die Zeit dazu fände, würde man Jack Lang die aufmerksame Lektüre von *Politique 1* und *2* von François Mitterrand empfehlen, die alle notwendigen Erklärungen des unüberwindlichen Widerspruchs zwischen marxistisch-leninistischer Politik und demokratischem System enthalten. Er würde darin sehen, daß das Bündnis mit der KPF unter allen Gegebenheiten ein Kampf ist: an die untadelige, vorbildliche Loyalität des Verbündeten/Gegners zu glauben ist ein einzigartiger Beweis politischer Kurzsichtigkeit. Wenn man sich sogar vorzustellen wagte, daß Jacques Lang einige offizielle Reisen ausfallen ließe, um die so gewonnene freie Zeit der Lektüre der Klassiker zu widmen, würde man ihm empfehlen, die Werke Léon Blums zu überfliegen. Eine ausgezeichnete Übung zu jeder Zeit, aber besonders heute für die pragmatischen jungen Füchse der Sozialistischen Partei. Und nicht nur, weil wir dieses Jahr den 200. Geburtstag von Stendhal feiern und Blum ein hervorragender Beylist war, sondern vor allem, weil Léon Blums Texte über die Kommunistische Partei seit der fernen Nacht des Kongresses von Tours für den unerläßlich sind, der etwas von der Geschichte dieses alten Volkes der französischen Linken begreifen möchte. Und außerdem, was für eine Lektion im Schreiben, werter Minister!

Aber Lionel Jospin ließ es in jener Sendung in France-Inter nicht bei diesem merkwürdigen Schnitzer in bezug auf den Text unseres Aufrufs bewenden. Anschließend beschuldigte er Yves Montand.

Anspielungsweise zunächst. Nachdem er noch einmal wiederholt hatte, in dem Aufruf der Intellektuellen stehe kein Wort über die Haltung der Kommunistischen Partei, fügte er hinzu: »Nun, ich denke, für viele von ihnen ist es hart, die alten Lieben zu begraben.«

Demnach ist die Haltung gegenüber der KPF zweideutig, weil unter den Unterzeichnern des Aufrufs manche ehemaligen Kommunisten oder Weggefährten sind. Gewöhnlich, muß ich sagen, wirft man den ehemaligen Kommunisten eher eine übermäßige Heftigkeit der Kritik an ihren »alten Lieben« vor. Diesmal ist der Vorwurf umgekehrt. Und man erreicht den Gipfel der Dummheit. Oder der Ignoranz. Wie kann man Montand vorwerfen, er tue sich schwer, seine »alten Lieben« zu begraben? Da sein öffentlicher Werdegang doch markiert ist mit unzweideutigen, oft aufsehenerregenden Stellungnahmen, die niemandem unbekannt sein können?

Man muß hoffen, daß Jospin hier auf die abschüssige Bahn einer unüberlegten Polemik geraten ist. Er braucht sich im übrigen nur bei den Sitzungen der nationalen Geschäftsstelle der Sozialistischen Partei umzuschauen, um zu begreifen, daß die alten kommunistischen Lieben es manchen ihrer Mitglieder nicht verwehren, treue Kämpfer für den demokratischen Sozialismus zu sein. Nicht wahr?

Vergessen wir also diesen ungeschickten kleinen Satz. Kommen wir zu dem Abschnitt seines Beitrags, in dem Jospin Montand direkt beschuldigt.

»Manche von denen, die diesen Brief unterzeichnet haben, hätten nicht so leichtfertig den Lauf der Geschichte zurückdrehen dürfen«, erklärt Lionel Jospin, »ich erinnere mich nämlich insbesondere daran, und ich werde es Yves Montand sagen, daß ich ihn während des Präsidentschaftswahlkampfs angerufen habe, um ihn zu fragen: Wären Sie bereit, im Wahlkampf für uns zu singen? Er hat mir äußerst liebenswürdig geantwortet: Nein, das kann ich nicht, ich gebe auf, ich will mich nicht mehr äußern, in das politische Leben eingreifen. Und hier nun hat er es getan. Er hat es in einer Art und Weise getan, die mich tief betrübt, denn sie ist ungerecht. Ich bin also gezwungen, ihn darauf hinzuweisen, daß er 1956, eines der aufgeführten historischen Daten, nach der Repression in Ungarn eine große Tournee durch die Sowjetunion gemacht hat.«

Zum ersten Punkt von Jospins Beschuldigungen: sicher ist, daß Montand ihm äußerst liebenswürdig geantwortet hat. Warum hätte er es nicht tun sollen? Aber ganz genauso sicher ist, daß er Jospin nicht die Worte gesagt hat, die dieser zitiert. Er hat zum Beispiel nicht sagen können »ich gebe auf«. Denn Montand gibt nie auf, sein ganzes Leben beweist es. Er hat nicht sagen können: »Ich will mich nicht mehr äußern.« Denn Montand hört nicht auf, sich zu äußern, in seinem Beruf als Schauspieler und außerhalb seines Berufs. Manche machen ihm sogar den Vorwurf, sich zuviel zu äußern. Kurz, er hat von alldem nichts sagen können. Zumindest nicht in dieser Form.

Was er gesagt hat, weil er es denkt, weil er es immer gesagt hat, weil so seine leicht nachprüfbare Praxis aussieht, ist, daß er nicht singen würde, da er es vorher nie bei politischen Wahlkämpfen, bei Präsidentschafts- oder Parlamentswahlen getan hat. Dazu hat er sich mehrfach öffentlich erklärt.

Zum zweiten Punkt, dem der Tournee durch die Sowjetunion, überlasse ich die Antwort Montand selbst.

Am 17. Dezember 1981, einen Tag nach Lionel Jospins Erklärungen, schrieb Montand dem Ersten Sekretär der Sozialistischen Partei nämlich einen Brief. Ich bin unmittelbarer Zeuge dafür. Ich habe Simone Signoret an jenem Tag »büffeln« sehen, um den Entwurf einer Antwort auszuarbeiten, den Montand ihr vorgelegt hatte. Der Text wurde von Catherine Allégret, die auf diese Weise wieder einmal in dieser Geschichte auftaucht, in die Rue de Solférino gebracht. In der Geschäftsstelle der Sozialistischen Partei entstand, als Catherine erklärte, sie überbringe einen Brief von Montand, ein gewisses Durcheinander. Schließlich war es Jospin selbst, der Catherine Allégret empfing. Ihm eigenhändig also, wie man sagt, wurde der folgende Brief überreicht.

»Paris, am 17. Dezember 1981.

Lieber Lionel Jospin,

es sieht so aus, als hätte ich als einziger von den Unterzeichnern dieses Textes Ihnen Kummer bereitet. Das war nicht meine Absicht. Meine Absicht wie die aller anderen Unterzeichner war es, meine Empörung über die Laschheit und ›Diplomatie‹ der ersten offiziellen Erklärungen der Regierung öffentlich zu machen.

Heute scheint es, daß Ihre Empörung der unseren gleichkommt.

Es scheint auch, daß das Verlesen dieses Textes gestern morgen vor dem Mikrofon von Europe 1 und Michel Foucaults und meine Kommentare gehört worden sind... Wir haben feststellen können, daß der im Verlauf des gestrigen Tages angeschlagene offizielle Ton sich glücklicherweise geändert hat, und wir haben uns über diese neue Überlegung gefreut. Gleichzeitig können wir nicht umhin zu hoffen, daß unsere Mahnung mit dazu beigetragen hat. Das ist vielleicht reichlich stolz, aber schließlich ermutigen Sie mich, eingebildet zu sein, indem Sie mich namentlich erwähnen. Da Sie mich nicht denen zuordnen konnten, die dem Unglück der Chilenen, Türken, Afghanen, Tschechoslowaken, der boatpeople und Salvadorianer gleichgültig gegenüberstehen, haben Sie sich entschieden, die öffentliche Meinung daran zu erinnern, daß ich 1956 nach Moskau gefahren bin.

Sie haben gut daran getan. Obschon Sie sich getäuscht haben, wenn Sie meinten, einen Leichnam auszugraben. Diese Reise ist wohlbekannt, sie ist von meiner Frau und von mir öffentlich analysiert worden. Sie hätten bedenken sollen, daß ich, gerade weil ich 1956 gereist bin, Worte wie *Konterrevolution, Hilferuf an die Bruderparteien* oder *Nichteinmischung in die inneren Angelegenheiten* oder natürlich *man kann nichts tun*, nie wieder geschluckt habe.

Ich verbleibe, mein lieber Jospin, mit den besten Grüßen...«

Ich habe im Schreiben innegehalten, ich habe das Buch von Simone Signoret wieder vorgenommen. Ich habe noch einmal die Schilderung jener Tournee von 1956 in die Sowjetunion und in die sogenannten »Volks«demokratien gelesen (ein bezeichnender Pleonasmus: wenn ein semantischer Effekt verdoppelt wird, ist immer etwas nicht ganz geheuer!).

Das Lesen hat einige Zeit gedauert. Es sind nämlich fast hundert Seiten. Man kann wirklich nicht sagen, Simone Signoret hätte versucht, dieses Problem zu umgehen, diese Episode in ihrem und Montands Leben zu verbergen. Aber ich werde Ihnen hier keine Zusammenfassung des Berichts geben. Eine brillante Zusammenfassung der pikantesten Momente. Oder der bewegendsten. Bestimmt nicht. Ich fordere Sie auf, es mir nachzutun. Unterbrechen Sie einen Augenblick die Lektüre und nehmen Sie sich *La Nostalgie*... vor. Lesen Sie und lesen Sie abermals die großartige, farbige Schilderung voller Zärtlichkeit und Ironie, auch voller Zorn, die Simone Signoret von ihrer beider Reise in die Sowjetunion gibt. Ich hoffe, auch Lionel Jospin wird sich zehn Minuten von seiner kostbaren Zeit genommen haben, um diese Seiten zu lesen, als er, einen Tag nach seinem Beitrag in France-Inter, Montands Antwortschreiben erhalten hat.

Plötzlich aber, auf spektakuläre Weise – doch das ist seine Gewohnheit –, tritt Louis Aragon in dieser Geschichte auf. Oder vielmehr, er geht ab.

Sie haben bemerkt, denn Sie haben Simone Signorets Seiten ja gerade noch einmal gelesen, daß am Ende des Berichts von ihrer Reise mit Montand im Jahr 1956 in den Osten eine Unterredung mit Aragon steht. Eine letzte Unterredung, tatsächlich. Simones Bericht hebt dies deutlich hervor: »Ich habe Aragon zur Tür meines Hauses zurückbegleitet, ich habe ihm gesagt, daß ich ihn nie in meinem Leben wiedersehen wollte, ich habe ihn hinausgesetzt und habe nie wieder mit ihm gesprochen.«

Und genau in dem Moment, als ich diesen Satz las, im gleichen Moment, in dem Simone Signoret vor langer Zeit, 1957, Aragon vor die Tür ihrer Zigeunerwagen-Erdgeschoß-wohnung an der Place Dauphine setzt, ruft mich heute eine Stimme an. Eine Stimme ruft mir in diesem Augenblick zu, daß Aragons Tod im Radio gemeldet worden ist.

Ich sitze wie erstarrt. Ich denke unbestimmt, daß so eine hinterhältige und brutale Koinzidenz mich nicht allzusehr verwundern dürfte. Daß man auf jedwede Koinzidenz, jedwedes scheinbar unmögliche Zusammentreffen gefaßt sein muß, wenn man mit Simone Signoret zu tun hat. Ich weiß ja, daß Simone eine Göttin der Koinzidenzen, der bedeutsamen Zufälle ist. Eine Art Nadja unserer alltäglichen Banalität. Das alles sage ich mir, aber ich bemühe mich, einen kühlen Kopf zu bewahren. Nicht den Faden meiner Geschichte zu verlieren.

Montand und Simone sind also Ende März 1957 auf dem Flughafen von Budapest. Es ist auch die Endstation der Tournee durch die Ostblockländer. Sie fliegen nach Hause zurück. Da, schreibt Simone, »fünf Minuten vor dem Einsteigen trat eine Frau zu uns. Hatte ich sie vielleicht schon unter den Journalisten und den Leuten vom Rundfunk gesehen? Sie hatte uns etwas zu sagen. Sie sagte es sehr schnell und sehr leise. Kannten wir Aragon? Würden wir ihn sehen? Und ob! Dann sollten wir ihm etwas ausrichten. Ein Freund von ihm, ein ungarischer Dichter, saß seit Januar mit einigen anderen Schriftstellern im Gefängnis. Weder sie, seine Exfrau, noch seine jetzige Frau hatten die geringste Nachricht darüber bekommen, was aus ihm geworden war. Vor anderthalb Monaten war ein Brief losgeschickt worden, um Aragon zu alarmieren. Aragon kannte Tibors Leben sehr genau. Elsa auch. Tibor war während des Kriegs, 1942 in Frankreich, wo er seit 1938 als politischer Flüchtling lebte, Mitglied der verbotenen Partei geworden. Aragon mußte etwas für ihn tun, er wußte, daß Tibor kein Faschist war. Ich versprach ihr, daß ich es ausrichten würde. Ich versprach ihr nicht, daß Aragon sich einsetzen würde. Da sah sie mich ein Weilchen, ohne etwas zu sagen, an, dann nahm sie meine beiden Hände und sagte: ›Bitten Sie ihn, wenigstens eine Nacht nicht zu schlafen.‹ Ich schrieb mir den Namen auf: Tibor Tardos.«

So viel hierzu. Ich habe diese Seite von Simone Signoret entliehen, da ich an jenem Tag nicht auf dem Flughafen von Budapest war. Ich kann mir die Szene natürlich vorstellen. Ich kann mir sogar vorstellen, daß Simone nicht unzufrieden war, diese Botschaft für Louis Aragon zu haben. Diese Botschaft einer um einen gefangenen Schriftsteller bangenden Frau.

Folglich empfing Simone Signoret zwei Tage nach ihrer Rückkehr nach Paris Louis Aragon bei sich, an der Place Dauphine. Sie richtete ihm das Anliegen von Tibor Tardos' Exfrau aus. Aragon war überrascht, er erinnerte sich nicht gut. Tardos, Tardos, der kleine Dichter? Er war im Gefängnis? Was konnte er tun? »Ich bin Franzose«, sagte Aragon, »was in Ungarn vorgeht, geht mich nichts an!« Da richtete ihm Simone die letzte Bitte von Tibor Tardos' Exfrau aus: er möge wenigstens eine Nacht nicht schlafen.

»Aragon ist mit seiner schönen Hand durch das Grau seiner schönen Haare gefahren und hat zu mir gesagt«, schreibt Simone Signoret, »aber meine liebe Freundin, ich schlafe seit zwanzig Jahren nicht!« Und da hat Simone ihn vor die Tür gesetzt.

So viel hierzu. Ich hatte diesen Satz gerade noch einmal gelesen, als mir zugerufen wurde, Louis Aragon sei gestorben. Er wird nicht mehr schlafen, nie mehr. Oder vielmehr wird er, Louis Aragon, den ewigen Schlaf der Schlaflosigkeit des Todes schlafen.

An den folgenden Tagen wurde es wirklich schwierig, nicht an Aragon zu denken. Wie in einem Stück von Eugène Ionesco hörte seine Leiche nicht auf zu wachsen. Sie wucherte über die Seiten der Zeitungen, sie füllte die Fernsehschirme aus. Sie verweste auf dem Marktplatz. Sie stank um die Wette. Sie sprach von jenseits des Grabes ins Leere hinein.

Wie konnte man unter solchen Umständen nicht an Louis Aragon denken?

Merkwürdigerweise erfuhr ich während dieser langen Tage von Louis Aragons offiziellem, prunkvollem und lächerlichem Tod einige Einzelheiten über den diskreten, auf seine Weise jedoch auch prunkvollen Tod eines anderen exemplarischen Kämpfers für die Sache des Kommunismus. Eines anderen Kämpfers, der ein Vorbild für die kommenden Generationen abgibt, weil er jene Tugend verkörpert, mit der man uns in bezug auf Aragon in den Ohren gelegen hat: die Treue. Ein anderer Kämpfer für die kommunistische Treue. Ich spreche von Ramón Mercader, dem Mörder Trotzkijs.

Man weiß, daß Ramón Mercader Mexico verließ, nachdem er dort eine zwanzigjährige Haftstrafe verbüßt hatte. Man weiß, daß er nach Havanna flog – Castro war schon an der Macht –, um von dort aus in die Sowjetunion zu gelangen. Man weiß das alles. Aber man weiß weniger, daß Ramón Mercader am Ende seines Lebens nach Cuba zurückkehrte. Seine Bindungen an dieses Land waren eng. Mutterbindungen gewissermaßen. Denn seine Mutter, Caridad del Río Mercader, war dort geboren. Sie hatte ihre lange Karriere im Dienst der sowjetischen Spionage in den sechziger Jahren in der cubanischen Botschaft in Paris beendet. Sie bekleidete dort anscheinend einen bescheidenen Posten, aber ihr Blick war immer noch genauso lebhaft. Am Ende seines Lebens war Ramón Mercader also auf seine Mutterinsel zurückgekehrt. Und er übte dort eine Tätigkeit aus, die mir dieses Leben kommunistischer Treue auf wunderbare Weise abzuschließen scheint. Ramón Mercader beendete sein Leben, aus dem er durch eine sogenannte »lange und schmerzhafte Krankheit« gerissen wurde – und nach manchen Zeugenaussagen scheint sein Ende wirklich schmerzhaft gewesen zu sein –, in Ausübung der Tätigkeit eines Aufsehers der castristischen Gefängnisse. Ein wunderbares Gleichnis für ein Kämpferleben, nicht wahr? Von den Kämpfen im Spanischen Bürgerkrieg bis zur Aufsicht der Isolationszellen in den Gefängnissen Fidel Castros, über die stinkenden Geheimnisse des russischen Sicherheitsapparates: ein ganzes Leben der Treue. *Perinde ac cadaver.*

Aber ich werde in dieser Stunde und an diesem Ort nicht von Louis Aragon sprechen. Ich werde das gleiche diskrete Schweigen bewahren wie Montand bei jener Gelegenheit. Montand wird weiterhin Aragon singen, wird weiterhin nicht weniger an ihn denken. Ich werde weiterhin das gleiche denken und doch manchmal mit leiser, halblauter oder lauter Stimme – alle Stimmen sind für Aragon passend – bestimmte Seiten von ihm zitieren. Bestimmte Gedichtzeilen. Bestimmte Verse aus *Chanson pour oublier Dachau* zum Beispiel. *Ne réveillez pas cette nuit les dormeurs...* Oder vielmehr doch: weckt in dieser Nacht und in allen Nächten der Nacht, die über Europa hereinfällt, Aragon den Schläfer. Oder den Einschläfernden. Erweckt ihn aus dem Schlaf des Todes, damit er endlich, wie Tibor Tardos' Exfrau es wünschte, die Schlaflosigkeit des Lebens kennenlernt. Die wachsame Schlaflosigkeit unseres Lebens zumindest.

Aber ich werde nicht von Louis Aragon sprechen. Nicht jetzt. Ich hatte nicht die Absicht, es ist im Plan dieses Buches nicht vorgesehen. Nur weil er gerade in dem Moment gestorben ist, als er Simone Signorets Bericht für immer verließ, habe ich an seine lange Treue zum Nichts erinnern müssen.

Aragons Tod jedenfalls, das gewissermaßen nationale Begräbnis, das er bekam, bringen uns wieder zu jener Episode im Dezember 1981, als eine Reihe von führenden sozialistischen Politikern die intellektuellen Unterzeichner von Michel Foucaults und Pierre Bourdieus Aufruf bissig angriffen. Und insbesondere Yves Montand.

Aragons Begräbnis war nämlich Anlaß zu einem düsteren und eisigen Gedenken an eine bestimmte Vorstellung von der Union der Linken. An eine bestimmte Mythologie der Einheit in der Konfusion, in der hohlen Rhetorik der strahlenden Zukunft.

Ich sah mir die Bilder im Fernsehen an – die in einer nahen Zukunft zu entziffern zweifellos interessant sein wird – und konnte nicht umhin zu lächeln. Ich hörte Pierre Mauroy zu, ich sah Jack Lang bei den Feiern in der ersten Reihe sitzen und konnte nicht umhin zu lächeln. Ein Jahr zuvor hatten sie selbst oder ihresgleichen, ihre Brüder, uns unsere kommunistischen »alten Lieben« vorgeworfen, uns in die schwefelige Hölle unserer Ursprünge verwiesen.

Noch lange nach diesem Ereignis kam es vor, daß Jack Lang anläßlich irgendeines Interviews wiederholte, *er* sei im Gegensatz zu Yves Montand nie Stalinist gewesen. Eine bedeutungslose Richtigstellung, da die Zeiten, in der beide jeweils zur politischen Reife gelangten, schwer zu vergleichen sind. Zur Zeit der Befreiung dreiundzwanzig Jahre alt gewesen zu sein wie Montand ist gewiß nicht dasselbe, wie zu dem Zeitpunkt dreiundzwanzig zu sein, als Lang es war. Ein Glück für diesen vielleicht. Aber auch Pech für ihn, wenn er sich dessen rühmt oder es sich auch nur als Verdienst anrechnet. Man kann sich sein Geburtsjahr nicht aussuchen.

Damit Jack Lang versucht zu begreifen, was es hieß, 1944 dreiundzwanzig Jahre alt zu sein, möchte ich ihm noch einmal empfehlen, Léon Blum wiederzulesen. In dem Band, der seine Schriften und Reden von 1945 bis 1947 enthält, wird Lang eine Artikelserie aus dem *Populaire* über die Probleme der Einheit mit der KPF finden, in denen man unter dem 21. Juli 1945 (erinnern wir daran, daß Léon Blum zwei Monate zuvor von der Deportation nach Deutschland zurückgekehrt ist) folgende Zeilen lesen kann: »Ich gebe ohne jegliches Bedenken zu, daß die Politik des Sowjetstaates von einem außergewöhnlichen Mann geführt wird. Wenn unsere kommunistischen Genossen vor dem Krieg gewöhnlich vom ›genialen Stalin‹ sprachen, war ich, wie ich mich erinnere, geneigt zu lächeln, und heute gebe ich zu, daß ich unrecht hatte. Stalin ist ein genialer Mann. Das Werk, das er in zwanzig Jahren vollbracht hat, um seine Macht zu begründen, um sein Land zu organisieren, zu verteidigen und zum Sieg zu führen, setzt ebenso außergewöhnliche Begabungen voraus wie jene, die einen Richelieu, einen Cromwell, einen Cavour in den vordersten Rang der Geschichte gestellt haben. Er ist genial in seinen Dimensionen, in seiner inneren Leistungskraft wie im geduldigen Weitblick seiner Pläne.«

Es ist Léon Blum, der diese Zeilen schreibt, vergessen wir es nicht, es ist nicht André Wurmser. Aber Blum schreibt sie 1945. Sie zeigen, wie das ideologische Umfeld der Zeit war – erschreckend, wenn man es bedenkt. Wenn Léon Blum, den man für immun halten könnte, der Ansteckung durch diesen umgebenden Stalinismus, diesem Stalin gewidmeten Personenkult nicht widerstanden hat, wie hätte Montand ihm widerstehen sollen? Wie hätte der Sohn einer eingewanderten Proletarierfamilie, der im Kommunismus neue Wurzeln, ein neues Vaterland gefunden hat, der sich als »gebürtigen Kommunisten« betrachtet, wie er selbst gesagt hat, wie hätte er widerstehen sollen? Verwunderlich ist, daß Montand nicht völlig darin untergegangen ist. Daß er nie Parteimitglied geworden ist. Daß er den Bereich seines Berufs, seines Engagements als Schauspieler–Sänger eifersüchtig vor einem totalen Einfluß der aggressiven und dümmlichen Volkstümelei der KPF gehütet hat. Ein Mann, der einen angeborenen Sinn für die Bühne hat, der Theatererfahrung hat wie Jack Lang, sollte sich eher diese Frage stellen, statt Montands imaginären »Stalinismus« mit seinem Groll zu verfolgen. Denn es ist dessen Erfahrung als Bühnenschaffender, die es ihm zunächst ermöglicht hat, seine Autonomie zu bewahren. Durch seine anschließende Erfahrung als Filmschauspieler hauptsächlich hat Montand seine politische Wahrheit wiedergefunden. Seine wahre persönliche Sprache, die nicht mehr die der Vaterpartei war.

Ich sah mir also die Fernsehbilder von Louis Aragons gewissermaßen nationalem Begräbnis an und konnte nicht umhin zu lächeln. Die gleichen, die uns ein Jahr zuvor in derber Weise einen versteckten, kriecherischen, schlecht ausgeheilten Stalinismus vorgeworfen hatten; die gleichen, die uns eine psychoanalytische Lektion erteilten, wobei sie in uns irgendeine Rückkehr des Verdrängten aufspürten; die gleichen Puritaner, die uns streng unsere »alten Lieben« vorhielten: jetzt waren sie alle zur dithyrambischen Lobrede auf Louis Aragons stalinsche Treue zur stalinisiertesten Partei Westeuropas versammelt!

Da gab es allerdings etwas zu belächeln.

Aber welchen Schluß sollte man, mit zeitlichem Abstand, aus jenem Ausfall gewisser Vertreter der sozialistischen Macht gegen eine für die Linksintellektuellen weitgehend repräsentative Gruppe ziehen? Warum dieser öffentliche Protest gegen die Unterzeichner des Aufrufs vom 14. Dezember und im besonderen gegen Montand?

Ich komme auf das in *Libération* (zweifellos der Tageszeitung, die den Sinn dieser Affäre am besten verstanden hat) veröffentlichte Interview mit Pierre Bourdieu zurück, das ich bereits erwähnt habe.

»Unser Aufruf«, sagt Bourdieu, »hat funktioniert wie ein Fotoentwickler (Sartre hätte gesagt: wie eine Falle für Idioten). Er hat dumme oder lächerliche Bemerkungen hervorgerufen, mitunter unanständige – ich denke an die Angriffe gegen Yves Montand oder gegen die Linksintellektuellen in Anführungsstrichen –, mitunter beunruhigende – ich denke an die eines Kanapa würdigen Töne, die unser Kulturminister gefunden hat, um die ›untadelige Loyalität‹ der kommunistischen Minister der typisch strukturalistischen Inkonsequenz der Intellektuellen entgegenzuhalten.«

Denn schließlich, wie Pierre Bourdieu in *Libération* sagte: »Was ist regelwidrig an der Tatsache, sich an die Regierung zu wenden? Da es sich um eine außenpolitische Angelegenheit handelt, ist sie die einzige, die in unserem Namen wirksam sprechen und handeln kann. Wir haben ihr in dieser Sache die Macht übertragen. Wir haben Rechte über sie. Als Intellektuelle haben wir das Privileg, dieses Recht jedes Bürgers mit einer gewissen Wirksamkeit ausüben zu können. (Obschon die Veröffentlichung unseres Appells auf gewisse Schwierigkeiten gestoßen ist ...) Wir hätten wohl warten sollen, bis der Präsident der Republik uns einen Monat später bei einer Plauderei am Kaminfeuer darlegt, was er über Polen denkt und was er in der Verschwiegenheit der Gipfeltreffen darüber gesagt haben mag! In zwanzig Jahren V. Republik sind die elementaren demokratischen Reflexe abgestorben. Eine Regierung kann und muß zur Ordnung gerufen werden.«

Letzten Endes hat dieses Ereignis – das von einem bestimmten Standpunkt aus als ein Sturm in einem Pariser Wasserglas, aber von einem anderen, wie Bourdieu sagt, als ein Fotoentwickler angesehen werden kann – die Existenz eines Risses, einer Art Bruch zwischen einer Strömung innerhalb der Sozialistischen Partei, die augenblicklich den staatlichen Kulturapparat zu beherrschen scheint – den ich schlagwortartig als »jakobinisch-leninistisch« bezeichnen würde –, und einer gewichtigen Fraktion der Linksintellektuellen gezeigt. Einer Fraktion, die sich im Laufe der letzten

Jahrzehnte im Kampf gegen den Stalinismus (doch, doch, Monsieur Lang!), gegen die totalitären Rückfälle in das Dritte-Welt-Denken, gegen die bürokratische Verstaatlichung der westlichen Gesellschaften herausgebildet hat: eine Art freischwebende Intelligenz, nach Max Webers bewundernswerter Definition, das heißt eine von den Apparaten losgelöste intellektuelle Schicht, von jeglichem Zwang entbunden, außer dem der Grenzen ihrer eigenen Erkenntnisfähigkeit. Von jeglicher Macht entbunden, außer der zur ständigen und demokratischen Subversion der Institutionen, die ihre beinahe natürliche Funktion ist. Wenn dieser Riß sich in den kommenden Monaten und Jahren vergrößern sollte, ist zu befürchten, daß das Verhältnis der sozialistischen Macht zur bürgerlichen Gesellschaft erheblich davon beeinträchtigt wird.

Unterdessen aber, während diese Polemik die Seiten der Zeitungen füllte und aus den Radios schallte, trat Montand allabendlich im Olympia auf. Dort spielte sich sein täglicher Kampf ab, dort triumphierte er. Von dort holte er sich seine Kraft. Und holten seine Worte ihre Resonanz. Ich will sagen, daß es nichts Traurigeres, nichts Erbärmlicheres gibt als die traurigen Erbärmlichen, die auf der Bühne wirklich nicht einschlagen, die ihre Mittelmäßigkeit aber mit aufsehenerregenden politischen Erklärungen kompensieren. Und übrigens immer mit dem Strom der jeweiligen Macht schwimmen. Und mit dem Wind der herrschenden Mode gehen.

Er, Montand, konnte laut sprechen, selbst auf die Gefahr hin, zuviel zu sprechen, oder zu laut, *nobody is perfect*! Denn er triumphierte jeden Abend auf der Bühne des Olympia. Und erst nach den Bravorufen und den Vorhängen, in die Freude eines Publikums, das sich nach dem Abend mit Montand beglückt fühlte – zugleich mit sich zufriedener und über sich beunruhigter, aufmerksamer für seine eigenen Fragen –, erst danach ließ er in jenen Wochen vom Schnürboden der Music-Hall das Solidarność-Plakat herabsenken. Als eine Mahnung an die rauhen und besorgniserregenden Realitäten der Welt mitten im vorübergehenden, aber vollkommenen Glück dieses Abends. Als eine Mahnung an die Zerbrechlichkeit dieses Glücks.

So füllte Montand allabendlich das Olympia bis zum Rand, wie ein großes flaches Kriegsschiff, rauschend von Schweigen und hingerissenen Ausrufen. Es ist Zeit, die Reise mit ihm wiederaufzunehmen.

7

Yves Montand:
der Krieg geht weiter

Das Flugzeug taucht brummend in die Nacht des Okzidents ein.

Seit August, als ich mit Montand in Brasilien wieder zusammentraf, bin ich immer gen Westen geflogen, wo die Nächte anbrechen. Die Flughäfen funkelten in tausend nächtlichen Feuern, und ich flog in endlose Nächte hinein. Die Zeitverschiebung stellte hinter den Bullaugen der großen monotonen Flugzeuge unter meinem Blick Nacht her, auf Sicht, zusehends sogar.

Heute, am 19. Oktober 1982, fliege ich erneut gen Westen. Nach Los Angeles diesmal, wo ich Montand wiederfinden werde. Ich werde dort zu Beginn der Nacht ankommen, wenn man der Ortszeit glaubt, die fast die gleiche sein wird wie die, zu der ich von Paris abgereist bin, elf Stunden früher. Die Nacht wird für mich in Los Angeles, der alten spanischen Stadt, wieder anfangen, da die Flüge nach Westen uns zusätzliche Nächte schenken.

Ein einziges Mal im Lauf dieser Reisen durch die Welt mit Montand – aber bei dem Mal, von dem ich sprechen will, war ich allein: er war in Japan geblieben, um die Tournee zu beenden –, ein einziges Mal bin ich gen Osten geflogen. Anders gesagt, nach Westeuropa. Das war anläßlich meines Rückflugs von Tokio nach Paris, via Anchorage.

Als ich diesmal unter dem Lächeln der tausendfältig schillernden und sich verbeugenden japanischen Stewardessen in der Kabine Platz nahm, habe ich mir mit einer Prise ironischer Genugtuung gesagt, daß mein Tod nicht unbemerkt bleiben würde, falls dieses Flugzeug abstürzen sollte. Direkt vor mir saß nämlich Yannick Noah. Und auf der anderen Seite des Gangs, in derselben Reihe wie ich saßen Alberto Moravia und seine junge Gefährtin, Dacia Maraini. Ich meine, seine Gefährtin, die jünger ist als er.

Ich war Noah im September begegnet, in der Woche, als Montand in der Metropolitan Opera sang. Er spielte in Flushing Meadow, und wir wohnten im selben Hotel. In Flushing Meadow, im September, war Yannick Noah von einem australischen Tennisspieler, den er hätte schlagen müssen, aus dem Turnier geworfen worden. Den zu schlagen er alle Möglichkeiten hatte. In Tokio, im Oktober, war er in der ersten Runde ausgeschieden – zwei tie-breaks: 7:6, 7:6 – gegen Pat Dupré. Als ich Yannick Noah auf dem Flughafen wiederbegegnet bin, als wir uns vor dem Einsteigen begrüßt haben, habe ich befürchtet, er könnte meine Anwesenheit mit seinem Pech in den Turnieren in Verbindung bringen. Er könnte mich für einen Unglücksvogel halten. Doch nein, er schien es nicht zu tun. Er schien nicht zu denken, daß es eine störende Koinzidenz zwischen seinen unvorhersehbaren, zumindest unvorhergesehenen Niederlagen und meiner Anwesenheit auf seinen Reisen gebe. Er war höflich und herzlich, unaufdringlich und distanziert, wie es seine Art ist.

Was Moravia und Dacia Maraini betrifft, so hatte ich sie, glaube ich, seit Mai 1964 in Salzburg nicht mehr gesehen. Es war anläßlich der Verleihung des Prix Formentor gewesen, den ich im Jahr zuvor für *Die Große Reise* zugesprochen bekommen hatte. Das war also fast zwanzig Jahre her. Wir waren alle drei gealtert, das sah man ohne Zweifel. Die beiden zumindest waren gealtert. Es gibt folglich keinen Grund, mich von diesem allgemeingültigen Schicksal auszuschließen.

Diesmal also, am 27. Oktober 1982, flogen wir gen Osten. Die Tage hörten nicht auf anzubrechen. Wir lernten verschiedene Morgendämmerungen kennen, trübe oder schillernde, wie in einer *Illumination* von Rimbaud. In Anchorage war die Morgendämmerung grau von zertretenem Schnee. Dann ging die Sonne auf. Die Dämmerung wurde rosa, der Schnee auch. In Paris war die Dämmerung grau von herbstlichem Regen. Dann ging die Sonne nicht auf. Es blieb grau. In Madrid, am nächsten Tag, war die Morgendämmerung kühl und blau. Und die Sonne ging auch auf, wärmer als in Anchorage. Obendrein hatten meine Freunde von der spanischen Sozialistischen Arbeiterpartei haushoch die Parlamentswahlen gewonnen.

Aber soweit ist es noch nicht.

Es ist etwa zehn Tage früher, und ich fliege nach Westen. Nach Los Angeles, die einstmals spanische Stadt. Der Beweis dafür ist, daß der Beamte der Einwanderungsbehörde mich beim Anblick meines Passes gleich in einem singenden Spanisch anredete. Er sah aus, als sei es ihm völlig gleichgültig, daß ich einen *waiver* hatte, eine Art Nicht-Visum, das einem jedoch provisorische und Vorsichtsmaßnahmen unterworfene Rechte gibt, in die Vereinigten Staaten einzureisen. Als er in Beantwortung seiner rituellen Frage nach dem Zweck meiner Reise erfuhr, daß ich zu Montand wollte, drückte er sein Bedauern darüber aus, daß er nicht ins Greek Theater hatte gehen können. Aber es gab zu viele Karteninteressenten für zu wenig Plätze, sagte er mir. Dabei waren es mehr als viertausend. Es wäre ihm lieb gewesen, wenn Montand länger in Los Angeles geblieben wäre. Er hat mir meinen abgestempelten Paß zurückgegeben, hat mich in seinem Spanisch mit dem weichen südlichen Akzent willkommen geheißen.

Während ich zum Ausgang des Flughafens von L. A. ging, zu dem Auto, das Montand für mich geschickt hatte – im Augenblick meiner Landung betrat er die Bühne des Greek Theater, und ich wollte vor dem Ende des Konzerts bei ihm sein –, dachte ich, daß dieser Akzent mich an jemanden erinnerte. Mit welchem Amerikaner hatte ich in letzter Zeit spanisch gesprochen?

Es fiel mir plötzlich ein, später, als ich auf der rückwärtigen

Bank der Limousine döste und durch die neue amerikanische Stadt Los Angeles fuhr, die, unendlich und unfaßbar, nachts nur als Träger für die gigantischen, blinkenden, schillernden Leuchtreklamen zu dienen schien, in denen das Licht zirkulierte wie flammendes Blut in den Adern des Universums.

Der Polizist der Einwanderungsbehörde von Los Angeles hatte den gleichen Akzent wie der Infanterist von General Pattons III. Armee, der mir ein Päckchen Camel geschenkt hatte, in Buchenwald, am 12. April 1945, einen Tag nach der Befreiung des Lagers. Der kleine Soldat aus New Mexico sah mit aus den Höhlen tretenden Augen die im Hof des Krematoriums aufgestapelten Leichen an. Seine Lippen zitterten, blutleer. Dann hat er angefangen ein Gebet zu murmeln, auf spanisch, mit eben diesem singenden und weichen Akzent des Südens: *Padre nuestro que estás en los cielos...*

Ich maß mit der etwas beängstigenden Elle dieser fernen Erinnerung die vergangene Zeit, das langsame Voranschreiten des Todes im Fluß meines eigenen Lebens. Ich erinnerte mich natürlich an den Fluß Styx auf dem Gemälde von Joachim Patinir, das wir und Raymond und Danièle Lévy im Prado in Madrid betrachtet hatten, auf der Spanienreise, die am Dienstag, den 24. November angefangen hatte, vor kaum mehr als einem Jahr. An dem Tag, als ich von François Mitterrand zum Mittagessen in den Élyséepalast eingeladen war.

Und als ich dann im Freilichtamphitheater des Greek Theater ankam, das von tausendfachem Lachen, fröhlich wie Glühwürmchen, brauste, sang Montand gerade *Les Grands Boulevards*. Das Leben kam sofort wieder zu seinen Rechten. Es wurde wieder vorstellbar, mit einem Schlag.

Aber soweit ist es noch nicht.

Es ist ein paar Stunden früher, und ich fliege in die Nacht hinein, die im Westen anbricht.

Ich wende mich meinem Nachbarn zu, um mit ihm zu sprechen. Gewöhnlich spreche ich auf Überseeflügen nicht mit meinen Nachbarn. Auf anderen Flügen übrigens auch nicht. Ich versuche meine Nachbarn davon abzubringen, mich anzusprechen, indem ich eine abwesende Miene aufsetze. Oder eine strenge. Denn Überseeflüge sind besonders fruchtbar für die Meditation – die anderen übrigens auch –, und man darf die Möglichkeit nicht durch Gespräche zur Unzeit verderben. Aber es hat sich ergeben, daß mein Nachbar Narciso Yepes ist, der große spanische Gitarrist.

Vorhin, beim Einchecken im Flughafen, hat die Stewardess von Air France mir mit entzücktem Lächeln meine Platzkarte überreicht: »Sie werden neben Ihrem Landsmann Narciso Yepes sitzen.« Und sie hat verträumt nickend hinzugefügt: »Sie haben Glück ... Ich bewundere diesen Musiker so sehr!«

Ich habe ihr nicht gesagt, daß ich nicht nur Narciso Yepes' Nachbar sein werde, sondern daß ich obendrein das Flugzeug nehme, um Montand zu treffen. Sie hätte meinen können, mein Glück sei unverschämt. Was ja auch stimmt, aber sie hätte es mir schließlich übelnehmen können.

Ich wende mich also Narciso Yepes zu.

Fast dreißig Jahre zuvor war ich ihm unter etwas eigentümlichen Umständen begegnet. Es war in Hendaye, an der spanischen Grenze. Ich war mit dem Zug von Paris gekommen, ich hatte die französische Zoll- und Polizeikontrolle passiert. Es war zu der Zeit, als ich mit falschen Pässen reiste (aha, eine Erinnerung bricht auf: ich war fünfzehn Jahre alt, ich war in Den Haag, der Spanische Bürgerkrieg endete in wilder Flucht und Verwirrung, Europa hatte Prag Hitler preisgegeben, wie es die Stadt zehn Jahre später Stalin preisgeben sollte, und ich las *Faux Passeports (Deutsche Pässe)* von Charles Plisnier; eine sehr gute Lektüre, gewiß, eine ausgezeichnete sogar), und ich hatte die französische Zoll- und Polizeikontrolle reibungslos passiert. Ich glaube, ich sagte bereits, daß meine falschen Pässe tadellos waren. Ich ging also in aller Ruhe zwischen den Metallschranken entlang, welche die kleine Ansammlung von Reisenden zu den spanischen Zoll- und Polizeiposten des internationalen Bahnhofs von Hendaye leiteten. Wenige Schritte entfernt sah ich die grünlichen Uniformen, die Dreispitze aus schwarzem Lackleder der spanischen Guardia Civil.

In diesem Moment hat die Stimme einer Frau direkt vor mir mich zusammenzucken lassen. Innerlich zumindest.

Es war die Stimme von Pilar Bacarisse. Sie war die Frau von Salvador Bacarisse, einem in Paris im Exil lebenden spanischen Musiker, den ich sehr gut kannte. Der mich sehr gut kannte, vielmehr. Seine Frau kannte mich ebenfalls. In jenen mageren Zeiten lud Pilar mich häufig zum Essen in ihre winzige Wohnung in der Rue Cassette ein. Und Pilar begleitete eben diesen Narciso Yepes. Ich wußte, daß sie befreundet waren. Ich wußte auch, daß es Yepes schwerfiel, allein zu reisen, da er sehr schlecht sah. Pilar Bacarisse brachte ihn also nach Spanien zurück, zweifellos nach einer Konzertreihe in Paris.

Jeden Augenblick konnte sie sich umdrehen und mich erblicken. Sie konnte dann, nachdem sie mich gesehen hatte, ihre Überraschung ausdrücken, indem sie mich bei meinem Namen rief. Indem sie mich auf spanisch anrief. Pilar war eine überschwengliche, zu Anrufen neigende Frau. Von nun an war alles möglich. Auch das Schlimmste war möglich. Aber ich konnte nichts tun. Nichts, als weiter ruhig auf den Posten der Francopolizei zuzugehen. Ich konnte nicht umkehren, ich hatte Frankreich schon verlassen. Ich bin also weitergegangen und habe nur versucht, so viele Reisende wie möglich vorbeizulassen, um so viele Hindernisse wie möglich zwischen meinen Blick und den von Pilar Bacarisse zu schieben.

Ich wiederholte mir ganz leise, und darüber mußte ich innerlich immerhin lächeln, einen Satz, den ich von Marx übernommen hatte und der eine der Maximen meiner persönlichen Moral geworden war: »Ich, alter Freund«, sagte ich zu diesem oder jener, »ich mache es gemäß Marx wie die Menschheit: ich stelle mir nur Aufgaben, die ich lösen kann!«

Und da ich das Problem meiner Anwesenheit in dieser Warteschlange, eingekeilt, wie ich war, zwischen Metallschranken, unter dem, wie man annehmen konnte, wachsamen Blick der spanischen Guardia Civil, nicht lösen konnte, versuchte ich mir diese Aufgabe nicht zu stellen.

Auf jeden Fall habe ich erst einige Jahre später verstanden, daß dieser Satz von Marx wahrhaft marxistisch ist. Das heißt dialektisch. Ersetzbar durch sein Gegenteil also. Daß er also nicht eine Wahrheit aussagte, sondern auch das Gegenteil dieser Wahrheit. Die Wahrheit seines Gegenteils. Denn wenn die Menschheit (gemäß einem kleinen Satz von Marx im Vorwort zu seinem Werk *Zur Kritik der politischen Ökonomie*, mit dem die finstersten Idioten uns seit Jahrzehnten in den Ohren liegen) sich nur Aufgaben stellt, die sie lösen kann, ist um so wahrer, daß sie nur Aufgaben löst, die sie sich wirklich stellt. Die ihr gestellt werden, vielmehr. Denn die Menschheit ist nur ein Begriff, und es sind die Menschen, die die Menschheit ausmachen und die die Begriffe vor die wahren Probleme stellen. Jedenfalls kommt es manchmal vor.

Aber ich bin noch nicht zu diesem einleuchtenden gesunden Menschenverstand gelangt, zu dieser am wenigsten verbreiteten Sache der Welt. Ich wiederhole mir den kleinen Satz von Marx, umkehrbar wie ein Mehrzweckkleidungsstück, und ich gelobe dies und jenes, damit Pilar Bacarisse mich nicht sieht.

Doch sie hat mich gesehen.

Sie wird es mir Jahre später sagen. Nach all diesen Reisen, all diesen Illusionen, all diesen Sätzen von Marx, die uns das Herz erwärmten, statt uns zu helfen, die Realität zu verändern. Sie wird mir sagen, daß sie mich gesehen hat. Daß sie sofort erraten hat, daß ich eine etwas eigentümliche Reise machte. Sie wußte natürlich, daß ich Mitglied der Kommunistischen Partei war. Ihr Mann war es auch. Sie hatte also begriffen. Irgendwann, hat sie mir gesagt, hat sie versucht, meinen Blick einzufangen, um mir zu verstehen zu geben, daß sie alles begriffen hatte, daß ich nichts zu befürchten brauchte. Einen Blick, um mich wissen zu lassen, daß sie bei mir war, daß sie schweigen würde, daß wir auf derselben Seite des Lebens waren. Auf derselben Seite der Hoffnung.

In dem Moment, in dem ich mich Narciso Yepes zuwende, um ihn anzureden, denke ich, daß ich immer Glück gehabt habe. Zweifellos habe ich meine Arbeit im Untergrund nicht schlecht gemacht. Von einem technischen Standpunkt aus habe ich meine Arbeit im Untergrund unter dem Francoregime keineswegs schlecht gemacht. Kommissar Roberto Conesa, einer der Chefs von Francos politischer Polizei, ist nach dem Tod des Diktators zweifellos in aller Ruhe in Pension gegangen. Aber es ist ihm nie gelungen, mich zu schnappen. Ich habe ihm immer gesagt, daß ich auf ihn scheiße, und tue es weiter. Aufs Geratewohl.

Aber oft hat mir das Glück geholfen. Denn so muß man das Schweigen der anderen nennen, die einen schützen. Und zweifellos brauchte Pilar Bacarisse, um Schweigen zu bewahren, nur Geistesgegenwart zu beweisen. Ihr Schweigen am Grenzbahnhof von Hendaye war das Ergebnis einer Überlegung. Fast eines Reflexes. Aber andere haben das Schweigen unter der Folter durchgehalten.

Ich denke flüchtig an all das einmal mehr, während ich mich Narciso Yepes zuwende. Er wendet sich mir nicht zu. Denn er sieht nicht, daß ich mich ihm zuwende. Ich habe bereits gesagt, daß er schlecht sieht. Augenblicklich ist er dabei, einen Zeitschriftentext mit einer Speziallupe zu entziffern.

Ich denke an Pilar Bacarisse, ich denke an das Schweigen anderer. Ich denke an *Der Krieg ist vorbei*, flüchtig, wegen Montand, der ebenfalls bei Hendaye die Grenze überschritt, unter dem Pseudonym Diego. Oder Carlos, ich weiß das nicht mehr genau, es ist lange her, daß ich diesen Film geschrieben habe. Vielmehr war es Sallanches, nach genauerer Überlegung. Und das war kein Pseudonym: es war der

284

richtige Name von Nadine Sallanches' Vater. Unglaublich, an wie viele Dinge man denken kann, wie viele Bilder einem im Gedächtnis aufblitzen, während man die einfache Bewegung macht, sich zu seinem Nachbarn hinüberzubeugen, in einem Flugzeug, das den Atlantik überfliegt.

Ich denke sogar an Joseph Losey, für den ich 1977 *Straßen nach Süden* geschrieben habe, worin es wieder um Spanien ging, um Reisen über die Grenze. Worin Montand wieder die Hauptrolle gespielt hat.

Ein paar Tage vor meiner ersten Abreise, im August 1982, als ich nach Rio de Janeiro fliegen wollte, war ich Joseph Losey auf einem Bürgersteig des Boulevard Saint-Germain begegnet. In Paris also. Er trug seinen üblichen blauen Blick, ein lässig um den Hals geschlungenes grelles Tuch über seiner üblichen englischen Anglerjacke aus Segeltuch. Aber er war auf erschütternde Weise niedergedrückt vom Alter, von der Lebensmüdigkeit, trotz aller Bemühungen, sie abzuwenden.

Wir haben ein paar Worte gewechselt. Als wir uns verabschiedet hatten, als ich schon einige Schritte von ihm weggegangen war, rief er mir mit einem Funkeln fröhlicher Perfidie in seinen engelhaften blauen Augen nach: *»I heard you'll travel with Montand, as a groupie ...«* (Ich habe gehört, daß Sie mit Montand auf Reisen gehen, als Groupie.)

Ich habe schallend gelacht und zustimmend mit dem Kopf genickt. Das ist die beste Art, auf kleine oder große Perfidien zu antworten, ob sie nun von Losey kommen oder von sonstwem. Lachen Sie darüber, rate ich Ihnen.

In *La Nostalgie n'est plus ce qu'elle était* hat Simone Signoret sehr zutreffend erklärt, was Groupies sind. Sie »folgen den Sängern«, schreibt sie, »und den Musikern, sie sind im allgemeinen jung, hübsch, ohne bestimmte Beschäftigungen und vor allem vollkommen austauschbar«.

Die Definition ist vollständig, aber man merkt sofort, daß sie nicht auf mich zutrifft. Ich bin keine Frau, ich bin nicht mehr sehr jung, ich habe sehr bestimmte Beschäftigungen und vor allem bin ich keineswegs austauschbar. Ich bin Montands Welttournee also nicht als Groupie gefolgt. Ich hatte Lust, ein Buch über ihn zu schreiben. Nicht unbedingt eine Biographie im traditionellen Sinn. Man hat es vielleicht schon bemerkt. Eher eine Art Porträt-Essay. Den Roman einer Begegnung, einer Freundschaft. Die Chronik einer gemeinsamen Arbeit, deren sichtbarste Spuren *Der Krieg ist vorbei*, *Z*, *Das Geständnis*, sind. Und *Straßen nach Süden* eben. Eine gemeinsame Strecke zu einer geteilten enttäuschten Hoffnung. Zu einer aktiven Hoffnungslosigkeit jedoch, voller Projekte, voller Zorn, Spontaneität, Emotionalität. Voller Lust, die Dinge zu verändern. Zu einer Hoffnung ohne Gewißheiten, nicht zu sehr mit Illusionen belastet, gerade genug, um in Gang zu bleiben. Etwas Anregendem jedenfalls: weder lindernd noch leninistisch, also unter Vermeidung der beiden Extreme einer vergleichbaren Dummheit. Die Chronik einer Strecke, auf der ich viel von Montand gelernt habe. Auf der ich ihm vielleicht etwas gebracht habe.

Kurz, ich wollte ein Buch schreiben. Jetzt sind wir fast an seinem Ende.

Wie dem auch sei, *Straßen nach Süden* war ein halber Mißerfolg. Ich spreche nicht nur vom kommerziellen Ergehen des Films, denn dieser Aspekt ist manchmal zweitrangig. Ich spreche von dem Film als Gemeinschaftsarbeit eines Schauspielers, eines Regisseurs und eines Schriftstellers. Für uns war der Film ein halber Mißerfolg. Selbst wenn er ein großer kommerzieller Erfolg geworden wäre, wäre er für mich ein halber Mißerfolg gewesen. Und zweifellos bin ich der Hauptverantwortliche dafür. Man hätte wahrscheinlich nicht auf ein Thema zurückkommen dürfen, das dem von *Der Krieg ist vorbei* trotz eines neuen Arrangements der Themen zu nahe war. Oder man hätte mit einem jungen Regisseur darauf zurückkommen müssen, der für all diese Dinge der Vergangenheit einen respektlosen Blick gehabt hätte und keinen nostalgischen. Der andererseits nicht wie Losey sich in der – oft unbequemen, materiell sogar harten – Bequemlichkeit eines Exils eingerichtet hätte, das sich mit den Pfauenfedern des politischen Anspruchs schmückt, hauptsächlich aber als Alibi dafür dient, altersschwache Überzeugungen nicht in Frage zu stellen. Als rechtfertige die Tatsache, ein wirkliches Opfer eines provisorischen McCarthyismus gewesen, von der amerikanischen Demokratie selbst zurückgestoßen worden zu sein, das Nicht-Brechen mit einem je nachdem latenten oder expliziten, aber immer noch heimlich wirkenden Stalinismus. Heimtückisch wirkend. Selbst wenn er sich mit Treueschwüren zu einer in der blinden Ergebenheit der dreißiger Jahre irregeleiteten heißblütigen Jugend maskiert. Aber man braucht nur Michel Climents *Le Livre de Losey* zu lesen, um darin diesen inneren Riß im Denken dieses großen Regisseurs aufzuspüren. Des um so größeren Regisseurs, als er mit dem Skalpell, mit beklommener Freude die Niedrigkeit des Menschen beschreibt, seine unheilbare Schwäche.

Genaugenommen war *Straßen nach Süden* das zweideutige Ergebnis eines Mißverständnisses. Montand und ich dachten daran, einen Film zu machen, der einer kritischen, uns seit langem gemeinsamen Überlegung in einem neuen Licht Form geben sollte. Aber Joseph Losey interessierte sich, dem Anschein zuwider, nicht wirklich für diesen Aspekt der Arbeit. Spanien war für ihn nur der mythologische Bezugspunkt eines veralteten guten antifaschistischen Gewissens. Eines urveralteten sogar. Und urzeitlichen.

Dennoch bewahre ich aus diesem nur halb gelungenen Film – oder halb mißlungenen, wenn man streng sein will – bestimmte perfekt inszenierte Sequenzen im Gedächtnis, in denen Montand mit seinem langbeinigen, rhythmischen, harmonischen Gang den hartnäckigen, verzweifelten, klarsichtigen Weg verfolgt, der dem Leben seiner Figur, Jean Larrea, einen Sinn gibt. Auch seinem eigenen Leben einen Sinn gibt.

Und dann kamen, wie geheimnisvolle Zeichen, die sich über jene Sommertage 1977 legten, die Möwen und schlugen im Morgengrauen mit ihren Flügeln und ihren rauhen Schreien gegen die Fenster des Hotels in Cherbourg, wo ich mich manchmal dem Drehteam anschloß. Sie schwebten nicht wie weiße Blütenkronen über einem ruhigen Meer, so schweben sie, wie man weiß, an einer Stelle bei Proust. Sie flogen majestätisch vor den Scheiben meines von der Morgendämmerung weißen Fensters herum. Wie die Möwen meiner Kindheit in Santander in meiner Erinnerung.

Schließlich, zweifellos ein letztes schicksalhaftes Zeichen, drehte Losey die Hauptsequenzen von *Straßen nach Süden* in Omonville-la-Petite. Dort siedelte er das Haus von Jean Larrea an, der von Montand verkörperten Filmgestalt. Aber in Omonville-la-Petite, einem Dorf im Cotentin, hatte auch Jacques Prévert seine letzten Lebensjahre verbracht. Auf dem Friedhof von Omonville-la-Petite liegt er begraben.

Doch Narciso Yepes erinnert sich sehr gut an den Zwischenfall von Hendaye vor mehr als dreißig Jahren. Zwischenfall ist übrigens ein reichlich großes Wort, da ja nichts passiert ist.

Wie dem auch sei, Pilar Bacarisse hatte ihm von jener flüchtigen Begegnung in der wartenden Schlange vor dem spanischen Polizeiposten am internationalen Bahnhof von Hendaye erzählt. Wir lachen sehr, als wir diese Erinnerung wachrufen. Und dann frage ich ihn, was er in Los Angeles vorhat. Eine zwar etwas dumme Frage, denn wohin Narciso Yepes auch fährt, er tut es, um dort Musik zu machen. Aber die kommunikative Hitze eines Gesprächs über das heutige Spanien, mit dem wir beide ganz zufrieden sind, bringt mich dazu, ihm diese dumme Frage zu stellen. Und ich bin nicht überrascht zu erfahren, daß er nach Los Angeles fliegt, um dort einige Konzerte zu geben. Anschließend wird er eine Tournee durch die Vereinigten Staaten machen.

Narciso Yepes fragt mich seinerseits, was ich in Los

Angeles vorhabe. Aus seinem Mund ist die Frage weder dumm noch oberflächlich. Denn ich kann selbstverständlich aus allen möglichen Gründen nach Los Angeles fliegen. Und sogar ohne Grund: einfach so. Aber ich fliege hin, um Montand wiederzutreffen, sage ich ihm. Und das interessiert ihn. Er versteht sehr gut, weshalb ich Montand durch die Welt folge. Darauf erzähle ich ihm von Brasilien, Ende August. Und von der Metropolitan Opera in New York, im September.

Aber es stimmt ja, daß ich Ihnen noch nicht von der MET in New York erzählt habe. Hohe Zeit, es zu tun. Das ist sogar nur recht und billig: ich sehe nicht ein, warum Narciso Yepes mehr darüber wissen sollte als Sie.

Am 2. September 1982, als wir aus Rio kommend, die Augen noch angefüllt mit Bildern aus dem Maracanàzinho, in New York eintrafen, erwartete uns dort Simone Signoret.

Sie hatte keine Zeit verloren, übrigens.

Seit ihrer Ankunft vor einem oder zwei Tagen hatte sie ihr Terrain bereits markiert. Die drei ineinander übergehenden Zimmer des *Méridien*, im zweitobersten Stock des Hotels, in denen sie eine Woche mit Montand und Catherine, ihrer Tochter, verbringen sollte, waren schon in einen Zigeunerwagen verwandelt. Zeitungen lagen auf den Möbeln herum, das Telefon klingelte, die Freunde strömten herbei. Blumengrüße und Geschenke ebenfalls. Botschaften von Sidney Lumet oder Gregory Peck oder Kirk Douglas oder Paul Newman – ich übergehe sowohl Bessere als weniger Gute – lagen aufgestapelt auf dem Schreibtisch. Simone thronte mitten in diesem Getümmel und beantwortete Botschaften, Bitten um Interviews, verschiedene Ansuchen, Briefe von verrückten Verehrern, häufiger Verehrerinnen, die seit mehreren Tagen vor Montands Ankunft in New York zu Dutzenden für ihn eintrafen.

Aber Simone Signoret thronte ruhig in diesem Getümmel.

An jenem Morgen, als ich kurz nach unserer Ankunft aus Rio de Janeiro in ihr Zimmer hinaufgegangen bin, um ihr guten Tag zu sagen, habe ich sie in einer jener weißen Tuniken, die ihr so gut stehen, im Schneidersitz auf dem Bett sitzen und Robert Scipions Kreuzworträtsel in der neuesten Nummer des *Nouvel Obs* lösen sehen.

Sie hatte sogar die Zeit gefunden, Jane Hermann zu verführen, die Programmdirektorin der MET, die die Idee gehabt hatte, Montand dorthin einzuladen. Die vor allem genügend Geduld und Überzeugungskraft gehabt hatte, ihn wirklich dort hinkommen zu lassen. Diesen Wunsch in Wirklichkeit zu verwandeln. Simone hatte sie also verführt, erobert, in die Tasche gesteckt. Ein paar Gespräche, ein paar Mahlzeiten im *Russian Tea Room* neben dem Hotel hatten dazu ausgereicht. Im allgemeinen, das ist kein Geheimnis, wenn Simone Signoret ihre ganze Kraft einsetzt, ist es schwer, ihr zu widerstehen. Jane Hermann widerstand also nicht lange, falls sie überhaupt je die Absicht dazu hatte.

Mit einem Wort also, Simone hatte ihr Terrain markiert. Wie eine große Katze aus alter und königlicher Rasse thronte sie in New York, als wir dort ankamen.

Aber für diese Haltung gab es, bei allem, was sie für die ihr Nahestehenden, ihre wiedervereinte Familie, an Besitzergreifendem und Aufreizendem mit sich brachte, eine ganz einfache Erklärung. Eine ganz leicht verständliche, auch wenn das, worum es ging, komplex, tief war. Es sind manchmal die tiefsten Dinge, die am leichtesten verständlich sind. Denn es gibt nichts, was leichter verständlich wäre, scheint mir, als die Leidenschaft.

In *La Nostalgie...* erzählt Simone Signoret, daß sie 1968, weil sie in Schweden mit Vanessa Redgrave, David Warner und James Mason unter Sidney Lumets Regie *La Mouette (Die Möwe)* drehte, weder an den Proben noch an der Premiere von Montands Konzert im Olympia teilnehmen konnte. Zum erstenmal in ihrem Leben konnte sie es nicht.

»Catherine hat mich ersetzt, sie hat es von klein auf gelernt, sie ist ein gutes Groupie... Catherine ist dagewesen an den Tagen der Proben, des Feilens, der Angst, des Zweifels«, schreibt Simone Signoret in ihrem Buch über 1968.

Dreizehn Jahre später, 1981, als Montand wieder auf der Bühne des Olympia auftrat, geschah das gleiche. Zweifellos war Simone am Tag der Premiere, am 13. Oktober, dreizehn Jahre danach, da und im Saal. Aber sie hatte nicht regelmäßig den Proben beigewohnt, sie hatte nicht wie früher die Tage der Angst, des Feilens und des Zweifels geteilt. Die Tage des Sieges auch nicht, jene, an denen die Show plötzlich steht, anfängt zu laufen. Die Tage, an denen neue Gesten, letzte Einzelheiten erfunden werden, an denen alles auf dem magischen Öl des Gelingens schwimmt. 1981, bei Montands aufsehenerregendem Comeback, war sie erneut von Catherine Allégret ersetzt worden.

Diesmal war es jedoch nicht wegen Tschechow. Nicht aus Gründen der Arbeit. Sondern Simone war schwer krank gewesen. Die Attacke war heftig, die Operation heikel, die Rekonvaleszenz lang.

Bis zu dem Moment, während der ganzen letzten Jahre, hatte Simone Signoret ihr eigenes Altern mit ironisch gefärbter Distanziertheit mitangesehen. Manchmal auch mit einer Art Grausamkeit gegen sich selbst. Härte zumindest. Als wolle sie dadurch mit einer Spur von Herablassung ihren Verzicht auf gewisse Prächtigkeiten des Lebens anzeigen. Ich wage es zu sagen, weil ich manchmal mit ihr darüber gesprochen habe. Bei diesen Gelegenheiten sah sie mich mit ihren wunderbaren Augen an, blieb aber ungerührt. Es war vielleicht in Autheuil, und der Herbst rötete die Bäume im Park. Es war an der Place Dauphine, wer weiß, und das schillernde Licht der Seine drang seitlich in das große Zimmer mit der niedrigen Decke. Simone sah mich also an, ungerührt und lächelnd. Entschlossen zwar, mir zuzuhören, aber nicht auf mich zu hören. Entschlossen, das anstößige Anschwellen des

Körpers gewähren zu lassen, von dem sie nicht einmal sprechen wollte. Aber vielleicht lag in ihrer Haltung ein Geheimnis, das zu ergründen mir nicht gelungen ist. Das nicht einmal die Seiten in *La Nostalgie*, wo sie über ihr Altern spricht, für mich begreiflich gemacht haben. Sie spricht dort nämlich nur über das Altern der Schauspielerin, nicht über das der Frau. Das ist nicht unbedingt dasselbe, aber sie spricht nicht darüber. Sie ist nämlich auf andere Art, auf ihre Art natürlich, genauso diskret wie Montand, was ihr Innenleben angeht. Genauso schamhaft. Das verpflichtet mich dazu, genauso diskret wie sie zu sein, Ihnen nie etwas zu sagen, was ich *ihnen* nicht gesagt hätte.

Wie dem auch sei, Simone stand von ihrer Krankheit, von ihrer langen Rekonvaleszenz in Autheuil buchstäblich verwandelt wieder auf. Ich sage nicht verjüngt, denn man würde mir vorwerfen, von der Zuneigung, die ich für sie empfinde, verblendet zu sein. Aber gealtert, wie *Goldhelm* gealtert wäre. Und nicht wie *Madame Rosa*. Gealtert, wie es für das junge Mädchen logisch war, das ich 1942 flüchtig im *Flore* sah. Und dann entdeckte sie durch die Krankheit die Wichtigkeit des Körpers, der Aufmerksamkeiten, die man ihm widmen muß. Bis dahin hatte sie sich auf eine eiserne Gesundheit berufen und schien nicht zu wissen, daß er Anspruch auf irgendwelche Rücksichten hat. Sie behandelte ihn ein bißchen so, wie der Marschall de Turenne seine ruhmreiche Rüstung. Genaugenommen brachte die Rekonvaleszenz Simone dazu, sich mehr mit sich selbst zu beschäftigen. Ihrem eigenen Kummer vorläufig, solange sie ihre früheren Kräfte nicht wieder hatte, mehr Aufmerksamkeit zu schenken als dem der Welt.

Unter diesen Umständen fand Montands Comeback in der Music-Hall statt. Unter diesen Umständen bereitete er seine Show vor, feilte er lange an ihr herum, ohne daß Simone Signoret daran teilnahm, wie sie es unter anderen Umständen vielleicht getan hätte.

In *La Nostalgie* ... erzählt Simone, wie sie 1968 Montands Konzert schließlich beiwohnte. Nach Beendigung der Dreharbeiten zu *Die Möwe* kehrte sie nämlich nach Paris zurück. Vanessa Redgrave ging eines Abends mit ihr ins Olympia. »Es war ein großartiges Konzert«, schreibt Simone Signoret. »Ich war gleichzeitig eifersüchtig, um die Vorbereitung gebracht worden zu sein, und wahnsinnig stolz, daß die Legende endlich für immer entmythologisiert war: ›Er singt ... aber sie steht in den Kulissen.‹ Ich hatte nicht hinter den Kulissen gestanden. Ich war stolz, die Frau dieses Mannes zu sein, der mich tief beeindruckte, der meine Freundin und etwa dreitausend Menschen im Saal sichtlich tief beeindruckte.«

Damit ist alles gesagt. Ist alles klar.

Wie 1968 war Simone ganz natürlicherweise eifersüchtig, nicht nur weil sie um die Vorbereitung der Show, sondern auch weil sie um die Welttournee gebracht worden war, von der sie nur die Woche an der Metropolitan Opera in New York miterleben sollte. Die Woche, die der Höhepunkt, gewissermaßen die Apotheose von Montands Lichtjahr werden sollte und die sie um keinen Preis verpassen wollte. Und diese Eifersucht, diese Frustrationen führten ganz natürlicherweise dazu, daß sie ihre Anwesenheit deutlich machte, daß sie besitzergreifend oder ganz im Gegenteil distanziert zu ihrer Umgebung war und insbesondere zu jenen, die diesmal mehr Anteil am Abenteuer ihres Mannes gehabt hatten als sie selbst. Zu Jane Hermann zum Beispiel.

Habe ich nicht bereits gesagt, daß die Dinge der Leidenschaft häufig am leichtesten verständlich sind?

Was die Legende angeht (»Er singt ... aber sie steht in den Kulissen«), so erhielt sie in New York einen neuen Stoß, falls sie überhaupt noch existierte.

Aber sie hatte existiert, ich kann es bezeugen. Ich selbst habe zum Beispiel lange geglaubt – tatsächlich bis zum Schreiben dieses Porträts, das mich gezwungen hat, Daten zu überprüfen, den genauen Ablauf der Vergangenheit zu berücksichtigen –, ich habe also geglaubt, daß es Simone war, die Montand den Zugang zu Préverts Welt eröffnet hatte. Die Verwirrung konnte entstehen, da Préverts Welt und die Simones, die Welt des *Flore*, der Gruppe Oktober, einer parteiunabhängigen intellektuellen Linken, die gleiche ist. So haben sich die Dinge jedoch nicht abgespielt. Vielmehr umgekehrt. Weil Montand schon in Préverts Welt eingedrungen war, hat er Simone Signoret kennengelernt. Es war 1946, anläßlich von *Pforten der Nacht*, daß Montand und Prévert sich begegneten, ich glaube, ich habe es bereits gesagt. Und um Prévert wiederzusehen, verbrachte Montand 1949, als er seit zwei Jahren Préverts Gedichte sang, einige Tage in der *Colombe* in Saint-Paul-de-Vence, wo er Simone begegnete.

Aber diese Begegnung ist eine schon erzählte Geschichte.

Wie dem auch sei, als wir am 2. September aus Rio de Janeiro kamen, hatte Simone Signoret in der Suite des *Méridien*, wo sie auf Montand und Catherine wartete, ihr Terrain schon markiert. Der einzige Raum, den sie nicht benutzte, da sie ihn zweifellos zu geräumig fand für die Art von Unterhaltungen, die ihr zusagen, war der riesige Salon, den man über eine Innentreppe erreichte und von dem aus man einen phantastischen herbstlichen Blick von oben auf den Central Park hatte.

Am selben Nachmittag, ganz genau um 17 Uhr 30, wie mein Reisetagebuch bezeugt, fuhren wir drei – Simone, Montand und ich – zu einer Besichtigung in die MET. Wir fuhren mit dem Taxi. Nicht, daß es sehr weit gewesen wäre, aber Montand und ich hatten schon einen langen Spaziergang durch die Straßen von New York gemacht. Und außerdem mußten wir dieses Taxi nehmen, Sie werden sehen, warum.

Der Fahrer hielt also am Aufgang zu dem Platz vor dem Operngebäude. Montand kletterte als erster aus dem Auto und ging an besagtem Fahrer vorbei auf den Bürgersteig. Simone und ich blieben etwas zurück.

Als der Fahrer Montands hohe Gestalt vor seiner Nase vorbeigehen sah, rief er aus: »Ist das nicht Montand?« Er sprach natürlich englisch. Ich habe seinen kurzen Ausruf nur aus Gründen des bequemeren Lesens übersetzt. Aber er sprach mit einem sehr starken russischen Akzent. Simone bestätigte ihm, daß er richtig gesehen hatte, daß es tatsächlich Montand war. Woher kannte er ihn? Hatte er ihn im Kino gesehen, erkundigte sich Simone. Der Fahrer mit dem russischen Akzent drehte sich zu uns um. Er hatte sehr hellblaue Augen. Einen Ausdruck freudiger Überraschung, schrecklicher Sehnsucht in seinem sehr hellen und sehr blauen Blick. Aber woher denn! Er hatte Montand in Moskau gesehen, 1956. Er war bei einem seiner Konzerte dabeigewesen.

Uns blieb der Mund offen, Simone und mir. Wir sahen diesen Russen an, der Montand in Moskau hatte singen hören. Und vielleicht war es im Uljniki-Stadion gewesen. Vielleicht war er eine jener winzigen Gestalten, die man auf dem Foto erkennen kann, das ich bereits erwähnt habe, das man immer noch an der Place Dauphine sehen kann. Er mußte ein Knirps gewesen sein, 1956, in Anbetracht seines jetzigen Alters. Es überraschte mich nicht allzusehr, daß es zu dieser Begegnung kam, kaum nachdem Simone wieder in unserem Leben aufgetaucht war. Solche Sachen passieren dauernd in ihrer Gegenwart. Ich müßte daran gewöhnt sein. Aber es war trotzdem überraschend. Sonderbar bedeutsam.

Vor allem als sich herausstellte – das war vorhersehbar, die Geschichte konnte keine andere Pointe haben –, daß dieser New Yorker Taxifahrer Jude war, daß er zwei Jahre zuvor aus der UdSSR ausgewandert war. Wir konnten es nicht fassen, weder wir noch er. Er konnte es nicht fassen, daß er zufällig an Montand geraten war. Wir, Simone und ich, konnten es nicht fassen, daß wir zufällig an ihn geraten waren.

Wir haben versucht, Montand einzuholen, um ihm die gute Nachricht mitzuteilen. Um ihn zurückzuholen, damit er diesem kleinen Juden aus Moskau guten Tag sagen sollte, der ihm vor fünfundzwanzig Jahren in seiner Geburtsstadt, aus der er hatte fliehen müssen, zugehört hatte. Aber Montand war schon zu weit weg. Er hatte den Platz vor der MET mit langen Schritten überquert und verschwand bereits in der Halle des Gebäudes. Wir sind ihm nachgelaufen, aber vergeblich.

Danach, an den folgenden Tagen, während der ganzen Dauer unseres Aufenthalts in New York, haben wir, Simone und ich, das Gesicht aller Taxifahrer, die in der Umgebung des Hotels in gelben Autos fuhren, begierig studiert, in der Hoffnung, unseren Moskowiter wiederaufzutauchen zu sehen. Leider umsonst! Das Schicksal hatte uns nur ein kurzes rätselhaftes Zeichen gegeben. Ein einziges. Die Wege dieser Leben, die sich zweimal gekreuzt hatten, in Moskau und in New York, würden sich zweifellos nicht noch einmal überschneiden. Es war an uns, das Zeichen in unserem Gedächtnis zu bewahren, als Kostbarkeit.

Zum gleichen Zeitpunkt, aber das sollten wir erst einige Tage später erfahren, veröffentlichte die *Komsomolskaja Prawda*, das Organ der russischen kommunistischen Jugend, einen Artikel ihres Pariser Korrespondenten, eines gewissen Ignatow. Der Titel lautete: »Yves Montand gegen Yvo Livi«.

Wenn der folgende Artikel auch nur ein armseliges Gewebe aus Gemeinplätzen, kleinlichen, haltlosen Perfidien, stümperhaften, fast jämmerlichen Fälschungen ist (wir sind weit entfernt vom brutalen und arroganten Feuer der Schdanow-Zeit, in der jeder beliebige Schreiberling sich herausnahm, Jean-Paul Sartre zum Beispiel als »maschinenschreibende Hyäne« zu beschimpfen: zweifellos ein Beweis dafür, daß die UdSSR jetzt weniger Vertrauen in ihre Ideen und in ihre Beleidigungen hat als in ihre SS 20-Raketen!), so stimmt der erste Satz in diesem »Brief aus Paris« doch voll und ganz: »Die Sowjetbürger eines bestimmten Alters«, konnte man lesen, »werden sich genaustens an diesen Sänger und Schauspieler auf Tournee durch die UdSSR erinnern.« In der Tat, den Beweis dafür hatten wir gerade bekommen. Aber wir hatten ihn in New York bekommen. Es war ein aus der Sowjetunion emigrierter Jude, der gezwungen gewesen war, das Land seiner Kindheit zu verlassen, der uns den Beweis für die Dauerhaftigkeit dieser Erinnerung geliefert hat.

Aber es ist vorherzusehen, daß Montand nie wieder Gelegenheit haben wird, einen derartigen Beweis in Moskau selbst zu erhalten. Zum letztenmal fuhr er 1963 zu einem Filmfestival dorthin. Er wird nie wieder in die UdSSR fahren, solange ein einziger russischer Soldat von Asien bis Afrika, ohne Polen und die Tschechoslowakei zu vergessen, im Ausland einquartiert bleibt, um dort die Herrschaft des Imperiums und die Macht der örtlichen Nomenklatura zu sichern. Der örtlichen Ausbeuterklasse, anders gesagt.

Außer, selbstverständlich, die Notwendigkeit geböte es und die konkrete Möglichkeit wäre gegeben, in einer Delegation hinzureisen, um irgendeinen Dissidenten, irgendeinen freien Menschen aus dem Gefängnis, aus einem Zwangsarbeitslager oder der psychiatrischen Anstalt herauszuholen. So wie Simone Signoret im Oktober 1982 mit Michel Foucault und Bernard Kouchner (es treten wahrhaftig immer dieselben in unserer Geschichte auf!) anläßlich einer Mission der Organisation *Medecins du monde* nach Polen gereist ist, um den polnischen Ärzten eine Ladung Medikamente zu bringen und um zu versuchen, Lech Walesa zu treffen und sich nach seinem Gesundheitszustand zu erkundigen. Ohne Erfolg übrigens.

Ich muß sagen, daß ich im Plan dieses Berichts vorgesehen hatte, an dieser Stelle den »Brief aus Paris« etwas detaillierter zu kommentieren, den der arme Ignatow veröffentlichte, während Montand in den Vereinigten Staaten Triumphe feierte. Aber ich bringe es nicht mehr übers Herz. Ich bin gegenwärtig wie vor den Kopf geschlagen, seit ich diese Aneinanderreihung von Blödheiten noch einmal gelesen habe. Ich werde nur ein Beispiel für die Dummheit des sowjetischen Journalisten geben. »Seit langem«, sagt er gegen Ende seines Artikels, »hat Yves sich von den Sorgen der einfachen Franzosen entfernt, die er vor fünfundzwanzig Jahren besang. Was Simone betrifft, die aus einer wohlhabenden Familie stammt, so hat sie Not nie kennengelernt.« Da haben wir, ohne auch nur über die Plumpheit dieses Individuums zu sprechen, das es sich herausnimmt, Montand und Signoret bei ihren Vornamen zu nennen, da haben wir also ein schönes Beispiel für die Anwendung des heutigen sowjetischen Marxismus auf die Kunstkritik! Nein, es ist sicherlich besser, die Ausführungen des armen Ignatow nicht zu kommentieren. Übrigens, auch wenn es sich lohnte, wäre ich unfähig dazu. Das Leben ist zu kurz, um sich mit diesen Armseligkeiten zu beschäftigen.

Zwei Bemerkungen jedoch, bevor ich damit aufhöre. Bevor ich Montand in das Halbdunkel der MET folge, auf die riesige Bühne, die vollgestellt ist mit den Dekorationen für *Boris Godunow*, die Oper, die geprobt wird und die nach Montands Konzertwoche gespielt werden wird.

Eine erste Bemerkung, um Ignatow, der es so sehr bedauert, daß Montand nicht mehr *Quand un soldat* singt, das schöne pazifistische Chanson, das er während des französischen Indochinakrieges in seinem Repertoire hatte, um Ignatow also vorzuschlagen, eine hübsche russische Version davon zu machen (und ebenso eine weitere hübsche usbekische und kirgisische und turkmenische und tadschikische Version zu machen, warum nicht?), die die Sänger seiner Heimat im Rundfunk, im Fernsehen, in den Theatern der Sowjetunion trällern könnten. Wäre das nicht ein schönes Vorbild in konsequentem Antimilitarismus und nicht nur zur Nachahmung für uns schwächliche oder geschwächte Okzidentalen dienlich?

Eine zweite Bemerkung, um zu sagen, daß Simone Signoret, als sie nach der Woche in New York nach Paris zurückkam und von dem Artikel in der *Komsomolskaja Prawda* erfuhr – den sie sich vollständig übersetzen ließ –, in einem von *Le Matin de Paris* veröffentlichten Interview mit Marc Kravetz treffend darauf antwortete. Marc war während der Tage in New York bei uns gewesen. Er zog ein bißchen das in Beirut verwundete Bein nach, aber das hinderte ihn nicht daran, unermüdlich durch die Stadt zu traben. Er unterhielt sich lange mit Montand, bevor er das Konzert in der MET sah und für seine Zeitung einen Bericht darüber schrieb. Aber er brachte uns auch mit Elie Wiesel zusammen, den ich nicht persönlich kannte. Ich besuchte ihn einmal mit Simone und Colette, die in New York zu uns gestoßen war. Und dann ein zweites Mal, am Sonntag, dem 12. September, nur mit Simone, da meine Frau nach Paris zurückgeflogen war.

Aber ich werde hier nicht unsere Gespräche mit Elie Wiesel wiedergeben. Dutzende von Seiten wären nötig, um zu berichten, was dabei gesagt wurde, und um auch das zusammenzufassen, was das Gesagte in mir wachruft. Von Buchenwald über unsere Visionen von Israel waren unsere Lebenswege bis zu diesem New Yorker Sonntag verlaufen, ohne sich zu kreuzen, jedoch um vergleichbare Erfahrungen kreisend. Wenn man die Erfahrung eines ehemaligen jüdischen Deportierten wie Wiesel überhaupt mit irgendeiner anderen Erfahrung unserer Zeit vergleichen kann.

Der Bericht würde zweifellos zu lang. Und außerdem winkt Montand uns hinter den Glastüren der Halle der MET herbei. Er muß sich fragen, warum wir so lange trödeln.

Einige Wochen später, am 20. Oktober in Los Angeles und an den folgenden Tagen in Tokio, habe ich jedoch mit Montand selbst ausführlich die Gespräche behandelt, die wir mit Elie Wiesel geführt hatten.

Aber vielleicht sollte ich zuerst ein bißchen Ordnung in diese Chronologie bringen. Das kommt und geht in meiner Erinnerung wie in der eines jeden von Ihnen. Es ist Oktober

1982 und dann September des gleichen Jahres und dann Dezember, aber im Jahr 1981. Das ist in gewisser Weise normal. Die chronologische Ordnung ist, wie Sie wohl wissen, nur eine Erfindung des menschlichen Geistes. Eine Art und Weise, wenn nicht die Zeit, ihre objektive Dauer, so doch zumindest die Idee von Zeit zu beherrschen. Ihren Begriff. Die sie bändigende Einteilung. Das ist eine beruhigende Erfindung der menschlichen Gesellschaften. Beruhigend für sie selbst, meine ich. Die chronologische Ordnung, die Monogamie, die Fußgängerüberwege, die Verkehrsschilder, die Leserbrieftante und so weiter – die Aufzählung derartiger Erfindungen könnte zu lang werden – dienen dazu, uns zu beruhigen. Uns vor dem Unvorhergesehenen zu schützen. Aber versuchen Sie einmal, eine Geschichte wirklich in chronologischer Ordnung zu erzählen! Das ist unmöglich! Und zunächst einmal, wie weiß man, wo eine Geschichte anfängt? Wann sie anfängt? Die Geschichte eines Paares, einer großen Leidenschaft zum Beispiel: fängt sie mit dem Tag des ersten Kusses an? Oder mit dem Geburtstag des ersten Kindes? Oder an dem Tag, an dem der Mann, von einem Bucheinband im Schaufenster einer Buchhandlung angezogen, hineingeht, um plötzlich eine etwas heisere Frauenstimme *Le Sang noir (Das schwarze Blut)* von Louis Guilloux verlangen zu hören, und ehe er sich umdreht, noch ehe er das Oval des Gesichts dieser jungen Frau, den köstlichen Schwung ihrer Hüfte betrachtet, weiß er schon, daß sie seine Lebensgefährtin wird?

Nichtsdestoweniger brauchen wir ein kleines bißchen Chronologie.

Montands Tournee hat also am Mittwoch, dem 25. August 1982, in Brasilien begonnen. Anschließend ist er vom 7. bis zum 12. September in der MET in New York aufgetreten. Am 14. und 15. September, Dienstag und Mittwoch, im Kennedy Center in Washington. Anschließend ist er nach Kanada gefahren, wohin ich ihm nicht folgen konnte. Kurz, er hat mich verlassen. Bis zum 7. Oktober hat er dort Konzerte in Quebec, Ottawa und Montreal gegeben. Dann ist er in die Vereinigten Staaten zurückgekommen, an die Westküste, zuerst, vom 11. bis zum 16. Oktober, nach San Francisco in das Orpheum Theater und schließlich, am 17., 18. und 19. Oktober, in das Greek Theater in Los Angeles. An diesem letzten Tag, einem Dienstag, bin ich wieder zu ihm gestoßen, um am nächsten Tag mit ihm nach Japan zu fliegen. Und er ist bis zum 13. November 1982 in Japan geblieben nach Auftritten in Osaka, Tokio und Yokohama.

Heute ist also Mittwoch der 20. Oktober, wir sind im *Beverly Hills Hotel.* Am Vorabend bin ich in dem Moment im Gartentheater in Los Angeles angekommen, als Montand *Les Grands Boulevards* sang. (Sieh an! Das ist eines der Chansons, von denen Ignatow behauptet, Montand singe sie nicht mehr, weil er Ivo Livi verraten habe, und er macht ihm deswegen Vorwürfe, dieser russische Bauer, der nicht einmal richtig informiert ist!) In Montands Garderobe waren an diesem Abend nach der Show Angie Dickinson, Ursula Andress, Billy Wilder. Lauter *beautiful people.* Ich meine natürlich die Schauspielerinnen, wenn ich von Schönheit spreche. Champagnerflaschen wurden entkorkt, das Wiedersehen wurde gefeiert. Vielleicht auch der Abschied.

Ich sah wohl, daß Montand gleichzeitig überglücklich und ein wenig traurig war. Glücklich, weil es in dem gleichen triumphalen Jubel endete wie in New York, in Washington, in San Francisco. Traurig, ganz einfach, weil es endete. Da er also ein wenig traurig und überglücklich war, war er überschäumend.

Und dann haben wir die Garderobe verlassen, um zu jenem Abendessen mit Gene Kelly zu gehen, von dem ich bereits gesprochen habe. Als Montand ein letztes Mal hinter der Bühne des Greek Theater entlanggegangen ist, hat das Team der amerikanischen Maschinisten und Elektriker, die damit beschäftigt waren, die Anlage abzubauen, angefangen zu klatschen. Ich hatte dasselbe schon bei der letzten Vorstellung in der MET und im Kennedy Center in Washington erlebt. Die Bühnenarbeiter applaudierten diesem Künstler, den sie wegen seines Talents, wegen seiner professionellen Arbeit bewunderten, aber auch wegen der Höflichkeit, mit der er sie immer behandelt hatte, wegen der Geduld und Freundlichkeit, die er an den Probentagen bewiesen hatte, an denen alles schiefging. Und es gibt Tage, an denen alles schiefgeht, an denen alles kaputtgeht und in Unordnung gerät, gibt sie an allen Theatern der Welt. Bei allen Veranstaltungen der Welt. Sie applaudierten Montand, und Montand hat seinerseits ihnen applaudiert, er hat ihnen gedankt. Und wir haben das Theater verlassen, und ich weiß nicht, ob das Leben schön war, das ist etwas, was man nie beschwören soll, aber es war lebenswert, damals, in jenem Augenblick. Es war lebenswert, es ging weiter, es schien sogar unendlich. Zumindest unerschöpflich.

Am nächsten Morgen, als wir über Israel gesprochen haben, habe ich die Gespräche in Erinnerung gebracht, die wir einen Monat zuvor mit Elie Wiesel geführt hatten.

Aber vorher war ich durch die Salons, die Bars, die Ladengalerie des *Beverly Hills* geschlendert. Ich kannte den Ort schon, da ich im April 1970 mit Costa Gavras und dem Team von *Z* zur Verleihung der Oscars hier gewesen war.

Im Garten des Hotels, unter einem blauen Himmel und in einer herbstlichen Wärme, die mir erklärte, warum meine Landsleute 1781 an dieser Stelle eine Stadt gegründet hatten, fiel mir plötzlich ein, daß Montand in einem dieser Bungalows gewohnt hatte, als er 1960 mit Marilyn Monroe *Let's make love (Machen wir's in Liebe)* gedreht hatte.

Lassen Sie sich jedoch eines Besseren belehren.

Diejenigen unter Ihnen zumindest, die sich im Geiste für den Bruchteil einer Sekunde die Hände gerieben haben, als sie den Namen Marilyn auftauchen sahen, mögen sich eines Besseren belehren lassen. Ich habe nicht die geringste

Absicht, an dieser Stelle eine Darstellung dieser kurzen – wie sagt man? Romanze, Idylle, Liebesgeschichte, flüchtigen Neigung, Leidenschaft? –, dieser kurzen Begegnung zu geben. Montand und Marilyn, als wären Sie dabei gewesen! Aber Sie waren eben nicht dabei. Und ich war auch nicht dabei. Norman Mailer natürlich auch nicht. Alles, was er darüber erzählt, beruht auf literarischer Phantasie. Übrigens behauptet er nicht wirklich das Gegenteil.

Diejenige, die dabei war, Simone Signoret, zweifellos mit aufmerksamem Blick (es gibt ein berühmtes Foto der beiden Paare, eben hier, im *Beverly Hills*, aufgenommen: Miller und Monroe, Montand und Signoret: und man muß Simone Signorets erstaunlichen Blick beachten: auf der Lauer zweifellos, aber schon erfüllt von der Milch und dem Honig menschlicher Zärtlichkeit, vom blonden und blauen Licht eines vorweggenommenen, wenn auch schmerzlichen Verständnisses), Simone also hat diese Episode bereits in *La Nostalgie*... dargestellt. Eine Darstellung übrigens, hinter der Montand sich immer verschanzt hat, der er alle Eigenschaften der Wahrheit, der richtig beurteilten Gefühle zuerkannt hat.

Ich werde also nicht an ihrer Stelle sprechen. Weder an der Stelle von Simones Darstellung noch an der von Montands öffentlichem Schweigen. Begnügen Sie sich also mit Simone Signorets Seiten. Was mich angeht, so sind mir, während ich an jenem Oktobertag 1982 durch die Alleen im Garten des *Beverly Hills* spazierte, drei Verse von Paul Éluard eingefallen. Sie stammen aus einem Gedicht, das zwar nichts mit den mich beschäftigenden Umständen zu tun hat, doch ihr Sinn schien mir durch eine geheimnisvolle Verschiebung auf diese ferne Episode zuzutreffen:

> *Que voulez-vous nous étions désarmés*
> *Que voulez-vous la nuit était tombée*
> *Que voulez-vous nous nous sommes aimés*

In New York hatte ich gespürt, daß Simone Signoret beim Lesen der langen Artikel gereizt war, die Zeitungen und Zeitschriften aller Arten Montand widmeten. Gereizt, nicht weil man ihm so viele und so lange Zeitungsartikel widmete, deshalb natürlich nicht. Gereizt, weil jedesmal, mit der Regelmäßigkeit eines Metronoms, ein Abschnitt des Artikels an die Episode Marilyn erinnerte.

»Findest du nicht, daß es allmählich reicht?« fragte Simone, als wir einmal zusammen diese Artikel über Montand lasen.

Wir hatten zum Beispiel den langen Artikel von Pete Hamill gelesen. Sechs ganze Seiten im *New York Magazine* vom 6. September, dem Tag vor der Premiere in der MET. Journalistisch gesehen war es eine bemerkenswerte Arbeit. Denn sie enthielten alles, diese sechs Seiten: die Kindheit in Marseille, die Eroberung von Paris, die Filmkarriere, die politische Entwicklung. Alles, sage ich Ihnen. Unter einem Titel, der mir so sehr gefiel, daß ich ihn Pete Hamill für dieses letzte Kapitel meines Buches entliehen habe: *Yves Montand: La guerre continue.* Französisch im Text, bitte schön!

Und dieser Titel gefiel mir zunächst natürlich aus sehr egozentrischen Gründen. Er wirkte nämlich nur im Zusammenhang mit dem Titel des Films, den ich vor langer Zeit für Alain Resnais geschrieben hatte: *La guerre est finie (Der Krieg ist vorbei).* Was besagte, daß mein Film – der von Alain, der von Montand – in den Vereinigten Staaten bekannt genug war, um die Anspielung verständlich zu machen. Das ist immer angenehm, geben wir es zu.

Aber er gefiel mir auch, weil er um eine Vorstellung von Yves kreiste, eine Vorstellung über ihn vielmehr, die mir wesentlich erscheint. Die Vorstellung von seiner außergewöhnlichen Vitalität, von seiner Fähigkeit, sich in Frage zu stellen, sich ins Abenteuer zu stürzen, immer wieder neu anzufangen. *La guerre continue,* der Krieg geht weiter, das hieß im Grunde, daß das Leben weiterging. Das wahre Leben. Das Leben als Kampf natürlich.

Simone Signoret fragte mich etwas gereizt: »Meinst du nicht, daß es allmählich reicht? Wie lange wollen sie noch über Montand und Marilyn reden?«

Ich dachte bei mir, daß sie zweifellos noch lange darüber reden würden. So lange wie Montand und Marilyn Themen für die Titelseite der Zeitungen sein würden. Das, was man *scoops* nennt. Das heißt, solange sie, einer wie der andere, in der Erinnerung und den Träumen der einfachen Leute leben würden. Ja, noch lange zweifellos.

Ich sah mir an, was Pete Hamill in seinem langen Artikel im *New York Magazine* über diese Episode schrieb. Es war diskret, es war zweifellos auch richtig. Wahr, meine ich. »Ich habe sie jeden Tag zum Lachen gebracht«, sagt Montand über Marilyn. »Das ist nicht viel. Aber ich bin stolz darauf.«

Aber es ist eine Fotosequenz, die mich mehr an diesem Artikel stört. Es ist die Sequenz *Love*, wie der Untertitel besagt, die Sequenz Liebesleben. Das erste Bild zeigt Montand und Piaf. Ein sehr bekanntes Bild von 1945, aus dem Film *Étoile sans lumière*. Man sieht Piaf und Montand im offenen Wagen, die Haare windzerzaust.

Das zweite Foto stammt von 1960. Montand scherzt sichtlich mit Marilyn, ohne Zweifel in einem Bungalow des *Beverly Hills*. Marilyn hört, ein Glas in der Hand, einer Geschichte zu, die Montand erzählt. Und die er wohl mimisch untermalt, wie er es zu tun versteht. Marilyn hört ihm zu, mit leicht geöffnetem Mund, ein Glas in der rechten Hand, die linke Hand in den Haaren. Sichtlich verführerisch und verführt. Auf dem Höhepunkt ihrer Starschönheit: ein Stern gleißend vor Licht.

Das dritte Foto zeigt Montand und Simone Signoret im Jahr 1974. Er ist faltig geworden, aber das steht ihm sehr gut. Simone ist alt geworden. Sie spricht am Ende ihres Buches sehr intelligent über dieses Problem. »Wir sind gleich alt, Montand und ich. Er hat erlebt, wie ich neben ihm alterte, ich habe erlebt, wie er neben mir reifte. So nennt man das bei den

Männern. Sie reifen, die weißen Strähnen heißen ›silbergraue Schläfen‹, die Falten ›prägen‹ sie...«

Es stimmt, die Falten prägen Montands lächelndes Gesicht auf diesem Foto, das das amerikanische Magazin veröffentlicht, auf dem man Simone etwas im Hintergrund die Hände auf die Hüften gestützt stehen sieht. Nicht gereift, sondern in der Tat gealtert. Montand dagegen hat nichts von seiner verführerischen Ausstrahlung eingebüßt. In einem hübschen Text hat Françoise Sagan einmal darauf hingewiesen, was das Geheimnis dieser Beständigkeit ist. Die Ergebnisse einer Umfrage von *F Magazine* im September 1980 hatten nämlich gerade die Dauerhaftigkeit dieser Ausstrahlung bewiesen. Auf die Frage: »Wenn Sie die Möglichkeit hätten, unter den folgenden Persönlichkeiten zu wählen, welchen Mann würden Sie sich als Vater Ihres Kindes aussuchen?« hatten 26% der interviewten Frauen Yves Montand geantwortet. Und die zweite Persönlichkeit auf der Liste hatte nur 6% dieser vom Fortpflanzungswunsch träumenden Stimmen bekommen. Einem Wunsch, der weit geht, der sich, im glückseligen Zeitalter der Verhütungsmittel, auf die Zukunft erstreckt.

Als Kommentar zu diesen Ergebnissen schrieb Françoise Sagan: »Demnach hat Montand sich glorreich vom beunruhigenden jungen Mann, der seine Kraft beweisen will, zum beruhigenden Mann gemausert, der es ablehnt, seine Kraft zu gebrauchen. Und in Anbetracht dieses instinktiven, dieses ewigen Wunsches, dieses Bedürfnisses, das die Frauen haben (die Männer ebenfalls übrigens, aber das fängt gerade erst an, bekannt zu werden), ›den anderen‹ bewundern und achten zu können, sich auf seine Kraft zu verlassen und zu stützen, ohne befürchten zu müssen, daß er diese gegen sie benutzt, wird Montand der ideale ›andere‹.«

Und Signoret würde ihrer Freundin Sagan nicht widersprechen, mit der sie eine lange Reihe von komplizenhaften Gesprächen, Gefühlen und Gelächtern verbindet. Das muß betont werden, denn gewöhnlich sucht Simone ihre Komplizen eher unter den Männern. Frauen sind für sie oft nur liebe Frauchen. Die Feministinnen mögen es nicht übelnehmen.

Wie dem auch sei, etwas stört mich an dieser Fotosequenz im *New York Magazine*. Sie hat etwas Ungerechtes, scheint mir. Nicht gegenüber Montand, zweifellos. Montand kommt sehr gut weg bei diesen drei Bildern, die seine dunkle und verzehrende Kraft als junger Wolf, seine glatten und entspannten »besten Jahre«, sein reifes Alter mit den lächelnden und lebensstrotzenden Falten deutlich gegliedert aufzeigen. Es ist Simone Signoret, die weniger gut dabei weg kommt. Denn warum, sagen Sie mir das, wird sie nur als Gefährtin von Montands letztem Lebensabschnitt gezeigt? Warum sieht man von ihr kein Bild aus der gleichen Zeit wie das Foto mit Marilyn aus dem Jahr 1960? Zu jener Zeit hätte jeder beliebige Mann zwischen Simone und Marilyn schwanken können. (Ein typisch, absichtlich machistischer Satz, wie Sie bemerkt haben werden. Ein ironisch gemeinter machistischer Satz, nur um so zu tun als ob. Und wenn ich ihn auch niederschreibe, ist es doch vornehmlich Montand, der so denkt, seien Sie dessen gewiß.)

Jeder beliebige Mann, ich wiederhole es, hätte zur Zeit von *Machen wir's in Liebe* zwischen Simone und Marilyn schwanken können. Hätten Sie nicht geschwankt, lieber Leser, meinesgleichen, mein Bruder? Montand hat auf jeden Fall sehr geschwankt. Für den Augenblick eines Sommergewitters, einer ungeheuren Ewigkeit.

Wie dem auch sei, es ist schon eine Weile her, daß ich den Garten des *Beverly Hills* verlassen und an die Tür von Montands Suite geklopft habe. Es ist schon eine Weile her, daß wir uns in eine unserer üblichen Diskussionen vertieft haben. Denn seit mehr als zehn Jahren – grob gesagt, seit *Das Geständnis* – ist der größte Teil der Zeit, die wir miteinander verbringen, dem Diskutieren gewidmet, wenn wir keinen konkreten Grund zum Arbeiten haben.

Um ganz genau zu sein, müßte ich auch das Spazierengehen erwähnen. Damit verbringen wir auch einen Teil unserer freien Zeit, mit dem Spazierengehen in den Städten. Vor allem in letzter Zeit haben wir es uns nicht versagt. Wir sind kreuz und quer durch Rio de Janeiro, Brasilia, New York, Washington, Tokio und Osaka gelaufen. Aber das Spazierengehen, selbst das planetarische, hat das Diskutieren nie ausgeschlossen. Ganz im Gegenteil wird es oft dadurch angeregt.

So etwa am 6. September in New York, als der Arbeiterumzug des *Labor Day*, des Tags der Arbeit, die 5th Avenue hinaufmarschierte und an der Ecke von *Cartier* säuberlich nach rechts abbog. Es war eine kraftvolle, gutartige und äußerst lehrreiche Demonstration. Zumindest für mich. Wenn man nämlich die Gewerkschaftsgruppen der New Yorker Arbeiter – die natürlich sehr häufig Puertorikaner oder Asiaten waren – unter den Spruchbändern, zum Klang der Folklorekapellen und Parolen wie eine sanftmütige Herde zum Central Park hinaufziehen sah, erfaßte man mit einem Blick eine überraschende Wahrheit: diese Arbeiterklasse ist die des 19. Jahrhunderts, so wie die Geschichtsbücher sie uns zeigen. Die Bilderbücher und die Ideenbücher. Und aufgepaßt, ich sage damit nicht, daß die amerikanischen Arbeiter rückständig sind, daß sie in einem überholten archaischen Zustand leben. Ich sage lediglich, daß sie, wenigstens diejenigen, die ich an jenem *Labor Day* in New York bei ihrem Umzug gesehen habe, ihren Ursprüngen näher sind als die französischen Arbeiter zum Beispiel. Sie haben die »Parteien der Arbeiterklasse« noch nicht erfunden (und Gott oder Marx oder Abraham Lincoln mögen verhüten, daß sie sie je erfinden!), jene Parteien, die manchmal zweifellos wirksame Instrumente zur Machtergreifung sind. Und immer zur Erhaltung dieser Macht. Einschließlich, oder sogar vor allem, der Macht *über* die Arbeiterklasse. Sie haben nur die Gewerkschaften erfunden, die die große und authentische Arbeitererfindung sind: die Erfindung, die es den Arbeitern erlaubt, ihr Leben zu verändern, zumindest es zu verbessern, manchmal radikal, die ihnen glücklicherweise aber die Machtergreifung untersagt. Denn diese ist in Wirklichkeit immer der Anfang vom Ende gewesen. Aus dem ganz einfachen Grund – den man implizit bei Marx finden würde, wenn man herauslesen wollte, was lesbar ist, und das ideologische, gewissermaßen messianische Gestrüpp beiseite ließe –, daß die Arbeiterklasse die Macht nicht in ihrer Eigenschaft als Klasse ergreifen kann; daß sie sie nur ergreifen kann, indem sie sich ihrer enteignet, indem sie sie der »Partei der Arbeiterklasse« übereignet, die sie zwar in ihrem Namen, aber in ihrer realen historischen Machtlosigkeit ergreifen wird. Und gegen sie, letzten Endes. Die Geschichte des 20. Jahrhunderts wird die Geschichte dieser verdrängten Wahrheit sein.

Ich sah die New Yorker Arbeiter am *Labor Day* die 5th Avenue hinaufmarschieren, und eine merkwürdige Rührung überkam mich. Eine Rührung, die seit langer Zeit aus meinem Herzen und meinem Blut verschwunden war. Als wäre ich beim Klang dieser Fanfaren, in dem sich die Rock- und Popanklänge mit einer *Internationale* vermischten, die reingewaschen war von jeglichem Verdacht, die ihre ursprüngliche Jungfräulichkeit als Arbeiterlied zurückgewonnen hatte und nicht mehr heuchlerischer Wechselgesang der *Nomenklatura* war, als wäre ich plötzlich wieder im Jungbrunnen des langen Marsches der Arbeiterbefreiung. Die nur das Werk der Arbeiter sein kann und nie das der »Arbeiterparteien«.

So waren wir am Sonntag, dem 24. Oktober, in Tokio im Harjuku-Park spazierengegangen, der hinter dem Konzertsaal der NHK-Rundfunkanstalt liegt, einem der drei Säle in der japanischen Hauptstadt, in denen Montand auftreten sollte.

Hunderte, vielleicht sogar Tausende von jungen Leuten – sehr jungen Mädchen und Jungen – versammelten sich hier jeden Sonntagnachmittag zu einer merkwürdigen Zeremonie, hatte man uns gesagt. Sie waren in Banden zusammengeschlossen, worin sie sich wenig von allen anderen Jugendlichen der Welt unterschieden. Aber jede dieser Gruppen, jede dieser Banden bildete einen Kreis um einen großen Kassettenrecorder und tanzte im Rhythmus der Musik – meistens Rock oder Reggae –, die aus dem Gerät dröhnte. Das Merkwürdige, das einer Zeremonie, einem Ritual glich, war, daß diese Jugendlichen über ihrer westlichen Kleidung in irgendwelche Seidenfähnchen verkleidet waren, daß ihre Gesichter entweder maskiert oder grell angemalt waren. Im Rhythmus der Musik, je nach dem Pfiff der Spielführer, kleiner Chefs, ernst und eigensinnig in ihrer Rolle wie Samurais, den Takt oder die gemeinsamen Figuren wechselnd, tanzten diese – häufig kaum der Kindheit entwachsenen – Jugendlichen zu Hunderten Tänze, die zugleich wild und altehrwürdig gesittet waren, in denen banal moderne Schritte sich mit den traditionellen Bewegungen der Kriegskünste mischten.

Wir gingen mitten unter ihnen umher, aber sie sahen uns nicht. Wollten uns nicht sehen. In den mütterlichen Kokon dieser Musik, dieses Tanzes zurückgezogen, in dem die schrillste Modernität der urbanen Entfremdung sich mit den symbolischen Figuren einer uralten Tradition vermischte, erschienen uns diese jungen Japaner an jenem Sonntag wie Träger einer entzifferbaren sozialen Metapher. So als sei ihre Masse – in kleine, voneinander isolierte Gruppen aufgesplittert, von der vorübergehenden Gemeinsamkeit des Tanzens aber elementar wieder zusammengeschweißt – nur die Momentaufnahme einer japanischen Gesellschaft, in der die ungeheure Modernität des 20. Jahrhunderts sich von den archaischsten Träumen zu nähren schien, indem sie die voraussehbar aussichtslose Brutalität ihrer Produktionsverhältnisse mit pedantischer gestischer Höflichkeit verhüllte.

Wir waren am Donnerstag, dem 21. Oktober, um 20 Uhr 30 von Los Angeles kommend in Tokio eingetroffen. Wir waren am Mittwoch, dem 20. um 17 Uhr abgeflogen. Wir hatten mit einem Flug von elf Stunden realer Zeit mehr als vierundzwanzig Stunden in der abstrakten Zeit des Universums hinter uns gebracht. In der Zeit der Raum-Zeit. Ich meine die Zeit der Uhren. Die Zeit zum Messen der Arbeitszeit, der Freizeit. Sogar die des Traums. Die Zeit der Wecker, der Fabriksirenen, der Rundgänge im Gefängnis und im Krankenhaus. Bisher hatte ich auf meinen Flügen nach Westen Nächte gewonnen. Aber diesmal, wieder in den Okzident fliegend, hatte ich einen Tag verloren. Einen sehr langen Tag. Und ich hatte den Fernen Osten erreicht. Wir hatten nämlich irgendwo über dem Pazifik die imaginäre Linie des Datumswechsels überflogen, den Punkt, wo Osten und Westen sich vereinigen und sich umkehren, identisch werden, indem sie sich radikal voneinander unterscheiden.

Ich hätte diese imaginäre Linie, diesen Punkt der Umkehr der Wirklichkeiten gern in Gesellschaft von Jean Giraudoux überflogen. Aber wahrscheinlich hatte er zuviel jenseits des Styx, an seinem Wohnsitz unter den Toten zu tun – schrieb er dort ein Stück, in dem die Hauptrollen von den Geistern gespielt wurden, die er nunmehr kennengelernt hatte? Versuchte er, irgendein Einhorn, irgendeinen Zauberhasen, wie Patinir sie immer auf seinen Bildern malt, dazu zu überreden, ihm die Geheimnisse ihres Lebens anzuvertrauen? –, wahrscheinlich war Jean Giraudoux zu beschäftigt, um mir Gesellschaft zu leisten. An seiner Stelle, um seine Stelle einzunehmen, sei es auch nur symbolisch, hätte er mir seinen Eichmeister schicken können, diejenige seiner Personen, die mir am geeignetsten erschien, mich unter diesen Umständen über den Pazifik zu begleiten. Es sei denn, er hätte mir gleich Suzanne geschickt.

Aber wenn Giraudoux mich auch in diesem entscheidenden Moment des Überfliegens der Linie im Stich ließ, so fand ich doch, kaum in Tokio angekommen, eine kleine ironische Botschaft von Chris Marker vor.

Die Ausgabe der *Japan Times* nämlich, die am ersten Morgen im Hotel in Tokio unter meiner Tür hindurchgeschoben wurde – ich hatte gerade mit Montand telefoniert, ich wollte gleich mit ihm frühstücken und das Gespräch fortsetzen, das wir in Los Angeles begonnen hatten –, die *Japan Times* also brachte auf der ersten Seite einen kurzen Artikel, den man zwangsläufig als Botschaft von Chris auffassen mußte. Außer, es wäre eine Botschaft für ihn von irgendeiner okkulten Macht gewesen. So oder so, Chris Marker demonstrierte bei unserer Ankunft in Japan seine Anwesenheit. Das war normal.

Übrigens hatte er mich die ganzen letzten Tage seit meiner Abreise von Paris begleitet. Zum einen weil ich, um es während des Flugs noch einmal zu lesen, sein Buch *Le Dépays* mitgenommen hatte, in dem nur von Japan die Rede ist. Oder vielmehr von dem Platz, den dieses befremdende, nicht fremdenfeindliche Land in Chris' Leben einnimmt. Und außerdem, weil auch Narciso Yepes ausführlich mit mir über Japan gesprochen hatte, als er erfuhr, daß ich nach meinem kurzen Zwischenaufenthalt in Los Angeles mit Montand dorthin unterwegs war. Und Yepes sprach mit der gleichen heiteren Inbrunst von Japan, die in Chris' Text spürbar war.

Yepes flog jedes Jahr für mehrere Wochen dorthin, nicht nur um Musik zu machen, sondern um sich von der Welt zurückzuziehen. Um der Welt zu lauschen, anders gesagt. Indem er sich von ihrem Getöse zurückzog, um ihrem tiefen Gesang zu lauschen.

Aber Chris Marker war in jenen Tagen in meinem Geist so gegenwärtig, daß ich folgende Bemerkung in mein Reisetagebuch schrieb: »Donnerstag 20 Uhr 30 in Tokio angekommen nach elf Stunden Flug. Endloses nächtliches Überfliegen der Stadt, alptraumhaft. Erinnerung an *Solaris*. Keine Spur von der strengen, altehrwürdigen Schönheit aus *Le Dépays*. Wir werden sehen.«

Und als Anmerkung fügte ich hinzu: »Das Buch vielleicht mit einer Einleitung über die Reise nach Los Angeles und Japan anfangen. Narciso Yepes (Polen). Greek Theater. Japan (Chris und *La Solitude du chanteur de fond*). Maybe.«

Das in Klammern gesetzte Polen erklärt sich daraus, daß Yepes mit einer Polin verheiratet ist und das Land sehr gut kennt. Im Lauf unserer langen Unterhaltung über dem Atlantik sprachen wir viel über Polen. So viel, daß uns der Atem, die Hoffnung und die Geduld ausgingen.

Aber Sie werden wahrscheinlich bemerkt haben, daß dieses Buch nicht mit einem Bericht über die Reise nach Los Angeles eingeleitet wird. Im Gegenteil, es endet damit. Und zwar aus einem ebenso einfachen wie offensichtlichen Grund: ich erzähle nicht das Leben von Chris Marker, auch nicht das von Narciso Yepes, so interessant sie auch sein mögen. Ich erzähle das von Montand. Es mußte also mit ihm beginnen. Das ist die mindeste Höflichkeit, nicht nur ihm gegenüber, sondern, und vor allem, dem Leser gegenüber.

Doch da dieses Ende kein Abschluß ist, sondern eine Öffnung – auf das Leben, auf die Zukunft, auf den wunderbaren oder erschreckenden Lauf der Dinge –, wird dieses letzte Kapitel in gewisser Weise dennoch eine Einleitung sein.

Aber die *Japan Times*, die beim ersten Strahl der aufgehenden Sonne dieses Aufenthalts im Reich derselben unter meiner Tür hindurchgeschoben wurde, brachte auf der ersten Seite eine kurze Meldung mit folgender Überschrift:

CAT PREVENTS
JET'S DEPARTURE

Unter dieser Überschrift meldete die Agentur Reuter-Kyodo aus Australien, daß eine Katze den Start eines Jumbos vom Flughafen von Sydney verhindert hatte.

Daß die Nachricht von einer derartigen Katzenmacht mich erreichte, als ich kaum den Fuß in Chris Markers *dépays*, Unland, gesetzt hatte, schien mir ein gutes Omen zu sein.

Etwas später zeigte ich Montand die Zeitung. Wir bedauerten Chris' Abwesenheit, der bei uns hätte sein sollen. So war es vorgesehen. Aber er drehte in Paris den letzten Teil seines Films – ausgerechnet über Japan: *Sans soleil (Unsichtbare Sonne)*. Wir beschlossen, am gleichen Abend in *La Jetée* etwas trinken zu gehen, einer Tokioter Bar, die, absichtlich natürlich, genauso hieß wie ein unvergeßlicher Film von Chris Marker. Aber ich sage Ihnen gleich, damit Sie sich keine Illusionen machen, daß wir nie bis zu dieser Bar gelangt sind. An jenem Abend blieb das Telefon des Lokals stumm. Ein andermal verfuhr sich das Auto, das uns hinbringen sollte, in ein völlig anderes Viertel. Ein drittes Mal machte ein geänderter Arbeitstermin einen Strich durch unser Vorhaben. So als verbärge sich Chris letzten Endes, nachdem er uns bei unserer Ankunft in Japan ein Zeichen gegeben hatte, hinter jedem beliebigen, scheinbar objektiven und harmlosen Hindernis, um seine Reserve zu wahren. Es sei denn, die Katze, die in Sydney den Start der Boeing 747 verhinderte, hätte erneut eingegriffen, um uns den Weg in *La Jetée* zu versperren, wo wir, wie im Film selbst, eine Verabredung mit dem Tod hätten haben können.

Wir hatten auch in gewisser Weise eine Verabredung mit dem Tod, Montand und ich, in jenem langen Gespräch, das in Los Angeles angefangen hatte und sich über einige Tage hinzog. Ich weiß daher nicht mehr genau, was in Los Angeles oder in Tokio oder erst in Osaka gesagt worden ist, und möchte das Wesentliche in einem Zug aufschreiben, ganz gleich an welchem Ort dieser oder jener Aspekt der Fragen behandelt wurde.

Montands Konzerte fingen jedenfalls erst am Dienstag, dem 26. Oktober, in Osaka an. Wir hatten also mehrere ziemlich ruhige Tage, die wir unseren gemeinsamen Lieblingsbeschäftigungen widmen konnten: dem Diskutieren und Spazierengehen. Unsere persönliche Methode, das alte Rezept *mens sana in corpore sano* anzuwenden. Den Sauerstoff in unserem Geist und in unserem Körper zirkulieren zu lassen.

Eine Verabredung mit dem Tod also wegen der Massaker von Sabra und Schatila.

Montand hatte seit Juni voller Unruhe den Ablauf der israelischen Operationen im Libanon verfolgt. Er war einerseits, wie ich, über die Darstellung der Ereignisse durch eine bestimmte Presse bestürzt gewesen. Eine Mehrheit der Presse muß man schon sagen. Bestürzt über die Welle der Desinformation im Fernsehen aufgrund einer sensationslüsternen Überinformation, einer Schocktherapie durch Bilder, die fast immer aus ihrem historischen Zusammenhang, aus der wirklichen Undurchschaubarkeit eines Bürgerkriegs herausgerissen waren – eines Bürgerkriegs, der mit geheimer oder offener Unterstützung bestimmter fremder Mächte schon seit vielen Jahren im Libanon herrscht.

Andererseits sah Montand, der die Erklärungen und Stellungnahmen der israelischen Linken, bestimmter französischer Politiker wie Pierre Mendès-France aufmerksam verfolgte, mit wachsendem Unbehagen, wie Tsahal sich in die Risiken einer längeren Besetzung des Libanon verstrickte. Die Politik Begins und Sharons schien ihm in Hinblick auf die Zukunft keine positiven Aspekte zu beinhalten. Das ist das mindeste, was man davon denken kann, sagte er.

Über diese Zukunft jedoch, über eine mögliche Lösung der Probleme dieser Region, über die gerechte Berücksichtigung einer palästinensischen Nation hatte Montand eine äußerst klare Vorstellung, die er folgendermaßen zusammenfaßte: alles, was das Existenzrecht, das Recht auf Sicherheit und garantierte Grenzen des Staates Israel in Frage stellte, war kategorisch abzulehnen, auch wenn es sich mit dem phraseologischen linken Flitterwerk schmückte. Und zweitens war ebenso als unterschwellig unheilvoll alles abzulehnen, was dazu beitragen könnte, die historisch ausschlaggebende Tatsache zu verdunkeln oder zu verwischen, daß der Staat Israel eine Demokratie ist. Und sogar die einzige Demokratie der Region. Alles in allem gründete Montands Hoffnung – die zweifellos schwach war, in Anbetracht der Umstände und der auf dem Spiel stehenden strategischen Interessen – für eine friedliche Lösung im Nahen Osten gerade auf der Existenz des Staates Israel und auf der besonderen Dynamik seines demokratischen Charakters.

Das alles hat natürlich die Trockenheit einer Zusammenfassung, den aphoristischen und scharfen Ton eines etwas flüchtigen Resümees. In Wirklichkeit sprachen wir stundenlang darüber. Montand sprach stundenlang mit mir darüber. Geduldig, leidenschaftlich.

Es muß gesagt werden, daß er äußerst empfindlich auf das Problem Israel reagiert. Und im weiteren Sinn auf das Judenproblem. In Rio de Janeiro zum Beispiel, bei der einzigen Pressekonferenz, die er während seines Brasilienaufenthalts gab, habe ich gesehen, wie er sich einen Augenblick lang von dem Ungestüm und der Heftigkeit in bezug auf die Israelfrage hat hinreißen, hat überwältigen lassen. Und nur in bezug auf sie.

Ein junger linker Journalist versuchte nämlich, ihn mit dem Problem der Bombardierungen Beiruts in die Enge zu treiben. Sie billigen also das Massaker an Zivilpersonen, da Sie proisraelisch sind? fragte er Montand mit scheinheiliger Naivität. Dieser wurde wütend, schob seinen Dolmetscher beiseite und machte in einem Gemisch aus Französisch, Italienisch und Spanisch – das alle übrigens genau verstanden – seine Position klar. Nein, er billigte das Massaker an Zivilpersonen nicht, er verurteilte es. Aber das Massaker an Zivilpersonen hatte nicht erst mit der israelischen Intervention im Libanon angefangen. Es währte seit Jahren, es war auch von den Arabern selbst begangen worden, ob Christen oder Moslems, ob Libanesen, Palästinenser oder Syrer, und ich habe Sie, Sie anderen linken Journalisten damals nicht oft gegen diese Massaker protestieren hören, uns mit Informationen darüber überschwemmen sehen. Und außerdem warte ich noch auf den Tag, an dem man Araber in Massen gegen die Politik ihrer Regierungen demonstrieren sehen wird, ohne daß sie mit dem Maschinengewehr massakriert werden, während ich die Straßen von Tel Aviv voller Demonstranten für den »Frieden jetzt« sehe, während ich israelische Obersten mitten im Krieg aus dem Dienst ausscheiden sehe, weil sie mit ihren Befehlshabern uneins sind, und sie kommen nicht vor ein Militärgericht! Sie haben sogar die Möglichkeit, sich in der Presse, im Fernsehen zu erklären, um frei ihren Standpunkt darzustellen. Ich bin nicht prinzipiell für Israel, ich bin prinzipiell für die Demokratie, und im Nahen Osten finde ich sie dort, unabhängig von den Irrtümern und diskutablen Maßnahmen seiner Regierenden!

Mit einem Wort, er wurde wütend. Und er schrie eine gehörige Zahl Wahrheiten, die zu hören guttat.

Diese Empfindlichkeit Montands in bezug auf Israel, die Wachheit, mit der er alle Äußerungen von Antisemitismus registriert, scheinen mir weit zurückliegende Ursprünge zu haben. Sie wurzeln zum einen tief in seiner persönlichen Erfahrung. Montand gehört wie ich zu jener Generation von Europäern, die die Folgen des Nazismus, seiner Strategie der Endlösung der Judenfrage erlebt hat. Für uns ist das Bild des Unterdrückten, des Opfers einer der schlimmsten modernen Barbareien auf ewig das Bild des in Haufen in die Gaskammern und Verbrennungsöfen getriebenen Juden. Das Bild des blanksten, radikalsten Entsetzens ist das wohlbekannte Bild des jüdischen Kindes, abgezehrt und schön in seiner Sühneunschuld, das, mit einer großen Mütze auf seinem traurigen Schädel, die Arme hochhebt vor den Gewehren der niederträchtigen Herrenrasse. Der verächtlichen Kaste der Henker.

Aber zu dieser Gegebenheit, die mit der Geschichte unserer Generation zusammenhängt, kommt bei Montand eine persönlichere, intimere Erfahrung hinzu. Zweimal nämlich hat er durch die Tatsache, daß man seinen italienischen Namen, Livi, für einen jüdischen Namen, Lévy, gehalten hat, die ständige Gefahr des Judeseins zu spüren bekommen.

Zum erstenmal 1941, als er zu den *Chantiers de la jeunesse* der Vichy-Regierung einberufen wurde, dem sechsmonatigen Arbeitsdienst der militärdienstfähigen Jugendlichen. Er fand in einem Barackenlager statt, das auf halb trockengelegten Sümpfen in der Nähe von Hyères errichtet worden war. Eines Tages wurde er in das Büro des Kommandanten gerufen. Er war nicht allein, drei oder vier andere Jungen in seinem Alter waren im Raum. Der Typ hinter dem Schreibtisch hatte ein Blatt Papier mit einer Namenliste. »Wer ist Silbermann?« fragte er. Und Silbermann meldete sich. »Und Rosenblum?« fragte der Typ. Rosenblum trat einen Schritt vor. Am Ende war nur Montand noch nicht aufgerufen worden. »Dann bist du also Lévi!« sagte der Schreibtischtyp und wandte sich ihm zu. Montand schüttelte den Kopf: »Nein«, sagte Montand, »ich bin Livi.«

Wenn Montand heute diese Geschichte erzählt, glaubt er sich zu erinnern, daß ihm in dem Moment der Ernst der Sache gar nicht bewußt war. Er verbesserte ganz einfach die Aussprache seines Namens. Der Unterschied zwischen Lévi und Livi war ihm in dem Moment nicht wirklich bewußt. Erst später, als Silbermann und Rosenblum und die anderen zusammengerufenen Juden aus dem Lager der *Chantiers de la jeunesse* verschwunden waren, begriff Montand, daß dieser unterschiedliche Vokal die feine Grenze war, die das Leben vom Tod trennte. Zumindest die Freiheit von der Gefangenschaft.

Vorerst beschränkt er sich darauf richtigzustellen. »Livi, nicht Lévi«, begnügt er sich, dem Schreibtischtypen zu sagen. Der nachprüft, sich die Papiere zeigen läßt, begreift, daß es ein Irrtum oder übermäßiger Eifer war, und der Ivo Livi, geboren in Monsummano Alto in Italien, in seine Baracke zurückschickt.

Das gleiche Abenteuer wird Montand später, nach der Besetzung der Vichy-Zone durch die deutschen Truppen im November 1942 noch einmal erleben. Bei einer Razzia steht er einem Unteroffizier der Feldgendarmerie gegenüber.

»Du heißt Lévi und hast einen Buchstaben in deinem Namen geändert«, behauptet der Deutsche. »Nein, nein«, erwidert Montand mit dem Nachdruck des Offensichtlichen, »wenn ich Lévi hieße, hätte ich einen anderen Namen angenommen!« Der Deutsche nickt überzeugt. Und Ivo Livi verläßt wiederum frei das Lokal der Feldgendarmerie. Nach diesem zweiten Vorfall wird Montand immer eine Kopie seiner Geburtsurkunde bei sich tragen.

Aber unabhängig von diesen persönlichen Erfahrungen, unabhängig von der wunderbaren Erinnerung an eine Israelreise, ist das, was Montand vor allem mit diesem Land verbindet, das Demokratiemodell, das es in einer Welt darstellt, in der solche Beispiele eher selten sind.

Die Massaker von Sabra und Schatila fanden, wie man sich erinnert, am 15., 16. und 17. September 1982 statt. Zu dem Zeitpunkt hatte ich mich gerade von Montand getrennt, der im Kennedy Center in Washington gesungen hatte und nach Kanada weiterfuhr. Ich meinerseits war nach Frankreich zurückgekehrt. Anschließend war ich in Spanien gewesen, um für *Le Nouvel Observateur* über den Wahlkampf zu berichten. Mehrmals hatte Montand mich aus Kanada angerufen, um mit mir über diese Massaker zu sprechen. Um schmerzlich beunruhigt die immer wahrscheinlicher werdende Möglichkeit einer israelischen Verantwortung auszudrücken. Aber wir waren einer wie der andere überzeugt, daß das israelische demokratische System funktionieren würde, selbst unter diesen erschütternden Umständen. Wenn man eines Tages die Wahrheit über diese Massaker erfahren sollte, die Wahrheit über die Verantwortlichkeit der einen und der anderen, so geschähe dies dank der israelischen Demokratie, dachten wir beide. Dank den Hunderttausenden von Demonstranten in Tel Aviv, die die Bildung einer Untersuchungskommission forderten. Dank dem politischen System des Landes, das weder die Einrichtung einer solchen Kommission verhindern noch deren Ergebnisse, wie sie auch aussehen mochten, unterdrücken könnte. In jenen Septembertagen 1982 schickten Montand und Signoret Shimon Peres, dem Führer der israelischen Arbeiterpartei, ein Telegramm, in dem stand: »Wenn Ihnen bei Ihrem Kampf für die Würde die moralische Unterstützung eines Nichtjuden und einer Halbjüdin in irgendeiner Weise helfen kann, bieten wir sie Ihnen von ganzem Herzen an.«

Am 20. Oktober, als ich Montand in Los Angeles wiedersah, war die Untersuchungskommission noch nicht formell gebildet, wenn ihr auch prinzipiell zugestimmt worden war. Sie sollte erst am 1. November zusammentreten, unter Vorsitz des Präsidenten des Obersten Gerichts, Richter Jizchak Kahan (in Schulfhefte schreibe ich deinen Namen: Jizchak Kahan!). Aber wir wußten schon, als wir in Tokio, in Osaka über das alles sprachen, daß die israelische Demokratie einmal mehr exemplarisch funktionieren würde. Wir wußten schon, daß wir recht gehabt hatten, auf sie zu setzen. Recht gehabt, der Welle von Zweifeln, Unterstellungen, hinter gauchistischem Geschwätz verborgener antisemitischer Genugtuung – das den legitimen Ansprüchen der Palästinenser keinen wirklichen Dienst erwies – zu widerstehen, einer Welle, die nicht nur in den Medien, sondern auch im Bewußtsein einer großen Zahl von Bürgern unserer westlichen Länder brandete. Das israelische demokratische System würde bis ans Äußerste seiner befreienden inneren Logik gehen, bis ans Äußerste der Wahrheit. Es würde auf diesem Weg den Beweis erbringen, daß kein anderes System ihm überlegen ist. Ihm auch nur vergleichbar ist.

In Osaka, am Mittwoch, dem 27. Oktober 1982, trennte ich mich von Montand.

Am Vortag hatte er im größten Konzertsaal der Stadt das erste seiner Konzerte in Japan gegeben. Einmal mehr war die Aufnahme durch das Publikum überwältigend gewesen. Weil das Publikum überwältigt gewesen war, natürlich. Bezaubert, erobert, betört, glücklich.

An jenem Abend habe ich lakonisch in meinem Reisetagebuch notiert: »Konzert: abermals die Geheimnisse der Kommunikation.« Abermals das Geheimnis der wundersamen, zugleich dichten und mürben Stille, durchbebt von wahrnehmbarer Gefühlsbewegung, als Montand *Les Bijoux* singend rezitiert hatte zum Beispiel.

Ich stand in den Kulissen an jenem Abend.

Zum letztenmal sah ich das Schauspiel, das ich, wie mir schien, auswendig kannte, in dessen Verlauf ich aber jeden Abend von einer Überraschung, einer Neuheit, einer Vertiefung bis ins Herz getroffen worden war. Ich hatte es dieses letzte Mal von den Kulissen aus sehen wollen, bevor ich Montand verließ und nach Europa zurückkehrte. Vielleicht weil ich den Eindruck hatte, dort mehr daran teilzuhaben, als wenn ich im Saal gesessen hätte. Vielleicht weil es eben das letzte Mal war. Nicht nur das letzte Mal auf dieser Tournee durch die Welt. Vielleicht das letzte Mal überhaupt. Vielleicht war dieser Abend des 26. Oktober 1982 der letzte, an dem ich Montand auf einer Music-Hall-Bühne auftreten sehen würde.

Dabei wußte ich, daß er die Absicht hatte, die Tournee im Herbst 1983 durch die Mittelmeerländer fortzusetzen, nach der Mitwirkung in einem Film von Claude Sautet. Aber der Herbst 1983 war noch fern. Vor dem Herbst 1983 konnten eine Menge Dinge geschehen. Und außerdem hatte ich keine Garantie dafür, daß ich bei dieser nächsten Tournee würde dabeisein können.

So stand ich also in den Kulissen des Konzertsaals von

Osaka und verfolgte den Auftritt mit einer Freude, in die manchmal, am Ende dieses Chansons, beim Musikeinsatz jenes Stücks eine wahnsinnige Wehmut einbrach. Ich empfand gleichzeitig die Freude der Gegenwart, des Augenblicks, der sich prunkvoll entfaltete, und die Angst vor einer Zukunft, die auf die für immer vergangenen Momente zurückblicken würde. In dieser Situation äußerster gefühlsmäßiger Spannung verfolgte ich das Konzert mit geschärfter Aufmerksamkeit. Ich versuchte, meinem Gedächtnis für immer, als wäre es wirklich das letzte Mal, jede von Montands Gesten einzuprägen, jede seiner Bewegungen, sein verkrampftes Gesicht, wenn er zwischen zwei Chansons in die Kulissen kam, um sich die Stirn abzuwischen, sein entspanntes Gesicht, wenn er anfing, *La Bicyclette* zu singen, wobei er mit seinen Händen, seinem scheinbar reglosen Körper, seiner Stimme spielte, die Geschmeidigkeit und Präzision seiner gleitenden Tanzschritte am Ende von *L'Étrangère*, die Heftigkeit, die er in sich aufsteigen, die er bei *Les Cireurs de Broadway* aus sich herausbrechen ließ: all diese Einzelheiten, eine nach der anderen.

Als wäre es das letzte Mal. Es war vielleicht das letzte Mal.

Einen ähnlichen Eindruck hatte ich einige Monate zuvor im Olympia in Paris gehabt.

Das war am 14. August 1982, und es war auch eine letzte Vorstellung. Nach den drei Monaten im Herbst 1981, nach der Tournee durch Frankreich und einige europäische Länder (Schweiz, Belgien, Bundesrepublik Deutschland, Niederlande) war Montand mitten im Sommer ins Olympia zurückgekehrt. Sauregurkenzeit, hatten manche gesagt und skeptisch das Gesicht verzogen. Aber wieder einmal waren alle Plätze praktisch im Vorverkauf reserviert gewesen. Vom 26. Juli bis zum 14. August war Montand vor ausverkauftem Haus aufgetreten.

Am 14. August fand die letzte Vorstellung vor der Abreise nach Brasilien statt.

Montand war ganz entspannt, beherrschte bis ins letzte eine Show, die er in den vorangegangenen Monaten ausgefeilt, bereichert, vertieft hatte. Er erlaubte sich sogar den Luxus, im zweiten Teil den sehr genau gegliederten Rhythmus des Konzerts zu durchbrechen, indem er eine kleine Music-Hall-Geschichte erzählte, als wollte er sich beweisen, daß er sein Publikum wiedereinfangen, es von neuem in die Gefühlswelt seines Gesangs locken konnte, nachdem es sich in einem schallenden Gelächter hatte entspannen dürfen. Und zerstreuen, im eigentlichen Sinn des Wortes. Es gelang ihm selbstverständlich ohne Schwierigkeit.

Und doch, gegen Ende des Konzerts begann ich diese Art Beklommenheit, vorweggenommene Wehmut zu verspüren, von der ich im Zusammenhang mit dem Abend in Osaka gesprochen habe. Ich habe den Grund dafür erst richtig verstanden, als Montand *Les Cireurs de Broadway* sang.

Da, als Montand dem Publikum ankündigte, daß es ein Text von Jacques Prévert, eine Vertonung von Henri Crolla sei, hat er etwas getan, was ich ihn noch nie zuvor hatte tun sehen. Er hat sein Orchester das musikalische Vorspiel wiederholen lassen und hat angefangen, von Henri Crolla zu sprechen. Zwar nicht lange. Nur ein paar Worte. Aber ein paar Worte, die von weit her kamen, aus den Tiefen der Vergangenheit, der Erinnerung an eine außergewöhnliche Freundschaft. Denn Montand spricht nicht oft von Crolla, aber es ist offensichtlich, daß die Freundschaft dieses Musikers, den ihm Prévert vorgestellt hatte, ihm viel bedeutet hat. Bis zu seinem Tod ist Henri Crolla, wie Montand Italiener, sein Kumpel der Zigeuner, einer seiner unentbehrlichsten Freunde gewesen. Im Arbeitsleben und im Leben schlechthin. Und nun breitete sich dieses Gefühl, seit Jahren schamhaft verschwiegen, unter bestimmten Umständen kaum flüsternd geäußert, in der Öffentlichkeit aus, als Montand auf der Bühne des Olympia anfing von Riton, seinem Freund, Riton, seinem besten Freund, zu sprechen.

In dem Moment habe ich verstanden, daß Montand, als er zum Publikum von Henri Crolla sprach, mit sich selbst sprach. Ich habe gefühlt, daß Montand von Crolla, dem verstorbenen Freund, sprach, weil er den gleichen Eindruck von diffuser Beklommenheit hatte wie ich: er mußte im Hintergrund seines auf die Arbeit, auf die Perfektion seiner Show konzentrierten Geistes denken, daß er vielleicht das letzte Mal in seinem Leben im Olympia in Paris sang.

Gewiß, er fuhr am nächsten Tag ins Ausland. Er hatte noch das Abenteuer dieser Tournee vor sich. Die ein bißchen verrückte Herausforderung der Woche in der New Yorker MET. Kurz, das Leben ging weiter. Aber würde er noch einmal auf die Bühne des Olympia zurückkehren? Jedenfalls nicht, um dasselbe zu machen. Wenn er eines Tages zurück-kehrte, dann natürlich mit etwas Neuem. Bei dem die Anforderung noch höher lag. Montand ist der Mann der Herausforderungen, wie man weiß. Und vor allem an sich selbst. Aber würde er noch Lust, Interesse, noch die Geduld, die Hingabe, die Verrücktheit haben, mit einer Show ans Olympia zurückzukehren, die die vorherige überträfe? Oder die zumindest den Vergleich mit der vorherigen nicht zu fürchten bräuchte?

Da habe ich verstanden, daß Montand Henri Crolla, den verstorbenen Freund, wachrief, weil der Nebel einer dump-fen Beklommenheit in ihm aufstieg. Das dunkle Vorgefühl, daß er vielleicht zum letztenmal im Olympia sang.

Und mir ist der Wunsch gekommen an jenem Abend des 14. August 1982, während die Leute um mich herum klatschten, selbstverständlich unempfindlich für diese Trau-rigkeit, die in Montands Herz aufstieg, mir ist plötzlich der Wunsch gekommen, einen alten Film mit Sketchen von Christian-Jacque, *Souvenirs perdus (Souvenirs perdus)*, wie-derzusehen, in dem Montand und Crolla zusammen spielten. Ihre Gesichter von damals wiederzusehen. Ihre vom epheme-ren Wunder des Films verewigte Jugend.

Als ich in Osaka aus den Kulissen Montands Show betrachtete, habe ich wieder die gleiche bittersüße Empfindung gehabt. Aber ich hatte sie an jenem Abend bestimmt als einziger. Denn ich allein reiste ab, ließ die Show zurück. Montand dagegen blieb noch zwei Wochen in Japan. Nicht in Osaka würde er die Beklommenheit des letzten Mals verspüren. Aber er würde sie verspüren, das ist sicher. Versetzen Sie sich an seine Stelle, wenn Sie verrückt genug sind, es zu wagen!

In Anchorage, auf dem Rückflug am übernächsten Tag ging die Sonne über einem grauen Schnee auf, der sich rosa färbte.

Dort begann der Gott der Zeit oder Giraudoux' Eichmeister, wer weiß, mir die Stunden zurückzugeben, die ich verloren hatte, als ich von Los Angeles nach Tokio flog. Als gäbe es irgendwo im lavendelblauen Himmel von Alaska einen Großen Uhrmacher, der seine Bücher auf den richtigen Stand bringt. Man hatte sich einige Tage zuvor so viele Stunden von mir entliehen! Man gab sie mir heute zurück, indem man mich die Erde in umgekehrter Richtung überfliegen ließ.

Wir sind lange in Anchorage geblieben. Hunderte von Passagieren aus mehreren großen Flugzeugen liefen abgestumpft von den Zeitverschiebungen, den verlorenen Nächten oder Morgendämmerungen in der Transithalle umher, zwischen den funkelnden Schaufenstern der bestassortierten und teuersten *duty-free-shops*, die ich auf meinen Flughafenfernreisen angetroffen habe. Wir seien im Luxusflitterwerk des Westens eingesperrt, habe ich zuerst gedacht. Ohne anderen Ausweg, ohne andere Lösung als Konsum oder Schlaf. Wobei letzterer ungewiß sei. Aber ich habe diesen Gedanken sofort verworfen, der mir ein bißchen billig erschien. Auch zu offensichtlich, symbolisch gesehen. Eher einer Madame Pluvier würdig als meiner.

Ich bin in die Bar im ersten Stock gegangen.

Sie hieß Vivianne. Das war zumindest der Name, der auf dem Schildchen an ihrer Brust stand. Sie servierte schlechten Kaffee. Er kostete 1 Dollar 50 Cents, aber man konnte sich für diesen Preis beliebig oft nachschenken lassen. Nur wenige wagten es übrigens. Denn er war heiß, dieser Kaffee, das war alles, was man von ihm sagen konnte.

Vivianne war bestimmt vom Fremdenverkehrsbüro von Anchorage als der unentbehrliche Klecks Lokalkolorit angeheuert worden. Sie war eine vollkommen extravertierte, offenbar üppige Sauerstoffblondine. Für 1 Dollar 50 servierte sie einem, außer dem beliebig oft nachgeschenkten Kaffee, ihr Leben. Sie erzählte es jedem, der es hören wollte. Ich habe auf diese Weise sofort erfahren wie alle Männer, die dösend an der Bar lehnten, daß sie süße Getränke liebte und daß sie *hotter* als ihr Kaffee war. Rührend an dieser Anspielung auf ihre weibliche Heißblütigkeit war deren Zweckfreiheit. Deren Uneigennützigkeit. Kein Reisender konnte davon profitieren. Es war alles in allem *l'art pour l'art*.

Wie dem auch sei, ich habe mein Reisetagebuch herausgeholt – ein in Venedig herrlich gebundenes Heft, *appresso Piazzesi, legatore*: die Kenner wissen, wovon ich spreche – und habe die letzten Seiten noch einmal gelesen. Im Stimmengewirr, unter dem schrillen Gelächter von Vivianne, die weiterhin jedem Dazukommenden die Hitze ihres Kaffees und ihrer weiblichen Zärtlichkeit pries.

»Mittwoch, 20. Oktober, Los Angeles.

Ruhiger Vormittag im *Beverly Hills*. Marilyn (wieder an den Artikel von Pete Hamill gedacht, den ich heute nacht noch einmal in der Pressemappe gelesen habe, die Jean-Marie Guéhenno, Kulturreferent in New York, M. geschickt hat. An die drei Fotos: Piaf, Marilyn, Simone. Im Buch kommentieren). Dann mit M. die Nachrichten (Sabra/Schatila, Valladares) kommentiert.«

Ich werfe einen Blick zu Vivianne hinüber. Ich halte ihr meine Tasse hin, um noch etwas Kaffee zu bekommen.

Als ich in Los Angeles eintraf, wurde gerade Armando Valladares' bevorstehende Freilassung aus den Gefängnissen Fidel Castros gemeldet. Es schien deutlich, daß die französische Regierung eine wichtige Rolle bei den Verhandlungen über diese Freilassung gespielt hatte. Was man noch nicht wußte, war, welches Gegenangebot Frankreich dafür gemacht hatte. Auf jeden Fall sollte Valladares nach seiner Entlassung aus dem Gefängnis von Frankreich aufgenommen werden.

Die Nachricht hatte Montand hoch befriedigt. Er gehörte nämlich zu jenen, die seit Jahren öffentlich gegen Valladares' Gefangenschaft protestierten. Er hatte zu den Delegationen gehört, die in der cubanischen Botschaft in Paris Petitionen eingereicht hatten. Er hatte während seiner ganzen Welttournee von Valladares' Fall gesprochen. In den Artikeln über ihn und den Interviews mit ihm ist die Spur dieser Sorge deutlich sichtbar.

Aber an jenem Tag in Los Angeles wußten wir noch nicht, was für ein trauriges Konzert von Unterstellungen und Gemeinheiten Valladares' Freilassung auslösen sollte. Die einen wunderten sich lauthals darüber, daß er auf beiden Beinen ging, als er aus dem Flugzeug stieg, das ihn nach Paris gebracht hatte. Hatte man nicht behauptet, er sei gelähmt? Als nähme ihm die Tatsache, wieder in einem normalen Gesundheitszustand zu sein, das Recht, freigelassen zu werden. Andere fingen an zu raunen, Valladares sei kein guter Dichter. War er überhaupt Dichter? Als müsse man Rimbaud oder William Blake sein, um das Recht zu haben, in Freiheit zu leben. Selbstverständlich tat sich Georges Marchais wieder in der Rolle des scheinheiligen Verleumders hervor: wir sind daran gewöhnt. Das einzige Problem ist, daß leider immer etwas hängenbleibt!

Montand sollte, wenn wir wieder darüber sprachen, eine radikale Position in dieser Frage einnehmen. Das Unzulässige, sagte er, das, wogegen wir protestierten, ist die Tatsache, daß Valladares mehr als zwanzig Jahre wegen strafbarer Meinungsäußerung im Gefängnis saß. Damit basta. Ob er ein besserer oder weniger guter Dichter ist, ändert nichts an der Sache. Ob er laufen kann oder nicht, ist nur zweitrangig. Auch gut zu Fuß, auch als Meister im Hundertmeterhürdenlauf hätte Valladares das Recht, frei zu sein. Und selbst wenn er die Lähmung simuliert hätte, gäbe es nichts daran auszusetzen. In allen Gefängnissen der Welt, gegenüber allen politischen Polizeikräften der Welt hat man das Recht, sich mit allen Mitteln zu verteidigen: mit Simulieren, mit Lügen. Mit jedem beliebigen Mittel, das für den seinen Kerkermeistern unbewaffnet gegenüberstehenden Gefangenen erreichbar ist. So einfach ist das.

Wir wußten in Los Angeles auch noch nicht, wie sich im Lauf der folgenden Monate eine Reihe von Personen darin überbieten sollten, das ausschließliche Verdienst an Armando Valladares' Freilassung für sich zu beanspruchen. Die Palme gebührt auf diesem Gebiet ohne jeden Zweifel Gabriel García Marquez, dem großen Autor eines großen Buches, *Hundert Jahre Einsamkeit,* der kurz nach Valladares' Freilassung den Nobelpreis erhielt, der aber merkwürdigerweise von der Macht der südamerikanischen *caudillos* genauso fasziniert ist wie irgendein Held in seinen eigenen Romanen.

Er, García Marquez, ging nicht gerade zimperlich vor. Er erklärte vor der spanischen Presse, daß Fidel Castro Valladares nur freigelassen hätte, um ihm, García Marquez, persönlich einen Gefallen zu tun. Und daß die beharrlichen und unangebrachten Einmischungen der Franzosen beinahe alles verdorben hätten. Diese Erklärung läßt sowohl die maßlose Eitelkeit des großen Schriftstellers als auch Castros despotische Willkür ermessen, der politische Gefangene nur freiläßt, um den Schriftstellern seines tropischen Hofstaats eine Gunst oder einen Gefallen zu erweisen, und nicht aus dem Bestreben nach Gerechtigkeit. Hiermit aktenkundig.

Aber Vivianne hat mir noch einmal Kaffee nachgeschenkt,

sogar ohne daß ich darum gebeten habe. Sie findet mein Tagebuch wirklich sehr hübsch. *Very nice, indeed,* sage ich zu ihr. Das beweist nicht, daß ich englisch spreche, aber ich spreche es trotz dieses ungenügenden Beweises. Ich mache sie darauf aufmerksam, daß es aus Venedig ist, aber sie ist nie in Kalifornien gewesen, sagt sie mir. Ich mache ihr nicht klar, daß es sich nicht um das kalifornische Venice handelt, wozu auch? Ich blättere weiter in meinem Reisetagebuch, einem Heft aus Venise, nicht aus Venice. Und ich stoße beim Zurückblättern auf eine Eintragung vom 2. September 1982.

»Ankunft in New York. Méridien. Die Familie wiederver-eint: Zigeunerwagen; das Für und Wider. Spaziergang mit YM nach dem Mittagessen. 17 Uhr 30 MET, mit Yves und Simone. Unterwegs die unglaubliche Begegnung mit dem russischen Taxifahrer, der YM aus Moskau kennt. Kann seinen Namen auf dem am Armaturenbrett festgeschraubten Namensschild nicht richtig lesen. Goldberg? Goldenberg? Glasberg? Ihn wiederfinden.

Saal der MET großartig. Scheinwerferlichter, Schatten: die Magie des Theaters. An die Geschichte von Toulouse-Lau-trec gedacht.«

Nun sind wir also, nach all den Wegen und Umwegen, den Überschreitungen der Linie, der Katze, die den Start der Flugzeuge verhindert, und der Flugzeuge, durch die ich Tage verloren oder gewonnen habe, je nachdem ob ich nach Osten oder nach Westen flog, nun sind wir in der Metropolitan Opera in New York angekommen.

Kurz, wir sind am Ende der Reise angekommen.

Ich setze mich in das magische Halbdunkel dieses Opernthea-ters, das noch keinen Varieté-Sänger, wie man sagt, engagiert oder zu einer Gastvorstellung eingeladen hatte. Montand ist der erste. Und vielleicht wird er der einzige bleiben. Ich setze mich in die zehnte oder zwölfte Parkettreihe, in die Mitte der Mittelreihe, um einen Gesamtüberblick zu haben. Simone

Signoret und Jane Hermann haben sich näher zur Bühne hingesetzt.

Montand geht dort herum, sucht seine Markierungspunkte, spricht mit den Tontechnikern und den Beleuchtern. Akkorde klingen auf, schrill oder gedämpft. Blaue, weiße oder rosa Lichtflammen durchkreuzen plötzlich wie irrlichternde Irrwische die riesige Bühne, die groß genug ist für arabische Nächte, Kosakenscharen, den Elefanten aus Aida, die Arenen aus Carmen, als Félix Bussy anfängt, die Beleuchtung der Show einzurichten.

Ich betrachte Montands auf der Bühne der MET verlorene Gestalt und denke an die wohlbekannte Anekdote über Toulouse-Lautrec. Dieser soll, wird erzählt, als er eines Tages in einem Café am Montmartre eine wunderschöne Frau von imposanter Figur und majestätischer Haltung vorbeigehen sah, der er mit sehnsüchtigen und begehrlichen Augen nachblickte, ausgerufen haben: »Das alles zu beglücken, was für ein Traum!«

Aber er hat es erreicht. Ich spreche natürlich nicht von Toulouse-Lautrec, ich spreche von Montand.

Ohne sichtbare Anstrengung, indem er, wie mir schien, fast sofort nach Betreten der Bühne das unvermeidliche Lampenfieber überwand, hat er es erreicht, die mehr als viertausend Zuschauer bei der Premiere in der Metropolitan Opera, am Dienstag, dem 7. September 1982, zu beglücken. Eine sichtbare, herzliche Beglückung. Eine Beglückung, die von Chanson zu Chanson zugenommen hat, um nach *Les Bijoux* von Baudelaire überschwenglich, bewundernd zu werden. Eine wahnsinnige Beglückung. Er hatte gewonnen. Der Traum war Wirklichkeit geworden.

Er würde in weniger als einem Monat einundsechzig werden. Er kam aus dem tiefsten Elend, aus den widerlichsten Vierteln von Marseille – eine gute Mutter und eine harte Stiefmutter. Er kam von der schlechten Seite des Lebens her, von der dunklen und kalten Seite des Daseins. Er war durch die Welt der Arbeit, der berechneten, geregelten, ausgebeuteten Zeit gegangen. Er hatte sich die schlüpfrigen Vertraulichkeiten der jungen Damen von zweifelhafter Tugend angehört, die sich bei *Yvonne und Fernand* frisieren ließen. Er hatte sich die Platten von Charles Trenet in einem in zahllose Kabinchen unterteilten Saal angehört, wo man für ein paar Geldstücke die sonnige Stimme, die zärtlichen, verschrobenen oder geheimnisvollen Geschichten des singenden Verrückten an der Strippe hatte. Er hatte sich im *Star* und im *Idéal* die Filme von Fred Astaire angesehen und war nachts nach La Cabucelle zurückgegangen, wobei er entlang der glänzenden zweifachen Spur der Straßenbahn Tanzschritte machte, den Spagat andeutete, mit einem imaginären Zylinder Verbeugungen mimte. Seinen ersten Auftritt hatte er im Vallon des Tuves, im Viertel Saint-Antoine, vor einem johlenden und begeisterten Publikum. Er war Montand geworden, indem er sich diesen Namen gab, der einen unaufhaltsamen Aufstieg vorausahnt, angeregt durch die Rufe seiner Mutter: *Ivo, monta! Ivo, monta!*, als die Familie Livi noch in der Rue Edgar-Quinet, im Viertel Les Crottes wohnte. Er hatte Charles Humel aufgesucht, einen blinden Komponisten, um von ihm ein neues Chanson zu erbitten, bevor er 1939 im Alcazar in Marseille debütierte. Und ich hatte oft von dieser Szene geträumt: Montand, wie er mit dem blinden Musiker sprach, wie er ihm so gut beschrieb, was er sich wünschte, wie er Charles Humel so großartig die Gesten vormachte, die dieser nicht sehen konnte, die ihn aber wahrscheinlich auf mysteriöse Weise inspirierten, daß aus dieser Besprechung ein Chanson hervorging, das Montand heute noch singt, *Les Plaines du Far West*. Er mußte erleben, daß der Krieg seine Karriere unterbrach. Er hatte die Arbeit wiederaufgenommen, an dem Platz, den ihm die soziale Ordnung von jeher vorbehalten hatte, die schreckliche Unordnung der sozialen Ungerechtigkeit: eine Stelle als »Blechklopfer«, als Hilfsarbeiter bei den Chantiers de Provence, einem Hüttenwerk, das für das Verteidigungsministerium arbeitete. Er hatte den Staub der rostigen Kessel eingeatmet, auf die er mit all seinen Hilfsarbeiterkräften einschlug. Auf die er bis zum Taubwerden weit ausholend mit einem langstieligen Hammer einschlug, so seine Kräfte an dem einzigen Platz aufreibend, den die Gesellschaft für ihn bestimmt hatte. Aber er hatte diese Kette abgerissen, hatte so lange an diesem Joch gezerrt, bis es zerbrach. Wie ein junger andalusischer Bauer ohne Land, der den Stierkampf wählt, um seiner Lage zu entgehen, hatte Ivo Livi gewählt, Sänger zu werden, um sich von der Kette der angeketteten Arbeit loszureißen. Er hätte fast dasselbe sagen können, was El Guerra, der größte Torero aller Zeiten, auf die Frage antwortete, warum er sich ständig der Gefahr der Hornstöße des Stieres aussetzte: »*Más cornadas da el hambre*«, Hunger versetzt noch mehr Hornstöße. Er hatte also die Kette, das Joch, die Bande abgeschüttelt, er war Montand geworden. Er war eines Tages auf der Bühne des Alcazar in Marseille emporgeschossen, und nichts hatte seinen Lebenshunger, seine Lust am Risiko, seine Liebe zur Perfektion, sein Bedürfnis, geliebt zu werden und zu lieben, sein Vorwärtsmarschieren mehr aufhalten können. Er hatte Marseille im Februar 1944 auf der Flucht vor der Miliz, der kollaborierenden Polizei, verlassen, die ihn als Arbeitsdienstverweigerer suchte. Er hatte sich vor der Polizei versteckt, indem er sich in das helle Licht, in die grellen Scheinwerfer der Music-Hall begab. Mit der Adresse von Harry Max als einziger Wegzehrung, einem Schauspieler, den er kennengelernt hatte, als er in den südfranzösischen Städten bei der Revue *Un soir de folie* mitgespielt hatte, war er in Paris angekommen. Er hatte am Tag seiner Ankunft Harry Max' Mahlzeit geteilt, und dieser hatte in einem Hotel am Montmartre ein Zimmer für ihn gefunden. Kaum war er dort eingezogen, drang eine Patrouille deutscher Feldgendarmen in sein Zimmer ein und verlangte seine Papiere zu sehen, die nicht in Ordnung waren.

Der Besitzer des Hotels, ein zungenfertiger Grieche, zog ihn
aus der Affäre, indem er ihn zu seinem Neffen, einem großen
Künstler, erklärte. Er war in der ersten Nacht von einer
weinenden und blutenden jungen Frau aus dem Schlaf gerissen worden, die vor den Schlägen und Beschimpfungen eines
betrunkenen Zuhälters flüchtete. Er hatte hingerissen die
Straßen von Paris, die Untergrundbahn von Paris entdeckt.
Er hatte eines Abends aus Versehen eine Zimmertür im
Erdgeschoß des Hotels aufgestoßen, er hatte dort im grellen
Licht einer Lampe ein halbes Dutzend Typen in einer Stille,
die man mit dem Messer schneiden konnte, Karten spielen
sehen, einen blauen Nebel aus Zigarettenrauch und einen
unglaublichen Haufen Banknoten in der Mitte dieses Poker-
tischs, und er hatte gedacht, das ist doch nicht möglich, das ist
ja wie im Kino, in den Filmen mit James Cagney, und der
Grieche, der in einer Zimmerecke saß, hatte ihn gefragt, ob er
mitspielen wolle, aber er hatte den Kopf geschüttelt, er war
nach einem letzten Blick auf den Berg Geldscheine weggegangen, den einer der Typen gerade zusammenraffte, in einer
Stille, die man mit dem Messer schneiden konnte. Er hatte in
den Nachtlokalen gesungen und war lange nach der Sperrstunde zu Fuß durch Paris gegangen, sorglos, Blues- oder
Swingmelodien pfeifend; ein Pappköfferchen mit seinem
Bühnenkostüm in der Hand war er nach Hause gegangen, in
Richtung Étoile, genauer gesagt in die Rue Chalgrin, wo er
wohnte, als er anfing Geld zu verdienen. Und er hatte keine
Papiere, keinen Ausweis für nächtlichen Ausgang, und er war
nie von einer deutschen Patrouille festgehalten worden, nie
hatte jemand seine Papiere verlangt, und er ging pfeifend am
Soldatenkino im Empire vorbei, und es war Frühling, bald
Juni, und er ging Nacht für Nacht durch Paris, sorglos,
unantastbar vielleicht, vielleicht vom Schicksal gezeichnet,
um diesem rundum lauernden Tod zu entrinnen, um diese
Lebenskraft, die ihn vorantrieb, bis zum Ziel zu führen.
Diese Kraft, die ihn auf der Bühne des ABC emporschießen

ließ, als er in Paris debütierte, und er sah Zuschauer aufstehen und auf den Ausgang zugehen, als er die Bühne betrat. Er hatte nicht gleich begriffen, daß es Bewohner entfernter Viertel waren, die die letzte Metro nicht verpassen wollten, die fürchteten, von der Sperrstunde überrascht zu werden. Er hatte gekämpft, um diese aufbrechenden Leute zurückzuhalten, er hatte sich blindlings in das erste Chanson gestürzt, und die Weggehenden hatten sich zuerst halb umgedreht, während sie weiter dem Ausgang zustrebten, dann waren sie stehengeblieben, dann hatten sie sich wieder hingesetzt, dann hatten sie etwas entgeistert diesem großen Typ zugehört, der ihnen unter den Augen und vor der Nase der deutschen Besatzer in amerikanischem Rhythmus ein Cowboylied vorsang, und zum Schluß jubelte der ganze Saal ihm zu.

Und achtunddreißig Jahre nach dem des ABC in Paris jubelt ihm auch der Saal der Metropolitan Opera in New York zu.

Es ist vorbei, die Leute stehen, sie applaudieren ohne Ende. Wir stehen, wir applaudieren ohne Ende. Montand kommt auf die Bühne zurück, grüßt, lächelt. Geht ab, kommt noch einmal zurück. Ich versuche mir vorzustellen, woran er denkt. Woran denkt er unter der Maske des Lächelns, der sichtbaren Rührung. Welche Bilder durchkreuzen sein Gedächtnis, schweben in seinen halbgeschlossenen Augen mitten in diesem goldenen Nebel des Triumphs? Welche Namen, welche Echos, welche Empfindungen sind in ihm?

Aber Montand kommt wieder auf die Bühne, und in meinem Geist geht plötzlich ein Licht auf. In einem blendend hellen Blitz. Es ist das Bild des Vaters Giovanni Livi, der geisterhaft über die Schwelle der Metropolitan Opera getreten ist, der mit schwerem und zugleich leichtem Schritt wie dem der Geister in einem Giraudoux-Stück über die Bühne gegangen ist. Es ist natürlich sein Vater, zu dem Montand in der Stille dieses tosenden Beifalls und Jubels spricht. In der Stille eines erfüllten Lebens, das bis zuletzt geradlinig einem radikalen Willen zur Perfektion, einer unwandelbaren Lust am Risiko, am Lebensabenteuer gefolgt war.

»Siehst du, Vater, ich bin da, ich habe nichts vergessen, ich erinnere mich an jedes Wort aus der Impasse des Mûriers, ich erinnere mich an die Gesten, die Gefühle, ich kann dir alles wiederholen, worüber ihr in der Bar der Piemonteser diskutiert habt, ich erinnere mich an die sonntäglichen Teigspeisen, *la pasta della domenica*, die du feierlich für die ganze Familie zubereitetest, ich erinnere mich, daß du Italien verlassen hast, um in die Vereinigten Staaten auszuwandern, hier hätten wir leben sollen, in *Little Italy*, nicht in Marseille, wenn das amerikanische Konsulat nicht einen Tag vor deinem Visumsantrag die Anweisung bekommen hätte, künftig jede Einwanderung von Italienern abzulehnen, und Amerika war dein Traum von Freiheit, und hier bin ich, frei, an deiner Stelle vielleicht, in deinem Namen vielleicht, und ich bin Ivo Livi, Sohn des Giovanni, ich vergesse es nicht, vergiß mich nicht, das Leben geht weiter...«

Am Anfang der Karriere, Théâtre de l'Etoile, 1953

Mit dem Maler Georges Braque, St Paul de Vence, 1950

Heirat mit Simone Signoret, St Paul de Vence, 1949. Zweiter von rechts: der Dichter Jacques Prévert

Am Ufer der Seine, 1953

Yves Montand und Simone Signoret im Théâtre Sarah Bernhardt, wo sie 1953 die Hauptrollen in Arthur Millers »Hexenjagd« spielten. Rechts Jean Renoir und Leslie Caron

Yves Montand mit Gérard Philippe, 1953

Simone Signoret und Yves Montand in Moskau 1956, anläßlich einer Pressekonferenz

Simone Signoret und Yves Montand in Moskau, 1956

Yves Montand singt im Lujniki-Stadion in Moskau, 1956

Montand in seinem Haus in Autheuil (Normandie)

Arbeitspause

Lech Walesa bei Yves Montand im Pariser Theater Olympia, 1981

Jorge Semprun und Yves Montand während einer Fernsehaufnahme, 1982

Register

Die kursiv gesetzten Seitenzahlen verweisen auf die Abbildungen S. 337 ff.

Abbott, George 23
Aimée, Anouck 171
Allais, Alphonse 96, 249
Allégret, Catherine 8, 11, 20, 73,
    92, 101, 108, 109, 110, 111, 113,
    130, 136, 147, 150, 152, 158, 189,
    265, 289, 291, 295
Allende, Salvador 232
Althusser, Louis 137, 174
Amina, Lakdar 171
Andress, Ursula 301
Andropow, Jurij Wladimirowitsch
    15, 219
Apollinaire, Guillaume, eigtl. Wil-
    helm Apollinaris de Kostrowits-
    ky 17, 149, 178
Apostolou, Elektra 78, 80, 81, 83,
    85
Aragon, Louis 17, 149, 150, 164,
    178, 182, 225, 266, 267, 268, 269,
    270, 271, 273
Artur, José 100, 101, 166
Astaire, Fred 26, 158, 331
Augheris, Dimitris 79
Aymé, Marcel 202

B., Jaqueline 9
B., Norma 150
Bacarisse, Pilar 282, 283, 284, 288
Bacarisse, Salvador 282
Baczko 110
Badie, Laurence 166
Batista y Zaldivar, Fulgencio 140
Baudelaire, Charles 7, 12, 16, 18,
    19, 26, 34, 40, 65, 147, 148, 149,
    160, 330

Becker, Jacques 92, 100, 169, 240
Bedos, Guy 243
Begin, Menachem 315
Belmondo, Jean-Paul 124
Berg, Grand-duc de 249
Beria, Laurenti 206, 219
Bernadette, Soubirous 166
Bernhardt, Sarah 341
Blake, William 327
Blum, Léon 76, 262, 271, 272
Bonte, Florimond 184
Bory, Jean-Louis 129
Boubal, Paul 76
Bouillon, Gottfried von 37, 40
Bourdieu, Pierre 243, 260, 271,
    273, 274
Bourseiller, Antoine 121
Bozuffi, Marcel 173
Braque, Georges 338
Brasseur, Pierre, eigtl. P. Albert
    Espinasse 100
Breton, André 69
Broca, Philippe de 129, 212
Brook, Peter 71, 119
Buñuel, Luis 126, 168
Burgos, Elisabeth 141, 142
Bussy, Félix 67, 330

Cagney, James 333
Camacho, Marcelino 230
Capdenac, Michel 214
Caron, Leslie 341
Carné, Marcel 71
Carrillo, Santiago 74, 75, 85, 106,
    156, 206, 246
Castaldi, Jean-Pierre 136

Castella, Bob 23, 58, 66, 108, 109, 110, 111, 152, 158, 163, 189, 236, 238, 239
Castro, Fidel 135, 137, 139, 140, 141, 142, 143, 207, 269, 270, 327, 328
Cavour, Camillo Benso 272
Cereda, Marius 49
Chaliand, Gérard 151
Chateaubriand, François René Vicomte de 35
Chéreau, Patrice 243
Cheysson, Claude 244, 261
Christian-Jacque 324
Chruschtschow, Nikita Sergeje-witsch 219
Churchill, Sir Winston 81, 82
Claudin, Fernando 107, 185
Clément, René 117, 128
Climent, Michel 287
Cohen, Francis 165
Conesa, Roberto 284
Corneau, Alain 192, 193, 218
Cosmos, Jean 119
Costa Gavras, Constantin 50, 84, 101, 117, 118, 119, 122, 123, 124, 128, 129, 133, 168, 169, 170, 171, 173, 175, 176, 177, 184, 186, 187, 192, 200, 201, 206, 207, 208, 215, 217, 219, 225, 232, 233, 243, 302
Costa Gavras, Madame 217
Coutinho, Carlos Nelson 162
Crolla, Henri 72, 238, 323, 324
Cromwell, Oliver 272
Cruz, San Juan de la 250
Cukor, George 105
Curzio, Renato 233

Dabadie, Jean-Loup 95, 231
Dante Alighieri 34
Darbon, François 121
Dassin, Jules 104, 105

Dauphin, Jean Claude 136
Debray, Régis 134, 135, 136, 137, 138, 139, 141, 142, 143, 144, 145, 146, 151, 159, 225
Delacroix, Eugène 34
Delvaux, André 128, 171
Denys, Jean 94
Desnos, Robert 17, 149, 178
Dickinson, Angie 301
Dominguin, Domingo 14
Doré, Gustave 37
Douglas, Kirk 289
Doumergue, Gaston 39
Dreyfus, Alfred 207
Dubreuilh, Simone 104
Dupré, Pat 278
Duras, Marguerite 243

El Guerra 332
Éluard, Paul 212, 303
Émile 76
Engels, Friedrich 69
Escobar, Pepe 160
Étiévant, Yvette 124

Fabritius, CAREL 26
Fanon, Frantz 151
Faulkner, William 10
Fauvet, Jacques 243, 259
Fellini, Federico 11, 12
Ferré, Léo 160
Ferroni, Lydia, s. Livi, Lydia
Field, Noel 203, 204
Figueireido 112
Filho, Rubens Ewald 159
Fitzgerald, Francis Scott 116, 117
Folon, Jean-Michel 22
Foltopoulos, Kostas 79
Forman, Milos 128
Foucault, Michel 63, 225, 241, 243, 247, 249, 256, 257, 260, 265, 271, 297

Franco Bahamonde, Francisco 14, 15, 74, 127, 192, 217, 225, 229, 230, 282, 284
Frank, Josef 185, 186
Frankenheimer, John 128
Freud, Sigmund 179
Frisch, Max 253
Frischmann, Georges 77, 219
Fuchs, Klaus 203

Gabeira, Fernando 150, 151, 159
Gabin, Jean 71
Galilei, Galileo 34
Garaudy, Roger 174
Garcia, Alexandre 161
García Márquez, Gabriel 141, 328
Gardner, Herb 119
de Gaulle, Charles 178
Gérard 109
Géret, Georges 173
Giesbert, Franz-Olivier 192, 193
Giraudoux, Jean 69, 70, 124, 235, 311, 325, 334
Giroud, Françoise 133
Gish, Lilian 23
Glasberg 75
Glezos, Manolis 75, 77, 78, 83, 84, 85
Glücksburg 83
Goethe, Johann Wolfgang von 125
Góngora, Luis de 250
González, Felipe 112
Goodman, Benny 23
Gorki, Maxim 155
Gosnat, Georges 77, 83, 219
Goya y Lucientes, Francisco José de 255
Gramsci, Antonio 25, 207
Grimau, Angela 86, 87, 88
Grimau, Julián 14, 85, 86
Guéhenno, Jean-Marie 326
Guevara Serna, Ernesto, gen. ›Che‹

Guevara 134, 139, 140, 143
Guillaume 9, 10
Guilloux, Louis 300
GUYOT, RAYMOND 223, 224

Haas 70
Halfin, José 158
Halfin, Marie-Alice 158
Hamill, Pete 304, 305, 326
Hermann, Jane 157, 163, 290, 293, 330
Hikmet, Nazim 178
Hitler, Adolf 78, 281
Hochhuth, Rolf 71, 119
Hohenlohe 107
Humel, Charles 331

Ibarruri, Dolores 125, 156, 186
Ignatow 296, 297, 298, 301
Ionesco, Eugène 269

Jacob, François 225
Japrisot, Sébastien 118
Jaruzelski, Wojciech 21, 226, 228, 229, 241, 244, 247, 250, 256, 261
Jospin, Lionel 244, 260, 261, 262, 263, 264, 265, 266
Jouvet, Louis 69, 71, 120, 123, 124, 235
Juquin, Pierre 258

Kafka, Franz 127, 218
Kahan, Jizchak 320
Kanapa, Jean 77, 216, 218, 219, 222, 223, 274
Karamanlis, Konstantin 84
Karol, K.-S. 141
Kelly, Gene 23, 52, 301
Kennedy, John F. 236
King, Martin Luther 236
Kiokmenidis, Thomas 79
Konder, Leandro 161, 162

Konder, Rodolfo 161, 162
Kouchner, Bernard 243, 260, 297
Kravetz, Marc 299
Kubitschek de Oliveira 109
Kundera, Mílan 127
Kuron, Jacek 229

Lacouture, Jean 225
Lambrakis 173
Landman, Claude 136
Lang, Jack 262, 271, 273, 275
Lapouge, Gilles 110
Laudouze 225
Lazareff, Pierre 86
Lelouch, Claude 128, 171
Leloup, Colette 88
Leloup, Marcel 76, 77
Lemarque, Francis 13, 14, 72
Lenin, Wladimir Iljitsch 197, 259
Levaï, Ivan 63, 225, 241, 247, 256,
    257, 258, 260
Lévy, Danièle 254, 280
Lévy, Raymond 223, 224, 254, 280
Lewis, Flora 204
Liehm, Antonin 128
Lincoln, Abraham 308
Litvak, Sophie 86
Livi, Familie 26, 28, 29, 33, 42, 45,
    46, 48, 331
Livi, Carlo 34, 36
Livi, Elvire 189
Livi, Giovanni (Jean) 26, 33, 34, 39,
    49, 188, 189, 190, 191, 192, 194,
    196, 197, 198, 228, 334, 335
Livi, Jean-Louis 189
Livi, Julien (Marino) 39, 189, 192,
    194, 196, 197, 198, 220
Livi, Lydia (Fedora) 21, 28, 31, 32,
    33, 34, 37, 39, 40, 41, 54, 189,
    190
Livi, Madame (Mutter von Mon-
    tand) 30, 37, 40, 96, 97, 99, 100

London, Artur (»Gérard«) 177,
    184, 186, 200, 206, 207, 208, 209,
    210, 214, 215, 216, 221, 223, 224
London, Lise 186, 200, 206, 216
Losa, Lucio 193
Losey, Joseph 193, 217, 285, 286,
    287, 288
»Lula« 159
Lumet, Sydney 289, 290
Lyssenko, Trofim Denissowitsch
    185

M., Domingo 75
Machado, Antonio 250
Mailer, Norman 303
Malraux, André 61, 62, 225, 238,
    252
Malraux, Florence 116, 132
Mao Tse-tung 69, 116, 207
Maraini, Dacia 278
Marcelle 101, 136
Marchais, Georges 97, 162, 244,
    327
Marker, Chris 65, 69, 136, 169,
    209, 210, 217, 219, 232, 234, 235,
    236, 237, 238, 239, 240, 312, 313,
    314
Marouani, Charley 108, 152, 158
Martinet, Dominique 73, 92, 101,
    136, 155
Marx, Karl 9, 69, 125, 250, 282,
    283, 308, 309
Mason, James 290
Maspéro, François 141
Matania, Edoardo 31
Matteotti, Giacomo 197
Maupassant, Guy de 56
Maurette, Marc 92, 93, 94
Mauriac, Claude 104, 105, 225, 243
Mauroy, Pierre 244, 271
Max, Harry 332
Mendès-France, Pierre 225, 315

356

Mercader, Ramón 26, 269, 270
Metaxas 79
Michel, Jacqueline 211
Miller, Arthur 202, 203, 206, 303, 341
Minnelli, Vincente 129, 177
Mitrione, Anthony 233
Mitterrand, François 245, 246, 247, 248, 250, 251, 252, 253, 254, 255, 256, 262, 280
Modzelewski, Karol 229, 231
Mollet, Guy 76, 106
Monot, Jacques 121
Monroe, Marilyn 49, 105, 302, 303, 304, 305, 307, 326
Montaigne, Michel Eychem Seigneur de 35
Moravia, Alberto 278
Mottet, Alain 121
Muñoz Suay, Nieves de 14, 15
Muñoz Suay, Ricardo 14, 15
Murat, Joachim 250
Mussolini, Benito 26, 196

Napoleon Bonaparte 249
Napoléon, Louis Bonaparte 250
Navarro 29, 30, 31
Newman, Paul 38, 40, 55, 289

Nijhoff, Martinus 25
Nixon, Richard M. 215, 223
Noah, Yannick 278

Olivares, Augusto 232
Ormandy, Eugene 23
Orwell, George 75
Oury, Gérard 213
Ozeray, Madeleine 69

Padilla, Heberto 135, 145
Papandreu, Georgios 82
Patinir, Joachim 280, 311

Patton 280
Peck, Gregory 289
Pédon, Madame 47
Pelikan, Jiři 216
Peres, Shimon 320
Périer, François 100, 173, 217
Perrin, Jacques 169, 171
Philippe, Gérard 342
Piaf, Edith 178, 179, 180, 181, 305, 326
Picasso, Pablo 83
Piccoli, Michel 71, 120, 121
Pinochet, Augusto 232
Pinoteau, Claude 198, 218
Pius XII. 120
Pivert, Marceau 76
Pla, Josep 217
Plisnier, Charles 281
Poirot-Delpech, Bertrand 119
Pontecorvo, Bruno 203
Popow 82
Prévert, Jacques 9, 10, 11, 15, 17, 41, 71, 72, 149, 178, 288, 294, 323, 339
Proctor, Elisabeth 202, 204, 205, 206
Proctor, John 202, 204, 205, 206
Pronteau, Jean 186, 208
Proust, Marcel 26, 248, 288

Rachedi, Ahmed 171
Raimondi, Ruggero 22
Raphaël 46
Rappeneau, Jean-Paul 128, 237
Redgrave, Vanessa 290, 293
Reggiani, Serge 100
Rémond, Alain 104, 105, 121
Renoir, Jean 92, 341
Resnais, Alain 16, 51, 122, 125, 126, 127, 128, 129, 131, 132, 211, 249, 304, 305
Resnais, Florence 229

357

Richard, Robert 109, 111, 112, 113
Richard, Madame 111
Richelieu, Armand-Jean du Plessis 272
Ridruejo, Dionisio 14
Rimbaud, Arthur 17, 278, 327
Río Mercader, Caridad del 269
Ritt, Martin 38, 55
Robespierre, Maximilien de 207
Robrieux, Philippe 114, 115, 117
Rosenberg, Ethel 202, 203, 204, 205, 206
Rosenberg, Julius 202, 203, 204, 205, 206
Rosenblum 318
Rotta, Nino 12

Sadoul, Georges 104
Sagan, Françoise 306
Salinas, Pedro 250
Sallanches, Nadine 285
Santis, Guiseppe de 104
Sartre, Jean-Paul 151, 225, 273, 296
Saura, Carlos 171
Sautet, Claude 95, 243, 321
Schwartz, Laurent 216
Scipion, Robert 290
Séguy, George 97
Semprun, Colette 136, 155, 188, 206, 217, 229, 266, 299
Semprun Maura, Carlos 195
Sharon, Ariel 315
Siantos 82
Signoret, Simone 11, 44, 56, 72, 73, 75, 85, 86, 87, 88, 90, 92, 97, 100, 103, 107, 115, 117, 119, 135, 136, 141, 142, 153, 154, 155, 163, 169, 181, 189, 199, 201, 202, 205, 206, 216, 217, 235, 236, 243, 265, 266, 267, 268, 270, 285, 289, 290, 291, 292, 293, 294, 295, 296, 297, 298, 299, 303, 304, 305, 306, 307,

320, 326, 329, 330, *339, 341, 343, 344f.*
Silbermann 318
Simon, Steph 12, 13
Slánský, Rudolf 185, 201, 223
Solschenizyn, Aleksandre Issaje- witsch 222
Soria, Georges 165
Spira, Françoise 71, 124
Stalin, Jossif Wissarionowitsch 14, 81, 82, 115, 199, 200, 205, 207, 215, 219, 272, 281
Stendhal, Henri Beyle 262
Streisand, Barbra 177, 180
Suárez González, Adolfo 75

Tabard, Pierre 121
Tardos, Tibor 268, 270
Tasso, Torquato 21, 27, 31, 32, 33, 34, 35, 36, 37
Tereschkowa, Walentina 87
Thorez, Maurice 156
Thorez, Paul 156
Tito, Josip Broz 206, 236
Togliatti, Palmiro 25
Topart, Jean 121
Toulouse-Lautrec, Henri de 329, 330
Trenet, Charles 331
Triolet, Elsa 268
Trotzkij, Leo (Lew) Dawidowitsch 25, 269
Tschechow, Anton Pawlowitsch 291

Vaillant, Roger 105
Valente, José Angel 250
Valladares, Armando 144, 326, 327, 328
Vassilikos, Vassilis 84, 118
Verdès-Leroux, Jeannine 182, 183, 243

Verdet, André 10, 11
Vermeer, Johannes, gen. Vermeer
    van Delft 25, 26
Vernier-Palliez, Bernard 162, 163,
    167, 168
Vivianne 326, 328

Wajda, Andrzej 61, 62
Walesa, Lech 8, 61, 258, 297, *350f.*
Warner, David 290

Weber, Max 275
Wiesel, Elie 299, 302
Wilder, Billy 301
Wurmser, André 164, 165, 272
Wyschinskij, Andrej Januarje-
    witsch 215

Yepes, Narciso 281, 282, 284, 288,
    289, 312, 313

Inhalt

1 Maracanàzinho, 31. August 1982 7

2 Amarcord 21

3 Tagebuch einer Reise nach Brasilien
und an verschiedene Orte der Erinnerung 58

4 Eine glückliche Begegnung und eine mißglückte . . . 90

5 Der Bruch 147

6 Es lebe Polen, meine Herren! 225

7 Yves Montand: der Krieg geht weiter 277

Register 353